本书受国家自然科学基金（72073119）资助

Agricultural Investment

农业投资学

韩洪云　夏　胜　编著

ZHEJIANG UNIVERSITY PRESS
浙江大学出版社
·杭州·

图书在版编目（CIP）数据

农业投资学 / 韩洪云，夏胜编著. -- 杭州：浙江大学出版社，2025. 3. -- ISBN 978-7-308-25935-4

Ⅰ. F304.4

中国国家版本馆 CIP 数据核字第 2025S5E603 号

农业投资学
NONGYE TOUZIXUE

韩洪云　夏　胜　编著

策划编辑	陈佩钰
责任编辑	葛　超
责任校对	金　璐
封面设计	雷建军
出版发行	浙江大学出版社
	（杭州市天目山路 148 号　邮政编码 310007）
	（网址：http://www.zjupress.com）
排　　版	杭州青翊图文设计有限公司
印　　刷	杭州捷派印务有限公司
开　　本	710mm×1000mm　1/16
印　　张	30.75
字　　数	552 千
版 印 次	2025 年 3 月第 1 版　2025 年 3 月第 1 次印刷
书　　号	ISBN 978-7-308-25935-4
定　　价	158.00 元

序　言

　　投资是拉动经济增长的三驾马车之一,如何有效运用投资手段确保国民经济持续健康快速增长,一直是世界经济发展的热点话题之一。投资作为人类经济活动中的基本活动,是指以获利为目的的资本使用行为。西方投资管理理论发展经历了三个发展阶段:投机阶段、职业化阶段和科学化阶段。1952 年 3 月 Markowitz(马科维茨)在《金融杂志》上发表《资产组合选择》一文,是投资管理进入科学化投资实践的重要标志。

　　巴菲特在《聪明的投资者》序言中写道:"要想在一生中获得投资的成功,并不需要顶级的智商、超凡的商业头脑或秘密的信息,而是需要一个稳妥的知识体系作为决策的基础,并且有能力控制自己的情绪,使其不会对这种体系造成侵蚀。"[①]

　　投资学是研究投资运行规律的科学,是建立在经济学和管理学理论基础之上,与金融学、统计学、工程学等学科密切结合的一门综合性、基础性、实践性的独立学科。投资理论就是描述投资活动产生、发展,进行成本收益分析,为投入产出活动的预期性选择提供基本原理和分析模型的思想体系。投资学对于所有投资专业人士和金融专业的学生来说,是一个非常有价值的知识补充。

　　近年来,随着我国经济增长方式的转变和金融市场的逐渐成熟,投资在经济结构调整和社会发展中占据了越来越重要的地位。中国经济发展的最大不平衡和不充分,在于城乡发展不平衡和农村发展不充分。新中国成立后,城市和重工业优先发展的战略,导致城市和工业对于农村与农业发展的资本积累剥夺。城乡发展不平衡、农村发展不充分的背后,是农业领域资本

---

　　① 格雷厄姆.聪明的投资者.王中华,黄一义,译.北京:人民邮电出版社,2016.

投入、资本积累、资本深化的不足。推进中国农业现代化,必须高度重视资本的作用,积极吸引资本的参与和促进资本的农业投入。自20世纪70年代以来,投资管理的分析方法有了很大提升,随着投资环境的复杂化,农业投资学从理论到内容都有了很大发展。遗憾的是,由于农业产业特点,更由于中国资本市场发展的相对滞后,迄今为止没有一本基于农业特性的、专门针对农业的投资学专著。因此,本研究团队推出《农业投资学》的初衷在于:在把握投资学理论和方法的基础上,为中国农业投资提供考虑农业特性的农业投融资可操作的原则和指导。

本书是项目组全体成员共同努力的结果,各位成员分别负责的章节如下:农业投资概述(夏胜,林爽),投资的财务基础(林慧),价值评估基础(林慧),农业投资风险(邹凯),农业投资环境(袁震),农业实物投资(司凡),农业企业融资(王颖雪),农业风险投资(邹凯),农业证券投资(魏存玉),农产品期货与期权(魏存玉),农业跨国投资(袁震)。韩洪云教授和夏胜博士负责整本书的逻辑架构设计并最后组织完成编写工作。

本书团队在注重吸收国内外投资理论和实践成果的基础上,不断尝试突破传统投资学框架,坚持把实物资产投资和金融资产投资统一放在投资与经济的运行框架和规则中来认识,从宏观投资、产业投资、项目投资和公司价值投资的不同层面对实物投资和金融投资进行深入且详尽的分析。本书内容注重理论与实践的紧密结合,是全面系统学习和掌握投资学基本知识和理论、提高投资决策管理能力和投资效率的优选。本书的重点不在于传统证券投资分析,而在于为读者提供关于农业投融资的一个全景性画面。

本书的目标不是培养一个农业投资的理论家,而是希望阅读本书的读者能够成为一个见多识广的投资实干家。在这一愿景的指导下,《农业投资学》注重探讨投资的本质、投资与宏观经济运行之间的逻辑关系、资本市场的功能和体制、投资的经典理论、金融资产配置和管理、金融衍生品的定价和管理、投资业绩评估等专业知识。通过这些知识,《农业投资学》将提高相关人员综合分析投资问题和解决投资问题的能力,并加强对他们创新能力的培养。为此,本书的投资过程分析主要由两部分组成:第一部分是证券与市场的分析,在这一部分我们对投资者可能选择的所有投资工具的风险及预期收益的特性进行分析评价;第二部分是构建最优的资产组合,它涉及在可行的资产组合中决定最佳风险-收益机会,从可行的资产组合中选择最合适的资产组合。农业投资决策既要遵从基本的投资规则(这正是第二章和第三章要讨论的内容），又要考虑农业本身的特性（这正是第四章、第五章关注的问题）。企业发展离不开资本的驱动。每家企业都要经历起步创业、成长扩张、持续经营等发展历程，企业的发展永远与融资和投资相伴。资本来源于融资，融资的目的是投资，成功的投资是将规划蓝图和技术研发成果转化为实际生产能力的桥梁。农业发展也离不开融资的支持。基于农业特性和投资的根本原则，农业实物投资相关内容给出对农业投资的实操性建议，包括投资、融资、证券投资和风险投资方面，这是第六章至第九章要解决的问题；农产品的市场风险非常大，而金融工具中的期货和期权可以很好地降低农产品市场风险，作为衍生证券的期权和期货合约，在金融市场发挥越来越重要的作用，这正是本书第十章要研究的主要内容；随着中国资本投资"走出去"步伐的加快，本书第十一章将探讨跨国投资所面临的风险。

本书是编撰团队对于中国农业投资长期学术思考和实践经验的浓缩，希望为农业投资提供经验借鉴和实践指导，帮助从业者成为一名视野开阔的投资实干家，尤其是在农业领域。

目　　录

第一章　农业投资概述

1.1　金融发展、资本积累与农业发展

1.1.1　资本积累与经济增长

1.1.1.1　古典经济增长研究

经济增长研究至少应该追溯到亚当·斯密的《国富论》。斯密 1776 年在《国富论》一书中分析了资本积累和资本配置对经济增长的影响。斯密认为：一国国民财富增长的源泉在于劳动分工、资本积累和技术进步。生产劳动的条件取决于前期资本积累的数量，资本量是上一年收获的谷物中用于雇佣生产劳动的谷物数量。因此，资本的唯一形式就是那些以谷物形式存在的工资基金。国民收入中用于雇佣劳动的部分占比越大，国民财富增长率越高。"资本增长的直接原因是节约而非勤劳。"国民产出的增长主要取决于两个方面，一是资本积累，二是资本配置。资本积累决定了社会劳动分工，从而决定了国民收入的增长，所以经济增长的最重要因素是资本积累。斯密所说的资本，不仅包括工具，如材料、机器设备、厂房等物质资本，而且包括了"社会上一切人民学到的有用才能"，即人力资本。

资本投资在经济增长中的作用，是以斯密为代表的古典经济理论学家最为关注的问题。斯密写于 1776 年的《国富论》是一本划时代的著作。在这本巨著里，斯密将增长论和劳动论视为密不可分的整体。斯密断言，国民财富的增长，究其途径离不开两条：生产性劳动者的数量增加和劳动生产率

的提高。要实现前者,则必然要增加总工资,为此就要增加资本;对于后者而言,则需要投入资本来改良生产设备,增加先进的机械和器具,而做到这些也离不开先前资本的积累。所以,扩大再生产,无论是外延式的还是内涵式的,其基础都是资本的积累与投放。资本积累可以扩大资本存量,这将有助于提高生产性劳动者数量,更快的经济增长因而可能实现。与此同时,劳动分工也在不断深化。规模化的分工,需要积累一定的资本作为基础,换言之,资本积累决定了劳动分工能否发生及其所能达到的细密程度,而分工又能决定国民收入的增长速度。根据这一分析思路,资本积累和资本形成是促进经济增长厥功至伟的关键因素。

对于经济发展来说,物质资本的形成是客观的约束条件和决定性因素。资本在斯密看来,具有两重意义,其一是作为保留起来的资财,以获得未来收入。一个人"所有的资财,如足够维持他数月或数年的生活。他自然希望这笔资财中有一大部分可以提供收入"。因此,他所保留的只是适当的一部分,作为维持未来一段时间生活的保障,而其他的部分会被用于进行取得收益的投资。这样,理性的人会谨慎地安排他的财富,一般都会分成两部分。"他希望从中取得收入的部分,称为资本。另一部分,则供目前消费。"其二是作为手段,以占有工人创造的利润。斯密认为,"资本一经在个别人手中积聚起来,当然就有一些人为了从劳动生产物的售卖或劳动对原材料增加的价值上得到一种利润,便把资本投在劳动人民身上,以原材料与生活资料供给他们,叫他们劳作"。对于劳动者来说,他们所创造的价值会被分为两个部分,他们自己的工资占了其中的一个部分,剩下的则被雇主拿走,这一部分就是投资的利润,是对雇主垫付原材料和工资活动的报酬。

在产业部门的差异上,斯密创造性地提出,农业部门之所以出现劳动生产率低于工业部门的现象,是因为农业部门的劳动分工程度远不及工业部门。由于分工和专业化,资本积累的作用变得不可替代。斯密认为,资本的产业投向遵循一定的顺序,一般来说,应该是先农业后制造业,最后再投向国际贸易,这个顺序又被称作"自然顺序"。斯密在著作中写道,任何事物的发展都有其自然趋势,这一点对于每个处于发展中社会的资本来说也毫不例外,"首先是农业,其次是工业,最后是国外贸易"。斯密相信,人们的投资行为在一切拥有领土的社会都有着高度的相似性,这种极其自然的秩序总是在左右着资本的流动方向。"总是先开垦了一些土地才能建立很多城镇;正是城镇里那些粗糙的制造业的持续经营,才使人们投身于国外贸易。"

在《政治经济学及赋税原理》中，大卫·李嘉图则对有形资本的积累情有独钟，认为这才是经济增长的主要驱动力。李嘉图指出：资本主义要积累资本和发展生产，需要保证一定的利润率。由于自然禀赋如土地等是固定的，人口的增长会导致食品价格上涨，从而推动工资成本上升、利润率下降，这样一来就会降低企业追加投资的激励。只要工业部门长期的工资成本不断上升，投资的利润率就不会下降，此时企业的利润可以持续地用于再投资，从而有望实现生产和就业的持续增长。但是，事实上自然禀赋如土地等总是相对固定的，所以人口的增加不可避免地导致食品价格上涨，从而推动工资成本上升、利润率下降，以致降低了追加投资的激励。这种固定的土地资源禀赋制约工业化发展的机制也被称为"李嘉图陷阱"。因此，经济增长过程不仅是工业部门本身的发展，而且关乎农业部门的发展。李嘉图认为：劳动力的多少、分工的细密程度以及劳动生产率水平，都是由资本数量及其积累状况所决定的。资本家在消费后，其净收入的剩余部分是否被追加投入生产，以及追加投入多少，这是关系经济增长的主要因素。

自《国富论》问世以来，如何实现持续的经济增长始终是困扰经济学家和政治家的一大难题。随着经济发展环境的复杂化，这种困扰在当代显得尤为突出。在人类有文字记录的文明史上，很长时期内普通人的生活水准并没有出现极大的长进，这背后的原因有两个，一个是缺少突出的技术进步，再一个是资本的积累不足。资本投入对经济增长有着举足轻重的作用。凯恩斯（1983）认为，当资本向一个部门增加投入时，该部门的收入会增加，同时其他相关的国民经济部门的有效需求也会得到刺激，从而使得这些部门的收入也增加。这会引起一种连锁反应，总产出的最终增长将会是最初那笔投资的若干倍，这种连锁反应带来的就是投资的乘数效应。

与欧洲资本的原始积累时期相同步的，是重商主义思想。在重商主义者眼里，货币是唯一的财富，因而财富的唯一源泉在于贸易，唯有贸易才能积累货币财富，进而形成商业资本。商业资本被认为决定性地支配着产业资本，因为其乃"资本本身的最早的自由存在方式"（马克思，1975）。配第（2006）作为古典政治经济学创始人，认为货币只是一般的财富，社会财富还有其他的存在形式。货币进入流通渠道，则具备了资本的属性。在《赋税论》中，他深刻分析了税收与国民财富，以及与国家经济实力间的关系，认为如果税收是来自从事生产和贸易活动并且因此给社会增加物质财富的人，那么税收会导致社会财富的减少；正确的做法是对不生产任何物质财富或者是不生产有社会实际价值物品的人征税,再把这些征税收入通过国家向前一类人转移,以用于有价值物品的生产,这样会增加全社会的财富。税收可以作为政府的一个有效工具,用以激励大家去竭尽所能地增加社会财富。

作为古典政治经济学派的重要代表、法国重农学派的开山鼻祖,弗朗斯瓦·魁奈开创性地对资本与货币进行了区别,揭开了资本研究的序幕。魁奈(1979)在《人口论》中指出,财富是人口增长的决定性因素,有效地积累并正确地使用财富对于经济增长是至关重要的。要创造财富,或者是使用自己拥有的财富,或者是借助他人的财富才可实现。资本只是物质资料,以供农业生产之用,生产资本尤其如此。而货币并非真正的财富,它不能直接用于生产,也不能直接满足人们生活所需,充其量只是获得这些物质资料的手段。从本质上讲,资本就是农业生产中用到的物质资料,其数量就是预付到土地上的这些物质资料的数量。如若财富仅仅用于维持人们的日常生活,则其就是消费性财富;如果用于生产财富,那么就成为生产资料。由于当时小农经济在法国占有重要地位,工业发展相对落后,魁奈认为是农业创造了社会的各种财富;而货币本身不是财富,只是一种流通手段;工业附属于农业,因为它的作用只是对现有的农产品进行一些加工;对外贸易也无法创造社会财富,它只是一种交易形式,在这个过程中实现农产品及其加工品的等价交换。

在《政治经济学及赋税原理》中,李嘉图(1999)指出:土地、资本和劳动等要素,其产出的边际报酬都是递减的,这将使得一国的经济增长最终陷入停滞。随着资本积累和生产力的发展,如果没有技术进步抵消土地报酬递减效应,随着主要生活资料谷物价格的不断提高,货币工资也随之提高,从而导致利润率下降。利润率的持续下降使得资本家资本积累的动机和动力消失,储蓄和资本积累完全停止,社会将进入简单再生产的静止状态。对于资本积累来说,保持一定水平的利润率是完全必要的。在 1848 年发表的《政治经济学原理》中,穆勒认为劳动、资本和自然资源是社会生产的三要素,人口增长、资本积累、技术进步是经济增长的源泉。长期来看,资本投资的利润率会不可避免地趋于下降,人口和资本也将不再增长,但生产技术和人类自身仍将持续发展,到那个时候,经济增长将会进入所谓的静止状态。

社会的生产活动,一部分是用以生产直接消费品,除此之外,另一部分则被用来生产可提升生产效能的物质资本,如机器、工具和交通器材等,这样,资本形成便开始了。这一过程的实质,是从现有的资源中将一部分抽调出来,变成存量资本品,为的是提高生产能力,以在未来生产出更多的可消费产品。资本形成就是对未来生产能力的投资。萨缪尔森等(1992)也指出,设备、房屋和存货等社会实际资本,由于资本形成或所谓的"净投资"而实现了净增长。新古典经济增长理论有着共同的基础,却又有不一样的建树。

1.1.1.2　马克思经济增长理论

对经济增长因素的分析是马克思理论体系的重要组成部分。马克思的经济增长理论认为:决定劳动生产力的诸因素,往往也是决定经济增长的因素,如劳动者的素质、科技水平、生产组织形式、规模经济和资源条件等。经济增长离不开资本积累,特别是在工业化的初级阶段;推动这种粗放的经济增长,首先要依赖资本积累。资本家是资本的人格化,为了追求剩余价值,资本家将不断积累资本以扩大生产,这也是资本主义生产方式的必然规律。新的技术应用于生产之中,可以对提高劳动生产率起到极大的促进作用,从而能够持续促进经济增长。

马克思认为,资本是能够"带来剩余价值的价值"。在马克思主义经济学家们看来,投入商品生产中的固定资产、流动资产以及资金都是资本。从本质上说,资本是劳动的积累。当资本家将一部分剩余价值转化为资本,便有了资本积累。马克思认为,为了获取更多的剩余价值,同时提高自身的竞争力,资本家不会消费全部的剩余价值,而是将其一部分以资本的形式投入下一轮生产中,雇用更多的劳动力,以实现扩大生产规模的目的。资本在使用中的数量和效率是经济增长的决定性因素。资本积累是资本主义制度的内在要求,在积累财富的同时,贫困也被积累起来。马克思说,"社会的财富即执行职能的资本越大,它的增长的规模和能力越大",这样的结果就是无产阶级的绝对数量以及他们所拥有的劳动生产力也就越大,整个产业的后备军就变得日益庞大。"可供支配的劳动力同资本的膨胀力一样,是由同一些原因发展起来的。因此,产业后备军的相对量和财富的力量一同增长。"剩余价值是资本主义生产的目的,再生产扩大的同时就是剩余价值的扩大。社会总资本的配置遵循一定的规律,在生产和消费两大部门间以及两大部门内部,资本都会按照一定的比例被分配。马克思认为,生产资料与消费资料是社会总产品的两种实物形态,不变资本、可变资本与剩余价值是社会总产品的三种价值形态,实物形态和价值形态的社会总产品都会保持一定的运动,这种运动是社会总资本运动的前提和出发点。

在《资本论》中,马克思将产业资本的循环分解为生产过程和流通过程两个阶段,指出二者的有机统一构成了完整的产业资本循环。生产过程可以分为购买、生产和售卖三个环节,与其相对应,产业资本在三个环节中有不同的职能形式,即货币资本、生产资本以及商品资本。资本首先以货币形态购买生产资料,然后生产出商品,再在流通过程中出售,最后和增殖部分一起回到货币形态。这种循环运动周而复始,持续不断地实现货币资本的增殖。在这个过程中,起关键作用的是货币资本,它是另外两种职能资本即生产资本与商品资本得以实现的基础。货币资本在起始阶段"表现为资本预付的形式",再转化为生产资本和商品资本,最后实现增殖回收,在生产的过程中创造剩余价值,在销售阶段实现剩余价值。

1.1.2　新古典资本与经济增长理论

1.1.2.1　"哈罗德-多马"模型

20 世纪 40 年代末,在凯恩斯的投资乘数理论基础上,为了实现经济增长和资本存量之间的科学联结,哈罗德(Harrod)和多马(Domar)创建了各自的动态模型。Harrod(1939)在"论动态经济理论"(An essay in dynamic theory)一文中,将凯恩斯的短期静态均衡国民收入决定理论长期化、动态化。哈罗德认为,储蓄率、利润率、产出与资本的比率是决定一国国民收入长期稳定平衡增长的决定性因素。Harrod(1948)和 Domar(1946)基于类似的理论架构、从长期和动态角度完善了凯恩斯理论,后人将他们的理论统称为"哈罗德-多马"(Harrod-Domar)模型。Harrod-Domar 模型的经济增长物质资本决定论认为:对经济增长来说,投资的作用体现在需求和供给两个方面,如果储蓄率保持不变,这时决定全社会投资水平的储蓄率和反映生产效率的资本—产出比率,是决定一国经济增长的最主要因素,只要经济存在一个"合意的资本—产出增长率",储蓄便能全部转化为投资。"哈罗德-多马"模型认为,资本—产出比率决定了经济的实际增长率。哈罗德和多马强调投资支出对于增加一个经济体生产能力的作用。该模型是这一阶段的重大成果,奠定了现代经济增长理论的基本框架,证明了资本积累对于经济增长的极端重要性(Shaw,1992),是研究资本在经济增长中作用的基础。"哈罗德-多马"模型认为经济发展的核心问题是增加可用于投资的资本资源(Bhagwati,1984)。因此,20 世纪 50 年代的发展经济学家将研究精力集中在如何提高私人储蓄率的问题上,以实现欠发达经济体飞跃到自我可持续增长轨道的目标(Lewis,1954;Rostow,1960;Easterly,1999)。

Bhagwati(1993)注意到印度差强人意的经济增长表现,并将其归咎为糟糕的生产率,而不仅仅是低迷的储蓄表现。增长与投资的关系有时看起来是松散而不稳定的(Easterly et al.,2001)。对于"哈罗德-多马"模型来说,资本和劳动之间的零替换假定是一个不容回避的弱点。对于一个关注长期经济增长的模型而言,这是一个非常致命的不恰当的假定。在"哈罗德-多马"模型里,非常关键的资本—产出比率和资本—劳动比率被假定为常量。在一个增长的背景下,这意味着资本和产出必须总是以相同的速度增长方能维持均衡。同时,资本-劳动比也必须以相同的速度增长才能维持经济稳定均衡增长,这将是一个纯粹的巧合。因此,这也被索洛称为"哈罗德-多马"模型的"刀刃平衡"。

新古典经济增长理论是经济增长理论发展历程中的一个重要阶段。在模型中,一些主要参数必须保持精妙的平衡,如果稍有偏离,就会对经济增长产生重大的负面影响。特别是储蓄率、劳动力增长率以及资本—产出比率,当这些参数值异常变动时,失业率的增加或是长期的通货膨胀就在所难免了。哈罗德对此解释道,只有保持增长率和自然增长率的相等,"刀刃平衡"方得以保持。"哈罗德-多马"模型引起了人们对于经济增长与人口增长的更深层次的关注。因为产能的增加可能被人口的增长所吸收,也可能导致人均收入的增加。因此,有必要对经济增长进行分类,包括广度增长和深度增长。如果 GDP 的增加被人口增加完全吸收了,人均收入就没有继续上升的趋势了,这种增长是广度增长;只有当经济总量增加了,更多的人口数量才是可能的(Kremer,1993),广度增长已经成为贯穿整个人类历史的相当普遍的情况(Lal,2008)。人均收入和人口增长之间的正向的马尔萨斯关系的持续存在,导致了一次人口爆炸。但是现代增长要求人均收入和技术水平都要有相应的进步,这种特征导致了产出水平和人口增长率之间的反向关系(Galor et al.,2000)。

1.1.2.2 "索洛-斯旺"新古典模型

随着社会和经济的发展,作为经济学基本概念的资本,其内涵也被持续地丰富和完善。不同的经济学流派、不同的经济学者基于不同的研究目的和研究主题,会产出不同的研究成果,从而对资本的范畴也常常有不同的理解。对技术知识和社会知识的充分利用,是经济增长和结构变化的源泉。进入 20 世纪以来,迅猛发展的技术为经济增长提供了充足的动能,一些经济学家发现,单纯用物质资本投入已经不足以解释经济增长的表现差异了。资本除了物质资本,还应该有所谓的"非物质资本",人力资本就是其中一种。资本被分为物质资本和人力资本,人力资本必须通过劳动者对生产过程的参与才能体现。对资本内涵的认知,随着社会和经济的发展而不断深化。所有的宏观经济学家对于经济长期增长的研究,都是从简单的新古典增长模型开始的(Barro et al. ,2004)。

索洛(Solow)模型几乎是分析所有增长问题的逻辑出发点,理解索洛模型是理解各种增长理论的关键。由于严苛的固定技术系数生产函数假设,"哈罗德-多马"模型的经济增长只能是资本和劳动同时稳态的"刀锋式平衡增长",充分就业的平衡增长只是侥幸的巧合(Solow,1956)。由于长期资本与劳动的相互替代,Solow(1956)提出通过市场调整资本与劳动比例,可以实现充分就业的稳态经济增长,长期均衡增长率就是哈罗德所谓的由劳动增长率与技术进步决定的自然增长率。在"哈罗德-多马"模型条件下,很难取得充分就业的经济均衡。鉴于"哈罗德-多马"模型的上述弱点,Solow建立了一种新的不含固定资本产出比假设的长期增长模型。Solow(1956,1957)在研究美国工人人均产出的增长率与人均资本占用的关系的基础上,得出与众不同的结论:物质投资从长期来看并非经济增长的源泉,要想经济保持持续增长,外生的技术进步才是关键。这种技术进步,既无法用资本解释,也无法从劳动角度给出答案,他将其视为"残差"或者"黑箱"。

新古典增长模型表明,如果没有技术进步,一个经济体通过资本积累来提高人均产出的能力是有限的,它受到一些因素的交互作用的制约:回报递减效应、人们的储蓄意愿降低、人口增长率和资本折旧率。给定的技术条件下,任何一个提高资本-劳动比的国家,都能够实现人均产出的增长。由于发展中国家的资本边际产出比发达国家大得多,在一个没有资本流动限制的开放经济的背景下,资本受到更高潜在回报率的吸引,应该从资本富裕的国家流向穷国,从而加快穷国的资本积累过程。经济总是倾向于向平衡增长路径收敛,而不管起点在何方。在平衡增长状态下,变量的增长率将表现为常数形式。人均资本存量和技术进步是人均产出增长的源头,但永久性的人均产出增长只能是技术进步的结果。人均最优消费以及最优资本存量可以通过对储蓄率的调节得到,从而实现所谓的"黄金律"增长。不过这种影响只是暂时性的,并不能长期持续。产出在平衡增长路径上,受储蓄率的变化影响有限。投资经由储蓄转化而来,一方面促进了资本的深化,即人均水平实现了提高;另一方面促进了资本的广化,即装备了新增人口。

"索洛-斯旺"模型假设,储蓄会全部转化为投资,即其转化率被假设为1,这和"哈罗德-多马"模型有所不同。由于采用了新古典"科布-道格拉斯"生产函数,模型中的资本与劳动可以相互替代,在给定劳动条件下,资本的边际收益率在资本存量增加的过程中会递减,最终在特定值上实现了稳定,这样就解决了在"哈罗德-多马"模型中出现的经济增长率不能自发与人口增长率相等的问题。由于模型对投资没有设定预期,经济稳定增长的结论更易于实现,先前出现的有保证的增长率与实际增长率之间不稳定的现象得以消除。经济增长过程因劳动力与资本之间可相互替代而更具调整能力,这样更能反映真实的经济。劳动力的增长不仅是数量方面的,在质量方面,如素质与能力上也有提高,它和技术进步一起共同决定了经济的长期增长率。由此,索洛的长期增长模型给我们新的启示,它告诉人们,技术进步、教育、培训等,是长期经济增长得以实现的更重要条件。

1.1.2.3 内生经济增长理论

20世纪80年代以来,经济增长理论研究取得了长足发展,建立和发展了以外在收益递增和知识外溢为典型特征的内生经济增长理论。内生经济增长理论认为资本、知识在积累过程中会产生正外部性,这些正外部性会带来非递减报酬。美国经济学家Romer(1986)和Lucas(1988)等把规模收益递增和内生技术进步引入新古典模型,提出了新经济增长理论。经济增长的动力来自一些作为内生变量的因素,包括技术进步、人力资本及知识等。从另一个角度来看,这其实是对资本概念的一种扩展,除了物质资本,知识资本与人力资本的积累都属于资本积累的内容,在经济增长中同样起着极其重要的作用。

Romer(1990)、Aghion等(1992)等指出,创新能带来垄断利润,这也是研发活动的报酬,企业追求利润最大化,所以追求技术进步是其内在要求。以Barro(1990)为代表的研究者则强调政府的生产服务;Barro等(1989)的研究,则关注人口或劳动力的迁移以及生育率的内生选择,并且分别建立迁移模型和生育率模型来对相应问题进行分析。Barro(2004)指出,索洛模型的技术外生性假定,显然是难以令人接受的。

Romer(1986)指出,在追求利润最大化的动机下,知识或技术成为厂商物质资本投入的副产品,知识或技术具有溢出效应。内生经济增长理论认为,技术进步的溢出效应使得总量生产函数表现出规模报酬递增特征。基于Arrow(1962)的"干中学"(learning by doing)理论,Romer(1986)提出技术进步是私人厂商投资研究活动而产生的新知识,Lucas(1988)则认为技术进步是教育部门进行人力资本投资的结果。知识或技术溢出导致社会均衡的增长率高于竞争均衡增长率。Romer(1986)的知识溢出模型和 Romer(1990)的研究开发模型,以及 Lucas(1988)的人力资本溢出模型,是内生经济增长理论的主要成果。从外生经济增长到内生经济增长,现代经济增长理论不断演进,这个过程同时也是新古典增长理论逐步向经济发展理论融合的过程。内生技术变化因素如知识、人力资本等在经济增长模式中得到肯定,要素收益由递减假定向递增假定演化,这更真实地反映了现代经济增长的实际。资本收益率在满足某些条件时,可以增长或者不变,按人均计算的生产水平可以实现无限的增长。

经济增长的动力来自知识和人力资本。当增加投资时,厂商的知识存量也会跟着提高,而增加的知识存量又会对其他的厂商产生积极的影响,即具有外溢效应。边干边学使得厂商的知识水平持续提高,进而影响到整个行业。新知识作为投资和生产的副产品持续积累,使得资本的收益出现递增,经济的增长得以持续。Arrow(1962)指出了新古典经济增长理论存在的局限性,认为在资本积累的过程中出现了超出预期的副产品,这就是技术进步。技术进步不只是发生在某一厂商的内部,由于这种非竞争性的知识具有外部性,通过学习,其他厂商也可以受益。因此,技术进步在经济系统中是重要的内生变量。Arrow(1962)的"干中学"理论认为,社会的技术进步率最终取决于外生的人口增长率。

厂商为了追求利润最大化,在发展研究领域有意识地加大投资,从而使得知识得到更新和积累,这是经济增长的动力所在。创新所取得的知识具有一定的排他性,在一段时间之内为开发者单独占有,从而为其带来一定的市场垄断地位。垄断所带来的超额利润,为开发者进行持续创新提供了动力。竞争对手为了改变这一局面,势必也要加大开发的力度,通过相互之间的竞争,确保了这种创新过程的持续,经济的增长也就因而得以持续。阿·马歇尔 1890 年在《经济学原理》中指出,经济增长受资本家的投资行为和企业家的经营管理活动所促进。罗斯托在其早期关于经济增长的研究中,对西方国家从传统的封建社会向现代化演进的历史过程,从经济史的角度进行了深入考察,他认为把国民收入储存起来进行投资是非常必要的,这个比例如果能达到 15%—20%,经济增长率就会迅速提高。西蒙·库兹涅茨在 1971 年指出,制度的调整,有助于人类的创新活动,从而使得先进技术不只是一种潜能,而是在促进经济增长中发挥实实在在的作用。

在新贸易理论的启发下,罗默(Romer)、格罗斯曼(Grossman)以及克鲁格曼

(Krugman)等将内生型创新模式的应用进行扩展,发现世界经济的长期增长与各国政府所采取的贸易政策有关。其背后的机理是,由于政策的激励,所在国的技术投资结构会进行相应的调整,这种调整通过国际贸易进而对全球经济的增长产生实质性的影响。参与贸易的发达国家以及发展中国家,在全球经济调整的过程中会不同程度地受益,这主要是因为知识外溢的效应。后进国家如果把握住适当的机会,在一些重大技术的变革中有望获得更大的益处,甚至可能实现"蛙跳"式的增长。经济学家们从不同角度开展了有关增长的更深层次决定性因素的研究,一些学者强调制度、规则和规章,它们决定着创业才能的分配(Baumol,1990),一些则强调利益关系和激励结构(North,1990),有的强调贸易和开放程度(Krueger,1997),以及地理作用的重要性(Bloom et al.,1998)。

亚当·斯密早在200多年前就已经在著述中涉及前述更深层次的决定性因素。学者们通过论证来分析经济增长中知识、技术的作用,是对新增长理论的重要贡献,有助于人们重视物质资本之外的其他因素特别是技术创新在现代经济增长中的地位和角色。但在考虑制度和市场作用方面,一般学者们尚有所欠缺,他们的注意力更多地集中在知识和人力资本方面。North(1990)开创性地在经济增长研究中引入了制度因素,他运用现代产权理论,将制度作为内生变量进行综合研究,从而发现了制度的决定性作用。从这一点看,新制度经济学在新增长理论的基础上,为经济增长理论作出了新的贡献。除了市场范围的限制,协调成本和知识获取的限制,也让分工受到了制约。分工的扩展和知识积累之间存在着相互作用。

罗斯托(2001)在他对经济增长分析的史学回顾中,提出了一个核心命题,认为经济增长一直建立在这样或者那样的某种形式的普遍等式或者生产方程之上,罗斯托说,不论是休谟的经济短文,还是亚当·斯密的《国富论》,还是新古典经济增长模型,事实上都可以用如下公式进行概括,一国的经济增长能力可以归纳为:

$$Y_t = F(K_t, N_t, L_t, A_t, S_t)$$

这里,K_t、N_t、L_t分别代表资本存量、自然资源和劳动投入,A_t代表知识或者技术水平,S_t代表社会文化安排,或者社会能力。这个普遍的等式包括了经济增长的直接和基本原因。罗斯托(2001)考察了西方国家由封建社会向现代化的发展过程,从经济史的角度研究经济增长,他认为增长源自储蓄,只要能够把国民收入的15%到20%从消费转化为可用于投资的储蓄,经济的增长水平就会大大提高。在《现代经济增长》中,库兹涅茨(1989)以大量详实的数据来支持其对经济增长的研究成果,认为对于经济增长来说,先进技术所提供的只是潜在的可能,要想真正地发挥作用,需要充分地利用人类在历史中积累的宝贵文明成果,这还有赖于制度和意识形态的配合。

1.1.3 金融发展与经济增长

经济增长与人们的物质利益密切相关,是社会活动中最受关注的经济目标之一。金融发展和经济增长的研究,源起于熊彼特 1911 年的《经济发展理论》,该书提出了金融发展对技术创新和经济增长的促进作用。随后大量的实证研究也证实了熊彼特的观点(King,1993;Rajan,1998)。金融发展通过增加资本积累和推动技术创新促进经济增长,其功能在于促进储蓄、分配资源、实施公司控制、促进风险管理以及促进货物贸易、服务和契约的达成。金融业的出现与发展能够更大程度地降低交易成本,提高企业经营效率和经济效益,扩大市场交易规模,进而提高整体经济增长绩效(Levine,1997)。

虽然大部分理论研究都支持金融发展的正向经济功能,但是如果非理性的金融发展自发地脱离经济运行轨道的束缚,则会导致金融发展与经济增长的负效应(周丹,2017)。Blackburn et al.(1998)的理论模型就描述了金融发展与经济增长间存在双向因果关系。持金融发展与经济增长负向关联的核心观点认为,金融发展,尤其是银行发展,通过资源分配提高储蓄回报,因此可能导致储蓄率的降低;当储蓄与投资间的外部效应显著时,金融发展的结果就可能形成对长期经济增长的阻碍效应(Beck et al.,2004)。后来的实证研究,为金融发展和经济增长的负向关联关系提供了佐证。如果考虑不同经济体之间的特质结构差异的影响,金融发展对经济增长的影响可能微不足道,甚至还可能是负面的(Ram,1999)。Khan et al.(2003)的研究更指出,金融发展(银行发展)的影响会变得不显著,可能的原因在于:银行发展与经济增长之间存在非线性关系;金融发展相对经济增长,其实际变化非常缓慢,解释能力当然也就有限,金融发展的度量指标也不足以精确地衡量金融市场的变化,特别是结构性的变化特征。如果考虑银行间接融资与股市直接融资的相互替代关系,随着金融发展,资本市场渐趋成熟,银行发展受到挤压和冲击,由此造成银行发展与经济成长的结果之间关系并没有那么紧密,相关性也变得并不显著。Levine(2003)对于银行发展可能会阻碍经济增长给出了三个方面的解释:其一,当银行对企业具有巨大影响力,乃至影响到其投资或债务决策时,银行发展便会侵蚀企业利润,阻碍中小企业成长;其二,银行信贷本质上就偏向于审慎,因而其对企业的风险项目、对于企业创新,可能较难给予有力支持;其三,由于信息不透明,银行和关系企业可能结为利益共同体,为自身利益而损害其他投资人和债权人的正当合法利益。

1.1.3.1　银行类金融中介促进经济增长的途径

银行类金融中介和资本市场在实现其功能时也存在差异(Stiglitz,1985)。如何克服金融发展的负面效应,发挥金融发展的经济增长促进作用,是现有研究的非常重要的方面。银行类金融中介对经济增长的作用机制体现在以下四个方面。

第一,银行在项目选择方面具有信息优势,能够通过有效的资源配置促进经济增长。具有信息处理优势的银行类金融中介通过对资源的有效配置和对借款人的有效监督来促进经济增长。信息对资源配置的作用机制体现在两个方面:一是在贷款发放前,银行需要信息来作出是否发放贷款的决策;二是在贷款发放后,银行需要信息来监督借款人以确保利息和本金的收回。银行类金融中介利用其收集和处理信息的成本优势来提高资源配置的效率(高军等,2020);银行类金融中介通过为投资提供资本来促进经济增长,而经济增长反过来又能为金融提供资本,使得金融发展和经济增长形成良性循环。除此之外,银行类金融中介还通过识别最好的生产技术和最有才能的企业家来促进技术创新,从而推动经济增长。银行类金融中介信息处理效率和信息生产能力的提升有助于降低企业投资的实际报酬率与外部投资者报酬率之间的差异,而这二者之间价差的下降有助于经济体资本的积累和收入的增加(Greenwood et al. ,1990)。

第二,银行的监督有助于提升资本使用效率,从而促进经济增长。Diamond(1984)探讨了银行类金融中介对借款公司的监督功能。银行类金融中介吸收大众存款,再将大众存款贷给企业,并代表众多的存款人监督借款公司。由于银行类金融中介代表所有存款人进行监督比每一个存款人自己监督借款公司具有成本优势,且能解决"搭便车"的问题,其将这种机制称为"代理监督"。因此,银行类金融中介代表存款人监督借款人的效率更高。银行类金融中介对借款公司的监督降低了股东在公司治理中的监督成本,从而减少了信贷配额并促进了生产效率提升、资本积累和经济增长

（Bencivenga et al.，1996）。

第三,银行的风险管理功能帮助维持经济的稳定运行。Allen 等(1997)论述了银行类金融中介在跨期风险分散中的作用,指出宏观经济冲击等风险不可能在某一时点上完全分散,但银行类金融中介可以通过长期投资实现跨期风险分散。流动性反映了投资者可以将金融工具按协商的价格转变为购买力的成本和速度。金融体系可以通过提高金融工具的流动性来增加对长期投资项目的融资,进而促进经济增长。Diamond 等(1983)阐述了银行对流动性风险的管理,在他们的模型中,存款人可以在两个项目之间进行选择,一个是高回报但流动性较差的项目,另一个则是低回报但流动性较好的项目。因为存款可以在消费时间不同的人之间分散风险,所以银行可以将流动性较差的资产转换为流动性较好的资产,以消除长期投资项目的流动性风险。

第四,银行的流动性管理功能,通过为长期投资提供资金来促进经济增长。银行类金融中介的出现避免了重复监督,而且银行与创新者之间的契约将激励和监督有效结合,进而有利于调动创新者的积极性。因此,金融发展通过促进创新来推动经济增长。关于银行业结构与经济增长之间的关系的现有研究着重于考察银行业的竞争程度对银行体系的经济绩效的影响。

基于产业组织理论的传统智慧认为:垄断的银行业结构不利于经济增长。因为相对于竞争性银行,垄断性银行可以向储蓄者支付较低的利率,进而降低了储蓄率并导致信贷配给;即使不存在信贷配给,垄断性银行也会索取更高的贷款利率。因此,垄断性银行业结构不利于资本积累和经济增长。竞争性银行能够对借款企业形成更强的预算约束,更有利于为风险较高的新企业提供融资。但也有研究认为垄断性银行业结构更便于克服信贷交易中的逆向选择和道德风险问题(Petersen et al.，1995)。但无论如何,银行本身存在委托代理(股东和管理层之间的委托代理、存款人和银行之间的委托代理及小股东和大股东之间的委托代理)问题,如果银行自身的治理机制不完善,就会阻碍其对经济增长促进作用的发挥。Acemoglu 等(2008)发现,当可以有效地控制政治家时,政府分配将比市场配置更加有效。至于经济结构和金融结构的关系,资产密集型产业结构(第一产业和第二产业主导)的国家倾向于银行型金融结构,而服务业主导(第三产业主导)的国家更倾向于资本市场主导型金融结构。金融结构变化也是经济结构变化的结果(Allen et al.，2018)。

1.1.3.2 资本市场促进经济增长的途径

资本市场在同一时间点上的风险分散能力更强,而银行类金融中介在跨期的风险分散方面则表现更优(Allen,1997)。资本市场促进经济增长的相关理论认为,资本市场通过降低投资风险和促进长期项目的投资两种渠道影响经济增长。资本市场发展能够降低投资者购买和出售金融资产的交易风险和交易成本,使得企业更容易获得资本市场融资,更愿意投资长期项目,从而提高了资源配置的效率(Bencivenga et al. ,1996)。金融市场价格信号和其他信息可以帮助经济体将资源配置在回报率最高的项目上,从而促进经济增长。另外,资本市场提供的流动性降低了投资者的异质性风险,阻止了长期投资的提前清算。这促使更多的投资者将资本投向期限更长、回报率更高的项目,从而促进经济增长(Greenwood et al. ,1997)。股票价格包含了两类信息,一类是关于投资机会的信息,另一类是关于管理者过去决策的信息,资本市场通过传递这两类信息间接指导企业投资(Dow et al. ,1997)。因此,资本市场通过企业股票的价格引导资金流向,将资本从生产效率较低的产业转向生产效率较高的产业,从而发挥资本市场的资源配置功能。《金融结构和经济发展》一书最早对 35 个国家 1860—1963 年的金融发展对于经济增长的影响展开研究,用金融中介部门的资产与国家的总经济产出之比来度量金融发展程度,这成为后来金融发展和经济增长研究的主要衡量指标。金融部门的规模和经济增长之间存在着正相关关系。金融发展影响经济增长的两种途径为增加资本积累和提高经济效率(King et al. ,1993;Levine et al. ,1998)。资本市场流动性——股票交易金额与经济规模(GDP)之比以及资本市场(市值)与经济规模之比对当期及未来的经济增长率、资本积累、生产率增长的影响显著为正。金融发展不但降低了企业外部融资成本,还为企业提供了投资和营运所需资金(Rajan et al. ,1998)。资本市场的发展对经济增长的促进作用主要通过以下三种途径来实现:

第一,资本市场将更多和企业相关的信息包含在股票价格中,投资者和管理者通过更加准确的 Tonbin's Q 值来区分好的和差的投资机会。第二,资本市场同样具有监督公司管理者的功能。Holmström 等(1993)构建了资本市场监督管理者的理论模型,认为股票价格将管理者和股东的利益捆绑在一起,股票价格包含了当前和未来盈利信息以外的其他信息。股票流动性的提高将促使投资者花费更多的时间挖掘公司信息以获利,而这类信息搜集行为监督了管理者。同时这类信息交易者使得股票价格的信息含量更高,从而可以促使签订的契约更有效。资本市场使得国有股权比例下降,而国有股权比例的下降反过来又提升了资本市场的配置效率。这可能是因为国有企业承担着政治目标,其运营目标可能并非完全是企业价值最大化。另外,预算软约束和较低的监督水平使得国有企业的管理者提高效率的动机不强。第三,因为少数股东权益保护将限制向"夕阳"产业的投资,所以较强的少数股东权益保护将提升资本配置效率(Wurgler,2000)。

资本市场发挥资源配置功能和价值发现功能的前提是市场化,当资本市场的发行和定价受到管制时,就会存在套利机会,从而扭曲资本市场的价值发现和资源配置功能。

1.1.4   资本深化制约下的贫困恶性循环

Nurkse(1953)认为,发展中国家之所以经济发展停滞,主要原因是资本匮乏。经济停滞和收入低下导致贫困,而资本匮乏、投入不足导致了经济停滞和收入低下,发展中国家要想实现经济的快速增长,需要首先解决好资本形成及投入的问题。当社会将产出没有全部用于消费,而是将其中的一部分用于生产资本品以增加生产效能的时候,资本形成就开始了。

舒尔茨基于对危地马拉和印度的农业发展研究发现:尽管当地农业基础薄弱,农民非常贫穷,但生产要素的配置并非如大多数人所预料的那样效率低下,反而是有效的(Schultz,1964)。传统农业生产率和收益率低,农民对市场不敏感,农业生产存在相当的不确定性,进而导致"贫困的恶性循环"。农村居民的低收入水平和农户投资主体现状,造成农业资本积累困境。为了寻求摆脱贫困、实现增长与发展的路径,美国经济学家纳尔逊(Nelson R. R.)提出了低水平均衡陷阱理论。纳尔逊最早于 1956 年提出低水平均衡这个发展经济学概念,它描述了人均国民收入增长缓慢的情况下人口增长与国民收入持久均衡的关系。这一理论实际上是进一步强调了投资对于发展中国家资本形成的重要性。纳尔逊认为,人口过快增长是令发展中国家人均收入停滞不前的"陷阱",解决这一问题需要进行大规模的资本投资,保证其和产出的增长超过人口增长,以破解低水平均衡僵局,实现人均收入的提高和经济增长。

根据纳尔逊的低水平陷阱理论,由于发展中国家处于低收入水平下的均衡状态,其收入仅能维持生命或接近维持生命的水平,维持着低水平的均衡。在这种情况下,人均收入超过最低水平后会被人口增长所抵消。要使产出增长超过人口的增长,摆脱低水平陷阱,需要进行大规模的投资。农村居民低下的收入水平和储蓄水平,限制了农业资本积累能力,使得这种已经存在的低水平陷阱成为农业长期发展的一大障碍。投资是增长理论的核心,有效需求与资本供给不足是发展中国家面临的双重发展障碍,只有给经济来一次大推动,对国民经济各部门进行全面、大规模的投资,才能够实现国民经济的快速跨越,脱离贫困恶性循环陷阱,这也被称为大推进理论。对于中国当前的农业发展来说,摆脱低水平的均衡状态,需要以投资为抓手,通过推进资本深化来使其发展实现更高水平的均衡。

经济发展史中的每一个案例,都以不同的方式向我们诠释了资本这个角色的不可或缺。当资本积累速度跟不上人口增长时,经济增长的成果会被不断增加的人口所摊薄,世界经济增长的速度势必放缓(Kremer,1993)。在人类历史上,经济更多地表现为广度增长,通常延续几个世纪之久。最重要的拐点是从广度增长到深度增长的转折时期,这种转折时期可能持续 10 年或者 20 年。对于以往由农业主导的经济体而言,实现持续的深度增长,这种可能性是极低的。Young(1994)在对比东亚地区与其他经济区域的经济增长方式之后,指出在 1960 年到 1985 年,每一个新兴工业经济体都经历了投资占 GDP 比例显著上升的过程。也即在此期间,资本深化对这些经济体的经济增长具有较大的促进作用。Young(2000)在其论文中明确指出,东亚奇迹主要是依靠投资拉动的,技术进步对经济增长的贡献极小,资本—产出比不断攀升的同时,全要素增长率却在不断下降。迄今为止,关于人口与技术进步以及人均收入长期增长趋势的关系研究仍然是缺失的,即使在内生增长理论的繁荣时期,也处于被忽视的地位(杨斌,2011)。

在所有政策问题中,最为基础的问题就是是否存在这样一种政策:它可以为一个无所不知的、无所不能的、仁慈的社会规划者所采用,来为一个经济体中的所有个人提供福利(Romer,1989)。在传统农业贫困循环的状态下,每一个农业和其他行业从业人员的福利都受到不同程度的影响,解决好农业问题,无疑是每一个管理者都乐见其成,每一位社会成员都会积极配合的。在 Schultz(1964)看来,传统农业是一个经济概念,是"完全以农民世代使用的各种要素为基础"的农业,在迅速稳定增长的能力上有所欠缺,为此需要将其改造成现代农业。他反对生产要素在传统农业中配置效率低下的观点,批驳了所谓的隐蔽失业论。他认为,传统农业对发展中国家的经济增长贡献甚微,要以制度来作为传统农业改造的保证,运用以经济利益刺激为基础的市场配置资源方式,通过农产品和生产要素的价格变动调动农户的积极性,强调适度规模。他指出只有使新的要素在使用中有利可图,农民才会真正乐意接受,这就需要新的生产要素在价格和产出上有着旧要素不具备的优势。土地可获得程度和土地生产率决定了深度增长程度,随着农业土地资源的枯竭,规模收益递减开始出现。土地和劳动力都是农业生产的必要投入,除了要素本身的质量和数量会对生产效率产生影响,不同的社会经济发展环境和制度设计安排也会影响资源利用和分配方式(刘晓宇等,2008)。

　　把传统农业改造成一个高生产率的现代经济部门的农业供给侧结构性改革需要劳动力、资本、技术与制度四大要素的协调同构,其关键在于提高现代物质资本投入和培育掌握现代技能的农民。现代农业是指应用现代科学技术、现代工业提供的生产资料和科学管理方法的社会化农业。在按农业生产力的性质和状况划分的农业发展史上,现代农业是最新发展阶段的农业,主要是指第二次世界大战后经济发达国家和地区的农业发展模式。资本是农业生产的重要元素,资本积累对农业增长和发展至关重要(Butzer et al.,2010)。农业资本的深化和要素配置的优化组合,共同影响着要素生产率(黄宗智,2010)。在中国农业领域发展不平衡不充分的背后,是资本投入、资本积累、资本深化的不足。政府对农业的投入虽持续增加但总量仍然有限,无论是与农业自身的贡献还是与国际经验相比都还有不小的差距;农户收入增长乏力,同时消费途径的资本外流现象还比较突出,资本积累能力欠缺,投入的不足严重影响了农业经营水平的提高;金融信贷机构对农村资金的抽吸仍在持续,代表性地区农业信贷资金流失、存贷差进一步扩大的趋势并未得到有效扭转;工商资本对农业的投资还面临着体制、政策、市场等方面的制约,投资环境还需要得到进一步的优化。资本深化的不足,对中国农业全要素生产率的增长、对中国农民收入水平的提高、对中国农村现代化的推进,都起到了明显的阻滞作用。推进中国现代农业的发展,要高度重视资本的作用,更要积极吸引资本的参与,通过资本市场参与,促进农业现代化发展。

1.2　西方投资理论发展

1.2.1　西方宏观投资理论发展

1.2.1.1　古典投资理论

虽然古典学派在规范的意义上论述了有关投资理论的基本问题:谁为投资主体、投资于什么产业、投资规模的决定等,并且为这些原本不同的问题发现了共同的准则——利润最大化,但古典经济学尚未形成完整的投资理论体系。古典学派经济学家关注的核心是国民财富的增长,投资理论要回答的首要问题就是如何组织有效的投资活动,但投资学的起源可以追溯到古典经济学对于资本问题的研究。

16世纪到18世纪中叶,是资本理论形成的古典前雏形阶段。该理论体系认为:投资是流量,它所对应的存量是资本。亚当·斯密在《国富论》中详细论述了资本利润、资本用途与风险收益之间的关系,以及地租的产生、资本配置方式、资本的作用等问题。但为了解决古典经济学说中的资本积累中储蓄和投资的不可避免的分离特征,古典经济学假定:每一个储蓄决定和相应的投资决定相重合,以致储蓄实际上可以没有任何障碍地、理所当然地转变为(实物)资本(张中华,2001)。古典学派基于经济人的假设,将大量的个人和组织设定为投资主体;基于供给自动创造需求的"萨伊定律",提出了投资决定命题,投资选择基于绝对成本和相对成本;投资选择是基于可投入要素的限制,考虑机会成本、成本收益分析和投资边际收益的决策行为。斯密认为,投资者把资本用来支持国内产业,通过努力经营使产出价值达到最高,这不仅能够增加投资者本人获得的利润,而且会导致社会福利的增加。当然,投资者在进行投资活动时并没有想到要增进社会公共利益,他也不知道他自己能在什么程度上增进那种利益,然而个人的利害关系与情欲,自然会使他们把资本投在通常最有利于社会的用途上。因此,"要是听任资本和劳动寻找自然的用途,社会的资本自会迅速地增加"。充分的自由贸易和国际分工,不仅能使资本投到最有利的地方和部门,而且能使本国的土地、气候和资源等最有利的条件得到充分利用,从而使本国生产出与别国相比成本最低、生产力最高的产品。斯密的这种以绝对利益原理为基础的投资分工理论是以生产上的绝对优势、成本上的绝对差别为依据的,它适用于自然条件优越、生产技术先进的国家,而对自然条件恶劣、生产技术落后的国家则不利。

1917年克拉克最早探讨了加速数原理。加速数模型假定一个企业的投资决策取决于其产品的需求变动。因此,企业的投资规模与其产出成比例,一单位产出增加所导致的投资增加的数量即为加速数,总投资与当期和滞后期的总产值及滞后期的资本存量相关,滞后期的长度由投资项目的性质决定。边际生产力是指在其他条件不变的情况下,追加的最后一个单位的生产要素所增加的产量或收益。

在此基础上,艾文·费雪1930年在《利息理论》一书中系统阐述了投资理论。社会公众让渡现在的物品,就必须取得报酬即利息;利息产生于物品与将来物品交换的贴水,它是由主观因素与客观因素共同决定的。主观因素就是社会公众对现在物品的时间偏好;客观因素,就是投资机会,企业家总是选择最好的投资机会,在利润率大于利率时进行投资。

1.2.1.2　凯恩斯投资理论

西方投资理论发展的第一阶段,以20世纪30年代凯恩斯的宏观经济学革命为标志。凯恩斯之前的古典经济学家们认为储蓄可以自动转化为实物资本,因此并未形成能够解释经济现象的投资理论。新古典经济学家们只是从方法论的意义上形成了早期的"微观投资思想",但是直到凯恩斯开辟了总量分析投资活动的研究途径,并与新古典经济学的微观投资思想相结合,才首次完整地形成了宏、微观的"西方投资理论体系"(许璞,2011),把对投资的研究上升到了理论的新高度,也奠定了凯恩斯在宏观经济学领域无可撼动的历史地位。

20世纪30年代,世界范围的经济危机爆发,凯恩斯(1983)开宏观经济学之先河,一反古典学派关于"经济人"投资主体利润最大化的简单假设,提出了基于总量分析的投资决策方法论,以有效需求不足解释总量投资,将投资置于其理论分析的核心地位,极大地促进了投资理论的发展。在1936年发表的《就业、利息和货币通论》一书中,凯恩斯在以克拉克为代表的加速数理论基础上形成了其宏观的投资乘数效应理论。《就业、利息和货币通论》标志着凯恩斯投资理论的产生,他在书中提出了投资变化和收入变化关系的乘数论。总投资增加时,收入的增量将是投资增量的 n 倍,这个 n 就是投资乘数。由于乘数的作用是双向的,投资对经济的影响会逐渐放大。

凯恩斯认为,一个人购买投资物品或资本设备时,实际上购买的是在未来获得预期收益的权利,投资实际取决于资本边际效率(marginal efficiency of capital,MEC)与利率的对比,当资本品的边际效率大于当前利率时,投资会增加。但资本边际效率随着资本品的投入逐渐降低,直至下降到与市场利率相等,则资本品投资不再被追加。设 Q_1、Q_2、Q_3……Q_n 是预期从出售产品所得到的一系列连续收入,r 是资本边际效率,PV 为供给价格,则有:

$$PV = \sum_{i=1}^{n} \frac{Q_i}{(1+r)^i}$$

按照凯恩斯的说法,如果资本边际效率大于利息率,投资者认为有利可图,就进行投资;如果资本边际效率小于利息率,则不进行投资。内部收益率法和净现值法就是凯恩斯主义投资理论的方法论基础。引起资本边际效率递减的原因主要有两个:第一,投资的不断增加必然会引起资本品供给价格的上升,而资本品供给价格的上升意味着成本增加,从而会使投资的预期利润率下降;第二,投资的不断增加会使所生产出来的产品数量增加,而产品数量增加会使其市场价格下降,从而投资的预期利润率也会下降。资本边际效率递减使资本家往往对未来缺乏信心,从而引起投资需求的不足。凯恩斯学派认为,总投资不足的原因来自经济人的三大心理法则:边际消费倾向递减、资本边际效率递减和流动性偏好。投资者的投资决策是对利息率和资本边际效率的比较的结果。资本的边际效率是使未来收益折算成现值恰好等于新增资本设备重置价格的贴现率。换句话说,就是供给价格等于折成现值的预期收益。

1.2.1.3 新古典投资理论

20 世纪 30 年代至 60 年代,在凯恩斯思想体系的指引下,其后的经济学家们又对其投资理论进行了不断的完善,为宏观投资理论的微观基础深化提供了思想基础,也促使宏观投资理论的发展于 60 年代达到了顶峰。从研究内容来看,这一时期的投资理论继续沿着"宏观投资"和"微观投资"两个方向发展,并一改早期凯恩斯主义以"实物的宏观投资"研究为主的倾向,开始重视宏观投资理论的微观研究基础,发展出了多样化的动态投资模式、技术经济理论、间接投资的投资决策问题。边际学派和以马歇尔为代表的新古典学派通过投资分析方法的革命,进一步深化了古典学派的投资理论。19 世纪到 20 世纪 30 年代的边际分析和数理方法的引入,为微观实物投资理论发展奠定了基础。

乘数理论强调投资、消费支出等变化在决定均衡产出时的倍增作用,而加速数原理说明产出的增减会引起投资成倍地增减,进而引起投资更大幅度地增减。Samuelson(1939)在此基础上提出了乘数-加速数模型,将产出水平、产出价格及资本使用成本设定为投资函数中的三个主要影响因素,有效地解释了经济周期变化的原因。

马歇尔(1983)在论述资金的投放与分配问题时,提出了与生产成本有关的"投资的外限"或投资的"有利边际"的概念。随着投资的逐步增加,增加的投资所带来的收益会被所需要的劳动和资本所抵消,而投资规模的扩大就处于"投资的外限"或它的"有利边际"。生产者在把他的资本投向企业的各个生产要素时,会以达到"有利边际"为止——"直到在他看来没有充分理由认为在该特定方面进一步投资所带来的利益会补偿他的支出为止。"马歇尔进而指出,"有利边际,甚至就同一工业部门或分部门来说,也不能被看作是任何可能投资的固定线上仅有的一点;而是被看作和各种可能线相切的一切不规则形的界线"。

新古典(neoclassical)投资理论,是以 Jorgenson(1963,1971)为代表的经济学家们在 20 世纪 60 年代发展起来的,严格地说,新古典投资理论描述的是稳定状态下的理想资本水平及其决定因素之间的关系。该理论基于边际分析法、市场完全竞争、生产要素相互替代可能等假定,有助于克服以往投资理论单纯从宏观上分析问题的缺陷,从投资行为的微观经济主体研究出发,通过生产函数的现值最大化来确定投资水平,描述了稳定状态下的产出和资金的使用成本水平及其决定因素之间的关系。新古典学派将边际原则和数理方法引入投资分析,基于边际原则的成本-收益分析和机会成本分析,深化了古典学派的投资思想,为评价投资效益、投资选择、制定投资决策奠定了理论基础。与此同时,边际主义方法论上的革命,开始将投资转化为实证的研究对象,使投资理论研究重心发生了转移,即从动态的累积转向静态的资源配置,从供给的成本转向需求和效用。边际分析方法的运用为投资从规范和定性走向实证和定量提供了基本的分析逻辑,效用和边际概念为投资分析设置了统一的出发点,数理分析为投资提供了精致的工具,机会成本和边际成本收益分析奠定了投资分析的整体框架。1971 年,Jorgenson(1971)提出了以长期利润最大化为目标的厂商最优投资行为理论。在市场完全竞争、生产要素自由替代的前提下,厂商跨期决策的最优资本存量由产出水平、产出价格和资本使用成本共同决定。其中,资本使用成本由资本品的市场价格、折旧率、实际利率和资本的时间价值决定。其核心观点为最优资本存量的水平是能够实现公司现值的最大化的资本存量水平。

与其基本原则类似的是 q 理论。它最早由 Tobin(1969)提出,经过扩展,成为 20 世纪 70 年代至 80 年代的主流投资理论。Tobin(1969)假设资本的折旧率为零,厂商的投资水平取决于新增资本的市场价值与重置成本之比(该比值用 q 表示)。但从本质上来讲,以上两种理论的基础都是净现值原则,仍属于凯恩斯的投资理论体系,即投资到增加的单位资本的价值正好等于其成本为止。

$$q = \frac{\text{企业资产的市场价值}}{\text{企业资产的重置资本}} = \frac{mv}{rc}$$

企业资产的市场价值(mv),即其在股票市场上的价值;企业资产的重置成本(rc),即其股票所代表的资产在当前生产或重新购置的成本,也就是企业追加资本的成本。本质上说,托宾 q 就是企业追加单位资本在股票市场上所预期的、未来边际收益的贴现值。如果托宾 $q>1$,则公司的市场价值高于其重置成本,则追加资本的成本将小于资本收益贴现值的市场评价,因而投资者有利可图而增加投资。如果托宾 $q<1$,则企业资本的市场价值小于其重置资本,会导致企业投资减少。$q=1$,是均衡值。投资是 q 的增函数。当 $q>1$ 时,企业投资意愿增加;反之投资意愿减少。q 理论把对未来预期收益的评价与金融股市的估价联系起来,这为理论检验提供了很大方便,因为经济学家们不用再去想办法估算由投资产生的未来预期收益的折现值。(1)q 理论为投资分析提供了一个较好的方法,对各类投资主体来讲,可以作为进行投资或扩大投资的参考依据之一。(2)q 理论还有助于分析宏观经济的投资活动,因为 q 的计算比较容易,可作为分析宏观投资形势的方法之一。

1.2.2　实物投资与微观金融投资理论的融合发展

金融资本市场的不断发展,催生了具有划时代意义的证券投资组合理论和期权定价模型,形成了微观金融投资理论的基石,接着金融投资理论的思想又逐渐渗透到实物投资领域,为实物(产业)投资理论的研究打开了新的视野,使得对微观投资领域的研究成为人们关注的新焦点,以 20 世纪 60 年代第一、第二次华尔街革命为标志。随着金融资本的迅速发展,西方投资理论研究关注的焦点脱离了原凯恩斯的理论框架,并向着"金融的微观投资"研究领域发展,而后,高度发展的金融投资理论的思想又反哺于实物投资领域,促成了两者的融合(许璞,2011)。

传统的产业投资理论(微观实物投资理论)对是否投资与何时投资的回答,是基于马歇尔的长期与短期均衡分析。产业投资理论认为:对价格与长期平均成本的比较将回答是否投资与何时投资的问题,而对价格与平均可变成本的比较将回答何时停止生产或退出产业。不幸的是,对现实的观察所得出的结论与上述理论分析之间存在着很大差异。许多研究发现,企业对于一项投资所预期的长期收益要远远大于为这项投资所投入的成本。许多企业即使长期处于亏损状态仍在继续营运,即使市场价格严重低于平均可变成本仍是如此。20 世纪 70 年代后,随着金融投资理论的思想向实物领域的渗透,不确定性和不可逆性成为产业投资研究的重点,多种不确定条件下的投资决策模型被发展出来,实物期权理论被引入对不确定条件下的产业投资决策分析。实物期权理论方法强调未来投资收益的不确定性、投资成本的沉没性、投资项目执行时机的灵活性以及投资时机的战略适应性。

金融期权理论运用于项目投资,将管理者的柔性与项目的可延迟性相结合,拓展了传统项目价值的内涵,经过近 30 年的研究与发展,实物期权方法已经有了一定的理论基础。新的微观理论模型的核心是经济个体的调节行为及调节过程中的摩擦,对实物期权投资决策与投资成本具有不可逆性。经典的微观经济理论所解决的个体优化行为实质上是静态经济环境中的一种理想状态。当经济处于动态的演化过程中,经济个体将根据新的信息和变化了的环境不断地重新优化以得出新的理想状态。由于存在着调节成本和未来风险,经济个体不可能随时随地进行调节以使自己时刻保持在理想状态,事实上,这种情况下的优化行为是容忍现实状态与潜在的理想状态之间存在差异或偏离。当然,这种偏离将使决策人的利益受到损害。决策人将对这种损害的程度与进行调节所承担的成本和风险加以比较。只有当前者大于后者时,经济决策人才会进行调整。因此,这种缓慢的或滞后的调节行为实际上是一种个体优化行为,关于这种行为的理论又称为惰性行为理论(theory of inertial behavior)。不可逆性投资理论便是惰性行为理论的一个典型例子。

实物期权投资理论中,"没有体现人的活动"是个重大缺陷,针对寡头垄断竞争的市场结构特征,在把博弈论纳入经济学体系的同时,逐步发展起来的期权博弈理论(option game theory)探讨了有效市场条件下(理性)决策者的投资决策博弈规则与投资时机。Lambrecht等(2003)将投资估价理论与方法又向前推进了一步,把实物期权的最优停时理论与博弈论的动态时机博弈结合了起来。博弈论与实物期权相结合的分析方式成为考虑竞争因素的不确定性投资决策的最好选择。实物期权理论暗含的假设是无论投资人具有怎样的个人差异化特征,他们都应该在最优的期权执行点进行投资。如果我们在未来收益与成本都是确定的情况下考察投资人的投资行为,那么唯一的不确定性就是来自竞争对手的不确定性,如果说投资人可以准确地预测对手的行为,那么最优的决策是确定的。但是在现实中投资主体存在相当的差异,他们的投资决策不可能是统一的,投资人要想获得最大化的利润,必须基于对他人特征的认识来预测他们的投资行为。因此投资者在作出投资决策时,必须考虑其他投资者的竞争。不考虑竞争的传统实物期权模型往往导致过大的投资延迟等待时间,这与大量的实际决策不相一致,从而使得更好地理解市场运作与实际投资时机决策受到局限。

1.3　投资与农业投资

1.3.1　投资的内涵

企业发展的驱动因素是资本,企业发展取决于投资,投资是企业发展的第一生产力。投资是流量,它所对应的存量是资本。投资是指投入当前资金或其他资源以期望在未来获得收益的行为。作为一个内涵颇为丰富的术语,投资对不同的人有不同的含义。《新帕尔格雷夫经济学大辞典》中收录了与投资相关的若干词条,如投资(investment)、投资与积累(investment and accumulation)、投资决策标准(investment decision criteria)和 IS-IM 分析等。马克思在《资本论》中指出,投资是货币转化为生产资本的过程。投资是牺牲当前消费、旨在形成资本以增加未来产量的一种经济活动(杜两省,1996),是指实际资本的增加或者用于增加物质资本存量的支出流量(赵晓雷,2003)。投资是各种行为主体为了实现特定目的和预期收益,而将其所拥有的财产或资产作为资本运用并形成相应资产的社会经济活动(刘昌黎,2009)。

投资是指特定的经济主体,在一定时期内、在某一领域内,以资金或资金等价物进行出资的经济行为,其经济行为具有明确的经济目的,要在可预见的未来获得回报(徐淑红,2016)。

投资是指当前投入资金或其他资源以期在未来获得收益的行为(博迪,2012),其基本要素包括投资目的、参与主体、标的和市场。投资的定义通常包括两个方面的特征:第一,投资概念和资本概念密切相关,经济学家普遍从资本和资本形成的角度来研究投资的内涵;第二,投资活动主要包括投资主体、投资客体、投资目的和投资方式等几个基本要素(郎荣燊,2017)。

简单地说,投资是经济主体将资本运用到某一领域以获取未来收益的经济活动。投资过程就是经济主体实现资本增值的过程。具有资本来源或投资决策权的投资主体包括政府、企业和个人;投资目的即实现经济利润,也可扩展为社会收益;投资客体即投资对象、目标或标的物;投资方式指资本运用的形式与方法。资本是和投资密不可分的概念。一般地,我们可以从两个角度来定义资本:一是从社会关系的角度,其中最有代表性的是马克思的定义,认为资本是资本家通过剥削工人进而获取的剩余价值的价值;二是从经济生产力的角度,认为资本是任何能够让使用它的人获取利润的经济量。

Samuelson(1966)认为资本是生产要素,是一种本身就是经济产出的耐用投入品。通过区分货币与资本,我们认为货币是一种流动手段,而能够实现增值目的的货币则被视为资本(North,1691)。资本的范畴同样处于动态的发展过程之中。Schultz(1961)提出人力资本的概念,劳动者具有的知识、技术、能力和健康这些能够产生经济价值的特征构成了人力资本。Stewart(1997)提出知识资本是知识、信息、知识产权和经验等能够创造财富的要素。Coleman(1988)认为资本还包括社会资本,其表现为信任、互惠、人际网络和协调合作。随着经济发展过程中资源消耗和环境可承载力问题得到关注,由生态系统组成的自然资本也得到了重视。在现代人的视角中,资本可以分成以下几大类:(1)包括机器设备、工厂、建筑、存货在内的实物资本;(2)由现金、货币手段构成的金融资本;(3)知识、技能、健康等质量因素构成的人力资本;(4)由知识、信息和经验等构成的知识资本;(5)由信任、互惠、社会网络构成的社会资本;(6)由生态系统商品和服务构成的自然资本。

为了更好地对投资行为进行研究,本书侧重于从第二个角度分析资本。当然,资本的内涵是动态的,它随着经济学的发展逐渐延伸。

1.3.2 投资的类型

投资是一个多层次、多维度的经济概念。因此,我们可以从不同的视角对其进行分类。按照投资主体的不同,投资可以分为政府投资、社会投资、企业投资、个人投资和外商投资等;按照产业的不同,可以分为第一产业投资、第二产业投资和第三产业投资等;按照投入方式的不同,可以分为直接投资和间接投资;按照隶属关系的不同,可以分为中央投资和地方投资;按照投资领域的不同,可以分为生产性投资和非生产性投资;按照经营目标的不同,可以分为经营性投资和非经营性投资;按照资金周转方式的不同,可以分为固定资产投资和流动资产投资。

企业投资是企业投入资金以期望在未来获得收益的一种行为,包括实物投资与金融投资(如股票、债券投资)。企业投资的目的是发展生产、实现财务盈利目标和降低风险,而实物投资需要一定时间的投资过程和较长时间的回报过程。投资通常意味着资金支出通过交易产生,形成了某种类型的资产,随后带来了明确的收益。换句话说,只有那些可以形成资产的资金投入才能看作投资(高敏雪,2019)。

投资需要资产(asset),它和资本既有联系又有区别。资产是指具有交换价值的所有物。资产可以分为实物资产和无形资产。资产是企业拥有或者控制的能以货币计量收支的经济资源,包括各种收入、债权和其他;资本是投资人向企业投入的资源,所反映的是投资者对企业的所有权,或者说是对企业利润的分配权。资产能够给企业带来经济利益,在企业的拥有或控制之下,是企业在过去发生的交易、事项中获得的。和投资相关的资产是指经济资产。按照国民经济核算的定义,经济资产"是一种价值储备",是指那些所有权确定、可以为其所有者带来经济利益的"实体"。经济资产包括实物资产与金融资产。因此,投资还可以分为实物投资和金融投资。

"一个社会的物质财富最终取决于生产能力,即社会成员创造产品和服务的能力。这种生产能力是经济中实物资产(real assets)的函数"(博迪,2012:3),如土地、建筑物,以及可用于生产产品和提供服务的知识。资产在形态上可以分为有形资产和无形资产,因此投资也可分为有形资产投资和无形资产投资。有形资产投资包括对建筑物、机器设备、原材料和存货等有实物形态资产的投资;无形资产投资包括对商誉、专利、商标等无形资产的投资。

与实物资产相对应的是金融资产(financial assets),金融资产通常可以分为三类:固定收益型债券、权益型普通股、衍生型期权和期货合约。在金融投资中,投资者通过购买有价证券等金融资产以获取一定预期收益,包括股票投资、债券投资,以及其他各种有价证券的投资。金融投资的标的物是金融资产。实物资产能够为经济创造净利润,而金融资产只是确定收入或财富在投资者之间的分配,代表了人们对实物资产的索取权。

金融资产对社会经济的生产能力只具有间接的作用,因为它们带来了公司的所有权和经营管理权的分离,通过公司提供有吸引力的投资机会便利了投资的进入。金融资产承担着两大经济功能。第一项是将有盈余资金的一方的资金转移给需要资金投资于实物资产的一方。企业通过发行证券(将它们卖给投资者)获得用于购买实物资产的资金,但最终金融资产的回报来自用发行证券所得的资金购买的实物资产所创造的收入。第二项是在转移资金的同时,将与实物资产创造现金流相关的不可分散风险在资金提供方和使用者之间进行重新分配。

由于金融资产对实物资产所创造的利润或政府的收入有要求权,因此金融资产能够为持有它们的公司或个人带来财富,但金融资产的价值源于并依赖公司相关的实物资产的价值。在实际操作中,实物资产和金融资产可以在个人及公司的资产负债表中区分开来。实物资产只在平衡表的一侧出现,而金融资产通常在平衡表的两侧都出现。对企业的金融要求权是一种资产,但是,企业发行的这种金融要求权则是企业的负债。当对资产负债表进行总计时,金融资产会相互抵消,只剩下实物资产作为净资产。区别金融资产与实物资产的另一种方法是,金融资产的产生和消除要通过一般的商业过程。例如,当贷款被支付后,债权人的索偿权和债务人的债务就都消失了。相比较,实物资产只能通过偶然事故或折旧来消除。

随着经济全球化的发展,外商直接投资(foreign direct investment,FDI)成为现代资本国际化的主要形式之一。国际货币基金组织(IMF)认为,FDI是指在投资人所属国以外的国家所经营的企业拥有持续利益的一种投资,其目的在于对该企业的经营管理具有发言权。国际合作与发展组织(OECD)则将 FDI 定义为一个国家的居民(即直接投资者)在本国之外的国家(即东道国)进行的以获得持久利益为目的的投资活动,持久利益指的是直接投资者和企业之间存在的一种长期关系,且直接投资者对企业的管理有重大影响。IMF 和 OECD 的定义均强调了对外直接投资的获利性和对 FDI 企业的控制权,因而可将 FDI 定义为投资国以长期获取利润为目标,以控制 FDI 企业经营管理权为手段的国际直接投资行为(王锟,2016)。根据资本流向的不同,FDI 可以分为 FDI 流入(inward foreign direct investment,简称 IFDI)和 FDI 流出(outward foreign direct investment,简称 OFDI)。

1.3.3　农业投资

鉴于资本丰富的内涵,投资的定义还可以扩大到经济活动以外的领域。从广义上说,一切利用物质资本、金融资本、人力资本、知识资本、社会资本和自然资本实现经济收益、社会收益、政治收益或军事收益的行为,都可以被理解为投资。当投资主体将资本运用到农业领域,他们为获取收益而进行的经济活动便是农业投资。农业是人类利用生物的生命过程,获得食物、能源、材料和环境服务的产业部门。农业主要有以下特性:(1)农业生产是一种自然再生产过程。人类通过劳动可以改变自然界中有机体生长、繁殖的环境条件,进而获得人类生活、生产和发展所需要的食物和其他物质资料。(2)农业生产是一种经济再生产过程。农业生产者在特定的社会中结成一定的生产关系,借助一定的生产工具进行具体的生产活动,以获得所需要的农产品。农业生产者利用自己生产的农产品满足自身生存需要、通过生产剩余交换获得其他生活和生产资料、将生产剩余投入下一个生产过程,保持农业生产周而复始地进行下去。(3)农业再生产的引申特性。由于农业结合了自然再生产和经济再生产两个过程,这一特性衍生出农业经济解释中自然规律与经济规律相结合的特性。农业行业相较于其他行业具有生产时间与劳作时间不一致性,面临特有的自然风险。此外,由于农业行业具有对其他行业的外部性,农产品和农业自然系统具有一定公共产品的特征。

农业是生物生长、自然环境、人的劳动三者结合的复杂系统,它在国民经济中占有重要的地位。主要表现为:第一,农业是提供人类生存必需品的生产部门;第二,农业的发展是社会分工和国民经济其他部门成为独立的生产部门的前提和进一步发展的基础。

在国民经济发展的不同阶段中,农业地位也相应不同。在国民经济发展的初期,国家工业化所需要的资本原始积累主要来自农业剩余的转移。初期农业资本、劳动剩余向非农产业转移后,非农产业完全能够依靠自身的积累而得到更快的发展之后,国家进入对农业实行保护反哺阶段,与此同时非农产业的发展带来的技术升级和技术创新反过来改造传统农业。农业的贡献主要包括以下几个方面。

(1)产品贡献。农业的产品贡献表现为所有的人在任何时候都在经济上有能力并且可以获得足够数量的卫生、安全和营养的食品,从而实现积极和健康生活对食品的需要及偏好。这一方面要求农业提供充足的食物,以保障国民经济的粮食安全,另一方面对农产品的生产质量提出要求,即保证农产品生产的质量安全。保障粮食安全是农业对国民经济的贡献之一,食品消费主要来源于农业部门,大量进口食品具有政治风险,只有农业生产者生产的食品超过维持自身生存需要而有剩余的时候,国民经济中的其他部门才能得以发展。

(2)要素贡献。农业对国民经济发展的要素贡献,是指农业部门的生产要素转移到非农产业部门,从而推动非农产业部门的发展。农业为国民经济其他部门提供劳动力,农业劳动生产率提高以后,农产品出现了剩余,使得农业劳动力能够向非农产业转移,从而为非农产业的发展提供了最基本的生产要素。农业的劳动力有效供给不足,即低素质的劳动力供给过剩,而符合要求的高素质的劳动力却供给不足,过剩低素质的劳动力为工业部门的发展提供了廉价的劳动力。

(3)市场贡献。农业对国民经济发展的市场贡献包括以下两个方面的含义:第一,农民作为买者,农业部门吸收了大量农药、化肥等工业品的消费,农民收入水平的增加和消费水平的提高会推动农村消费市场的扩大;第二,农民作为卖者,把粮食及其他农产品出售给非农产业部门的生产者和消费者。农产品销售规模越来越大,不仅会提高农业自身的市场化程度,促进相关运销业的发展,而且会满足非农产业的生产者和消费者对农产品的需求,使农产品的市场体系日益完善,有利于农业要素市场体系的发育成熟。

(4)外汇贡献。外汇贡献,是指农业通过出口农产品,为国家经济建设赚取外汇。出口农副产品及其加工品能够赚取大量外汇,用农业赚取的外汇购买先进的技术和机器设备"武装"本国工业,能促进本国民族工业的快速发展。随着经济的不断发展,农业外汇贡献的份额一般会下降。

(5)农业多功能性贡献。农业多功能性是指农业除了具有提供食物和纤维等多种商品的功能,还具有社会和环境等方面的非商品产出功能。农业具有环境保护功能,有利于水土保持、补充地下水、维持生物多样性、缓解气候变化、防治荒漠化、减少水污染、保护野生动植物栖息地、控制洪水、提供农业景观、避免城市拥挤等。农业可以通过管理土壤和植物减少污染;通过多种作物轮作和肥料施用增加生物量和养分固定量;通过控制土壤侵蚀技术提高生态系统弹性等。与此同时,农业对生态系统和可再生自然资源也具有一定的负面影响,农用化学品、灌溉和机械耕作的过量投入造成了土壤污染。此外,农业还具有形成和保持农村独特文化和历史的功能。由于农业生产活动与农村生活紧密结合,农业对形成和保持特定的传统文化、维护文化的多样性具有重要作用,一些国家的文化和传统深深地根植于农村生活,许多传统节日与农业密不可分,形成了许多富于地方特色和乡土气息的农村文化和传统。

农业资本有广义和狭义两种不同的理解,本书的研究聚焦在狭义层面上,即主要研究农业货币资本和物质资本,不涉及人力资本及其他类型。在形式上,农业资本既有产业资本的循环,又有在产业链诸环节间的运动,其价值增值正是这两者结合的结果。在循环和运动的过程中,农业资本在不同的时期表现出了不同的物质形态。投入农业产业部门里的资金,是农业资本的重要组成部分,是货币形态的增量资本。农业资本是产业资本的一种。根据马克思主义的观点,农业资本同样会在生产的过程中创造剩余价值,在流通的过程中实现剩余价值。农业资本在生产领域和流通领域中循环,在运动的过程中实现价值增殖。

麦克鲁德认为,增殖是资本的目的。所以,"任何经济量均可视为资本",只要它能够让使用它的人获取利润。能够被称为资本的经济量,其价值应可度量,还能够被用来交易。庞巴维克则把资本看成产品,这种产品可以被"作为获得财货的手段"。萨缪尔森视资本为一种不同形式的生产要素。资本(或资本品)是一种生产出来的生产要素,一种本身就是经济产出的耐用投入品。"农业资本形成就是农业经济发展所需资金的筹措、积累和供给过程(范恒森,2009)。农业则是一个产业概念,农业产业链上各个环节都有资本需求,当资本进入其中的某一环节后,相应的农业产业组织便会对其进行配置和运用,以实现价值增殖的目标,此时的资本便成为农业资本。

1.4   案例分析:温氏集团换股吸收合并大华农

1.案例简介

1983年,养鸡技术员温北英联合7个农户,筹集8000元创办了一家养鸡场,这就是温氏集团的前身。几十年之后,温氏集团已经发展成一家综合性的大规模畜牧集团公司,主营业务是生猪和肉鸡养殖,兼营食品加工和生物制药等,是全国规模最大的肉鸡养殖、种猪育种和肉猪养殖企业之一,还是全国黄羽肉鸡产业化供应基地、全国瘦肉型品种猪示范基地,多次跻身《财富》中国企业500强。

当前,我国企业在资本市场整体上市最常见的方式有两种,一种是上市公司发行股份购买集团资产,另一种是集团公司换股吸收合并上市公司。温氏集团的整体上市选择了第二种,通过吸收合并大华农实现在A股创业板的整体上市。换股吸收合并结束后,大华农动物保健品股份有限公司在A股退市,温氏集团作为存续公司即合并方将继承大华农的全部资产、负债、权益及业务。由于温氏集团和大华农系同一控制人,两者旗下的资产均属于温氏集团,整体上市相对于借壳上市在资金成本和时间成本上也有一定优势。

公司发展到一定规模后,需要寻求其他有效的方式来实现进一步的发展。此次换股合并旨在打通上下游产业链并实现温氏集团整体上市,消除温氏集团与大华农之间的关联交易,通过资源优化配置,提高公司经营效率,使存续公司(合并后为温氏股份)获得更大的发展空间。由于目前农牧业对资本市场的重要性日益提高,该行业良好的发展前景所带来的投资回报也必将是巨大的,温氏集团与大华农合并后有利于双方股东有效分享丰厚的行业利润,为集团公司创造更大的价值。

2.上市动因分析

温氏集团已经发展成全国最大的畜牧养殖企业之一,多年来一直筹划集团整体上市,此次通过换股吸收合并大华农,使这一战略目标得以顺利实现。温氏集团与大华农主营业务具有互补性,换股吸收合并后,温氏集团对大华农的采购量将大大增加,能够消除关联交易,同时降低交易成本和销售费用,有助于温氏集团业务的稳步发展。

(1)优化资源配置,发挥协同效应。为了分散风险,近年来,一批农业企业从原有的单一产业逐渐向集上、下游于一体的全产业链经营模式转变,代表性的企业有新希望、天邦股份、正邦集团。新希望打造了猪禽养殖、饲料生产、食品加工等完整的产业链,主营业务为生产、销售饲料的天邦股份、正邦集团也开始进入商品肉猪饲养的领域,全产业链经营已成为行业的发展趋势。大华农的主营业务是生产、销售兽药,是温氏集团的上游配套产业,此次换股吸收实现整体上市后,温氏集团将覆盖产业链的农牧设备制造、生物制药、畜禽繁育、饲料生产、畜禽养殖等主要环节,内部各企业也将通过资源共享平台进行业务整合,降低经营成本,提高运营效率,打通畜禽养殖和配套环节的产业链,实现各项业务的长期协同发展。

(2)规范公司内部治理,降低关联交易。整体上市前,温氏集团向大华农采购兽用药、药物制剂和饲料添加剂等产品,形成大量的关联性交易,并且规模还在不断增大。整体上市后,温氏集团将产业结构的上、下游都纳入公司内部,大华农的各项业务也被纳入合并报表范围,关联交易问题得到有效解决,上市公司的中小股东的利益得到保障,确保了上市公司的独立性。

(3)夯实资本基础,增强融资能力。我国畜禽养殖业集中度仍然较低,市场上肉类商品的质量参差不齐,消费者对食品安全的要求不能得到满足,因此国家政策重点支持建立大型龙头农业企业集团。截至 2015 年 10 月,畜禽养殖行业的上市公司总共才 13 家,大型畜禽养殖上市公司数量极少。此次整体上市完成后,温氏集团获得宝贵的 A 股平台,养殖业务及配套产业直接面向资本市场,有助于增强后续融资能力,巩固行业龙头地位,提高公司的综合竞争力,为股东创造更大的价值。

3. 选择换股吸收模式的原因

公司在选择整体上市模式的时候要综合考虑自身的条件,包括实际需求、政策和资本市场条件、运作成本等。

(1)换股吸收有助于缓解资金压力。如果以支付现金的方式吸收合并大华农。以总股本 534888261 股乘以换股价格 13.33 元/股来计算,温氏集团要支付现金 71.30 亿元,为此需要运用债务融资以筹集足够的资金,对公司的资本结构会产生重大影响,按期还本付息也会增大公司的财务风险。畜禽养殖行业对流动资金的刚性需求较大,规模扩张所需要的固定资产购置同样需要有稳定的现金流,换股吸收可以降低温氏集团的资金筹措成本,缓解融资压力。

(2)换股吸收现有的上市公司,有助于快速取得上市资格。温氏集团控股166家子公司,但是没有一家子公司上市。通过换股吸收合并大华农,承接大华农的所有资产、负债,温氏集团将获得在创业板上市的资格,可以直接通过资本市场融资,以便公司规模扩张。

(3)换股吸收有助于保护目标公司股东的利益。温氏集团选择换股吸收模式能够有效保护并购双方股东的利益,特别是被合并方大华农中小股东的利益可以得到有力保障。我国证券市场处于快速发展阶段,相关法规建设还有待完善,对中小股东利益的保护还存在较多的不足,采用换股吸收的方式,合并过程更为透明,股东参与度更高,更容易维护自身的合法权益。

4. 换股吸收上市效应分析

(1)实现了公司股权结构优化

由于历史遗留问题的存在,温氏集团股权结构比较分散,6823名自然人持股82.58%,而法律规定公司上市前的持股股东不超过200名。2012年,证监会发布新的《非上市公司监督管理办法》,对持股股东人数进行调整,2014年,作为非上市公司的温氏集团通过了证监会的审核,集团上市工作得以启动。

温氏集团发行股票换取大华农全部股票进行合并交易前,新的上市公司(吸收合并后称温氏股份)的总股本为3627431620股,其中公司实际控制人温氏家族持有16.71%的股份,非温氏家族成员的温氏集团董事、监事及高级管理人员持有15.39%的股份,其他社会公众股东持有67.90%的股份。温氏集团本次吸收合并大华农完成后,公司实际控制人温氏家族的持股比例由15.92%提高至16.71%,进一步巩固了温氏家族在公司的地位,加强了企业控制权,对集团公司的治理效率有积极影响。

(2)解决关联交易问题

温氏集团养殖业务占业务总收入的96%以上,其他业务收入不足4%,肉鸡养殖和肉猪养殖两项业务营业收入合计占比94%,商品肉鸡和商品肉猪销售收入占肉鸡类及肉猪类产品销售收入的比例均为96%左右。大华农公司的主营业务是兽用生物制品、兽用药物制剂、饲料添加剂,收入合计占总业务收入的比例为95%以上。

温氏集团食品有限公司与大华农动物保健股份有限公司的实际控制人

均为温氏家族,两者的主营业务之间存在相互依存、相互促进的关系。2011年大华农于创业板上市时,与温氏集团共同决定双方每年关联交易不超过10%,但随着温氏集团畜牧养殖业务的不断发展,近年来关联交易规模日益增大,迫切需要通过产业链整合来解决这一问题。

(3)行业间的协同作用

温氏集团拥有饲料加工、畜禽育种和养殖销售的完整产业链,主要的上游行业是饲料原料和疫苗兽药生产行业,下游行业主要为屠宰行业和食品加工行业。近年来,下游企业发展迅速,需要大量稳定、优质的畜禽肉类供应,但可以满足其需求的行业企业数量较少,阻碍了行业的发展。此次换股吸收合并使公司的规模化和集中度显著提升,交易完成后温氏集团能够以更低的成本开拓其畜牧养殖业务,能更加有效地整合多个生产环节,加强一体化生产经营的产业集群效应,提高经营能力。

习 题

1.分别阐述投资与农业投资的内涵。
2.分别阐述实物资产与金融资产的区别与联系。
3.简要阐述农业对国民经济的贡献。

参考文献

[1] Abramovitz M. Catching Up, forging ahead, and falling behind. Journal of Economic History,1986,46(2):385-406.

[2] Acemoglu D, Golosov M, Tsyvinski A. Markets versus governments. Journal of Monetary Economics,2008(55):159-189.

[3] Aghion P, Howitt P W. A model of growth through creative destruction. Econometrica,1992,60(2):323-351.

[4] Allen F, Bartiloro L, Xian G, et al. Does economic structure determine financial structure? Journal of International Economics, 2018 (114): 389-409.

[5] Allen F, Gale D. Financial markets, intermediaries, and intertemporal

smoothing. Journal of Political Economy,1997(3):523-546.

[6] Arestis P,Demetriades O,Luintel B. Financial development and growth: the role of stock markets. Journal of Money Credit & Banking,2001,33 (1):16-41.

[7] Arrow K. Economic welfare and the allocation of resources for invention. The Rate and Direction of Inventive Activity: Economic and Social Factors,1962,2:609-626.

[8] Barro R，Sala-i-Martin X. Economic Growth. New York: McGraw-Hill,1995.

[9] Barro R. Government spending in a simple models of endogenous growth. Journal of Political Economy,1990,98:103-105.

[10] Baumol W. Entrepreneurship: productive, unproductive, and desctrictive. Journal of Political Economy,1990,98:893-921.

[11] Beck T,Levine R. Stock markets,banks,and growth:panel evidence. Electronic Journal,2004,28(3):423-442.

[12] Becker G. Accounting for Tastes. Cambridge,United Kingdom:Harvard University Press,1996.

[13] Bencivenga R，Smith D，Starr M. Liquidity of secondary capital markets: allocative efficiency and the maturity composition of the capital stock. Economic Theory,1996(1):19-50.

[14] Bernanke S. Irreversibility, uncertainty, and cyclical investment. The Quarterly Journal of Economics,1983,98(1):85-106.

[15] Bhagwati N. Regionalism and Multilateralism: An Overview in New Dimensions in Regional Integration. Cambridge, United Kingdom: Cambridge University Press,1993:22-51.

[16] Bhagwati N. Why are services cheaper in poor countries? The Economic Journal,1984(94),279-286.

[17] Blackburn K,Hung V. A theory of growth,financial development and trade. Economica,1998,65(257):107-124.

[18] Bloom E,Sachs D. Geography, demography, and economic growth in Africa. Brookings Papers on Economic Activity,1998,2:207-295.

[19] Coleman J. Social capital in the creation of human capital author. The

American Journal of Sociology,1988(94):S95-S120.

[20] Diamond W,Dybvig P H. Bankruns,deposit insurance,and liquidity. Journal of Political Economy,1983(3):401-419.

[21] Diamond W. Financial intermediation and delegated monitoring. Review of Economic Studies,1984(3):393-414.

[22] Dollar D, Kraay A. Institutions, trade, and growth: revisiting the evidence. World Bank Policy Research Working Paper,No. 3004,2003. https://ssrn. com/abstract=636366.

[23] Domar E. Capital expansion,rate of growth,and employment. Econometrica, 1946,14(2):137-147.

[24] Domar E. Expansion and employment. American Economic Review, 1947,37:34-55.

[25] Dow J,Gorton G. Stock market efficiency and economic efficiency:is there a connection?. The Journal of Finance,1997(3):1087-1129.

[26] Easterly W,Ross L. It's not factor accumulation:stylized facts and growth models. World Bank Economic Review,2001,15(2):177-219.

[27] Easterly W. When is fiscal adjustment an illusion?. Economic Policy, 1999,14(28):55-86.

[28] Fazzari S,Glenn H R,Bruce P. Investment,financing decisions,and tax policy. The American Economic Review 1988,78 (2):200-205.

[29] Galor O,Weil N. Population,technology,and growth:from malthusian stagnation to the demographic transition and beyond. American Economic Review,2000,90(4):806-828.

[30] Greenwood J, Jovanovic B. Financial development, growth, and the distribution of income. Journal of Political Economy, 1990 (5): 1076-1107.

[31] Greenwood J,Smith B D. Financial markets in development,and the development of financial markets. Journal of Economic Dynamics and Control,1997(1):145-181.

[32] Harrod R F. An essay in dynamic theory. The Economic Journal,1939: 14-33.

[33] Harrod R F. Towards a Dynamic Economics. Some Recent Developments of

Economic Theory and their Application to Policy. London: Macmillan, 1948.

[34] Hartman R. The effects of price and cost uncertainty on investment. Journal of Economic Theory 1972,5(2):258-266.

[35] Holmström B,Tirole J. Market liquidity and performance monitoring. Journal of Political Economy,1993(4):678-709.

[36] Jorgenson D, Zvi G. The explanation of productivity change. The Review of Economic Studies 1967,34(3):249-283.

[37] Jorgenson D. Capital theory and investment behavior. American Economic Review,1963(2):247-259.

[38] Jorgenson D. Econometric studies of investment behavior: a survey. Journal of Economic Literature 1971,9(4):1111-1147.

[39] Keynes M. The General Theory of Employment,Interest,and Money. Gewerbestrasse Switzerland:Springer,2018.

[40] Khan S, Senhadji S. Financial development and economic growth: a review and new evidence. Journal of African Economies,2003,12(suppl 2):89-110.

[41] King G,Levine R. Finance and growth:Schumpeter might be right. The Quarterly Journal of Economics,1993(3):717-737.

[42] Kremer M. Population growth and technological change:one million B. C. to 1990. Quarterly Journal of Economics,1993,108:681-716.

[43] Krueger O. Trade policy and economic development: how we learn. American Economic Review,1997,87(1):1-22.

[44] Lal D. An Indian economic miracle?. Cato Journal,2008,28(1):11-34.

[45] Lambrecht B,Perraudin W. Real options and preemption under incomplete information. Journal of Eco nomic Dynamics and Control, 2003, 4:619-643.

[46] Levine R, Zervos S. Stockmarkets, banks, and economic growth. The American Economic Review,1998(3):537-558.

[47] Levine R. Bank-based or market-based financial systems: which is better? Journal of Financial Intermediation,2003,11:398-428.

[48] Levine R. Financial development and economic growth: views and

agenda. Journal of Economic Literature,1997(35):688-726.

[49] Lewis A. Economic development with unlimited supplies of labour. The Manchester School,1954,22(2):139-191.

[50] Lucas R. On the mechanics of economic development. Journal of Monetary Economics,1988,22(1):3-42.

[51] Merton C. On the pricing of contingent claims and the Modigliani-Miller theorem. Journal of Financial Economics,1977(3):241-249.

[52] Myers C, Majluf N S. Corporate financing and investment decisions when firms have information that investors do not have. Journal of Financial Economics,1984,13(2):187-221.

[53] Nelson R R,Pack H. The Asian growth miracle and modern growth theory. The Economic Journal,1999,109(457):416-436.

[54] Nelson R R. Aggregate production functions and medium-range growth projections. American Economic Review,1964,54:575-605.

[55] North D C. Institutions, Institutional Change and Economic Performance. Cambridge,United Kingdom:Cambridge University Press,1990.

[56] North D. Discourses Upon Trade, Classiques de la Renaissance en France. New York:Johnson Reprint Corporation,1691.

[57] Nurkse R. The Problem of Capital Formation in Less Developed Countries. Cambridge, United Kingdom: Oxford University Press, 1953:253-258.

[58] Petersen M,Rajan R. The effect of credit market competition on firm-creditor relationships. Quarterly Journal of Economics, 1995, 110: 407-443.

[59] Rajan R,Zingales L. Financial dependence and growth. The American Economic Review,1998(3):559-589.

[60] Ram R. Financial development and economic growth: additional evidence. Journal of Development Studies,1999,35(4):164-174.

[61] Romer P M. Capital, labor, and productivity. Brookings Papers on Economic Activity,Microeconomics,1990:337-367.

[62] Romer P. Endogenous technological change. Journal of Political Economy, 1990,98:71-102.

[63] Romer P. Increasing returns and long-run growth. Journal of Political Economy,1986,94(5):1002-1037.

[64] Rostow W W. The Stages of Economic Growth: A Non-Communist Manifesto. Cambridge, United Kingdom: Cambridge University Press, 1960:4-16.

[65] Samuelson A, Scott A. Economics: An Introductory Analysis. New York:McGraw-Hill,1966.

[66] Samuelson A. Interactions between the multiplier analysis and the principle of acceleration. The Review of Economics and Statistics,1939, 21(2):75-78.

[67] Sanchez C. The direction of international capital flows: new empirical evidence. European University Institute,Working Paper,2006.

[68] Schultz T W. Economic Organization of Agriculture. New York: McGraw-Hill,1964.

[69] Schultz T W. Investment in human capital. The American Economic Review,1961(51):1-17.

[70] Shaw K. Policy implications of endogenous growth theory. The Economic Journal,1992,102:611-21.

[71] Solow R A. Contribution to the Theory of Economic Growth. Quarterly Journal of Economics,1956,70:65-94.

[72] Solow R. Technical Change and the Aggregate Production Function. Review of Economics and Statistics,1957,39:312-20.

[73] Stewart A. Intellectual Capital:The New Wealth of Organization. New York:Broadway Business,1997:91.

[74] Stiglitz E. Credit markets and the control of capital. Journal of Money, Credit and Banking,1985(2):133-152.

[75] Tobin J. A general equilibrium approach to monetary theory. Journal of Finance,1969(1):159-164.

[76] Todaro M. Economic Development (7 ed.). Reading MA: Addison Wesley,1999.

[77] Wurgler J. Financial markets and the allocation of capital. Journal of Financial Economics,2000(1-2):187-214.

[78] Young A. Lessons from the East Asian NICs: a cintrarian view. European Economic Review,1994,38:964-973.

[79] Young A. The Razor's edge:distortions and incremental reform in the People's Republic of China. Quarterly Journal of Economics,2000,115 (4):1091-1135.

[80] Young A. The tyranny of numbers:confronting the statistical reality of the East Asian growth experience. Quarterly Journal of Economics, 1995,110(3):641-680.

[81] 博迪.投资学.汪昌云,张永翼,等,译.北京:机械工业出版社,2012.

[82] 杜丽群.凯恩斯之后西方投资理论的发展.中央财经大学学报,2006(4): 74-80.

[83] 杜两省.投资与经济增长.北京:中国财政经济出版社,1996.

[84] 范恒森.走向富强的战略选择—农业资本战略.北京:人民出版社,2009.

[85] 高军,占美松.金融发展和经济增长研究综述.财会月刊,2020(12): 140-145.

[86] 高敏雪.投资的定义与分层是投资统计的前提.中国统计,2019(11): 44-46.

[87] 凯恩斯.就业利息和货币通论.高鸿业,译.北京:商务印书馆,1983:387.

[88] 库兹涅茨.各国的经济增长.常勋,译.北京:商务印书馆,1985.

[89] 库兹涅茨. 现代经济增长. 戴睿,易诚,译. 北京:北京经济学院出版社,1989.

[90] 魁奈.魁奈经济著作选集.吴斐丹,张草纫,译.北京:商务印书馆, 1979:34.

[91] 郎荣燊,裴国根.投资学(第四版).北京:中国人民大学出版社,2017.

[92] 李嘉图.政治经济学及赋税原理,郭大力,王亚南,译.北京:光明日报出版社,1999.

[93] 刘昌黎.关于投资概念的理论思考.东北财经大学学报,2009(2):13-18.

[94] 刘晓宇,张林秀.农村土地产权稳定性与劳动力转移关系分析.中国农村经济,2008(2):29-39.

[95] 罗斯托.经济增长的阶段——非共产党宣言.郭熙保,王松茂,译.北京:中国社会科学出版社,2001.

[96] 马克思.资本论(第三卷).北京:人民出版社,1975:367.

[97] 马歇尔.经济学原理下卷.陈良璧,译.北京:商务印书馆,1983:33。

[98] 穆勒.政治经济学原理——及其在社会哲学上的若干应用.胡企林,朱泱,译.北京:商务印书馆,1991.

[99] 纳克斯.不发达国家的资本形成问题.谨斋,译.北京:商务印书馆,1960.

[100] 配第.赋税论.邱霞,原磊,译.北京:华夏出版社,2006.

[101] 萨缪尔森,诺德豪斯.经济学(第12版).高鸿业,等,译.北京:中国发展出版社,1992.

[102] 斯密.国富论.郭大力,王亚南,译.上海:上海三联书店,2009.

[103] 斯密.国民财富的性质及其原因的研究.郭大力,王亚南,译.北京:商务印书馆,2002.

[104] 托达罗.经济发展与第三世界.印金强,译.北京:中国经济出版社,1991.

[105] 王端.现代宏观经济学中的投资理论及其最新发展.经济研究,2000(6):54-65.

[106] 王琨.FDI与经济增长——基于收敛理论视角的研究.北京:经济科学出版社,2016.

[107] 徐淑红.中国区域投资的经济增长效应研究.长春:吉林大学学位论文,2016.

[108] 许璞.西方投资理论及其新发展.湖北经济学院学报,2011(6):40-44.

[109] 杨斌.统一增长理论及其应用述评.管理世界,2011(5):149-156.

[110] 张中华.投资学.北京:中国统计出版社,2001:45.

[111] 赵晓雷.中国的资本形成条件与货币政策效应.管理世界,2003(9):27-35.

[112] 周丹.金融发展负向经济增长效应的制度约束:基于文献的评论.金融教育研究,2017(2):27-41.

第二章　投资的财务基础

北京时间 2022 年 5 月 2 日凌晨 1：30，全世界投资人最关注的年度盛会——巴菲特股东大会在洛杉矶召开。会前，巴菲特旗下的伯克希尔哈撒韦公司发布了一季度财务报告，这是每个投资人的必读文件。报告显示，公司 2021 年第一季度营收 645.99 亿美元，当季运营利润 70.2 亿美元，计入其投资盈利后，公司一季度净收益 117.11 亿美元，现金储备为 1454 亿美元。

财务报告以会计准则为规范编制，其目的是向使用者提供企业财务状况、经营成果和现金流量等有关的会计信息，反映企业管理层受托责任履行情况，帮助财务报告使用者作出合适的经济决策。财务报告使用者包括所有者、债权人、政府及社会公众等。本章内容包括财务报告、财务报表分析基础、财务报表分析内容。

2.1　财务报告

财务报告是反映企业财务状况和经营成果的书面文件，包括资产负债表、利润表、现金流量表、所有者权益变动表、附表及会计报表附注和财务情况说明书。

企业的会计报表按照其服务对象、报表的编制时间、编制单位等可分为不同的种类：

按其服务对象，会计报表分为外部报表和内部报表两大类。外部报表是企业向外部的会计信息使用者报告经济活动和财务收支情况的会计报表，如资产负债表、利润表、现金流量表和所有者权益变动表，这类报表一般有统一的格式和编制要求。内部报表是用来反映经济活动和财务收支的具体情况，为管理者决策提供信息的会计报表，这类报表无规定的格式和种类。

按照编制时间,会计报表可分为中期报表和年报。年报是年度终了后编制的年度报表,年报能够全面反映企业财务状况、经营成果及其分配、现金流量等方面的报表。中期报表是指短于一年的会计期间编制的会计报表,如半年末报表、季报、月报。半年末报表是指每个会计年度的前六个月结束后对外提供的财务会计报告。季报是季度终了以后编制的报表,种类比年报少一些。月报是月终编制的会计报表,只包括一些主要的报表,如资产负债表、利润表等。

根据编制单位类型,会计报表可分为单位会计报表、汇总会计报表和合并会计报表。单位会计报表是由独立核算的会计主体编制的,用以反映某一会计主体的财务状况、经营成果的会计报表。汇总报表是由上级主管部门、专业公司根据基层所属企业所编制的报表加以汇总编制的报表,汇总编制时还包括主管部门、专业公司本身的业务。合并会计报表是控股公司将其自身及其附属公司看作一个统一的经济实体,用一套会计报表来反映其拥有或控制的所有资产和负债,以及其控制范围内的经营成果的会计报表。合并报表反映的是控股公司与其附属公司共同的财务状况和经营成果。

财务报表是企业的对外窗口,是对企业各项经济活动所产生经济后果的客观揭示。财务报表具体包括哪些内容? 各财务报表间存在怎样的勾稽关系? 分析财务报表的着重点应该放在哪些地方? 下面我们将揭开这些问题的谜底。

2.1.1　会计利润与经济利润

利润是收入减去成本后的差额,是指可以支付给股东的、不会影响公司生产能力的可持续现金流。对会计师而言,利润＝总收入－总成本,然而对经济学家而言,这一结果则高估了利润。究其原因在于,经济收入不同于会计收入,经济成本不同于会计成本。相应地,经济利润也就不同于会计利润。经济成本是指企业为从其他生产机会吸引资源,而必须向资源提供者支付的报酬。这些报酬可以是显性的,也可以是隐性的。也就是说,它不仅包括会计上实际支付的成本,而且还包括机会成本。我们把企业向那些为其提供资源的非企业所有者所做的货币支付称为显性成本,企业使用自己拥有的资源的成本称为隐性成本。

无论是外部资源(如债务资本)还是自有资源(如股东资本)都是有成本

的。对企业而言,隐性成本是将自己所拥有的资源用在其他最好用途上所能获得的利润。然而,会计师不确认隐性成本,不列入利润表的减项,因为没有客观的办法计算隐性成本,而会计师不愿意做没有根据的估计。

举例来说,陈某是一公司销售部经理,年薪 10 万元,存入银行可得利息为 0.5 万元。现决定开一家面包店,将自己所拥有的一店面房作为营业用房,店面房原租收入 3 万元,还需要雇用 5 名员工,经营 1 年后,账目如下:总收入 30 万元;成本 10 万元;雇员工资 5 万元;水电杂费 1 万元;总(显性)成本 16 万元;会计利润 14 万元。

但是这一会计利润不能准确显示企业的经济状况,因为它忽略了隐性成本:陈某提供了金融资本、店面和劳动力,产生了隐性成本(放弃的收入),这些隐性成本包括放弃的薪金收入:10 万元;放弃的利息收入:0.5 万元;放弃的租金收入:3 万元。剔除这部分隐性成本后,经济利润则只有 0.5 万元。

经济学家和会计师的"利润"概念意义有所不同:

会计利润＝总收入－显性成本;

经济利润＝会计利润－隐性成本＝总收入－所有投入的机会成本。

如果企业的总收入超过其全部经济成本,剩余部分归企业所有,这一剩余部分被称为经济利润即纯利润。会计利润与经济利润的差异还应考虑会计计量基础的不一致。会计利润计算是以权责发生为基础的,而经济利润计算则把权责发生制与收付实现制(现金流量法)有机地结合和统一起来。

2.1.2　资产负债表

财务报表分析实质,就是透过现象看本质,从企业主要报表所展示的数据表象,来探究整个企业经营的故事和隐藏的秘密。在企业主表中,多数人更关注利润表,尤其是对企业经营管理者而言,这是因为利润表反映的是一段时间内的经营成果。但是,反映支撑公司长期发展的财务实力的是资产负债表(balance sheet),专业投资者倾向于关注公司的长期业绩,资产负债表是他们了解公司持续获利能力的重要渠道。

资产负债表体现了资金投入和资产占用情况,对其进行分析能够帮助我们从平面展示向立体研究过渡。透过这些数字,我们能够想象出它们背后的每一个故事。资产负债表反映企业在某一特定日期的财务状况,揭示企业在某一特定日期所拥有或控制的经济资源、承担的现时义务和享有的所有者剩余权益。资产负债表是存量报表,是时点数报表,因此不能简单地认为只有月末或年末才会产生资产负债表。任何企业、任何时点都应该可以出具资产负债表,它反映的是企业在指定日期的财务状况。不同会计期的资产负债表上的数据是时间点与时间点之间的存量比较。

2.1.2.1 资产负债表的标准样式

目前我国企业可供选择的会计制度包括《企业会计准则》《小企业会计准则》《企业会计制度》等。不同的会计制度,其财务报表要求也略有不同。表2-1是根据《企业会计准则》设置的标准资产负债表,它几乎涵盖了所有行业。表中带 * 科目为合并会计报表专用,加△科目为金融类企业专用,带♯科目为外商投资企业专用。

表 2-1　标准资产负债表

编制单位：　　　　　　　　年　　月　　日　　　　　　　单位:元

项目	行次	期末余额	年初余额	项目	行次	期末余额	年初余额
流动资产:	1			流动负债:	72		
货币资金	2			短期借款	73		
△结算备付金	3			△向中央银行借款	74		
△拆出资金	4			△吸收存款及同业存放	75		
以公允价值计量且其变动计入当期损益的金融资产	5			△拆入资金	76		
衍生金融资产	6			以公允价值计量且其变动计入当期损益的金融负债	77		
应收票据	7			衍生金融负债	78		
应收账款	8			应付票据	79		
预付款项	9			应付账款	80		
△应收保费	10			预收款项	81		

项目	行次	期末余额	年初余额	项目	行次	期末余额	年初余额
△应收分保账款	11			△卖出回购金融资产款	82		
△应收分保合同准备金	12			△应付手续费及佣金	83		
应收利息	13			应付职工薪酬	84		
应收股利	14			其中:应付工资	85		
其他应收款	15			应付福利费	86		
△买入返售金融资产	16			♯其中:职工奖励及福利基金	87		
存货	17			应交税费	88		
其中:原材料	18			其中:应交税金	89		
库存商品(产成品)	19			应付利息	90		
划分为持有待售的资产	20			应付股利	91		
一年内到期的非流动资产	21			其他应付款	92		
其他流动资产	22			△应付分保账款	93		
流动资产合计	23			△保险合同准备金	94		
非流动资产:	24			△代理买卖证券款	95		
△发放贷款及垫款	25			△代理承销证券款	96		
可供出售金融资产	26			一年内到期的非流动负债	97		
持有至到期投资	27			其他流动负债	98		
长期应收款	28			流动负债合计	99		
长期股权投资	29			非流动负债:	100		
投资性房地产	30			长期借款	101		

续表

项目	行次	期末余额	年初余额	项目	行次	期末余额	年初余额
固定资产原价	31			应付债券	102		
减:累计折旧	32			长期应付款	103		
固定资产净值	33			长期应付职工薪酬	104		
减:固定资产减值准备	34			专项应付款	105		
固定资产净额	35			预计负债	106		
在建工程	36			递延收益	107		
工程物资	37			递延所得税负债	108		
固定资产清理	38			其他非流动负债	109		
生产性生物资产	39			其中:特准储备基金	110		
油气资产	40			非流动负债合计	111		
无形资产	41			负债合计	112		
开发支出	42			所有者权益(或股东权益):	113		
商誉	43			实收资本(股本)	114		
长期待摊费用	44			国有资本	115		
递延所得税资产	45			其中:国有法人资本	116		
其他非流动资产	46			集体资本	117		
其中:特准储备物资	47			民营资本	118		
非流动资产合计	48			其中:个人资本	119		
	49			外商资本	120		
	50			♯减:已归还投资	121		
	51			实收资本(或股本)净额	122		
	52			其他权益工具	123		

项目	行次	期末余额	年初余额	项目	行次	期末余额	年初余额
	53			其中:优先股	124		
	54			永续债	125		
	55			资本公积	126		
	56			减:库存股	127		
	57			其他综合收益	128		
	58			其中:外币报表折算差额	129		
	59			专项储备	130		
	60			盈余公积	131		
	61			其中:法定公积金	132		
	62			任意公积金	133		
	63			♯储备基金	134		
	64			♯企业发展基金	135		
	65			♯利润归还投资	136		
	66			△一般风险准备	137		
	67			未分配利润	138		
	68			归属于母公司所有者权益合计	139		
	69			＊少数股东权益	140		
	70			所有者权益合计	141		
资产总计	71			负债和所有者权益总计	142		

　　资产负债表需提供编制单位的名称、报表反映的日期、金额单位及币种等内容,主体部分列示了资产、负债、所有者权益各项目内容。

　　资产类项目位于左边,并按照资产变现能力的强弱顺序依次排列为流动资产和非流动资产;负债类项目位于表的右上方,并按偿还时间的先后顺序依次排列为流动负债和非流动负债;所有者权益列示在资产负债表的右下方。标准的资产负债表通常反映公司两个日期的财务状况,如年初余额和期末余额,进行简单直观的比较。

从资金的角度来看,资产负债表左边反映的是资金的占用,右边是资金的来源,即"钱到了哪里"和"钱从哪里来"的问题;从结构来看,资产负债表左边反映的是资产结构,右边是融资结构,即企业从债权人(负债)和投资者(所有者权益)处融入的资金[表的右边]是如何进行存货等经营性短期投资(流动资产)和固定资产(非流动资产)等长期投资的[表的左边]。由于资产负债表反映的是时点数,所以单看一个时点的数据是没有任何意义的,为了更准确、更全面地了解企业的财务状况及未来的走向,必须阅读几个月甚至是几年的资产负债表,才能作出更准确的判断。

2.1.2.2　资产负债表各项目的关系

会计恒等式:资产=负债+所有者权益,即:资金运用=资金来源。

该等式是会计记账、核算的基础,也是编制资产负债表的基础。它表明了股东与债权人两者在企业的资产中到底占了多大份额。负债不变时,资产与所有者权益同方向变化;所有者权益不变时,资产就与负债同方向变化;所有者权益与负债都变化时,资产的变化则等于两者之和。

除了上述最基本的数据关系,资产负债表中各项目的关系如下:

资产=流动资产+非流动资产

负债=流动负债+非流动负债

如果对资产负债表进行解读,能够敏锐地察觉到数据的变化实际上是企业经营上的变动。其主要意义如下:

(1)资产负债表整体上向报表使用者提供了企业所拥有或所控制的经济资源的信息,它的总体规模及具体的分布形态可以帮助使用者了解企业的财务状况和管理质量。

(2)可以利用资产负债表中同一时点流动资产和流动负债的数据,来评价企业的短期偿债能力。

(3)资产、负债和所有者权益的列示,可以揭示企业的债务规模和结构,帮助报表使用者对企业的长期偿债能力及未来的举债能力作出评价。

(4)将同一企业不同时点的资产负债表结合起来分析,可以对企业财务状况的发展趋势作出判断;将同一时点不同企业的资产负债表进行比较,可以对不同企业的规模及财务状况作出评价。

　　(5)资产负债表可以结合利润表和现金流量表进行分析,对企业整体的运营管理、资产报酬等方面作出综合评价。

　　如果说损益表测度了一家公司在一段时期内的盈利能力,那么资产负债表则为公司在某一时点的财务状况提供了一张"快照"。资产负债表是公司在那一时刻的资产与负债清单,资产与负债的差额是公司的净资本,也叫作股东股权。与损益表一样,资产负债表也以其标准化的形式表现出来。资产负债表的第一部分列示了公司的资产,首先是流动资产,包括:现金以及应收账款与存货等其他项目,其中存货将在一年之内转化成现金。长期资产主要包括公司的不动产、厂房与设备。流动资产与长期资产的总和为总资产。总资产与总负债的差额叫作股东股权,它是公司的净资产或者账面价值。尽管这种划分并不重要,但股东股权仍分为股本、资本公积与盈余公积。简言之,票面价值(股本)加上资本公积就相当于股票卖给公众所得收益,而盈余公积相当于从利润中提取的股权重新投回公司。即便公司不再增加股权,但公司的账面价值仍可以通过将收益重新投回公司而每年增加。

2.1.3　利润表

　　俗语说,"无利不起早","没有永远的朋友,只有永远的利益","天下熙熙,皆为利来;天下攘攘,皆为利往",这里的"利"和"利益"都指好处,如果翻译成财务词汇,最接近的就是"利润"了。

　　现代企业中,最能衡量股东利益的标准是股东权益报酬率,其计算公式的分子就是利润,当股东权益一样时,利润越高,股东权益报酬率就越高。

　　虽然利润能够"引无数英雄竞折腰",但利润的来源充斥着假定、估计和人为的判断。由于资产负债表反映的是时点数,如果把资产负债表比喻为一张快照,那么利润表(income statement)就像是一段录像,它记录了经营管理者们在两张快照之间做了些什么,即公司的资产负债情况是如何从上一个时点变到当前这个时点上的。

　　利润表又称为损益表,是概括反映企业一定期间内经营成果的财务报表。它属于动态的时段报表,揭示企业一定时期(月、季、年)的收入实现情况、成本费用耗费情况以及由此计算出的企业利润或亏损情况。损益表是对公司在一段时期内(例如一年)的盈利能力的总结。它显示了在运营期间公司获得的收入,以及与此同时产生的费用。收入减去费用所得的差额就是公司的净利润或利润。

众多企业将利润表作为对管理者经营业绩考核的重要依据。从收入到费用再到利润，利润表展示给人们的信息看似简单，但要真正读懂并体会利润表中每个数字背后的经营内涵，却需要一定的分析技巧和功底。利润计算的简单公式为：

利润＝收入－成本费用

在此，费用包括以下四种：货物的销售成本是在生产公司销售产品时产生的，是一种直接成本；各种管理费用包括间接费用、酬金、广告费和运营公司所需的其他成本，它不是由生产直接产生的；由公司债务产生的利息费用；应缴纳的中央及当地政府的所得税。

对利润表的分析通常是从下到上、从结果到原因，即从净利润开始，逐步往上分析找到产生净利润这个结果的原因。比如报表显示净利润是亏损的，我们就开始寻找产生亏损的原因，是费用过高还是收入太少？像这样一步步地追问，直至找到所有影响净利润的因素。对报表使用者而言，需要对连续多期的利润表进行分析，以判断企业经营的变动性和未来发展趋势，从而作出正确的决策。

2.1.3.1　单步式利润表

如表 2-2 所示，单步式利润表简单直观，是将一定时期企业发生的所有收入、成本和费用支出集中在一起列示，然后将收入合计减去成本费用合计，计算出本期净利润（或亏损）。

表 2-2　单步式利润表

编制单位：		年　　月　　日	单位：万元
项目	行次	本年数	上年数
一、收入	1		
主营业务收入	2		
其他业务收入	3		
投资收益	4		
营业外收入	5		
收入合计	6		

续表

项目	行次	本年数	上年数
二、费用	7		
营业成本	8		
营业税金及附加	9		
销售费用	10		
管理费用	11		
财务费用	12		
营业外支出	13		
所得税	14		
费用合计	15		
三、净利润	16		

2.1.3.2 多步式利润表

随着经济的发展,企业业务也变得相对复杂多变,多步式利润表应运而生。我国企业的利润表基本上采用的是"多步式"格式,即根据企业的收入和成本费用的性质分类,尽可能相互配比,用营业总收入减去营业总成本得出营业利润,再加上营业外收支后得到利润总额,然后减去所得税费用,得出净利润。按照企业会计准则编制的利润表如表 2-3 所示,表中带 * 科目为合并会计报表专用,加〇项目为金融类企业专用。

表 2-3 标准多步式利润表

编制单位: 　　　　　年　　　月　　　日　　　　　单位:万元

项目	行次	本期金额	上期金额	项目	行次	本期金额	上期金额
一、营业总收入	1			其中:非流动资产……处置利得	31		
其中:营业收入	2			非货币性资产交换利得	32		

续表

项目	行次	本期金额	上期金额	项目	行次	本期金额	上期金额
利息收入	3			政府补助	33		
已赚保费	4			债务重组利得	34		
手续费及佣金收入	5			减:营业外支出	35		
二、营业总成本	6			其中:非流动资产处置损失	36		
其中:营业成本	7			非货币性资产交换损失	37		
利息支出	8			债务重组损失	38		
手续费及佣金收入	9			四、利润总额(亏损总额以"－"号填列)	39		
退保金	10			减:所得税费用	40		
赔付支出净额	11			五、净利润(净亏损以"－"号填列)	41		
提取保险合同准备金净额	12			归属于母公司所有者的净利润	42		
保单红利支出	13			*少数股东损益	43		
分保费用	14			六、其他综合收益的税后净额	44		
营业税金及附加	15			(一)以后不能重分类进损益的其他综合收益	45		
销售费用	16			其中:1.重新计量设定受益计划净负债或净资产的变动	46		

续表

项目	行次	本期金额	上期金额	项目	行次	本期金额	上期金额
管理费用	17			2.权益法下在被投资单位不能重分类进损益的其他综合收益中享有的份额	47		
其中:研究与开发费	18			(二)以后将重分类进损益的其他综合收益	48		
财务费用	19			其中:1.权益法下在被投资单位以后将重分类进损益的其他综合收益中享有的份额	49		
其中:利息支出	20			2.可供出售金融资产公允价值变动损益	50		
利息收入	21			3.持有至到期投资重分类为可供出售金融资产损益	51		
汇兑净损失(净收益以"－"号填列)	22			4.现金流量套期损益的有效部分	52		
资产减值损失	23			5.外币财务报表折算差额	53		
其他	24			七、综合收益总额	54		
加:公允价值变动收益(损失以"－"号填列)	25			归属于母公司所有者的综合收益总额	55		
投资收益(损失以"－"号填列)	26			＊归属于少数股东的综合收益总额	56		

续表

项目	行次	本期金额	上期金额	项目	行次	本期金额	上期金额
其中:对联营企业和合营企业的投资收益	27			八、每股收益	57		
○汇兑收益(损失以"一"号填列)	28			基本每股收益	58		
三、营业利润(亏损以"一"号填列)	29			稀释每股收益	59		
加:营业外收入	30				60		

2.1.3.3 利润表的作用

利润表是企业财务报表的主表之一,反映了企业一定时期内的经营成果,其作用主要表现为以下三个方面。

(1)评价企业的经营成果。利润表可以反映企业一定会计期间的收入、成本费用耗用及净利润的实现情况,将这些数据进行适当的计算并结合资产负债表和现金流量表进行分析,可以评价企业的经营成果,考核企业经营管理者的工作业绩。

(2)分析企业的盈利能力。通过利润表内数据的对比分析,及利润表与资产负债表有关项目的计算指标,如净利润率、资产报酬率等,可以分析企业的盈利能力。

(3)预测企业未来的发展趋势。通过对连续多期的利润表提供的数据进行比较分析,可以预测企业有关收入、利润等的发展趋势和获利能力,便于报表使用者作出决策。

2.1.3.4 利润表的局限性

在现代企业管理中,衡量企业经营管理成果的利润表的重要性毋庸置疑。无论是投资人还是企业管理者,都希望寻求企业的长期发展,但如果忽视了利润表的局限性,那么在使用利润表的时候就有可能犯错。一方面,由于会计上的稳健性原则,需要采用一定的会计方法对各项目进行计量,如对固定资产计提折旧、对无形资产的摊销等,这些会计方法虽然按照企业会计准则的要求进行选择,但难免有人为主观因素的存在。各种减值准备的计提方法、收入确认方法等为利润平滑化提供了一个工具,给企业管理人员的故意"操纵"利润行为留下了空间。所以利润表比较容易被"操纵",有些"操纵"是主观因素造成的,有些也是无意为之。另一方面,由于会计上采用权责发生制确认收入,这就导致了很多应收账款的产生,如果企业没有完善的风控制度和赊销政策,则很容易面临收入和利润较高却无法收回货款的尴尬情况。所以如果单看利润表的话,我们可能会发现有一些公司的利润很好但实际上没钱,因为现金流量并没能很好地在利润表上反映出来。

2.1.4 现金流量表

企业的经营活动离不开现金。现金用于购买原材料进行生产,产成品用于销售带来应收款,应收款进一步转化为现金。现金是企业的血液,一个正常经营的企业,在创造利润的同时,还应具备创造现金收益的能力。

经营成功的企业,各有不同的商业战略;但经营失败的企业,其失败多因资金链断裂所造成。统计数据显示,企业消亡的主要原因是缺乏现金而非盈利不足。从财务报表上也可以发现这一有趣的现象:在公司宣布破产之前,利润表有可能连续多年显示为盈利,但经营性活动产生的现金流连年为负,说明公司正常的生产经营已经入不敷出,只能通过融资或变卖资产来维持。在企业发展过程中,现金流管理与利润管理是相得益彰的,有时候管理好现金流比赚取利润更重要。

现金流量表(statement of cash flows)与利润表一样,反映的是某一会计期内的企业经营业绩。但与利润表不同的是,它所反映的经营业绩是基于收付实现制原则来计算的。用现金流量表来分析企业资产负债表中"货币资金"一栏在两个不同时点的变化数额,可以了解企业现金的来源和使用方向。

2.1.4.1 现金流量表的标准样式

现金流量表的标准样式是按照直接法进行编制的。在直接法下,企业的现金流量可分为三类:经营活动产生的现金流量、投资活动产生的现金流量和筹资活动产生的现金流量,每种活动下又分为现金流入和现金流出(见表 2-4)。

表 2-4 现金流量表

编制单位:××××

单位:元

项目	行次	本期金额	上期金额
一、经营活动产生的现金流量	1		
销售商品、提供劳务时收到的现金	2		
收到的税费返还	3		
收到其他与经营活动有关的现金	4		
经营活动现金流入小计	5		
购买商品、接受劳务支付的现金	6		
支付给职工以及为职工支付的现金	7		
支付的各项税费	8		
支付其他与经营活动有关的现金	9		
经营活动现金流出小计	10		
经营活动产生的现金流量净额	11		
二、投资活动产生的现金流量:	12		
收回投资收到的现金	13		
取得投资收益收到的现金	14		
处置固定资产、无形资产和其他长期投资所收回的现金净额	15		
处置子公司及其他营业单位收回的现金净额	16		
收到其他与投资活动有关的现金	17		
投资活动现金流小计	18		

项目	行次	本期金额	上期金额
购建固定资产、无形资产和其他长期资产所支付的现金	19		
投资支付的现金	20		
取得子公司及其他营业单位支付的现金净额	21		
支付其他与投资活动有关的现金	22		
投资活动产生的现金流量净额	23		
三、筹资活动产生的现金流量:	24		
吸收投资收到的现金	25		
其中:子公司吸收少数股东投资收到的现金	26		
取得借款所收到的现金	27		
收到其他与筹资活动有关的现金	28		
筹资活动现金流入小计	29		
偿还债务所支付的现金	30		
分配股利、利润或偿付利息所支付的现金	31		
其中:子公司支付给少数股东的股利、利润	32		
支付其他与筹资活动有关的现金	33		
筹资活动现金流出小计	34		
筹资活动产生的现金流量净额	35		
四、汇率变动对现金及现金等价物的影响	36		
五、现金及现金等价物净增加额	37		
加:期初现金及现金等价物余额	38		
六、期末现金及现金等价物余额	39		

2.1.4.2 现金流量表中的现金的含义

现金流量表是反映企业一定会计期间现金和现金等价物流入和流出的报表,因此现金流量表中的现金是现金和现金等价物的合计,包括库存现金、银行存款、其他货币资金和现金等价物。

现金是指企业持有的可随时用于支付的现金,即与会计核算中"现金"科目所包括的内容一致。银行存款是指企业在银行或其他金融机构随时可以用于支付的存款,即与会计核算中"银行存款"科目所包括的内容基本一致。它们的区别在于:存在银行或其他金融机构的款项中不能随时用于支付的存款,不应作为现金流量表中的现金,如不能随时支取的定期存款。但提前通知银行或其他金融机构便可支取的定期存款,则包含在现金流量表中的现金概念中。其他货币资金是指企业存在银行有特定用途的资金或在途中尚未收到的资金,如外埠存款、银行汇票存款、银行本票存款、信用证保证金、在途货币资金等。现金等价物是指企业持有的期限短、流动性强、易于转换为已知金额现金、价值变动风险很小的投资。现金等价物的主要特点是流动性强,并可随时转换成现金的投资。通常指在三个月或更短时间内即到期或即可转换为现金的投资,如企业于 2022 年 12 月 1 日购入 2020 年 1 月 1 日发行的期限为三年的国债,购买时还有一个月到期,这项短期投资应视为现金等价物。

现金流量表详细描述了公司的经营、投资与财务活动所产生的现金流。虽然损益表与资产负债表均建立在应收应付会计方法之上,即使没发生现金交易,收入与费用也在其发生时就被确认,但是现金流量表只承认产生了现金变化的交易。例如,现在销售一批货物,60 天后付款。损益表在销售发生时确认收入,资产负债表也立即增加了一项应收账款,而现金流量表只有在账单被支付并拿到现金时才确认这个交易。

2.1.4.3 现金流量表的作用

随着经济的发展,越来越多的投资者更加关注企业的盈利质量,即盈利能力与现金创造能力的匹配度。作为企业财务报表的主表之一,现金流量表的作用体现在以下三个方面。(1)现金流量表可以提供公司的现金流量信息,从而对公司整体财务状况、经营成果作出客观评价,弥补了资产负债表和利润表信息量不足等弊端。(2)现金流量表能够说明公司一定会计期间内现金流入和流出的原因,帮助投资者和债权人全面评估公司的偿债能力、支付能力及对外筹资能力。(3)通过现金流量表能够分析公司未来获取现金的能力,并可预测公司未来的财务状况。

2.1.5　所有者权益变动表

所有者权益是指企业资产扣除负债后由所有者享有的剩余权益。所有者权益包括实收资本(或股本),其他权益工具,资本公积,库存股,其他综合收益,专项储备,盈余公积和未分配利润等。我国会计准则规定,所有者权益变动表应当反映构成所有者权益的各组成部分当期的增减变动情况。

销售额、利税前收益(EBIT)与净利润相互联系。资产收益率(return on assets,ROA)等于税前收益/总资产;而股本收益率(ROE)则等于净利润/股权。股本收益率、资产收益率与杠杆率之间的确切关系如下式所示:

$$ROE = (1-税率)\left[ROA + (ROA - 利率)\frac{债务}{股权}\right]$$

这个关系式有如下含义:如果没有债务或者公司的资产收益率等于其债务利率,那么公司的股本收益率将仅仅等于(1-税率)乘以资产收益率。如果公司的资产收益率大于利率,则它的股本收益率将大于(1-税率)乘以资产收益率,并且债务与股权比率越高,超出的数量将越大。一方面,如果资产收益率超过了借款利率,公司赚的钱比它支付给债权人的钱要多。这个盈利提高了股本收益率,对公司的所有者即股东有益。另一方面,如果资产收益率小于利率,则股本收益率将减少一个数量,这个数量取决于债务与股权比率的大小。

$$ROE = \frac{净收益}{股权} = \frac{EBIT - 利息 - 税收}{股权} = (1-税率)\frac{EBIT - 利息}{股权}$$

$$= (1-税率)\frac{ROA \times [资产 - (利率 \times 债务)]}{股权}$$

$$= (1-税率)\left(ROA \times \frac{股权 + 债务}{股权} - 利率 \times \frac{债务}{股权}\right)$$

$$= (1-税率)\left[ROA + (ROA - 利率)\frac{债务}{股权}\right]$$

一种有用的股本收益率的分解法为:

$$ROE = \frac{净收益}{税前收益} \times \frac{税前收益}{EBIT} \times \frac{EBIT}{销售收入} \times \frac{销售收入}{资产} \times \frac{资产}{股权}$$

$$\quad\ (1)\quad\times\quad(2)\quad\times\quad(3)\quad\times\quad(4)\quad\times(5)$$

　　因子(3)称为公司的营业利润率(profit margin)或销售收益率(return on sales,ROS)。销售收益率显示了每一单位销售收入可获得的营业利润。因子(4)是销售收入对资产的比率,称为资产周转率(asset turnover,ATO)。它表明公司使用资产的效率,在这个意义上,它测度了1单位资产的销售收入。因子(1)是税后利润与税前利润的比率,我们称其为税收负担比率,它的值既反映了政府的税法,又反映了公司为了尽量减轻其税收负担而实行的政策。综合收益和与所有者(或股东)的资本交易导致的所有者权益的变动,应当在所有者权益变动表中分别列示。我国会计准则规定,所有者权益变动表的标准样式如表2-5所示。

表 2-5　所有者权益变动表

编制单位:××××
年度 会企
××表

单位:元

项目	本年金额						上年金额					
	实收资本(或股本)	资本公积	减:库存股	盈余公积	未分配利润	所有者权益合计	实收资本(或股本)	资本公积	减:库存股	盈余公积	未分配利润	所有者权益合计
所有者权益合计												
一、上年年末余额												
加:会计政策变更												
前期差错更正												
二、本年年初余额												
三、本年增减变动金额(减少以"一"号填列)												
(一)净利润												
(二)直接计入所有者权益的利得和损失												

项目	本年金额						上年金额					
	实收资本（或股本）	资本公积	减：库存股	盈余公积	未分配利润	所有者权益合计	实收资本（或股本）	资本公积	减：库存股	盈余公积	未分配利润	所有者权益合计
1.可供出售金融资产公允价值变动净额												
2.权益法下被投资单位其他所有者权益变动的影响												
3.与计入所有者权益项目相关的所得税影响												
4.其他												
上述(一)和(二)小计												
(三)所有者投入和减少资本												
1.所有者投入资本												
2.股份支付计入所有者权益的金额												
3.其他												
(四)利润分配												
1.提取盈余公积												
2.对所有者(或股东)的分配												
3.其他												
(五)所有者权益内部结转												

续表

项目	本年金额						上年金额					
	实收资本（或股本）	资本公积	减：库存股	盈余公积	未分配利润	所有者权益合计	实收资本（或股本）	资本公积	减：库存股	盈余公积	未分配利润	所有者权益合计
1.资本公积转增资本（或股本）												
2.盈余公积转增资本（或股本）												
3.盈余公积弥补亏损												
4.其他												
四、本年年末余额												

2.1.6 财务报表附注

财务报表各项目是被高度浓缩的会计信息。随着社会经济的发展,经营业务也日趋复杂,更由于不同的企业采用不同的会计政策,即使处于同一行业,财务报表信息都会有不同的解释,而这些仅在财务报表中是无法体现出来的。因此,财务报表附注是财务报表的有益补充,它对财务报表的编制基础、编制依据、编制原则和方法及主要事项等进行解释,有助于提高对会计信息的理解,同时也提供了不同企业间的会计信息对比分析的可比性。

2.1.6.1 报表附注的作用

财务报表附注是资产负债表、利润表、现金流量表和所有者权益变动表等报表中列示项目的数字表述、文字描述或明细资料,以及对未能列示在这些报表中项目的说明。其作用体现在以下三个方面。

(1)增强了企业会计信息的相关性和可靠性

相关性和可靠性是企业会计信息的两个基本质量特征,但财务会计本身的局限性,使得这两个特征在很多时候无法兼备,而财务报表附注恰恰弥补了这一空缺。它的加入能够从整体上反映企业的价值,保证信息的完整性,帮助报表使用者对企业经济活动进行全局评价并作出决策。例如对或有事项的处理,由于或有事项发生的不确定性,它不能直接在财务报表中进行确认,所以可以通过在财务报表附注中进行披露来揭示或有事项的类型和影响,给报表使用者提供信息,以便报表使用者作出分析与判断。

(2)增强了不同行业和同行业不同企业间信息的可比性

不同行业具有不同的特点,每个企业每个会计期的情况也都在变化。为提高不同企业间会计信息的可比性、增强同一企业不同会计期信息的一贯性,就需要借助财务报表附注来分析。财务报表附注通过披露企业的财务报表编制基础、会计政策和会计估计方法及其变更,对主要报表项目进行解释及对重要事项进行说明等,向投资者、报表使用者传递相关信息,使得会计信息更具透明性和可比性。

(3)有助于提高报表使用者对财务报表分析的准确性

仅仅依据财务报表数据进行分析,得出的结论可能是片面的,甚至是错误的。比如在分析偿债能力时,如果企业存在对外担保行为但尚未确认预计负债,或者在分析企业营运能力时企业对发出存货的计价方法进行了变更等,这些因素都会影响到分析指标的计算结果,进而影响到报表使用者的决策。因此,只有准确理解财务报表附注揭示的信息,才能准确地进行财务分析、恰当地评价企业经营状况和未来发展趋势。

2.1.6.2　财务报表附注的内容及结构

根据 2023 年《企业会计准则》第 30 号的要求,财务报表附注一般按照表 2-6 所示的顺序至少披露以下内容。

表 2-6　财务报表附注披露的项目和内容

披露项目	具体披露的内容
一、企业的基本情况	包括企业的成立日期、注册资本、历史沿革、经营范围、合并财务报表范围等
二、财务报表的编制基础	正常经营企业的财务报表通常以持续经营为编制基础
三、遵循企业会计准则的声明	

续表

披露项目	具体披露的内容
四、重要会计政策和会计估计	包括会计期间、营业周期、记账本位币、合并财务报表的编制方法等
五、会计政策和会计估计变更以及差错更正的说明	披露会计政策、会计估计变更的批准程序、变更理由、变更内容,这些变更对企业财务状况和经营成果的影响,累计影响金额不能合理确定的原因等
六、报表重要项目的说明	按照资产负债表、利润表、现金流量表、所有者权益变动表的顺序对各项目进行详细披露
七、其他需要说明的重要事项	包括或有事项和承诺事项、资产负债表日后非调整事项、关联方关系及其交易等需要说明的事项
八、有助于财务报表使用者评价企业管理资本的目标、政策及程序的信息	

2.1.6.3　企业的基本情况

要了解一个企业,知道企业的"前世今生",首先要从企业的基本情况着手。财务报表附注的第一个部分就是企业的基本情况介绍,包括企业的历史和经营范围,具体包括注册地、组织形式和总部地址,企业的业务性质和主要经营活动,母公司以及集团最终母公司的名称。

2.1.6.4　重要会计政策和会计估计

会计准则提供了很多可供选择的会计政策和会计估计方法,企业可以根据实际情况进行选择。按照会计信息的可比性要求,企业一旦选择了确定的会计政策和会计估计,不得随意变更。为使外部报表使用者充分了解企业财务报表的编制基础,会计准则要求企业必须在财务报表附注中披露企业当前所采用的重要会计政策和会计估计。重要会计政策的说明,包括财务报表项目的计量基础和在运用会计政策过程中所作的重要判断等。重要会计估计的说明,包括可能导致下一个会计期间内资产、负债账面价值重大调整的会计估计的确定依据等。企业应当披露采用的重要会计政策和会计估计,并结合企业实际情况披露其重要会计政策的确定依据和财务报表项目的计量基础,及其会计估计所采用的关键假设和不确定因素。通常包括的项目有:企业财务报表的会计期间、营业周期、记账本位币、同一控制下和非同一控制下企业合并的会计处理方法、合并财务报表的编制方法、现金及现金等价物的确定标准、外币业务和外币报表折算方法、金融工具的确认和计量方法、应收账款坏账核算方法、存货的计价方法、长期股权投资的核算方法和收入确认原则等。

2.1.6.5 报表重要项目的说明

企业应当按照资产负债表、利润表、现金流量表、所有者权益变动表及其项目列示的顺序,采用文字和数字描述相结合的方式对报表重要项目进行披露。报表重要项目的明细金额合计,应当与报表项目金额相衔接。该部分是财务报表所有重要项目的明细资料,对于报表使用者而言,该部分内容是分析和判断企业财务状况、经营成果和现金流量真实情况的重要线索。仔细阅读该部分也有利于报表使用者进行不同企业间的对比。在对企业财务报表进行分析时,要详细观察报表中的重要项目,比如应收账款及其质量如何;在资产负债表中,我们可以看到前后两期应收账款的绝对数额,并能进行简单的比较,看出是上升还是下降了;而在附注中,我们可以更明晰地看到应收账款的构成、账龄情况、坏账准备的计提标准、计提数额和转回情况等。当财务报表中出现异常数据时,我们就需要及时查阅报表附注资料中对这些项目的详细说明,以准确判断这些异常项目是否合理。

2.1.6.6 其他需要说明的重要事项

还有一些已经发生或将要发生的、可能影响企业未来经济利益的流入或流出、影响报表使用者准确判断的重要事项,虽未在财务报表中确认和计量,但仍需要在财务报表附注中予以披露。这些事项主要包括:或有事项和承诺事项、资产负债表日后事项、关联方关系及交易说明等。

2.1.7 财务报表之间的勾稽关系

财务报表之间的勾稽关系主要是指三张主要的财务报表,即资产负债表、利润表和现金流量表各项目之间的关联性。三张表的项目都是流动的、相互联系的。比如现金流量表,变成了原材料、固定资产、无形资产及管理费用等;原材料转变成了在产品、产成品;固定资产则以折旧和减值的形式流进了利润表;产成品以收入成本的方式流进了利润表;现金流流进了现金流量表。三张报表存在着严密的勾稽关系,不同的财务报表之间以及同一财务报表的不同会计科目或报表项目之间存在一定的关联或逻辑对应关系。

勾稽关系一般可分为两种情况,一种是表内的勾稽关系,另一种是表间的勾稽关系。对于表内勾稽关系来说,主要概括为以下两个报表恒等式:

(1)资产负债表恒等式,好比一个大天平,左边放着资产,右边放着负债和所有者权益(资产＝负债＋所有者权益)。

(2)利润表恒等式,好比装在所有者权益里面的水库,收入就是流入水库里的水,成本费用就是流出水库里的水,余下来的作为本年利润留在水库中,是所有者权益的一个重要组成部分(利润＝收入－成本－费用)。

表间的勾稽关系一般涉及两张或两张以上的报表,比如资产负债表与利润表之间的勾稽关系、资产负债表与现金流量表之间的勾稽关系、利润表与现金流量表之间的勾稽关系等。表间关系概括而言,就是围绕"一个中心、两个基本点"展开。"一个中心"指的是资产负债表,"两个基本点"分别是指资产负债表与利润表之间的勾稽关系和资产负债表与现金流量表之间的勾稽关系。

2.1.7.1　资产负债表与利润表之间的勾稽关系

概括而言,利润表反映了资产负债表中未分配利润的增减变化。资产负债表中未分配利润的期末数减去期初数,应该等于损益表的未分配利润项。因为资产负债表是一个时点报表,而损益表则是一个时期报表,两个不同时点之间就是一段时期,这两个时点上未分配利润的差额应该等于这段时期内未分配利润的增量。

使用者需要分析资产负债表中"未分配利润"项目与利润表中"未分配利润"项目数据勾稽关系是否恰当。注意利润表中,"年初未分配利润"项目"本年累计数"栏的数额应等于"未分配利润"项目"上年数"栏的数额,应等于资产负债表"未分配利润"项目的期初数。分析资产负债表中"库存商品、发出商品"等项目贷方发生额,与利润表中"营业成本"项目数据勾稽关系是否恰当。如不一致,则应该进一步检查主营业务成本结转的合理性。分析资产负债表中"交易性金融资产、持有至到期投资、长期股权投资"等项目与利润表中"投资收益"项目数据勾稽关系是否合理。观察是否存在资产负债表中没有投资项目而利润表中却列有投资收益,以及投资收益大大超过投资项目的本金等异常情况。分析资产负债表中"固定资产、累计折旧"项目与利润表中"管理费用—折旧费"项目数据勾稽关系是否合理。还可以结合生产设备的增减情况和开工率、能耗消耗,分析主营业务收入的变动是否存在产能和能源消耗支撑。分析资产负债表中"应交税费"项目相应明细科目的贷方发生额与利润表中"营业税金及附加"项目相应明细科目勾稽关系是否恰当。检查城市维护建设税、教育费附加等项目的计算依据是否和本期应纳增值税、营业税、消费税合计数一致,是否按照适用的税率或费率计算,从而复核本期应纳城建税、教育费附加是否具有合理性。

2.1.7.2 资产负债表与现金流量表之间的勾稽关系

现金流量表反映资产负债表中货币资金的增减变化。也就是说,现金流量表其实是货币资金的明细反映。资产负债表中货币资金项目的期末数减去期初数,应该等于现金流量表最后的现金及现金等价物净流量。资产负债表是一个时点报表,现金流量表是一个时期报表,两个不同时点之间就是一段时期,这两个时点的现金及现金等价物的净增加额,应该等于这段时期内现金流量的增量。

分析资产负债表中"货币资金"项目期末与期初差额与现金流量表中"现金及现金等价物净增加额"的勾稽是否合理。一般而言,"现金及现金等价物"所包括的内容应与"货币资金"明细项目存在一定的对应关系。现金流量表中"销售商品、提供劳务收到的现金"大致等于(主营业务收入+其他业务收入)×(1+增值税税率)+预收账款增加额-应收账款(未被认定为现金的应收票据)增加额。

现金流量表中"购买商品、接受劳务支付的现金"大致等于(营业成本+其他业务成本+存货增加额)×(1+增值税税率)+预付账款增加额-应付账款增加额-应付票据增加额。现金流量表中"支付给职工以及为职工支付的现金"大致等于管理费用、销售费用、生产成本中属于职工薪酬和职工福利费部分的合计,或应付职工薪酬的借方发生额+应交税费中个人所得税借方发生额。

现金流量表中"购建固定资产、无形资产和其他长期资产所支付的现金"大致等于本期无形资产的增加额+固定资产原值的增加额+在建工程增加额+工程物资增加额+预付账款(设备及工程款)的增加额+应付账款(设备及工程款)的减少额＋其他应付款(长期资产款)的减少额。

现金流量表中"取得借款所收到的现金"大致等于本期借款(长期借款、短期借款、发行债券)贷方发生额,而"偿还债务所支付的现金"大致等于本期借款(长期借款、短期借款、偿还债券)借方发生额,"分配股利、利润或偿付利息所支付的现金"大致等于应付股利的借方发生额与应付利息的借方发生额的合计数。

基于报表勾稽关系的财务报表分析是非常重要的,它是一种更为注重对报表结构、报表各项目间关系理解的财务分析思路,它更强调从报表看企业发生的经济业务,它更注重识别企业财务报表是否存在粉饰和错误。

由于现实中确实存在相当一部分的虚假会计信息,报表粉饰行为也较为盛行,所以应该强调基于报表勾稽关系的财务报表分析。

例如,报表使用者通过观察某上市公司 2020 年的年报,发现利润表中 2020 年主营业务收入为 8.63 亿元,现金流量表中 2015 年销售商品、提供劳务收到的现金为 7.31 亿元,收入与现金流相差 1 亿多元;同时在资产负债表中,公司 2020 年年末的应收票据、应收账款合计只有近 0.21 亿元。对于利润表中所实现的"主营业务收入",企业要么收到现金,反映于现金流量表中的"销售商品、提供劳务收到的现金",要么形成应收款项,反映于资产负债表中的"应收账款"和"应收票据"。

那么,有近 1 个亿的收入为什么在现金流量表与资产负债表中未体现出来?该公司的报表存在什么问题呢?

导致上述情形出现的常见原因有以下几类。第一类是企业在确认主营业务收入时,同时确认了应收账款或应收票据,但是其后应收账款或应收票据的余额减少时,企业并非全部收到现金(注意报表中"应收账款"项目是应收账款余额扣除坏账准备后的应收账款账面价值)。例如,企业对应收账款计提了坏账准备;企业对应收账款进行债务重组,对方以非现金资产抵偿债务或者以低于债务面值的现金抵偿债务;企业给予客户现金折扣,收到货款时折扣部分计入了财务费用,等等。第二类是企业在确认主营业务收入时,既没有收到现金流,也没有确认应收账款或应收票据。例如,企业在确认主营业务收入时冲减了"应付账款",或企业在确认主营业务收入时冲减了以前年度的"预收账款",等等。第三类是企业合并报表范围发生了变化。例如,企业在年中将年初纳入合并报表的子公司出售(或降低持股比例至合并要求之下),则在年末编制合并利润表时将子公司出售前的利润表纳入合并范围,但资产负债表没有纳入,故此使得勾稽关系不成立。

作为分析者,我们还可以通过阅读报表及相关附注证实或证伪上述三类原因的存在。如果没有发现上述原因及其他特殊原因存在的证据,那么很有可能是该公司的报表存在问题,这个时候我们就需要重点关注该公司的收入确认、应收账款与其他应收款、现金流量的归类等。

2.2　财务报表分析基础

通过前面的内容,相信读者已经对财务报表有了一个初步的概念。然而,要读懂财务报表,还需要掌握一定的分析方法和技巧,以将财务报表上的数据转换为有利于评估公司财务状况、经营业绩和现金流量情况的信息。

企业财务报表的灵魂在于比较。企业财务报表分析就是通过比较来发现问题,进而分析问题,并最终解决问题。决策者通过对财务报表中各个数字间的比例、趋势等的比较分析,对企业财务状况、经营业绩等信息作出一个判断,从而作出正确选择。

2.2.1　财务报表分析的目的

财务报表能够全面反映企业的财务状况、经营成果和现金流量情况。但财务报表上的数据还不能直接或全面说明企业的经营情况,特别是不能说明企业经营状况的好坏和经营成果的大小,只有将企业的财务指标与有关的数据进行比较才能说明企业财务状况所处的地位,因此要进行财务报表分析。

财务报表分析的对象是企业的各项基本活动,包括对企业财务状况和经营成果的分析。财务状况是指一定时期内企业经营活动体现在财务上的资金筹集与资金运用状况,它是企业一定期间内经济活动过程及结果的综合反映。经营成果是指一定时期内企业生产经营活动所创造的有效劳动成果的总和。企业统计一般从实物量和价值量两个方面反映企业经营成果。

财务报表分析就是从报表中获取符合报表使用人分析目的的信息,认识企业活动的特点,评价其业绩,发现其问题。

要将财务报表的数据转换为对决策者有用的信息,一般可从以下四个维度分析。

　　战略分析:确定主要的利润来源及经营风险并定性评估公司的盈利能力,包括宏观分析、行业分析和公司竞争策略等。

　　会计分析:评价公司会计反映其经济业务的程度,包括评价公司会计的灵活性和恰当性、修正会计数据等。

　　财务分析:运用财务数据评价公司当前及过去的业绩。

　　前景分析:预测企业的未来,包括财务报表预测和公司估值等。

2.2.2　财务报表分析的基本方法

2.2.2.1　基本面分析法

　　从严格意义上来说,对企业基本情况的分析并不属于财务报表分析的范畴。但是,只有将财务报表分析与企业基本情况分析结合起来,才能对财务报表提供的信息有一个更为全面、准确的了解。从一定意义上说,基本情况分析是进行财务报表分析的基础工作,一般包括宏观环境分析、行业地位分析以及企业内部分析三个方面。

　　1.宏观环境分析

　　宏观环境是指影响一切行业和企业的各种宏观力量,分析的重点在政治(political)、经济(economic)、社会(social)和技术(technological)四大方面。根据其首字母的缩写,宏观环境分析也被称为 PEST 分析。政治因素是指对企业营运活动具有实际与潜在影响的政治力量和有关的法律法规等因素,它具有直接、不可测和不可逆等特点。经济因素是指国家或地区的经济制度、经济结构、产业布局、资源状况、经济发展水平以及未来的经济走势等。和政治法律环境相比,经济环境因素对企业生产经营的影响更加直观具体。社会文化因素是指企业所处社会的民族特征、文化传统、价值观念、宗教信仰、教育水平以及风俗习惯等因素。不同的社会和文化环境会对企业生产经营产生不同的影响。社会和环境因素的范围很广,主要包括人口因素、社会流动性、消费心理、生活方式变化、文化传统和价值观等。技术因素包括与企业生产有关的新技术、新工艺、新材料的出现和发展趋势以及应用前景等,技术可为企业创造竞争优势,但也可能缩短产品生命周期,淘汰企业现有产品。产业内的某一技术趋势与新兴科技的出现对整个产业上下游公司的经营决策都会产生影响,在很大程度上引导整个产业的发展方向。

2. 行业地位分析

一个企业是否有长期发展的前景,同它所处的行业本身的性质有关。企业的行业地位决定了其盈利能力是高于还是低于行业平均水平。所以,管理者必须对企业的行业地位有一个清楚的认识,对行业竞争程度进行动态的分析。行业竞争程度分析,可以分为现有同行业的竞争和潜在竞争。对于处在成熟阶段的企业来说,潜在竞争的可能性相对要小些,而分析成长阶段和发展阶段的企业竞争程度时,就要充分考虑来自潜在竞争对手的竞争。

3. 企业内部分析

企业内部分析主要涵盖企业内部资源分析、企业竞争优势分析、企业经营策略分析、企业的组织结构和高级管理人员能力分析等几个方面。企业内部资源分析主要包括人力资源分析、有形资产分析、无形资产分析,通过资源分析来了解企业的资源情况,判断企业在竞争中的优势与劣势。企业的竞争优势分析包括企业产品差异性(市场知名度、产品质量及保证、售后服务等)分析、销售能力(销售渠道及策略、销售网点的数量和区域分布、广告宣传等)分析、竞争对手比较分析。企业的经营策略分析包括经营策略对企业盈利能力的影响分析和经营策略分析。企业的组织结构和高级管理人员能力(解决问题、发现问题、寻找机会的能力等)分析,包括分析部门之间是否能够进行有效的交流和相互制约,各岗位职责是否明确,组织结构是否具有灵活性等。

2.2.2.2　比较分析法

比较分析法,是财务报表分析中最常用也是最基本的一种方法,是其他分析方法产生的基础。它是通过不同的数据的比较,发现规律性的东西并找出其与比较对象差别的一种分析方法。用于比较的可以是绝对数,也可以是相对数,其主要作用在于揭示指标间客观存在的差距,并为进一步分析指出方向。例如,通过对比两期或连续数期财务报告中的相同指标,确定其增减变动的方向、金额和幅度,来说明企业财务状况、经营成果或现金流量变动趋势。

比较分析法的表现形式多种多样,比较形式可以是本期实际与计划或定额指标的比较、本期实际与以前各期的比较,可以了解企业经济活动的变动情况和变动趋势,也可以将企业相关项目和指标与国内外同行业进行比较。

根据基准的不同分类,主要分为纵向对比和横向对比。

1. 纵向对比(企业内部比较)

纵向对比是指将企业本期的财务报表及相关数据与以前各期的同类数据进行对比,以评价企业财务状况和经营成果的变化规律及趋势。前后期的比较还可以进行多期的比较。与上期实际数或历史最高水平比较,可以考察其发展变化情况,预测其发展趋势。不同时期财务指标的比较主要有定期动态比率和环比动态比率两种。下面以温氏股份 2017—2020 年的经营情况为例,如表 2-7 所示。

表 2-7　温氏股份(300498)2017—2020 年的经营情况　　单位:亿元

项目	2020 年	2019 年	2018 年	2017 年
营业收入	749.24	731.20	572.36	556.57
营业成本	602.29	528.94	475.90	444.91
营业利润	83.87	149	43.78	72.26

数据来源:Choice 金融数据库。

根据资料,进一步计算各项目的趋势百分比。趋势百分比分为定比和环比两种。

(a)定期动态比率是以某一时期的数额为固定的基数数额而计算出来的动态比率,其计算公式为:

$$定期动态比率=(分析期数额÷固定基期数额)×100\%$$

设定温氏股份 2017 年为基期数,2018 年、2019 年、2020 年财务数据分别与 2017 年的比较,计算出趋势百分比,即定比,如表 2-8 所示。

表 2-8　温氏股份以 2017 年为基期的趋势百分比　　单位:%

项目	2020 年	2019 年	2018 年	2017 年
营业收入	134.62	131.38	102.84	100.00
营业成本	135.37	118.89	106.97	100.00
营业利润	116.07	206.20	60.59	100.00

数据来源:Choice 金融数据库。

从表中可以看出,用百分比反映的变化趋势较之用绝对数(表)更能说明温氏股份财务数据的变化趋势。2020 年较 2017 年的营业收入增长了34.62％,而营业利润则增长了 16.07％,低于营业收入的增长。其原因主要是相应成本、费用的增长高于营业收入的增长,影响了营业利润的增长。

(b)环比动态比率是以每一分析期的数据与上期数据相比计算出来的动态比率。其计算公式为:

环比动态比率＝(分析期数额÷前期数额)×100％

将温氏股份各期项目数和上一年数目相比较,计算出趋势百分比,即环比,如表 2-9 所示。

表 2-9　温氏股份的环比趋势百分比　　单位:％

项目	2020 年	2019 年	2018 年	2017 年
营业收入	102.47	127.75	102.84	100.00
营业成本	113.87	111.15	106.97	100.00
营业利润	56.29	340.34	60.59	100.00

数据来源:Choice 金融数据库。

从表 2-9 可以看出,温氏股份 2017—2020 年的营业收入逐年增长,但除了 2019 年的营业利润较上一年的增长幅度非常明显,2018 年和 2020 年营业利润都是负增长的。2019 年的营业收入较 2018 年增长幅度较大,达27.75％,同时营业成本的增长幅度只有 11.15％,说明成本控制得比较好,所以 2019 年的营业利润较 2018 年出现巨幅增长。总的来说,营业收入逐年在增长,营业利润则是先降后升再降,2019 年为爆发式增长年度。

2.横向对比(企业之间比较)

横向对比是指企业的财务报表及其相关数据与同行业的平均水平、先进水平或竞争企业的同类数据的横向比较,以评价企业财务状况和经营成果的优劣。企业间的比较分析一般用相对数或平均数,通过相对指标来进行差异分析。

下面以我国林业上市公司为例,按照证监会 2012 年行业分类,截至 2021年 7 月底,我国林业上市公司共有四家,分别是平潭发展(000592)、ST 云投(002200)、福建金森(002679)和*ST 景谷(600265)(见表 2-10)。

表 2-10　林业 2017—2020 年净利润数据

排名	代码	公司简称	净利率/%				
			4 年平均	2017 年	2018 年	2019 年	2020 年
1	002679	福建金森	17.32	31.84	28.16	3.38	5.89
		行业平均	−9.73	−20.03	1.59	4.14	−24.62
		行业中值	−12.18	−23.82	4.08	2.63	−30.74
2	000592	平潭发展	−4.98	−0.81	3.36	1.87	−24.35
3	600265	*ST 景谷	−19.37	−46.83	4.80	1.66	−37.13
4	002200	ST 云投	−31.89	−64.33	−29.98	9.63	−42.88

数据来源：Choice 金融数据库。

通过表 2-10 中的数据可以看出，福建金森 2017—2020 年的净利率远远高于行业平均水平，占据了我国林业上市公司的制高点，称雄于中国林业行业。

2.2.2.3　比率分析法

比率分析法是以同一期财务报表上若干重要项目的相关数据相互比较，求出比率，用以分析和评价公司的经营活动以及公司目前和历史状况的一种方法。比率指标的类型主要有结构比率、效率比率和相关比率三类。

1.结构比率

结构比率是指各项指标在整体中所占的比重，用以揭示各组成部分与整体之间的关系。即将财务报表中的某一重要项目（如资产负债表中的资产总额或权益总额）的数据作为 100%，然后将报表中其余项目都以这一项目的百分比的形式作纵向排列，从而揭示出各项目的数据在公司财务中的意义。其计算的基本公式为：结构比率＝（某个组成部分数值÷总体数值）×100%。结构分析对于资产负债表和损益表的分析很有用。作为基数的项目，在损益表中通常为产品销售收入，在资产负债表中通常为资产总额、负债总额和所有者权益总额。比如，流动资产占总资产的百分比，短期借款占负债总额的百分比，等等。

表 2-11　2020 年福建金森资产项目构成情况

项目	2020 年占比/%
货币资金/流动资产	6.00
应收账款/流动资产	3.96
预付账款/流动资产	1.49
其他应收款/流动资产	0.12
存货/流动资产	88.06
其他流动资产/流动资产	0.37
流动资产合计/总资产	91.14
长期股权投资(亿元)/非流动资产	28.03
其他非流动金融资产(亿元)/非流动资产	11.46
投资性房地产(亿元)/非流动资产	3.18
固定资产(亿元)/非流动资产	14.65
生产性生物资产(亿元)/非流动资产	5.73
无形资产(亿元)/非流动资产	12.10
长期待摊费用(亿元)/非流动资产	0.64
其他非流动资产(亿元)/非流动资产	24.84
非流动资产合计/总资产/非流动资产	8.86

数据来源:Choice 金融数据库。

2. 效率比率

效率比率是指某项财务活动中所费与所得的比率,反映投入与产出的关系。效率比率通常用来考察企业的经营成果和资产的有效性,评价企业资源所产生的经济效益。比如,将利润项目与销售成本、销售收入、资本金等项目对比,可以计算出成本利润率、销售利润率和资本金利润率等获利能力指标,从而从不同角度观察比较企业的获利能力高低及其增减变化情况。再如,净资产收益率和总资产报酬率反映公司资产的利用效率。公式分别为:净资产收益率=净利润/所有者权益、总资产报酬率=净利润/总资产。

3. 相关比率

相关比率是指将两个性质不同但又相关的项目加以比对,求出比率,以从经济活动的客观联系中认识企业生产经营状况。相关比率指标可以考察企业相互关联的业务之间的运行是否协调、顺畅。比如，将流动资产与流动负债相比，计算出流动比率，可以判断企业的短期偿债能力；将负债总额与资产总额相比，得出资产负债率，可以判断企业长期偿债能力。但是，各个行业的流动比率差别很大，只有同行业水平的流动比率相比后，才能得出一个正确的结论。

2.2.2.4　因素分析法

因素分析法是从数值上测定各个相互联系的因素对财务报表中某一项目差异影响程度的方法。应用这种方法可以查明各相关因素对某一项目的影响程度，有助于分清责任，更有说服力地评价企业各方面的经济管理工作；同时，可以在复杂的经济活动中寻找影响企业的主要因素，以集中精力，抓主要矛盾，解决问题。因素替代法亦称连环替代法，是因素分析法的一种具体分析方法，是将综合指标分解后，按顺序把其中一个因素作为可变量，其他因素暂作为不变量，依次逐项进行替换，逐步测定出各项因素的变化对综合指标的影响程度，从而掌握指标变动的原因，分清经济责任，找出关键问题，作出正确的财务评价。

设某一分析指标 R 是由相互联系的 A、B、C 三个因素相乘得到，报告期（实际）指标和基期（计划）指标为：

报告期（实际）指标 $R1 = A1 \times B1 \times C1$

基期（计划）指标 $R0 = A0 \times B0 \times C0$

在测定各因素变动对指标 R 的影响程度时可按顺序进行：

基期（计划）指标 $R0 = A0 \times B0 \times C0$　（1）

第一次替代

　　$A1 \times B0 \times C0$　（2）

第二次替代

　　$A1 \times B1 \times C0$　（3）

第三次替代

　　$R1 = A1 \times B1 \times C1$　（4）

（2）－（1）为 A 变动对 R 的影响；

（3）－（2）为 B 变动对 R 的影响；

（4）－（3）为 C 变动对 R 的影响。

现以表 2-12 为例说明这种方法的运用。某企业 2021 年 7 月某种原材料费用的实际值是 9360 元,而其计划值是 8000 元。实际比计划增加 1360 元。由于原材料费用是由产品产量、单位产品材料消耗量和材料单价 3 个因素的乘积构成的,因此,可以将材料费用这一总指标分解为 3 个因素,然后逐个分析它们对材料费用总额的影响方向和程度。

表 2-12 材料费用的影响因素及数值情况

项目	计划值	实际值
产品产量/件	100	120
单位产品材料消耗量/千克	8	6
材料单价/元	10	13
材料费用总额/元	8000	9360

根据表 2-12 的资料,材料费用总额实际值较计划值增加了 1360 元。运用连环替代法,计算各因素变动对材料费用总额的影响方向和程度如下:

计划值 $100 \times 8 \times 10 = 8000$(元)　　　　　　　　　　　　　　　(1)

第一次替代(产品产量因素)$120 \times 8 \times 10 = 9600$(元)　　　　　　(2)

第二次替代(单位材料消耗量因素)$120 \times 6 \times 10 = 7200$(元)　　(3)

第三次替代(材料单价因素)$120 \times 6 \times 13 = 9360$(元)　　　　　(4)

产品产量增加对材料费用的影响为:$(2)-(1) = 9600-8000 = 1600$(元);

单位产品材料消耗量节约对材料费用的影响为:$(3)-(2) = 7200-9600 = -2400$(元);

材料单价提高对材料费用的影响为:$(4)-(3) = 9360-7200 = 2160$(元);

综合这三个因素对材料费用总额的影响为:$1600-2400+2160 = 1360$(元)。

总体来说,上述四种分析方法基本属于传统的财务报表分析方法,发展至今已经较为成熟,这些方法中以系统化的财务比率分析方法为主,侧重于对企业的盈利能力、偿债能力、营运能力等方面的分析与评价。

2.2.3 常用的分析指标

财务分析的具体指标主要有三种:绝对值指标、百分比指标和财务比率指标。这三个指标从不同侧面揭示数据背后的意义。

　　绝对值指标是指通过数字的绝对值变化说明一定问题的指标,比如总资产、流动资产、总负债、流动负债、营业收入、营业利润等,这些都属于绝对值指标。绝对值指标主要是分析增减额(量)的变动情况,在实际工作中,如果仅仅依靠绝对值分析,往往很难得出客观全面的结论,因此绝对值指标分析必须与百分比指标、财务比率指标(见表 2-13)结合起来使用。

表 2-13　常用财务比率指标

盈利能力	营业毛利率、营业净利率、销售净利率、资产报酬率、所有者权益报酬率等
营运效率	总资产周转率、应收账款周转率、存货周转率等
偿债能力	流动比率、速动比率、现金比率、利息保障倍数等
发展能力	销售增长率、总资产周转率、资本积累率等

2.2.4　财务分析的主要步骤

　　在进行具体的财务分析之前,先要解决两个问题:一是站在何种立场进行分析,二是以何种标准进行分析比较。财务报表使用者因为立场不同,所以分析目的也各有差异。没有比较,就不能称其为分析,因此财务报表分析注重比较。对企业财务报表进行比较时,必须有一个客观的标准,并以此来衡量企业财务报表中的有关资料,从而较为客观地确定企业的财务状况和经营成果。

　　总体而言,财务分析的主要步骤可以概括为确定分析目的,制订分析方案,收集财务数据和信息,分析过去、评价现状和展望未来四个方面。

　　第一,确定分析目的。财务分析的目的因分析类型的不同而不同。比如信用分析,目的主要是分析企业的偿债能力和支付能力;投资分析,目的主要是分析投资的安全性和盈利性;经营决策分析,目的是为企业产品、生产结构和发展战略方面的重大调整服务;税务分析,目的主要是分析企业的收入和支出情况。

　　财务分析的目的也因报表使用者的不同而有较大差异。比如,投资者的目的主要是投资价值分析、经营现状分析、发展前景分析;商业银行等债权人主要是信用分析,包括偿债能力分析和债务风险分析;管理者则是对企业运营的各个方面作一个综合的分析和评价。财务分析的目的决定了财务指标的选用和财务分析方法的选择,因此在做财务分析之前必须有明确的财务分析目的。

财务分析的形式包括:日常经营分析,主要分析实际完成情况及其与企业目标偏离的情况;现状分析,是对企业当期的生产经营及财务状况进行全面分析;预测分析,要弄清企业的发展前景;检查分析,要进行专题分析研究。

第二,制订分析方案。确定好财务分析的目的后,要根据分析量的大小和分析问题的难易程度制订出分析方案。最后确定选择全面分析还是重点分析,是协作进行还是分工负责。比如销售分析,那么就重点收集销售额、销售量、销售毛利等与销售有关的数据。在制订分析方案时,要列出分析项目,安排工作进度,还要确定分析的内容、标准和时间。

第三,收集财务数据和信息。分析方案确定后,要根据分析任务,收集分析所需的数据资料。企业的各项经济活动都与内外部环境的变化相关联,会计信息只反映经济活动在某一时期的结果,并不反映经济活动发生发展的全过程;财务报表能部分反映产生当前结果的原因,但不能全面揭示所分析的问题。因此,需要分析者收集相关资料信息。信息收集可通过查找资料、专题调研、召开座谈会或相关会议等多种渠道来进行。信息收集的内容一般包括:宏观经济形势信息;行业情况信息;企业内部数据,如企业产品市场占有率、销售政策、产品品种、有关预测数据等。当然,收集完各种信息资料之后,还需要核实这些数据的真实性、准确性和完整性,以确认这些信息资料是否与财务报表的数据有较大出入,如发现收集的财务资料和数据存在不真实、不完整的问题,就需要找到问题的原因,寻求真实的情况。

第四,分析过去、评价现状和展望未来。根据分析目标和内容,先要评价所收集的资料,寻找数据间的因果关系,然后联系企业的客观环境情况,解释形成现状的原因,再揭示经营失误,暴露存在的问题,最后提出分析意见,探讨改进的办法和途径。也就是说,收集的资料需要经历从分析到评价,再到反馈的这样一个过程。其中,反馈强调将新资料投入下一个资料处理系统,希望能改善产出,并且使分析结果及决策更为准确。"分析过去、评价现状、展望未来"这个思路将最终体现在财务分析报告中。

2.3　财务报表分析内容

2.3.1　企业盈利能力分析

在揭开资产负债表的面纱,了解反映企业损益状况的利润表和揭示企业"血液循环"的现金流量表之后,相信无论是对投资者来说,还是对企业股东和管理者来说,最关心的便是企业的盈利能力,即企业赚钱、获利的能力。

盈利能力是指企业通过经营活动获取利润的能力,对盈利能力的分析是企业财务分析的重点。其根本目的是通过分析及时发现问题,以改善企业财务结构,提高企业偿债能力、经营能力,最终提高企业的盈利能力,促进企业持续稳定地发展。通过分析盈利能力的相关指标,可以衡量企业的经营业绩、竞争能力、发展前景,发现经营管理中存在的问题,从而判断出公司的竞争力够不够、盈利能力强不强、资产收益好不好、值不值得投资。企业盈利能力分析,即评价企业的盈利水平。企业盈利能力可以从三个维度进行分析,如图 2-1 所示。

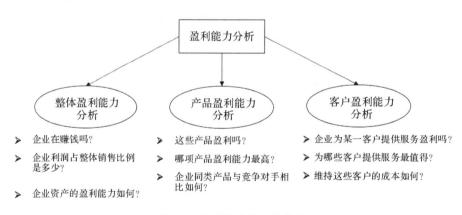

图 2-1　盈利能力的三个维度

具体包括以下五个关键指标(见图 2-2)。

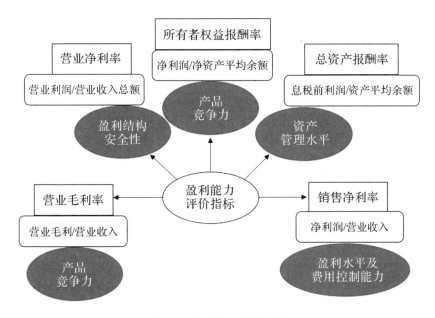

图 2-2　盈利能力指标评价

2.3.1.1　营业毛利率分析

在利润表中,营业收入扣除营业成本就是营业毛利,而营业毛利占营业收入的比率就是营业毛利率。营业毛利率计算三步骤如下。

第一步:从利润表中找到"营业收入"和"营业成本"数据;

第二步:将"营业收入"和"营业成本"代入公式"营业毛利＝营业收入－营业成本";

第三步:营业毛利率＝营业毛利÷营业收入×100％。

营业毛利率可以反映企业每赚一元钱中有多少毛利:营业毛利率越高,说明企业竞争力越强,企业越能赚钱。

毛利水平反映了企业初始获利能力,它是企业实现利润的起点,可以表明企业对营业费用、管理费用、财务费用等期间费用的承受能力。毛利水平是直接衡量企业产品或服务竞争能力的核心关键指标。毛利率的高低取决于顾客是否认可企业的产品和服务,竞争对手是否很少或不具备这种增值能力。通过对毛利率的分析,报表使用者可以判断企业的产品或服务是否具有市场竞争力,成本是否控制得当,同时可以分析毛利水平和期间费用两个因素对盈利的影响。

　　一定水平的毛利率是企业经营盈利的基础,没有足够的毛利率,企业将难以弥补期间费用和实现盈利。由于毛利率指标的高低不受企业营业税金、营业费用、管理费用、财务费用等因素的影响,因此可以用来进行不同行业、不同企业之间经营业务盈利水平的比较。行业之间的比较,可以说明行业的盈利水平;企业之间的比较,可以说明企业的先天优势或定位优势,这种定位包括行业的选择、产品的选择、生产技术水准的选择、客户的选择等方面所带来的优势。如果公司的产品是行业龙头品牌,产品具有市场竞争力,公司成本控制得当,且能够掌握核心技术、拥有良好的客户资源,则公司的营业毛利率将高于同行;如果公司产品的销量不大,进货成本过高,成本控制不当,那么公司的营业毛利率将低于同行。同时,营业毛利率的高低,也反映出企业承受价格降低和销售下降风险能力的强弱。产品的毛利率越高,承受价格降低、成本上升和销售下降风险的能力就越强,反之则越弱。一般来说,毛利率越高的企业其利润越稳定,企业发展的潜力和后劲越大;毛利率越低的企业则经营风险越大,企业发展受到的限制和约束就越多。相对于其他利润指标来说,营业毛利率受企业内部因素的干扰较少,因此相对比较稳定。

　　企业是希望看到如恒星般稳定的毛利率,还是忽上忽下的毛利率?波动的毛利率代表了两件事情:一是这家公司处于不稳定的行业里;二是这家公司正在竞争对手的夹击下生存。在激烈的竞争环境中,企业的可持续发展在很大程度上取决于企业的产品质量和产品品牌。毛利率越高,不仅表明企业所提供的产品越高端,也表明企业可用于研究开发以提高产品质量、广告促销以提升企业知名度和产品品牌的空间越大。而研究开发和广告促销投入越多,企业就可以培育更多的利润增长点,从而确保企业发展的可持续性。而通过研究毛利率异常现象,可以发现企业经营管理中存在的问题,并对今后可能遇到的风险加以纠正和防范。如:当存货周转率逐年下降,而毛利率却逐年上升时;当出现较高的毛利率,而现金循环周期也比较长时;当出现较高的毛利率,而应收账款账期很长,或发现应付账款付得很快时。

　　若毛利率与一些特征相背离,就意味着毛利率很可能是粉饰出来的。此外,通过将企业毛利率与同行业相比,可以发现其财务是否存在问题。当一家企业在不改变主营业务的情况下,在短时间内毛利率得到了大幅提升,说明有异常情况发生,对于投资者来说就需要多加关注和研究,以防受骗。

　　当然,单纯强调企业的营业毛利率意义有限,因为影响毛利率的除了企业收入和成本,还有收入确认原则,这与合同的签订有很大关系。如果企业在合同的签订上采用某些特定的方式,就可以起到隐匿收入和提前确认收入的作用,这将会对毛利率的计算产生很大影响。因此,在研究一家公司的过程中,单单看毛利率这一个盈利指标是远远不够的。

2.3.1.2　营业利润率分析

营业利润是企业利润的主要来源,它是指企业在销售商品、提供劳务等日常活动中所产生的利润,是营业毛利扣除营业过程中的费用后所剩余的利润。

在会计概念中,营业利润、利润总额和净利润三者很容易混淆,在解读营业利润率指标前,我们先一起厘清三者的关系。营业利润、利润总额与净利润在利润表的列报是由上到下的关系,上面的一项加减一些项目就得到下面的一项。

各个利润项目之间的层次关系如下:营业利润＞利润总额＞净利润。

营业利润的计算公式为:营业利润＝营业收入－营业成本－税金及附加－销售费用－管理费用－财务费用－资产价值损失±公允价值变动损益(损失)±投资收益(损失)

营业利润率则是营业利润占营业收入的百分比。营业利润率越高,表明公司在运营过程中支出费用越少,公司的盈利能力也就越强。营业利润率可以通过以下两个步骤算出。

第一步:从利润表中找出"营业利润"及"营业收入总额"的数据;

第二步:将其代入公式"营业利润率＝营业利润÷营业收入总额×100％"。

在对营业利润率进行分析时,需要注意三个重要的构成指标。

(1)主营业务收入

主营业务收入的不断增长是企业持续、稳定盈利的重要前提。若主营业务收入有所增长,说明企业经营战略恰当,目标市场定位准确,市场开发取得一定进展。对主营业务收入增长的具体分析,应结合企业具体的市场环境和产品自身的生命周期进行具体分析。

(2)主营业务成本

主营业务成本是抵扣主营业务收入的主要因素,对它要进行严格的分析和考核。一般情况下,企业生产规模的扩大能带来平均成本的降低,但也不能排除因扩大产量的需要而增加固定资产、生产工人数或加班工资等情况使主营业务成本的增长超过主营业务收入的增长。这就需要根据企业的实际情况加以判断。另外,在分析主营业务成本时,应结合报表附注中对存货计价方法的说明,剔除存货计价方法的变更对主营业务成本造成的影响,这样该指标才能真实反映成本控制的效果。

（3）税金及附加

税金及附加是指由企业经营主要业务产生,而应由主营业务负担的税金及附加,包括消费税、城市维护建设税、资源税、土地增值税和教育费附加等。这项支出不受企业决策的影响,分析时不必过多考虑。不同的行业有着不同的成本结构,所以不同行业的营业利润率相差甚大。一般来说,企业都以同行业的平均利润率为标准,再根据企业前后两期的报表来判断企业在本期的经营情况。

如果企业的产品毛利率高,成本及各项费用控制得较好,则企业的营业利润率将高于同行;如果企业的产品毛利率不高,产品竞争力弱,各项费用难以控制,则企业的营业利润率将低于同行。当企业本期营业利润率大于前期利润率时,企业本期的盈利能力提升;当企业本期营业利润率小于前期利润率时,企业本期的盈利能力下降。

2.3.1.3　净利润分析

净利润是指在利润总额中按规定缴纳所得税后公司的利润留成,是一个企业经营的最终成果。净利润越多,企业的经营效益越好;净利润越少,企业的经营效益就越差,它是衡量一个企业经营效益的重要指标。

净利润率是指企业的税后净利润占营业收入的比率。净利润是一项非常重要的经济指标。对于企业的投资者而言,净利润是评判其获得投资回报大小的基本要素;对于企业管理者而言,净利润是进行经营管理决策的基础。同时,净利润也是评价企业盈利能力、管理绩效以至偿债能力的基本工具之一,是一个反映和分析企业多方面情况的综合指标。但是,在对企业最终盈利成果进行分析时,光有净利润是不能说明全部问题的。我们来看一下净利润是怎样产生的,如图 2-3 所示。

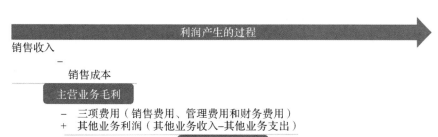

图 2-3　利润产生过程

即,净利润＝销售收入－销售成本－三项费用(销售费用、管理费用和财务费用)＋其他业务利润(其他业务收入－其他业务支出)＋投资收益±营业外收入或营业外支出－企业所得税。

也就是说,净利润不仅会受到企业正常经营业务的影响,还会受到与企业主营业务无关的"投资收益"和"其他业务收入""其他业务支出"的影响。

近年来,随着资本市场的不断发展及企业对理财观念的日益重视,非金融企业也开始利用公司的闲置资金进行投资,力求资金效益最大化。所以说,利润率高或者低,不能说明公司的主营业务质量的高低。将掺杂投资损益的净利率指标作为唯一标准来衡量企业与同行业平均水平和竞争对手的盈利能力,其结果将产生一些出入,这种做法并不合理。

由于净利润受企业规模的影响,因此在比较不同公司的净利润质量时,可以比较不同公司的销售净利率。销售净利率是净利润占营业收入的百分比,销售净利率越高,表示每一元销售收入净额获取利润越多,即公司的盈利能力越强。销售净利率可以通过以下两个步骤算出。

第一步:从利润表中找出"净利润"及"营业收入总额"的数据;

第二步:将其代入公式"销售净利率＝净利润÷营业收入×100％"。

在看净利率这个指标的时候,可以与毛利率进行比较,如果两者相差不多,说明企业在该期间的支出费用较低,反映出企业的经营效率较高。

2.3.1.4　资产报酬率分析

资产报酬率,也称资产回报率或资产利润率,是指企业一定时期内税前净利润与资产平均余额的比值。这个比值可以用来评价公司运用全部资产的盈利能力,也可以衡量公司对资产的运营能力。公司如果能用最少的资产创造出最多的利润,则说明公司资产的盈利能力好。资产报酬率越高,表明资产利用效率越高,说明企业在增加收入、节约资金使用等方面取得了良好的效果;资产报酬率越低,说明企业资产利用效率低,应分析差异原因,提高销售利润率,加速资金周转,提高企业经营管理水平。

计算资产报酬率的公式为:

资产报酬率=息税前利润÷平均资产总额=(净利润+利息费用+所得税)÷[(期初资产总额+期末资产总额)÷2]×100%

其中,息税前利润=净利润+利息费用+所得税。

资产报酬率可以通过以下三个步骤算出。

第一步:从资产负债表中找出企业上一年年底和本年年底的"资产"总额;

第二步:从利润表中找出"净利润""利息费用""所得税"的金额,并把三者相加;

第三步:代入公式"资产报酬率=(净利润+利息费用+所得税)÷[(期初资产总额+期末资产总额)÷2]×100%"。

2.3.1.5　所有者权益报酬率分析

所有者权益报酬率,也称净资产收益率、股东权益报酬率,是指一段时期内投资者可以获得的投资回报情况,即:投资者每投资一元钱到期可以获得多少利润。所有者权益报酬率亦可以用于总结企业管理层的表现,即盈利能力、资产管理及财务控制能力。

一般来说,所有者权益报酬率越高,说明投资带来的收益也就越高;所有者权益报酬率越低,说明企业所有者权益的盈利能力就越弱。企业所有者权益报酬率越高,企业的运营效益越好,对投资者、债权人的保证程度越高。所有者权益报酬率可以通过以下三个步骤算出。

第一步:从资产负债表上找到上一年年底的"所有者权益"余额和本年年底的"所有者权益"余额;

第二步:从利润表中找到"税后净利润"的金额;

第三步:代入公式"所有者权益报酬率＝税后净利润÷〔(年初所有者权益＋年末所有者权益)÷2〕×100％"。

判断企业所有者权益报酬率高低的办法为:把企业的所有者权益报酬率与同行业的平均所有者权益报酬率相比较,如果其所有者权益报酬率高于行业平均,说明该企业所有者权益报酬率高,反之则低。另外,将企业前后期的所有者权益报酬率相比较,可以看出企业是否在成长。

巴菲特认为所有者权益报酬率是衡量企业长期业绩的最佳指标,他在选择企业时关注的不是企业规模的大小,而是盈利能力的强弱,其中最核心的指标就是所有者权益报酬率。但所有者权益报酬率高的企业,经营状况一定好吗?并不一定,因为公司所有者权益报酬率居高,也可能是大量举债造成的,投资者应该认识到这里面隐含的债务风险。因此,投资者不能只看公司的所有者权益报酬率,也要把它与企业指标放在一起进行深入的研究分析。

所有者权益报酬率在我国评价上市公司业绩综合指标的排序中居于首位。该指标还可以用销售净利率、总资产周转率和权益乘数三者的乘积来表示,是杜邦分析的核心指标。

2.3.2　企业的经营效率分析

了解了企业的盈利能力之后,让我们一起来看一下企业的经营效率。经营效率是指整个企业经营运行的能力,即企业运用各项资产赚取利润的能力。经营效率的指标一般以某项资产的周转率或周转天数来反映,可以揭示企业资金运营周转的情况,用来反映企业管理、运用经济资源的效率高低。企业的管理好不好,关键要看企业的经营效率高不高。经营效率高的企业必定有着良好的管理。企业不仅要会赚钱,还需要利用好各种资源,最终使得其生命力旺盛,长久不衰。企业资产周转越快,流动性越高,则企业资产获取利润的速度就越快。企业经营效率通常可以通过四个方面的周转率来衡量和评判。常见的分析经营效率的指标如表 2-14 所示。

表 2-14　常用经营效率指标

指标名称	计算公式	指标含义
存货周转率	营业成本÷存货平均余额×100%	评估存货管理的业绩
	营业收入÷存货平均余额×100%	反映存货的获利能力
存货周转天数	365 天÷存货周转率	从取得存货到销售所需的时间
应收账款周转率	营业收入净额÷应收账款平均余额×100%	反映应收账款的变现能力
应收账款周转天数	365 天÷应收账款周转率	收回应收账款所需的时间
应付账款周转率	采购额÷应付账款平均余额×100%	反映应付账款的管理能力
应付账款周转天数	365 天÷应付账款周转率	支付采购所需的时间
总资产周转率	营业收入÷总资产平均余额×100%	反映资产整体使用效率
现金转化周期	应收账款周转天数＋存货周转天数－应付账款周转天数	反映资金占用和被占用情况

2.3.2.1　存货周转率分析

　　存货周转率,是企业一定时期内销货成本与平均存货余额的比率。它反映存货周转速度,即存货的流动性及存货资金占用量是否合理。该指标促使企业在保证生产经营连续性的同时,提高资金的使用效率,增强短期偿债能力。存货周转率的好坏反映企业存货管理水平的高低,是整个企业管理的一项重要内容。通常来说,存货周转率是我们判断这一家企业的产品畅销程度的主要指标,这个指标对于产品以销售为主、存货较多的公司较为重要。存货周转率有两种不同的计算方式。

　　一是以营业成本为基础的存货周转率,即一定时期内企业销货成本与存货平均余额间的比率,它反映企业流动资产的流动性,主要用于流动性分析。计算公式为:

　　　　存货周转率＝营业成本÷存货平均余额×100%

二是以营业收入为基础的存货周转率,即一定时期内企业营业收入与存货平均余额间的比率,主要用于获利能力分析。计算公式为:

$$收入基础的存货周转率＝营业收入÷存货平均余额×100\%$$

其中,存货平均余额＝(期初存货＋期末存货)÷2,由于存货周转率通常都是大于1的,所以又称为存货周转次数。

我们对存货周转分析的目的是从不同角度和环节上找出存货管理中的问题,使存货管理在保证生产经营需要的同时,尽可能少地占用经营资金,提高资金的使用效率,促进公司管理水平的提高。因此,在评估存货管理业绩时,一般用的是成本基础的存货周转率。

存货的周转速度还可以用存货周转天数来表示,即多少天可以产生一次存货周转率,公式为:存货周转天数＝365天÷存货周转率。

2.3.2.2　应收账款周转率分析

应收账款和存货一样,在流动资产中有着举足轻重的地位。及时收回应收账款,不仅能增强公司的短期偿债能力,也能反映出公司管理应收账款方面的效率。应收账款周转率,是一定时期内商品或产品主营业务收入与平均应收账款余额的比值,它是反映应收账款周转速度的一项指标。其计算公式为:

$$应收账款周转率＝营业收入净额÷应收账款平均余额×100\%$$

其中:

$$业务收入净额＝业务收入－销售折让与折扣$$

$$应收账款平均余额＝(应收款项年初数＋应收款项年末数)÷2$$

一般来说,应收账款周转率越高,平均收账期越短,说明应收账款的收回越快;否则,说明营运资金过多呆滞在应收账款上,影响正常资金周转及偿债能力。应收账款的周转速度,还可以用应收账款周转天数来表示,即收回应收账款所需天数,其公式为:

$$应收账款周转天数＝365天÷应收账款周转率$$

应收账款周转率指标受到不少因素的影响,如:季节性经营、大量使用分期付款结算方式、大量使用现金结算的销售、年末销售额的大幅度增加或者下降等。在评价一个企业应收账款周转率是否合理时,要与企业所处的行业属性结合起来考虑。

此外,在计算应收账款周转率时,应注意以下问题。

(1)销售收入的赊销比例问题。从理论上说应收账款是赊销引起的,计算时应使用赊销额取代销售收入。但是,外部投资者无法取得赊销的数据,只能使用销售收入代替计算。

(2)应收账款年末余额的可靠性问题。应收账款是特定时点的存量,容易受季节性、偶然性和人为因素影响。在应收账款周转率用于业绩评价时,最好使用多个时点的平均数,以减少这些因素的影响。

(3)应收账款的减值准备问题。统一财务报表上列示的应收账款,是已经提取减值准备后的净额,而销售收入并没有相应减少。其结果是,提取的减值准备越多,应收账款周转天数越少。这种周转天数的减少不是好的业绩造成的,反而说明应收账款管理欠佳。如果减值准备的数额较大,就应进行调整,使用未提取坏账准备的应收账款计算周转天数。报表附注中应披露应收账款减值的信息,并可作为调整的依据。

(4)应收票据是否计入应收账款周转率问题。大部分应收票据是销售形成的,它是应收账款的另一种形式,应将其纳入应收账款周转天数的计算,称为"应收账款及应收票据周转天数"。

(5)应收账款周转天数是否越少越好的问题。应收账款是赊销引起的,如果赊销比现金销售更有利,周转天数就不会越少越好。收现时间的长短与企业的信用政策有关。改变信用政策,通常会引起企业应收账款周转天数的变化。借助应收账款周转期与企业信用期限的比较,还可以评价客户的信用程度,以及企业的信用政策是否适当。

(6)应收账款分析应与销售额分析、现金流分析联系起来。应收账款的起点是销售额,终点是现金。正常的情况是销售额增加引起应收账款增加,现金的存量和经营现金流量也会随之增加。企业应根据应收账款周转率的数据,定期检查其应收账款是否大幅增加。如应收账款大幅增加,甚至超过销售额的增长,公司很可能陷入了入不敷出的被动状态,需要时刻警惕其资金链断裂的风险。

2.3.2.3 总资产周转率分析

总资产周转率是衡量企业资产管理效率的重要财务指标,在财务分析指标体系中具有重要地位,它体现了企业经营期间全部资产从投入到产出的周转速度,反映了企业全部资产的管理质量和利用效率。总资产周转率的计算公式为:

$$总资产周转率＝营业收入÷总资产平均余额×100\%$$

通过总资产周转率指标的对比分析,能了解企业该年度以及以前年度总资产的运营效率和变化,发现企业和同类企业在资产利用上的差距,促进企业挖掘潜力,提高产品市场占有率和资产利用效率。一般情况下,企业总资产周转速度越快,说明企业总投入的周转速度就越快,销售能力就越强,资产利用效率就越高。如果总资产周转率较低,则说明企业利用全部资产进行经营的效率较差,最终会影响企业的获利能力。总资产周转率是一个综合性的指标,如果某生产型企业忽然之间总资产周转率下降,其背后的因素可能非常复杂:①原料采购成本的提升,导致生产量下降,而出厂价格不变;②整体市场竞争导致价格下跌(如钢铁企业);③新增厂房等设备投入导致固定资产的增加,而产出不变。当企业总资产周转率下降时,应该采取措施提高各项资产的利用程度,从而提高销售收入或处理多余资产。

2.3.2.4　现金转化周期分析

现金转化周期是指企业在经营中从付出现金到收到现金所需的平均时间。现金转化周期决定企业资金使用效率,是企业效益提升的一个关键指标。

在图 2-4 所示的过程中,最重要的是速度。理论上说,现金转化周期的天数为零最好,因为零周期表示企业不需要用自己的钱,而将资金占用和资金成本完全转嫁给供应商。例如,曾经戴尔电脑公司公布的年报显示,其现金转化周期是负数。因为其库存时间为零,而应付款的时间远远长于应收款的时间。这样,其做生意不仅不需要钱,而且现金周转快到可以从中盈利的程度。也就是说公司可以通过放贷或者做短期投资来赚取外快。

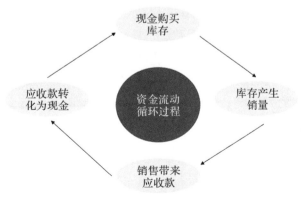

图 2-4　商业活动资金流动循环过程

国内一些零售业利润的真正来源并不是销售商品,而是赚取负利率。如一些大型超市普遍以 90 天为借款期限,如果 3 个月的销售款不用还,一天销售 20 万元的话,90 天就有 1800 万元,这样大型超市手中就一直有大额现金在流动,而且销售额越大,资金额也越大,如果把这部分钱存在银行,就会有源源不断的存款利息。

如果现金转化周期速度太慢,企业将无法减少资产以获取现金来偿还债务,只有通过外部融资,而其代价就是融资成本。如果放弃外部融资,结果就是现金流断裂,企业破产。现金转化周期指标,揭示了管理资产负债表的重要意义:减少应收款的时间,加快库存的周转期,延长应付款的时间,这样可以在收入和费用没有变化的情况下加速流动资金的周转,提高变现能力,用钱来赚钱。商业活动资金占用周期如图 2-5 所示。

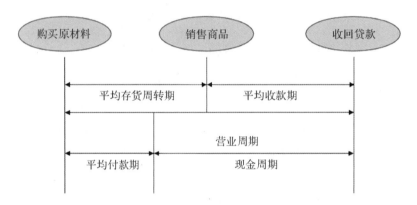

图 2-5　商业活动资金占用周期

现金转化周期的公式为:

现金转化周期=(应收账款周转天数＋存货周转天数)－应付账款周转天数

=生产经营周期－应付账款周转天数

通过现金转化周期指标数据,可以看出企业是占用别人的资金多,还是被别人占用的资金多。现金转化周期越短,表明企业运营资本管理越成功,善于管理上下游的关系,这样有助于增强财务弹性,增加经营活动现金流量。

2.3.3　企业的偿债能力分析

很多公司在面对负债时,往往会陷入一个困境:这边刚还完钱,那边现金流又吃紧了,为了维持公司的运营,不得已又需要再借一笔钱,如此一来便陷入了借钱还债的恶性循环。为什么会这样呢?主要是因为公司对其偿债能力不了解,不会测算债务到期时公司账上有多少钱可以使用,企业能承受多少财务风险,以及该如何分配资金。于是,公司也就时不时会面临资金链断裂的危机。所以说,要想让企业健康、持续地发展,了解企业的偿债能力就显得尤为重要。在了解企业的盈利能力和经营效率后,让我们一起来分析一下企业的偿债能力。

偿债能力是企业偿还自身所欠债务的能力,对偿债能力的分析则是对企业偿还到期债务能力的评估。对偿债能力的评估,又分为对短期偿债能力的评估和对长期偿债能力的评估。短期偿债能力评估主要是对借款人流动比率、速动比率、现金比率的评估,长期偿债能力评估主要是对借款人利息保障倍数、资产负债率、产权比率、权益乘数和现金流量债务比的审查和评估。具体的评估指标如表 2-15 所示。

表 2-15　偿债能力评价主要指标

指标分类	指标名称	计算公式	指标含义
短期偿债能力	流动比率	流动资产÷流动负债×100%	衡量公司是否能够偿还短期债务
	速动比率	速动资产÷流动负债×100%	衡量公司流动资产可以立即变现、偿还短期负债的能力
	现金比率	(货币现金+交易性金融资产)÷流动负债×100%	衡量公司现金及现金等价物偿还短期负债的能力

续表

指标分类	指标名称	计算公式	指标含义
长期偿债能力	利息保障倍数	息税前利润÷利息费用×100%	衡量公司偿还借款利息的能力及债权的安全程度
	资产负债率	负债总额÷资产总额×100%	衡量公司总资产中有多少是通过借款筹集来的
	产权比率	负债总额÷股东权益×100%	反映债权人与股东提供的资本的相对比例
	权益乘数	资产总额÷股东权益	反映资产总额相当于股东权益的倍数
	现金流量债务比	经营活动现金流量净额÷债务总额×100%	衡量公司用经营现金净流量偿付全部债务的能力

2.3.3.1　流动比率分析

流动比率是流动资产除以流动负债的数值,是衡量短期债务清偿能力最常用的比率。流动资产越多,短期债务就越少,流动比率也就越高。

对一家公司而言,最关键的就是周转。只要流动比率足够高,就意味着公司有钱应对短期支出,不至于资不抵债,公司还是有机会扭亏为盈的。一般情况下,流动比率指标值越高,说明企业的短期偿债能力越强;相反,流动比率越低,说明企业短期偿债能力越弱。

流动比率作为判断企业财务状况的重要指标,应当保持在一个适当的区间内。如果这个指标过高,企业的短期偿债能力虽然有充足的保障,但是由于大量占用资金,流动资产和速动资产的周转速度减缓,资金也不能充分发挥有效的使用效益,进而影响企业的长期生产经营效果。如果这个指标过低,表明企业负债过高,短期偿债能力没有保障,经营风险增大,投资者投资信心不足,也会影响企业的生产经营效果。

格雷厄姆在《聪明的投资者》中提出的防御型投资者的选股标准是:对于工业企业而言,流动资产至少应该是流动负债的 2 倍,即流动比率不低于 2。这是因为流动资产中变现能力最差的存货金额约占流动资产总额的一半,剩下的流动性较强的流动资产至少要等于流动负债,这样企业的短期偿债能力才会得到保证。

流动比率小于 1 是一个警告信号,说明企业有可能无法及时偿还即将到期的债务,企业的短期偿债能力和流动性不足,容易出现破产、财务困境和债务违约等情况。但是,实际上很多业绩不错的公司,其流动比率经常保持在低于 1 的水平上。如果公司具有强大的销售渠道,销售回款速度很快,就能够产生充足的现金流量,保证按期偿还流动负债。同时,如果公司盈利能力非常强,就能够快速产生较多的利润,保证偿还债务的能力。当公司信用评级很高,短期融资能力巨大时,公司可以利用短期商业票据或信用贷款等手段迅速融资还债,那么流动比率低于 2 甚至低于 1 就是可以接受的。

2.3.3.2　速动比率分析

速动比率是指速动资产对流动负债的比率,它反映企业流动资产中可以立即变现用于偿还流动负债的能力。速动比率能直接反映企业的短期偿债能力,它比流动比率更加直观可信。

假如一家公司流动比率很高,但是速动资产比率很低,那么企业的短期偿债能力仍然不高。因此,流动比率较高的企业,并不一定具有很强的偿还短期债务的能力,而速动比率就有力地补充了流动比率所不能反映的信息。

速动资产包括货币资金、短期投资、应收票据、应收账款、其他应收款项等。而流动资产中 1 年内到期的非流动资产及其他流动资产等则不应计入速动资产。

$$速动比率=速动资产÷流动负债×100\%$$
$$=(流动资产-存货-1 年内到期的非流动资产-$$
$$其他流动资产)÷流动负债×100\%$$

2.3.3.3　现金比率分析

现金比率通过计算公司现金以及现金等价资产总量与当前流动负债的比率得到,它可以用来衡量公司资产的流动性。同时,现金比率也可以反映企业立即偿还到期债务的能力。现金是企业偿还债务的最终手段,如果企业出现现金缺乏的情况,就可能发生支付困难,企业最终将面临财务危机。因而现金比率高,说明企业有较好的支付能力,这为偿付债务提供了保障。现金比率的公式为：

$$现金比率＝(货币资金＋交易性金融资产)÷流动负债×100\%$$

这个公式反映公司在不依靠存货销售及应收款项的情况下偿还当前债务的能力。也就是说，现金比率只反映所有资产中相对于当前负债最具流动性的项目，因此它也是三个流动性比率中最保守的一个。一般认为现金比率保持在20％以上为好。这一比率过高，就意味着企业流动资产未能得到合理运用；若现金类资产获利能力低，这类资产金额太高，则会导致企业机会成本增加。

决定现金比率高低的因素主要有：(1)通货膨胀：通胀期间，现金比率一般会提高；(2)持有现金的成本：持有现金的成本越高，现金比率就越低，两者反方向变动；(3)货币流通速度：其他条件不变时，货币流通速度与现金比率成反比；(4)金融市场的发达程度：金融越发达，现金比率越低；(5)城市化和货币化程度：城市化程度提高，现金比率会下降，而货币化程度提高往往使现金比率呈上升趋势；(6)国民收入：其他条件不变时，现金比率同国民收入水平成正比。

2.3.3.4　利息保障倍数分析

利息保障倍数，又称已获利息倍数，是指企业息税前利润与利息费用之比，用以衡量企业偿付借款利息的能力，它是衡量企业支付负债利息能力的指标。息税前利润是指利润表中未扣除利息费用和所得税前的利润，即息税前利润＝净利润＋利息费用＋所得税。

利息费用是指本期发生的全部应付利息，不仅包括财务费用中的利息费用，还应包括计入固定资产成本的资本化利息。资本化利息虽然不在利润表中扣除，但仍然是要偿还的。利息保障倍数的重点是衡量企业支付利息的能力，没有足够大的息税前利润，企业在利息的支付方面就会产生困难。利息保障倍数越高，代表企业支付利息及偿还债务的能力就越强，也代表债权的安全程度越高。

利息保障倍数不仅反映了企业获利能力的强弱，也反映了获利能力对偿还到期债务的保证程度。它既是企业举债经营的前提及依据，也是衡量企业长期偿债能力的重要标志。不同行业的利息保障倍数标准不尽相同，各企业都应以其所处行业的平均利息保障倍数作为标准。通常利息保障倍数应该大于5倍才算标准,这样才能代表企业支付利息能力较好。

2.3.3.5　资产负债率分析

资产负债率是期末负债总额占资产总额的百分比。负债总额指公司承担的各项负债的总和,包括流动负债和长期负债;资产总额指公司拥有的各项资产的总和,包括流动资产和长期资产。资产负债率反映企业通过借债来筹资的比例,可以衡量企业的长期偿债能力及在清算时保护债权人利益的程度。资产负债率是衡量企业负债水平及风险程度的重要指标。

资产负债率指标包含以下几层含义:资产负债率能够揭示企业的全部资金来源中有多少是由债权人提供的;从经营者的角度看,他们最关心的是在充分利用借入资金给企业带来好处的同时,尽可能降低财务风险;对投资人或股东来说,负债比率较高可能带来一定的好处;从债权人的角度看,资产负债率越低越好。一般来说,企业的负债比率应在不发生偿债危机的情况下尽可能高。

对企业来说,资产负债率的适宜水平是40%—60%。在企业管理中,资产负债率的高低也不是一成不变的,这取决于从什么角度分析:债权人、投资者或股东、经营者各不相同;还要看管理层是激进者、中庸者还是保守者,不同的角度也会产生不同的看法。所以,资产负债率没有统一的标准,站在不同的立场,便对资产负债率有不同的评判标准。

(1)从经营者的立场看:如果举债数目很大,超出债权人的心理承受能力,企业就借不到钱。如果企业不举债,或负债比例很小,说明企业畏缩不前,对前途信心不足,利用债权人资本进行经营活动的能力很差。从财务管理的角度来看,企业应当审时度势,全面考虑,在利用资产负债率作借入资本决策时,必须充分估计预期的利润和增加的风险,在两者之间权衡利害得失,以作出正确决策。

(2)从股东的角度看:由于企业通过举债筹措的资金与股东提供的资金在经营中发挥同样的作用,所以,股东所关心的是全部资本利润率是否超过借入款项的利率,即借入资本的代价。在企业所得的全部资本利润率超过因借款而支付的利息率时,股东所得到的利润就会增加。反之,运用全部资本所得的利润率低于借款利息率会对股东不利,因为借入资本的多余的利息要用股东所得的利润份额来弥补。因此,从股东的立场来看,在全部资本利润率高于借款利息率时,负债比例越大越好,反之也成立。此外,企业股东常常采用举债经营的方式,以有限的资本、付出有限的代价而取得对企业的控制权,并且可以得到举债经营的杠杆利益。在财务分析中资产负债率也因此被人们称为财务杠杆。

(3) 从债权人的立场看:他们最关心的是贷给企业的款项的安全程度,也就是能否按期收回本金和利息。如果股东提供的资本只占企业资本总额的较小比例,则企业的风险将主要由债权人负担,这对债权人来讲是不利的。因此,他们希望债务比例越低越好,企业偿债有保证,贷款给企业也不会有太大的风险。

(4)从投资人的立场看:如果投资收益率大于借款利息率,那么投资人就不怕负债率过高,因为负债率越高赚钱就越多;如果投资收益率比借款利息率还低,说明投资人赚的钱被更多的利息"吃掉",在这种情况下,就不应要求企业的经营者保持比较高的资产负债率,而应保持一个比较低的资产负债率。

在对资产负债率进行分析时还应注意以下问题:本质上,资产负债率指标是确定企业在破产这一最坏情形出现时,从资产总额和负债总额的相互关系来分析企业负债的偿还能力及对债权人利益的保护程度。即企业破产时,债权人能得到多大程度的保护。但当这个指标达到或超过100%时,说明企业已资不抵债。但是,财务报表分析时是把企业作为一个持续经营的单位,不是建立在破产清算基础上的。一个持续经营的企业是不能靠出售长期资产还债的。因此这个指标的主要用途就是揭示债权人利益的保护程度。

2.3.3.6 产权比率分析

产权比率是负债总额与所有者权益总额的比率,用来衡量债权人与股东提供资本的相对比例,是评估资金结构合理性的一个指标。它可以反映企业的资本结构是否合理、稳定,同时也表明债权人投入资本受到股东权益保障的程度。产权比率的计算公式为:

$$产权比率 = 负债总额 \div 股东权益 \times 100\%$$
$$= 资产负债率 \div (1 - 资产负债率) \times 100\%$$

一般说来,产权比率高反映了高风险、高报酬的财务结构,产权比率低反映了低风险、低报酬的财务结构。从股东的角度来看,在通货膨胀时期,企业举债可以将损失和风险转移给债权人;在经济繁荣时期,举债经营可以获得额外的利润;在经济萎缩时期,少借债可以减轻利息负担、降低财务风险。

产权比率与资产负债率对评价偿债能力的作用基本一致,只是资产负债率侧重于分析债务偿付安全性的物质保障程度,产权比率侧重于揭示财务结构的稳健程度以及自有资金对偿债风险的承受能力。产权比率可以反映股东所持股权过多或者尚不够充分等情况,也可以从一个侧面表明企业借款经营的程度。

2.3.3.7　权益乘数分析

权益乘数,是股东权益比率的倒数,指资产总额相当于股东权益的倍数。权益乘数越大,说明股东投入的资本在资产中所占比重越小。此外,它也可以反映企业的负债程度,权益乘数越大,企业负债程度越高,企业财务杠杆率越高,财务风险越大。权益乘数计算公式为:

$$权益乘数 = 资产总额 \div 股东权益 = 1 \div (1 - 资产负债率)$$

权益乘数越大,代表公司向外融资的财务杠杆倍数也越大,公司将承担较大的风险。但是,若公司营运状况刚好处于向上的趋势,较高的权益乘数反而可以创造更高的利润,提高公司的股东权益报酬率,将对公司的股票价值产生正面激励效果。

2.3.3.8　现金流量债务比

现金流量债务比,是企业一定时期的经营活动中现金流量净额同债务总额的比率,它可以从现金流量角度反映企业偿付负债的能力,体现企业现金流量对其全部债务偿还的充足程度。现金流量债务比越大,表明企业经营活动产生的现金净流量越多,越能保障企业偿付债务的能力。但是,该指标也不是越大越好,指标过大表明企业流动资金利用不充分,获利能力不强。现金流量债务比计算公式为:

$$现金流量债务比 = 经营活动现金流量净额 \div 债务总额 \times 100\%$$

需要注意的是,该比率中的"债务总额"应采用期末数而非平均数,因为实际需要偿还的是期末金额,而非平均金额。现金流量债务比考虑了未来的现金流量,可以从动态角度对偿债能力进行评价,从而弥补了静态指标(资产负债率、产权比率和权益乘数)的不足。现金流量债务比既能衡量企业偿还长期债务本金的能力,又能衡量偿还债务利息的能力,是对企业长期偿债能力的全面评价。此外,现金流量债务比将资产负债表、利润表和现金流量表的相关数据联系在一起,便于使用者对企业的长期偿债能力进行动态的、综合的分析。

2.3.4　企业发展能力分析

俗话说:"投资公司,投资的是这家公司的未来。"投资者在评判一家公司是否值得投资时,关心的一个问题是"这家公司有没有发展能力,未来能带来多少收益"。企业的发展能力在很大程度上反映了企业未来的发展前景,并将影响企业的偿债能力和盈利能力。

企业财务分析是一个动态与静态相结合的过程:一方面,企业价值在很大程度上取决于未来的盈利能力,取决于营业收入、收益及股利的未来增长,而不是企业过去或者目前所取得的收益情况;另一方面,无论是增强企业的盈利能力、偿债能力还是提高企业的资产营运效率,都是为了增强企业未来的活力,提高其发展能力,也就是说,发展能力是企业盈利能力、营运能力和偿债能力的综合体现。

所以,要全面衡量一个企业的价值,就不应该仅仅从静态的角度分析其经营能力,而更应该着眼于从动态的角度分析和预测企业的经营发展水平,即发展能力。企业的发展能力,又称企业成长能力,是指企业通过自身的生产经营活动不断扩大积累而形成的发展潜力。考核企业的发展能力,可以减少企业的短视行为。企业的短视行为表现为:追求眼前的利润,忽视企业资产长远的保值和增值,不惜过度损耗设备、少计费用和成本。增强对企业发展能力的考核,不仅要考核企业目前实现的利润情况,还要考核企业资产的保值与增值能力。衡量企业发展能力的指标主要有四个:营业收入增长率、净利润增长率、总资产增长率和资本积累率。这四个指标具体的计算公式及指标含义如表 2-16 所示。

表 2-16 企业发展能力评价指标

指标	计算公式	指标含义
营业收入增长率	(本年营业收入－上年营业收入)÷上年营业收入×100％	反映企业营业增长的趋势和稳定程度
净利润增长率	(本年净利润－上年净利润)÷上年净利润×100％	反映企业净利润的增长趋势和稳定程度
总资产增长率	(本年资产总额－上年资产总额)÷上年末资产总额×100％	反映企业当年资产规模的增长情况
资本积累率	(本年所有者权益－上年所有者权益)÷上年所有者权益×100％	反映企业当年资本积累的能力

2.3.4.1 营业收入增长率分析

营业收入增长率是本年的营业收入增长额与上年营业收入的比,公式为:

$$营业收入增长率＝(本年营业收入－上年营业收入)÷上年营业收入×100％$$

它反映企业与上期相比营业收入的增减变动情况,是评价企业成长状况和发展能力的重要指标。营业收入增长率可以反映企业整体营业收入的增长情况:该指标越大,表明销售增长速度越快,产品或服务受到市场认可,企业市场前景越好;该指标越小,表明营业收入在不断减少,公司销售业绩滑坡,市场所占份额越小。营业收入增长率还可以用来判断公司所处的生命周期阶段。一般来说,如果营业收入增长率超过10％,说明公司产品处于成长期,尚未面临产品更新的风险,将继续保持较好的增长势头,属于成长型公司;如果营业收入增长率在5％—10％,说明公司产品已进入稳定期,不久将进入衰退期,需要着手开发新产品;如果该比率低于5％,说明公司产品已进入衰退期,保持市场份额已经很困难,业务利润开始下滑,如果没有已开发的新产品,将步入衰落。

我们在对公司的成长性进行分析时,不能只看与营业收入相关的指标,因为如果营业收入有增长,但营业成本同样在飞速增长,并没有带来最终利润的增长,那么明显公司的运营存在很大的问题,这时就需要诊断因哪个环节的成本费用过高而把利润"吃掉了"。此外,营业收入的增长依赖公司资产的相应增加,如果营业收入的增长速度低于资产的增长速度,则说明营业收入的这种增长是无效益的增长,可持续发展能力不强。正常情况下,企业的营业收入增长率应高于总资产增长率,只有这样才说明企业在销售方面具有较好的发展潜力。最后,在对营业收入增长率指标进行实际应用时,应结合企业较长时间的历史收入水平、企业市场份额、行业未来发展等影响企业发展的潜在因素进行综合分析判断。同时,在分析过程中要确定比较标准,因为单独的一个发展能力指标并不能说明所有的问题,只有合理的对比才有意义。

2.3.4.2 净利润增长率分析

净利润增长率是本年的净利润增长额与上年净利润的比,公式为:

净利润增长率＝(本年净利润－上年净利润)÷上年净利润×100％

它反映与上期相比净利润的增减变动情况。该指标代表企业当期净利润相对上期净利润的增长幅度,指标值越大表明企业发展能力越强。净利润反映公司经营业绩的最终结果。净利润的连续增长是公司具备成长性的基本特征:如其增幅较大,表明公司经营业绩突出,市场竞争能力强;反之,净利润增幅小甚至出现负增长,则说明公司"忙活"了半天最终没有什么发展。前面说到,我们在对公司的成长性进行分析时,不要只看与营业收入相关的指标,因为如果营业收入有增长,但营业成本同样在飞速增长,这样并没有带来最终利润的增长,那么并不能说明公司真的有发展性。

2.3.4.3 总资产增长率分析

总资产增长率是企业本年总资产的增长额与上一年资产总额的比,公式为:总资产增长率＝(本年资产总额－上年资产总额)÷上年资产总额×100％。它表示与上期相比资产规模的增减变动情况,它能直观地反映企业经营规模扩张的速度。公司所拥有的资产是公司赖以生存与发展的物质基础,处于扩张时期的公司其基本表现就是规模的扩大。

从投资者角度来看,他们往往希望总资产增长率越高越好,因为资产规模扩大通常是成长中的企业所为。但是要评价企业的资产规模增长是否适当,必须与营业收入增长、利润增长等情况结合起来分析。只有在企业的营业收入增长、利润增长超过资产规模增长的情况下,这种资产规模增长才属于效益型增长,才是适当的、正常的。一般来说,总资产增长率越高,表明企业一定时期内资产经营规模扩张的速度越快。但是,如果企业的营业收入增长、利润增长远远低于资产规模增长,并且持续存在这种情况,则需对此提高警惕。因此,企业总资产增长率高并不意味着企业的资产规模增长就一定适当。此时,公司经营者需要关注资产规模扩张的质和量的关系,以及企业的后续发展能力,避免盲目扩张。从企业资产的扩张来源来看,资产规模变动主要有以下两个方面的原因:一是所有者权益的增加;二是公司负债规模的扩大。由此可见,企业资产规模变动受负债规模和所有者权益规模两个因素的影响。在其他条件不变的情况下,无论是增加负债规模还是增加所有者权益规模,都会提高总资产增长率。负债规模增加,说明企业对外举债了;所有者权益规模增加可能存在多种原因,如企业吸收了新的投资,或者企业实现了盈利。但是如果是由于公司发行股票而导致所有者权益大幅增加,投资者需关注募集资金的使用情况,当募集资金还处于货币形态或作为委托理财等使用时,这种情况下总资产增长率反映出的成长性将大打折扣。如果一个企业资产的增长完全依赖负债的增长,而所有者权益在年度里没有发生变动或者变动不大,则说明企业不具备良好的发展潜力。企业资产的增加应该主要取决于企业盈利的增加,而不是负债的增加。因为一个企业只有通过增加股东权益,才有能力继续对外举债,才能进一步扩大资产规模,进而顺利地实现增长,从而使企业偿还债务有保障。最后,在分析企业资产增长的趋势时,应利用趋势分析法来比较企业较长时期的总资产增长率,以正确评估资产规模的增长能力。

2.3.4.4 资本积累率分析

资本积累率也称股东权益增长率,是企业本年所有者权益的增长额与上一年所有者权益的比,公式为:

$$资本积累率=(本年所有者权益-上年所有者权益)÷上年所有者$$
$$权益\times100\%$$

资本积累率大于0,说明企业股东权益期末余额相比期初余额有所增加;股东权益增长率越大,说明企业股东权益的增加幅度越大。资本积累率小于0,说明企业股东权益期末余额比期初余额减少了。资本积累率指标通过比较不同时期的股东权益增加值的增减变化,来反映企业股东价值增长情况及原因,从而判别企业的成长性。

资本积累率可以衡量投资者投入企业资本的保全性和增长性。该指标值越高,表明企业资本积累越多,且有着良好的发展后劲;该指标值越低,表明企业股东在经营了一年之后并没有积累什么。若资本积累率指标为负值,则表明企业资本受到侵蚀,所有者权益受到损害。该指标是对总资产增长率分析的进一步补充,是评价企业发展能力的重要指标。

2.4 财务报表分析案例

接下来运用前面所学的相关财务分析指标,以农业上市公司牧原食品股份有限公司(002714)为例展开分析。

2.4.1 案例公司简介及投资要点

牧原食品股份有限公司位于河南省南阳市,始建于1992年,现已成长为以生猪养殖为核心业务,集饲料加工、种猪育种、生猪养殖、屠宰加工等于一体的综合型现代化企业集团,总资产1600亿元,员工14万人,子公司290余家。旗下牧原食品股份有限公司于2014年上市,养猪业务遍及全国24个省份100市211县(区),2020年出栏生猪1811.5万头。

(1)实施极致环保,引领养殖发展生态化。牧原致力于将环境保护融入企业经营发展各个环节,树立"零排放—无隐患—无臭气—减雾霾—碳减排"的"环保五台阶"目标,构建完善的环境管理机制,建设环保数字化智能平台,提升环保标准。截至2019年,牧原共获得规模化养猪场粪污处理生态循环系统、规模化养殖热循环恒温猪舍、沼液储存防渗池及其防渗层结构等161项环保技术国家专利授权。牧原坚持"减量化生产、无害化处理、资源化利用"的原则,确立"节—保—用"的生态循环理念,打造了"猪养田"的种养循环模式,将养殖过程中产生的沼液、沼肥进行资源化利用,实现规模养殖和生态环境和谐共生。

(2)加快技术创新,推进养猪生产智能化。牧原将大数据分析、预测及物联网等新技术与产业相结合,搭建了覆盖饲料加工、生猪育种和生猪销售等产业链环节的智能化数字平台。小环境精准控制系统、猪群健康管理系统、智能化猪舍报警系统等创新科技的应用,有效提升了生产效率,在产品质量控制、规模化经营、生产成本控制等方面具备优势。截至2019年12月,牧原集团获得国家授权有效专利 208 项。

(3)实现规模养殖,确保猪肉安全精准化。牧原通过"全自养、大规模、一体化"养殖模式,形成了集自主研发、饲料加工、生猪育种、种猪扩繁、商品猪饲养、生猪屠宰于一体的完整生猪产业链。一体化养殖模式,让养殖生产全程可知、可控、可追溯,确保每一头出栏生猪都符合食品安全质量标准。

据牧原股份 2020 年公司年报,2020 年共出栏生猪 1811.5 万头,同比增长 76.67%,其中商品猪 1152.4 万头,仔猪 594.9 万头,种猪 64.3 万头;单 Q4 出栏生猪 623.4 万头,同比增长 168.50%,环比增长 22.24%,其中商品猪 485.5 万头,仔猪 127.0 万头,种猪 10.9 万头。截至 2020 年底,公司总资产 1226.27 亿元,同比增长 131.87%,主要得益于存货、固定资产、在建工程增加;归属于上市公司股东的所有者权益 504.07 亿元,同比增长 118.14%,主要是由于全年净利润大幅增加,2020 年商品猪均价 30.19 元/公斤,同比上涨 61.10%。

牧原股份作为投资标的的核心题材[①]:

要点一:所属板块。HS300_MSCI 中国、标准普尔、参股银行、富时罗素、河南板块、农牧饲渔、融资融券、深成 500、深股通、深证 100R、乡村振兴、猪肉概念、转债标的。

要点二:经营范围。畜禽养殖、购销,粮食购销,良种繁育,饲料加工销售,畜产品加工销售,猪粪处理,经营本企业自产产品及相关技术的进出口业务,但国家限定公司经营或禁止进出口的商品及技术除外。

要点三:生猪养殖与销售。公司主营业务未发生变化,为生猪的养殖与销售,主要产品为商品猪、仔猪和种猪。

要点四:生猪养殖业。我国生猪养殖业长期以散户散养为主,中国畜牧兽医年鉴统计显示,2016 年年出栏生猪 5 万头以上的养殖户为 311 家,占总养殖户数的 0.0007%,2017 年年出栏生猪 5 万头以上的养殖户为 407 家,占总养殖户数的 0.0011%,较 2016 年略有增长。2018 年出栏量较大的八家养殖企业(温氏股份、牧原股份、正邦科技、新希望、天邦股份、中粮肉食、大北农、天康生物)生猪合计出栏 4844.78 万头,占全国生猪总出栏量的 6.98%。2019 年这八家养殖企业生猪合计出栏 4499.93 万头,占全国生猪总出栏量的

---

① 以下投资要点时间截至 2021 年 8 月 25 日,资料来源于 Choice 金融数据库。

8.27%,与2018年相比,集中度有所提升。从行业整体水平来看,我国生猪养殖行业整体规模化程度仍处于较低水平。

要点五:一体化产业链优势。一体化产业链使得公司将各个生产环节置于可控状态,在食品安全、疫病防控、成本控制及标准化、规模化、集约化等方面具备明显的竞争优势。(1)食品安全优势。公司拥有饲料加工、生猪育种、种猪扩繁、商品猪饲养、生猪屠宰的一体化产业链,有利于公司对食品安全与产品质量进行全过程控制。(2)疫病防控优势。一体化的经营模式,为本公司实施标准化的疫病防控措施奠定了基础。本公司拥有28年的生猪养殖及疫病防控经验,形成了以兽医总监杨瑞华等业务骨干为核心的专职兽医及防疫队伍,在内部建立了完整的疫病防控管理体系,疫病防治处于国内领先水平。(3)成本控制优势。一体化的产业链,减少了中间环节的交易成本,有效避免了市场上饲料、种猪等需求不均衡波动对公司生产造成的影响,使得整个生产流程可控,增强了公司抵抗市场风险的能力。(4)作业标准化和经营规模化优势。在一体化的经营模式下,公司将饲料加工、生猪育种、种猪扩繁、商品猪饲养、生猪屠宰等生产环节置于可控状态,并通过各项规划设计、生产管理制度,在各生产环节实现了规范化、标准化作业,按照生产计划,同一时间大批量出栏的生猪肉质、重量基本一致。

要点六:现代化猪舍及自动化、智能化养殖设备优势。公司通过研发智能饲喂、智能环控、养猪机器人等智能装备,为猪群提供高洁净生长环境,保障猪群健康,实现安全生产。同时,公司通过人工智能技术,建立猪病预测模型,实现疫病实时监测与有效控制,养殖过程数据自动采集与分析,对部分猪病进行提前预警,辅助兽医进行远程诊断。养猪装备的不断升级,极大地提高了人工效率。在育肥阶段,公司1名饲养员可同时饲养2700—3600头生猪(根据猪舍条件),生产效率高于国内行业平均水平。

要点七:生猪育种优势。公司坚持以终端消费者对猪肉的消费需要为育种导向,以瘦肉率、繁殖力、肉质等指标为主要育种目标,采用开放式核心群育种方式,持续提升公司猪群遗传性能。公司拥有专业的育种团队,扎扎实实做好种猪性能测定、血统档案记录、耳环标识、BLUP法遗传评估、GPS择优交配等一系列育种工作。公司年测定种猪规模达2万—3万头次。公司对进入核心种猪群(曾祖代)的母猪执行严格的选留标准,以确保公司核心种猪群优良基因库性能的保持和提升。本公司拥有种猪ALOKA测定仪(活体肌间脂肪测定仪)、BLUP遗传性能评估软件、GPS种猪选配管理软件等国内外领先的育种设备及开展肉质测定工作的相关仪器。其中 ALOKA 检查仪可实现活体检查生猪肌间脂肪含量(判断肉质香嫩的指标)和眼肌面积(主要用于测定瘦肉率),从而避免了种猪需屠宰后才能测定肌间脂肪含量和瘦肉率的难题,提高了公司育种选育的效率。通过育种,一方面,公司在种猪扩繁、商品猪饲养环节获得生产性能更优、更经济的生猪品系,降低了商品猪的饲养成本;另一方面,公司商品代猪的肉质更香嫩,市场认可度高。凭借生猪育种优势,2010 年,公司核心场群被列为第一批国家生猪核心育种场。

要点八:拟定增募资不超 50 亿元。2018 年 12 月 3 日公告,公司拟向不超过 10 名符合条件的特定投资者非公开发行股票不超过 417046844 股,募集资金总额不超过 50 亿元,扣除发行费用后的募集资金净额将用于生猪产能扩张项目、偿还金融机构贷款及有息负债。

要点九:拟出资 10.895 亿元与交控招商基金等共同设立子公司。2018 年 12 月 4 日公告,公司与交控招商基金、高新招商基金、高新招商二期基金、敦创投资签署《投资协议书》,拟共同投资设立南阳市牧原招商产业发展有限公司(暂定名,以工商登记核准的名称为准,以下简称牧原招商发展)。牧原招商发展注册资本拟设定为 17 亿元,公司拟以自有货币资金出资 10.895 亿元,占注册资本的 64.09%。公司表示,本次签订投资协议、设立牧原招商发展,有助于扩大公司经营规模,提高公司管理效率。

要点十:龙大牧原肉食。河南龙大牧原肉食品有限公司是公司参股子公司,主要业务是畜禽屠宰,注册资本 1.5 亿元。截至 2019 年 12 月末,总资产为 6.9 亿元。2019 年营业收入为 27.97 亿元,营业利润为 4192 万元,净利润4117 万元。

要点十一:中证焦桐。中证焦桐基金管理有限公司是公司参股子公司,主要业务是投资管理、咨询,注册资本 2 亿元。截至 2019 年 12 月末,总资产为 1.94 亿元。2019 年营业收入为 389.8 万元,营业利润为 88.5 万元,净利润 68.5 万元。

下面以牧原股份 2018—2020 年的财务数据为对象,利用前面所学的财务指标知识点展开分析。

2.4.2　案例公司的盈利能力分析

从营业毛利率角度看,牧原股份 2020 年的营业收入为 562.77 亿元,成本为 267.26 亿元,则毛利率为(562.77－267.26)÷562.77×100％≈52.51％,牧原股份 2020 年的毛利率非常高。

按照证监会 2012 年的行业划分的二级标准,将牧原股份的毛利率与同行业的其他 16 家公司进行对比,分别是立华股份、湘佳股份、仙坛股份、民和股份、圣农发展、益生股份、温氏股份、罗牛山、巨星农牧、*ST 华英、神农集团、晓鸣股份、西部牧业、东瑞股份、新五丰、ST 天山。表 2-17 展示了与温氏股份、圣农发展以及行业均值的对比。

表 2-17　牧原股份营业毛利率与温氏股份、圣农发展以及行业均值的对比

单位:％

公司名称	2018 年	2019 年	2020 年
牧原股份	0.8	28.69	52.51
温氏股份	16.85	27.66	19.61
圣农发展	20.53	34.55	20.30
行业均值	17.11	30.42	32.17

数据来源:Choice 金融数据库。

从 2018—2020 年的营业毛利率数据来看,牧原股份近三年营业毛利保持了快速增长的势头,2018 年牧原股份毛利率几乎为零,各大机构对其收益质量风险打分都直接到了最高分 10 分,但在 2019 年牧原股份触底反弹,开始接近行业均值,到 2020 年达到 52.51％,远超行业平均值 32.17％。

营业毛利率是盈利能力最为关键的一个指标,稳定的营业毛利率对企业发展来说至关重要。一般来说,轻工业的毛利率在 25％以上,重工业的毛利率在 30％以上,服务业的毛利率在 40％以上。从数据来看,牧原股份在 2020 年的营业毛利率就远高于行业平均水平,是构成其高利润的重要一环。

2.4.3　营业利润计算过程

表 2-18 展示了牧原股份在 2018—2020 年期间的营业利润情况。

表 2-18　2018—2020 年牧原股份营业利润　　单位:亿元

项目	2020 年	2019 年	2018 年
报表类型	合并报表	合并报表	合并报表

续表

项目	2020 年	2019 年	2018 年
营业总收入	562.77	202.21	133.88
一营业成本	221.28	129.51	120.74
一研发费用	4.12	1.12	0.91
一税金及附加	0.51	0.27	0.22
一销售费用	2.92	1.11	0.54
一管理费用	31.56	6.91	5.00
一财务费用	6.88	5.28	5.38
其中:利息费用	9.23	5.66	5.61
利息收入	2.50	0.42	0.27
资产减值损失			0.01
＋投资收益	0.51	0.42	0.70
＋汇兑收益	0.01	0.07	−0.28
＋资产处置收益	0.01	0.06	0.00
一信用减值损失	0.04	0.02	
＋其他收益	8.24	4.60	3.75
营业利润	304.24	63.15	5.24

数据来源:Choice 金融数据库,由于单位换算的原因,存在尾差。

我们将牧原股份与温氏股份、圣农发展以及畜牧行业平均水平进行比较,如表 2-19 所示。牧原股份 2020 年的营业利润为 304.24 亿元,营业总收入为 562.77 亿元,则其营业利润率为 304.24÷562.77×100%≈54.06%。

表 2-19　2018—2020 年牧原股份营业利润率与温氏股份、圣农发展以及行业均值的对比

单位:%

公司名称	2018 年	2019 年	2020 年
牧原股份	3.91	31.23	54.06
温氏股份	7.65	20.37	11.19
圣农发展	20.53	34.55	20.30
行业均值	7.41	23.47	24.57

数据来源:Choice 金融数据库。

由 2018—2020 年的营业利润率对比可知,牧原股份的营业利润率在这三年快速增长,从 3.91% 增长到了 54.06%,颇为丰厚,2020 年的水平已经远高于行业平均水平 24.57% 与竞争对手,接近温氏股份的 5 倍、圣农发展的 2.7 倍,这反映了牧原股份的经营管理效率快速提高,较之同行业内其他公司有比较大的优势。

2.4.3.1 净利润分析

下面以牧原股份为例展开净利润分析(见表 2-20)。

表 2-20 牧原股份 2018—2020 年净利润计算   单位:亿元

项目	2020 年	2019 年	2018 年
报表类型	合并报表	合并报表	合并报表
营业利润	304.24	63.15	5.24
＋营业外收入	1.85	0.61	0.56
—营业外支出	2.36	0.57	0.54
利润总额	303.73	63.19	5.26
—所得税费用	−0.02	−0.17	−0.02
净利润	303.75	63.36	5.28

数据来源:Choice 金融数据库。

牧原股份 2020 年的净利润为 303.75 亿元,营业收入 562.77 亿元,那么销售净利率为 303.75÷562.77×100%＝53.97%。下面将牧原股份与温氏股份、圣农发展以及畜牧行业平均水平进行比较,如表 2-21 所示。

表 2-21 2018—2020 年牧原股份销售净利率与温氏股份、圣农发展以及行业均值的比较

单位:%

公司名称	2018 年	2019 年	2020 年
牧原股份	3.94	31.34	53.97
温氏股份	7.44	12.22	9.99
圣农发展	13.43	28.29	14.85
行业均值	17.11	23.01	23.79

数据来源:Choice 金融数据库。

由 2018—2020 年销售净利率对比可知,牧原股份的销售净利率与营业毛利率、营业利润率一样,处于快速增长的状态,成本费用的控制效率越来越高。

牧原股份在这三年的销售净利率从 2018 年的 3.94% 快速增长到 2020 年的 53.97%,在 2019 年和 2020 年已经高于行业平均水平与竞争对手。销售净利率反映净利润和营业收入的比率,是对营业收入转换为净利率的一种评估。可以看出,牧原股份的销售收入净额最终能转化为利润的水平较高,接近 54% 的收入最终可以留为净利润。因此,牧原股份的盈利能力较强。

2.4.3.2 资产报酬率分析

以牧原股份的数据为例,2020 年的净利润为 303.75 亿元,利息费用为 9.23 亿元,所得税为 -0.02 亿元,2020 年初的资产总额为 528.87 亿元,2020 年末的资产总额为 1226.27 亿元。可以得到:牧原股份 2020 年的资产报酬率 = (303.75+6.73-0.02)÷[(1226.27+528.87)÷2]×100% = 35.4%。表 2-22 将牧原股份与另外两家公司以及畜牧行业平均水平进行了比较。

表 2-22 牧原股份资产报酬率与温氏股份、圣农发展
以及行业均值的比较(2018—2020 年) 单位:%

公司名称	2020 年	2019 年	2018 年
牧原股份	35.4	16.5	3.9
温氏股份	11.5	25.3	8.9
圣农发展	14.76	29.09	13.01
行业均值	7.1	20.8	6.7

数据来源:Choice 金融数据库及 CASMAR 数据库。

可以看出,牧原股份的资产报酬率快速增长,说明其总资产创造利润的能力在快速提高,从 2018 年低于行业平均水平,到 2020 年远高于行业均值,成为行业的佼佼者。这可能来源于收入的快速提升,也可能是由于成本费用管控能力的快速提升,具体还需要结合其他财务指标进行分析,但是,一般来说,较高的资产报酬率是一个积极的投资信号。

2.4.3.3 所有者权益报酬率分析

牧原股份 2020 年的净利润为 303.75 亿元,2020 年初的所有者权益为

317.12 亿元,2020 年末的所有者权益为 661.05 亿元,可以得到牧原股份 2020 年的所有者权益报酬率为:303.75÷[(317.12+661.05)÷2]×100%= 62.11%。

所有者权益报酬率反映净资产的盈利能力,净资产是总资产中扣除负债后的真正归属于股东的资产,该指标反映股东权益的收益水平,用以衡量公司运用自有资本的效率。指标值越高,说明投资带来的收益越高。该指标体现了自有资本获得净收益的能力。所以,所有者权益报酬率往往是上市公司上市前包装的重中之重。

从表 2-23 中,我们可以看出牧原股份的所有者权益报酬率在 2018—2020 年逐年攀升,在 2020 年更是达到了行业均值的两倍以上,遥遥领先于同行业其他公司。

表 2-23　2018—2020 年牧原股份所有者权益报酬率与
温氏股份、圣农发展以及行业均值的对比　　　　　　单位:%

公司名称	2020 年	2019 年	2018 年
牧原股份	62.11	27.90	5.21
温氏股份	15.89	35.15	12.35
圣农发展	20.34	44.17	21.20
行业均值	30.60	33.16	10.24

数据来源:Choice 金融数据库。

2.4.4　案例公司的经营效率分析

2.4.4.1　存货周转率分析

存货周转率不仅可以反映企业的销售能力,衡量企业生产经营中各方运用和管理存货的工作水平,还可以衡量存货的储存是否适当,是否能保证生产不间断地进行和产品有秩序地销售。存货既不能储存过少,造成生产中断或销售紧张;又不能储存过多,形成呆滞、积压。现在"零库存"的观念越来越流行,这不仅仅是因为库存会产生大量的库存费用、占用企业流动资金,更是因为在销售总额一定的情况下,库存越低,企业的存货周转率越高,说明企业的短期偿债能力越强,企业更容易借贷;同样也说明企业的营运能力越强,企业更容易融资。存货周转率也反映了存货结构与质量。因为只有结构合理,才能保证生产和销售任务正常、顺利地进行,只有质量合格,才能有效地流动,从而达到提高存货周转率的目的。存货周转率的这些重要作用,使其成为综合评价企业营运能力的一项重要财务指标。下面以牧原股份为例,对其存货周转情况进行分析。

表 2-24　2018—2020 年牧原股份存货周转率和周转天数
与温氏股份、圣农发展以及行业均值的对比　　　　　　单位:%

年份	指标	牧原股份	温氏股份	圣农发展	行业均值
2018	存货周转率	2.41	3.93	5.08	3.72
	存货周转天数	151.45	92.88	70.85	98.12
2019	存货周转率	2.00	4.17	5.13	3.71
	存货周转天数	182.50	87.53	70.15	98.38
2020	存货周转率	1.56	4.67	5.22	3.36
	存货周转天数	233.97	78.16	68.96	108.63

数据来源:Choice 金融数据库。

从表 2-24 中可以看出,相对于前面的盈利指标,牧原股份在存货管理方面相比于同行业没有显示出优势。牧原股份的存货周转率始终低于行业均值,周转天数也从 2018 年的 151.45 天增加到了 2020 年的 233.97 天。仅从存货周转率和周转天数两个指标来看,牧原股份在行业中表现似乎不是太好,但是结合公司的主营业务是生猪养殖屠宰一体化这一情况就不难理解了,因为相比于圣农发展的活禽养殖和温氏股份的生猪和活禽涉及的业务布局,生猪的养殖周期明显是长于禽类的,这样的话就不难理解牧原股份表现出来的相对较低的存货周转率和较高的存货周转天数了。这也说明在利用财务指标进行分析的时候,要具体结合案例的实际情况进行客观分析,不能一刀切地以指标高低来论英雄。

下面对牧原应收账款的管理情况进行分析,涉及应收账款周转率和周转天数两项指标,如表 2-25 所示。

表 2-25　2018—2020 年牧原股份应收账款周转率和周转天数
与温氏股份、圣农发展以及行业均值的对比

年份	指标	牧原股份	温氏股份	圣农发展	行业均值
2018	应收账款周转率①	—	331.61	22.52	49.7
	应收账款周转天数	—	1.10	15.99	7.34
2019	应收账款周转率	2572.73	304.97	20.80	53.62
	应收账款周转天数	0.14	1.20	17.31	6.81
2020	应收账款周转率	3205.64	230.63	18.43	79.51
	应收账款周转天数	0.11	1.58	19.54	4.59

数据来源：Choice 金融数据库。

从表 2-25 中的应收账款周转率和应收账款周转天数两项指标来看，牧原股份在应收账款管理方面效率极高，更难能可贵的是 2020 年的周转率在 2019 年 2571.73 的高基础上还有所提升，上升到了 3205.64。可以看出，牧原股份的应收账款回收速度极快，涉及的资金周转速度也很快。牧原股份的应收账款周转天数低于行业很多（见表 2-26），主要是因为牧原的账款金额很小，说明牧原股份采取较为严格的营运资金管理策略。

表 2-26　2018—2020 年牧原股份现金转化周期与温氏股份、圣农发展以及行业均值的对比

年份	指标	牧原股份	温氏股份	圣农发展	行业均值
2018	应收账款周转天数	—	1.10	15.99	7.34
	存货周转天数	151.45	92.88	70.85	98.12
	应付账款周转天数	64.04	20.08	41.13	33.83
	现金转化周期	215.49	114.05	127.97	139.29
2019	应收账款周转天数	0.14	1.20	17.31	6.81
	存货周转天数	182.50	87.53	70.15	98.38
	应付账款周转天数	109.94	18.85	41.12	37.71
	现金转化周期	292.58	107.58	128.58	142.90

① 牧原股份 2018 年末应收账款数额为 0。

续表

年份	指标	牧原股份	温氏股份	圣农发展	行业均值
2020	应收账款周转天数	0.11	1.58	19.54	4.59
	存货周转天数	233.97	78.16	68.96	108.63
	应付账款周转天数	162.95	20.60	41.79	53.28
	现金转化周期	397.03	100.34	130.29	166.51

数据来源：Choice 金融数据库。

理论上说，现金转化周期的天数是越短越好，这样就不需要用自己的钱，可以将资金占用和资金成本转嫁给供应商。然而，从 2018—2020 年现金转化周期的天数对比可知，牧原股份 2018—2020 年的现金转化周期在不断上升，且时间远长于同行业。但是结合前面的分析，我们可以知道这主要是由牧原股份较高的存货周转天数导致的，

前面提到，牧原股份的应收账款周转天数远远少于同行业，说明很少有应收账款不能立即收回；但应付账款周转天数较为明显地高于同行业，说明牧原股份可能存在拖欠供应商货款的情况，且偿还时间比较长。也就是说在资金管理这一块，牧原股份没有让客户过多占用自己的资金，并且较大程度地占用了供应商的资金，但是本身的存货还是占用了很大的资金。以上原因使得牧原股份的现金转化周期比较长，但这并不能说明牧原股份的资金使用效率不高，这是由其生猪养殖的业务特色及其产品属性共同决定的。

因此，看任何一个指标都不能将其与企业所属的行业和市场环境割裂开来，投资者在研究一家公司是否值得投资时须把握其特别之处。

2.4.4.2　案例公司的偿债能力分析

流动比率是流动资产除以流动负债的数值，是衡量短期债务清偿能力最常用的比率。流动资产越多，短期债务就越少，流动比率也就越高。

2020 年牧原股份的流动资产为 389.46 亿元，流动负债为 435.43 亿元，则流动比率为：$389.46 \div 435.43 = 0.89$，小于 1，说明流动资产不足以偿还流动负债。下面将牧原股份 2018—2020 的流动比率与同行进行对比（见表 2-27）。

表 2-27　2018—2020 年牧原股份流动比率与温氏股份、圣农发展以及行业均值的对比

年份	牧原股份	温氏股份	圣农发展	行业均值
2018	0.72	1.64	0.68	1.16
2019	1.08	1.88	0.94	1.49
2020	0.89	1.37	0.66	1.06

数据来源:Choice 金融数据库。

从表 2-27 可知,2018—2020 年牧原股份的流动比率同行业均值相似,大致是先上升后降低,但是从具体数值来看,牧原股份的流动比率都低于温氏股份、圣农发展及行业均值,除了 2019 年为 1.08 大于 1,2018 年和 2020 年都低于 1,说明流动资产均不足以偿还流动负债,因此在资产负债配比上,牧原股份可能存在一定的流动负债偿付压力,值得关注。

但是流动比率是不是越大越好呢?我们来看个例子:某公司有 1 万元的现金和 3 万元的存货,还有 2 万元的负债。一般存货可以在 1 年内变现,所以就是流动资产;2 万元的负债,也是 1 年内必须偿还的,所以就是流动负债。4 万元比上 2 万元,也就是 4∶2,流动资产比流动负债多,说明公司的短期偿债能力比较强。在流动资产中,存货占据了相当一部分比例,因此流动比率的高低必然受存货数量多少的影响。如果 3 万元的存货是公司积攒了很久、卖不出去的,则实际可以偿还的只有 1 万元的现金,也就是 1∶2,该公司实际资不抵债。因此,流动比率会存在实际偿债能力虚高的情况。有些企业虽然流动比率较高,但账上没有多少真正能够用来迅速偿债的现金和存款,其流动资产中大部分是变现速度较慢的存货、应收账款、待摊费用等。特别是存货,很可能发生积压、滞销、残次、损毁等情况。所以,在分析短期偿债能力时,还须进一步分析流动资产的构成项目,计算并比较公司的速动比率和现金比率。

速动资产包括货币资金、短期投资、应收票据、应收账款、其他应收款项等。而流动资产中 1 年内到期的非流动资产及其他流动资产等则不应计入速动资产。

$$速动比率 = 速动资产 \div 流动负债 \times 100\%$$
$$= (流动资产 - 存货 - 1\ 年内到期的非流动资产 -$$
$$其他流动资产) \div 流动负债 \times 100\%。$$

从表 2-28 中可以看出,牧原股份的速动比率与流动比率一样都低于同行业的温氏股份和圣农发展,也没有达到行业的均值。

表 2-28　2018—2020 年牧原股份速动比率与温氏股份、圣农发展以及行业均值的对比

单位:%

年份	牧原股份	温氏股份	圣农发展	行业均值
2018	0.29	0.67	0.37	0.6
2019	0.68	0.98	0.52	0.92
2020	0.41	0.58	0.22	0.52

数据来源:Choice 金融数据库。

通常认为正常的速动比率为 1,低于 1 的速动比率被认为是短期偿债能力偏弱。企业有 1 元的流动负债,就有 1 元的易于变现的流动资产来抵偿,那么短期偿债能力就有保证。对速动比率影响最大的因素是应收账款的变现能力。有几种因素会增强公司的变现能力:①可动用的银行贷款指标;②准备很快变现的长期资产;③良好的偿债声誉。而以下几种因素会减弱公司的变现能力:①未做记录的或有负债;②担保责任引起的负债。当然任何指标都需要考虑行业的属性。比如零售行业,其本身的存货要求就比较高,所以行业整体的速动比率都小于 1。

下面进一步对现金比率进行分析,现金比率=(货币资金+交易性金融资产)÷流动负债×100%。

由表 2-29 可知,我国畜牧业上市公司的现金比率普遍不高,都具有一定的短期偿债压力,不过牧原股份的现金比率始终低于行业平均水平,值得注意。

表 2-29　2018—2020 年牧原股份现金比率与温氏股份、圣农发展以及行业均值的对比

单位:%

年份	牧原股份	温氏股份	圣农发展	行业均值
2018	0.18	0.20	0.23	0.31
2019	0.55	0.38	0.26	0.67
2020	0.32	0.17	0.05	0.47

数据来源:Choice 金融数据库及 CSMAR 数据库。

债务的偿还压力主要有两块，一是本金，二是利息。所以具体到每年的偿还压力的时候，我们还需要看一下另一个指标，即利息保障倍数，如前所述，该指标衡量的是公司每年偿还利息的能力，由于利息是税前扣除的，所以利息保障倍数为息税前利润与利息费用的比值。

从表 2-30 中可以看出，牧原股份 2018—2020 年的利息偿还能力逐年提升，总体来说没有该方面的偿还风险。而且这三年利息保障倍数提升迅速，2018 年的 1.98 远低于行业的 23.34，提升到了 2020 年的 45.16，两倍于行业均值 23.13。虽然前面的其他短期偿债能力指标表现不佳，不过在有较高的利息保障倍数前提下，只要债务能正常管理，短期偿债风险就是可控的。

表 2-30　2018—2020 年牧原股份利息保障倍数
与温氏股份、圣农发展以及行业均值的对比　　　　　　　　单位：%

年份	牧原股份	温氏股份	圣农发展	行业均值
2018	1.98	43.24	8.25	23.34
2019	13.01	60.82	27.27	136.76
2020	45.16	39.12	19.25	23.13

数据来源：Choice 金融数据库及 CSMAR 数据库。

这里的例子中利息保障倍数都是正的，有时候在具体分析的时候也会遇到该指标为负的情况，这要从两方面来分析：①如果上面分子为负数（一般利息费用都是正的），说明公司真的是亏损；②如果下面分母为负数（利息收入大于利息支出），就表明公司不但不需要为借款支付利息，反而可以从存款中获得利息收入，在这种情况下，负数越大，企业偿还利息费用的能力反而越高。

以上的流动比率、速动比率、现金比率和利息保障倍数是用于衡量短期偿债能力的指标。在实际经济活动中，企业除了会面临短期压力，还会有长期偿债压力，下面我们依旧以牧原股份为例，进行长期偿债能力的分析。

在描述长期偿债压力的时候，人们往往会听到一个形容词，叫作资不抵债，实际上指的就是资产不足以偿还债务，导致破产。而与此相关的指标就是资产负债率。

2020 年，牧原股份的总资产为 1226.27 亿元，总负债为 565.22 亿元，则资产负债率＝565.22÷1226.27×100%＝46.09%，由此可见，牧原股份的负债占总资产近 1/2，与同行业的 38.11% 相比（见表 2-31），并无优势。

表 2-31 2018—2020 年牧原股份资产负债率与温氏股份、圣农发展以及行业均值的对比

单位：%

年份	牧原股份	温氏股份	圣农发展	行业均值
2018	54.07	34.06	44.78	42.27
2019	40.04	28.90	30.90	34.01
2020	46.09	40.88	36.22	38.11

数据来源：Choice 金融数据库及 CSMAR 数据库。

2018—2020 年，我国畜牧业上市公司的资产负债率基本遵循先降后升的趋势，不过牧原股份的资产负债率始终高于同行业的温氏股份、圣农发展以及行业均值，若以该指标为衡量标准，那么牧原股份在长期偿债能力方面没有达到行业平均水平，值得关注。

除了资产负债率，产权比率也是一个与长期偿债能力相关的重要衡量指标，所谓产权比率就是债权人提供的资本与股东提供的资本的比值，究其根本，企业的资本就来源于债权人和股东。

产权比率与资产负债率的判断标准是同方向的，即指标越低表示其长期偿债能力越强。2018—2020 年，牧原股份的产权比率始终高于温氏股份、神农发展和同行业的均值，而且 3 年间，只有在 2019 年低于 1，也达到了 0.92，2018 年和 2020 年分别是 1.31 及 1.12（见表 2-32），该指标大于 1，说明公司的总负债大于所有者权益，属于高负债运行。结合资产负债率和产权比率这两项指标，我们可以判断公司有较大的长期债务偿还压力。

表 2-32 2018—2020 年牧原股份产权比率与温氏股份、圣农发展以及行业均值的对比

年份	牧原股份	温氏股份	圣农发展	同行业
2018	1.31	0.53	0.81	0.77
2019	0.92	0.42	0.45	0.55
2020	1.12	0.72	0.57	0.83

数据来源：Choice 金融数据库及 CSMAR 数据库。

与产权比率相似的另一个指标是权益乘数：

权益乘数＝总资产÷所有者权益

结合会计恒等式:资产＝负债＋所有者权益,可知:

权益乘数＝(总负债＋所有者权益)÷所有者权益

＝总负债÷所有者权益＋1

＝产权比率＋1

牧原股份的权益乘数表现具体如表 2-33 所示。

表 2-33　2018—2020 年牧原股份权益乘数与温氏股份、圣农发展以及行业均值的对比

年份	牧原股份	温氏股份	圣农发展	行业均值
2018	2.31	1.53	1.81	1.77
2019	1.92	1.42	1.45	1.55
2020	2.12	1.72	1.57	1.83

数据来源:Choice 金融数据库及 CSMAR 数据库。

从上面的推导公式可知,该指标与产权比率也是同方向指标,由 2018—2020 年牧原股份的权益乘数对比数据可知,牧原股份的权益乘数一直高于同行,这表明牧原股东投入的资本在总资本中所占比重相对较低,对负债依赖程度相对较高,这与前面营运能力分析中的对负债利用率较高的结论相一致,但是较高的权益乘数也表明企业长期偿债压力较大。

2.5　案例:牧原股份的发展能力分析

本节利用前面学习的发展能力评价指标知识对案例公司——牧原股份的发展能力进行分析。

2020 年牧原股份的营业收入为 562.77 亿元,相比 2019 年的 202.21 亿元,增长了 1.78 倍,营业收入增长率达到 178.31%。

如表 2-34 所示,牧原股份在 2020 年的营业收入出现了爆发式的增长,达到了 178.31%,远超同行业平均水平 25.59%;牧原股份的销售增长速度大大甩开了同行,除了 2020 年,牧原营业收入增长率在 2018 年及 2019 年也都是高于同行业的温氏股份和圣农发展,说明牧原的成长势头强劲。

表 2-34　2018—2020 年牧原股份营业收入增长率

与温氏股份、圣农发展以及行业均值的对比（同比）　　　　单位：%

年份	牧原股份	温氏股份	圣农发展	行业均值
2018	33.32	2.84	13.67	18.93
2019	51.04	27.75	26.08	39.32
2020	178.31	2.47	−5.59	25.59

数据来源：Choice 金融数据库及 CSMAR 数据库。

我们再看一下牧原股份的总资产增长情况，如表 2-35 所示，与营业收入一样，2018—2020 年，牧原股份的总资产增长率表现优异。总的来看，总资产增长率与营业收入的快速增加有紧密的联系，因为销售量快速增加会带动其产量的增加，而在提高产量的同时，公司必然会加大投资，所以总资产增长率也随着营业收入增长率同方向变化。

表 2-35　2018—2020 年牧原股份总资产增长率

与温氏股份、圣农发展以及行业均值的对比（同比）　　　　单位：%

年份	牧原股份	温氏股份	圣农发展	行业均值
2018	24.11	10.01	11.01	2.88
2019	77.22	21.56	4.25	22.35
2020	131.87	22.75	−2.29	40.74

数据来源：Choice 金融数据库及 CSMAR 数据库。

如表 2-36 所示，以 2020 年为例，与同行业的温氏股份、圣农发展对比后可以发现，牧原股份的总资产增长率最高，但是负债增长率也是最高的，且达到了 166.90%，不过所有者权益增长率也不低，达到了 108.46%。由此可知，牧原股份 2020 年的资产增长主要来源于负债和所有者权益的同步增长，虽然所有者权益增长率尚可，但是与负债增长相比还是有一定的差异，需要谨慎对待，不能盲目扩张。

表 2-36　2020 年牧原股份总资产增长来源与温氏股份、圣农发展以及行业均值的对比

单位：%

	牧原股份	温氏股份	圣农发展
总资产增长率	131.87	22.75	−2.29

续表

	牧原股份	温氏股份	圣农发展
所有者权益增长率	108.46	2.06	−9.81
负债增长率	166.90	73.67	14.55

数据来源:Choice 金融数据库及 CSMAR 数据库。

但是营业收入和总资产增长再快,投资者和市场最终看的还是刨去成本、费用后的可供分配的净利润。表 2-37 展示了净利润增长率指标的情况:

表 2-37　2018—2020 年牧原股份净利润增长率

与温氏股份、圣农发展以及行业均值的对比(同比)　　　单位:%

年份	牧原股份	温氏股份	圣农发展	行业均值
2018	−77.68	−39.19	483.65	−1610.84
2019	1099.91	239.38	165.54	384.38
2020	379.37	−48.19	−50.44	−96.15

数据来源:Choice 金融数据库及 CSMAR 数据库。

总体看来,牧原股份的净利润增长率都是优于行业均值的,在 2019 年畜牧业公司整体的净利润表现向好,相比 2018 年的负值,2019 年公司呈现出了爆发式的增长,净利润增长了近 12 倍。

表 2-38　2018—2020 年牧原股份资本积累

与温氏股份、圣农发展以及行业均值的对比(同比)　　　单位:%

年份	牧原股份	温氏股份	圣农发展	行业均值
2018	7.62	6.61	23.70	7.47
2019	131.34	31.08	30.46	44.73
2020	108.46	2.06	−9.81	33.42

数据来源:Choice 金融数据库及 CSMAR 数据库。

如表 2-38 所示,牧原股份这几年的资本积累率的增长速度很快,总体上股东权益收益增加的幅度十分可观,除了 2018 年略微低于行业水平,2019 年、2020 年都远大于行业均值,可以说牧原股份的股东获得了不少的资本增值,可谓回报颇为丰厚,公司的发展能力相当好。

由前面的各项指标分析可知,牧原股份在 2018 年和 2020 年的发展势头强劲,总资产增长率很高。尽管股东权益增长率低于负债增长率,但这主要是由于公司负债运营管理效率较高,而且公司偿债风险可控,未来发展值得期待。

习　题

1.请说明标准的资产负债表的结构分布。

2.请说明资产负债表和利润表的表内勾稽关系。

3.星光农业种植公司是一个材料供应商,拟与晨曦农副食品加工公司建立长期合作关系,为了确定对晨曦农副食品加工公司采用何种信用政策,需要分析晨曦农副食品加工公司的偿债能力和营运能力。为此,星光农业种植公司收集了晨曦农副食品加工公司2020年度的财务报表,相关的财务报表数据以及财务报表附注中披露的信息如下。

a. 资产负债表项目　　　　　　　　　　　　　　单位:万元

项目	年末金额	年初金额
流动资产合计	4600	4330
其中:货币资金	100	100
交易性金融资产	500	460
应收票据及应收账款	2850	2660
预付账款	150	130
存货	1000	980
流动负债合计	2350	2250

b. 利润表项目　　　　　　　　　　　　　　　单位:万元

项目	本年金额	上年金额(略)
营业收入	14500	
财务费用	500	
资产减值损失	10	
所得税费用	32.50	
净利润	97.50	

c.晨曦农副食品加工公司的生产经营存在季节性,每年 3 月份至 10 月份是经营旺季,11 月份至次年 2 月份是经营淡季。

d.晨曦农副食品加工公司按照应收账款(实为应收票据及应收账款,下同)余额的 5%计提坏账准备,2020 年初坏账准备余额 140 万元,2020 年末坏账准备余额 150 万元。最近几年晨曦农副食品加工公司的应收账款回收情况不好,截至 2020 年末账龄 3 年以上的应收账款已达到应收账款余额的 10%。为了控制应收账款的增长,晨曦农副食品加工公司在 2020 年收紧了信用政策,减少了赊销客户的比例。

e.晨曦农副食品加工公司 2020 年资本化利息支出 100 万元,计入在建工程。

f.计算财务比率时,涉及的资产负债表数据均使用其年初和年末的平均数。

要求:

(1)计算晨曦农副食品加工公司 2020 年的速动比率。评价晨曦农副食品加工公司的短期偿债能力时,需要考虑哪些因素? 具体分析这些因素对晨曦农副食品加工公司短期偿债能力的影响。

(2)计算晨曦农副食品加工公司 2020 年的利息保障倍数;分析并评价晨曦农副食品加工公司的长期偿债能力。

(3)计算晨曦农副食品加工公司 2020 年的应收账款周转次数;评价晨曦农副食品加工公司的应收账款变现速度时,需要考虑哪些因素? 具体分析这些因素对晨曦农副食品加工公司应收账款变现速度的影响。

第三章　价值评估基础

　　尽管任何人似乎都可以成为价值投资者,但价值投资者最基本的特征是"耐心、自律和风险规避"。价值投资并非一项按部就班的工作,"估值是一门艺术,而不是一门科学"(格雷厄姆,2010)。

　　价值评估是进行投资前的一项基础性工作。然而,如何正确地对标的进行估值,仍然是一个令投资者头疼的问题。2014年,阿里巴巴向美国证券交易委员会提交招股书时,预期最终发行金额在150亿—200亿美元,华尔街分析师对它给出的预期估值在1360亿—2450亿美元之间。两天后,聚美优品提交IPO招股书确定在纽交所上市,发行价区间19.5—21.5美元,拟最高融资3.85亿美元,以此计划发行区间计算聚美估值在31.2亿—32.5亿美元之间。又隔一天,京东更新IPO招股书,拟在纳斯达克上市,确定IPO定价区间为每股16—18美元,最多筹资16.9亿美元,按此计算京东估值最高为246亿美元。而值得注意的是,此前上市的唯品会市值为76亿美元,当当网的市值为8亿美元,同为电商领域的企业,它们的估值差距却相当悬殊。

　　这一章将讨论资本配置决策原则,这一决策原则指导投资者在无风险资产与最优风险资产组合之间进行选择;在此基础上,阐述如何建立一个最优的风险资产组合。我们的讨论将从分散化如何降低资产组合投资回报的风险开始。建立这一基点之后,我们将从资产配置和证券选择两方面考察有效分散化策略。

3.1　利率

　　利率指一定时期内利息额同借贷资本总额的比率,是单位货币在单位时间内的利息水平,表明利息的多少。利率通常由国家的中央银行控制,所有国家都把利率作为宏观经济调控的重要工具之一。当经济过热、通货膨胀时,当局往往会提高利率、收紧信贷;当过热的经济和通货膨胀得到控制时,又会把利率适当地调低。

利率是经济学中一个重要的金融变量,几乎所有的金融现象、金融资产均与利率有着或多或少的联系。当前,世界各国频繁运用利率杠杆实施宏观调控,利率政策已成为各国中央银行调控货币供求,进而调控经济的主要手段,利率政策在中央银行货币政策中的地位越来越重要。

利率是调节货币政策的重要工具,直接关乎投资、通货膨胀及失业率等,继而影响经济增长。合理的利率,对发挥社会信用和利率的经济杠杆作用有着重要的意义。在萧条时期,降低利率,可以扩大货币供应,刺激经济发展。在扩张时期,提高利率,能够减少货币供应,抑制通胀的恶性发展。所以,利率对我们的生活有很大的影响。

3.1.1　基准利率及其特征

利率又称利息率,表示一定时期内利息与本金的比率,通常用百分比表示。利率一般计算公式是:利率＝利息÷本金×100%。根据计量的期限不同,有年利率、月利率、日利率等。

利率作为资本的价格,最终是由各种因素综合决定的。首先,利率受到产业平均利润水平、货币供给与需求状况、经济发展状况等因素的影响;其次,又受到物价水平、利率管制、国际经济状况和货币政策等因素的影响。

由于利率变动对经济有很大影响,各国都通过法律法规、政策等形式,对利率实施不同程度的管理。政府往往根据其经济政策来干预利率水平,同时又通过调节利率来影响经济。

基准利率是金融市场上具有普遍参照作用的利率,其他利率水平或金融资产价格均可根据这一基准利率水平来确定。基准利率是利率市场化的重要前提之一。在利率市场化条件下,融资者衡量融资成本,投资者计算投资收益,客观上都要求有一个普遍公认的利率水平作参考。所以,基准利率是利率市场化机制形成的核心,是央行实现货币政策目标的重要手段之一。基准利率具备下列基本特征。

(1)市场化。基准利率必须由市场供求关系决定,而且不仅反映实际市场供求状况,还要反映市场对未来供求状况的预期。

（2）基础性。基准利率在利率体系、金融产品价格体系中处于基础性地位，它与其他金融市场的利率或金融资产的价格具有较强的关联性。

（3）传递性。基准利率所反映的市场信号，或者中央银行通过基准利率所发出的调控信号，能有效地传递到其他金融市场和金融产品价格上。

3.1.2　利率的影响因素

在市场经济条件下，利率的确定方法如下：

利率 $r = r_{RF} = r^* + IP + RP = r^* + IP + DRP + LRP + MRP$

其中：r_{RF}——名义无风险利率；

r^*——纯粹利率；

RP——风险溢价；

IP——通货膨胀溢价；

DRP——违约风险溢价；

LRP——流动性风险溢价；

MRP——期限风险溢价。

具体说明如下：

纯粹利率，也称真实无风险利率，是指在没有通货膨胀、无风险情况下资金市场的平均利率。没有通货膨胀时，短期政府债券的利率可以视作纯粹利率。

通货膨胀溢价，是指证券存续期间预期的平均通货膨胀率。投资者在借出资金时通常考虑预期通货膨胀带来的资金购买力下降，因此，在纯粹利率基础上加入预期的平均通货膨胀率，以消除通货膨胀对投资报酬率的影响。

在风险溢价通常是 0 的情况下，纯粹利率与通货膨胀溢价之和，称为"名义无风险利率"，简称"无风险利率"。（名义）无风险利率 $= r_{RF} = r^* + IP$。假设纯粹利率 r^* 为 3%，预期通货膨胀率 IP 为 4%，则名义无风险利率 r_{RF} 为 7%。政府债券的信誉很高，通常假设不存在违约风险，其利率被视为名义无风险利率。

违约风险溢价，是指债券因存在发行者到期时不能按约定足额支付本金或利息的风险而给予债权人的补偿，该风险越大，债权人要求的利率越高。对政府债券而言，通常认为没有违约风险，违约风险溢价为零；对公司债券来说，公司评级越高，违约风险越小，违约风险溢价越低。

流动性风险溢价，是指债券因存在不能短期内以合理价格变现的风险而给予债权人的补偿。国债的流动性好,流动性溢价较低;小公司发行的债券流动性较差,流动性溢价相对较高。流动性溢价很难准确计量。观察违约风险、期限风险均相同的债券,它们之间会有2%到4%的利率差,可以大体反映流动性风险溢价的一般水平。

期限风险溢价,是指债券因面临存续期内市场利率上升导致价格下跌的风险而给予债权人的补偿,因此也被称为"市场利率风险溢价"。

3.1.3 利率的期限结构

利率期限结构是指某一时点不同期限债券的到期收益率与期限之间的关系,反映的是长期利率和短期利率的关系。该关系可以用曲线来表示,该曲线被称为债券收益率曲线,简称收益率曲线。研究利率期限结构,有助于了解不同期限债券的供求关系,揭示市场利率的总体水平和变化方向,为投资者从事债券投资和政府部门加强管理提供参考依据。

到目前为止,出现了不少解释利率期限结构的理论。其中,有三种理论的解释较为流行:无偏预期理论、市场分割理论、流动性溢价理论。

3.1.3.1 无偏预期理论

无偏预期理论认为,利率期限结构完全取决于市场对未来利率的预期,即长期债券即期利率是短期债券预期利率的函数。也就是说长期即期利率是短期预期利率的无偏估计。

【例】 假定1年期即期利率6%,市场预测1年后1年期预期利率7%,那么,2年期即期利率为多少?

2年期即期利率$=\sqrt{(1+6\%)\times(1+7\%)}-100\%=6.5\%$

若2年期即期利率低于该水平,如6.2%,则意味着2年期利率便宜,1年期利率昂贵,则借款者将转向2年期借款(需求增加),放弃1年期借款(需求减少);贷款者放弃2年期贷款(供给减少),转向1年期贷款(供给增加)。2年期利率将会上升,1年期利率将会下降,直至市场利率重回均衡。

预期理论对收益率曲线的解释:

上斜收益率曲线:市场预期未来短期利率会上升。

下斜收益率曲线:市场预期未来短期利率会下降。

水平收益率曲线:市场预期未来短期利率保持稳定。

峰形收益率曲线:市场预期较近一段时期短期利率会上升,而在较远的将来,市场预期短期利率会下降。

预期理论最主要的缺陷是假定人们对未来短期利率具有确定的预期;其次,还假定资金在长期资金市场和短期资金市场之间的流动完全自由。这两个假定都过于理想化,与金融市场的实际差距太远。

3.1.3.2　市场分割理论

市场分割理论认为,由于法律制度、文化心理、投资偏好等不同,投资者会比较固定地投资于某一期限的债券,即每类投资者固定偏好于收益率曲线的特定部分,从而形成了以期限为划分标志的细分市场。由此,即期利率水平完全由各个期限市场上的供求关系决定;单个市场上的利率变化不会对其他市场上的供求关系产生影响。

市场分割理论对收益率曲线的解释:

上斜收益率曲线:短期债券市场的均衡利率水平低于长期债券市场的均衡利率水平。

下斜收益率曲线:短期债券市场的均衡利率水平高于长期债券市场的均衡利率水平。

水平收益率曲线:各个期限市场的均衡利率水平持平。

峰形收益率曲线:中期债券市场的均衡利率水平最高。

市场分割理论最大的缺陷在于该理论认为不同期限的债券市场互不相关。因此,该理论无法解释不同期限债券的利率所体现的同步波动现象,也无法解释长期债券市场利率随短期债券市场利率波动呈现的明显有规律性变化的现象。

3.1.3.3　流动性溢价理论

流动性溢价理论综合了无偏预期理论和市场分割理论的特点,认为不同期限的债券虽然不像无偏预期理论所述的那样是完全替代品,但也不像市场分割理论说的那样相互完全不可替代。该理论认为,短期债券的流动性比长期债券高,因为债券到期期限越长,利率变动的可能性越大,利率风险就越高。投资者为了减少风险,偏好于流动性好的短期债券,因此,长期债券要给予投资者一定的流动性溢价。即长期即期利率是未来短期预期利率平均值加上一定的流动性风险溢价。

流动性溢价理论对收益率曲线的解释：

上斜收益率曲线：市场预期未来短期利率既可能上升，也可能不变，还可能下降，但下降幅度小于流动性溢价。

下斜收益率曲线：市场预期未来短期利率将会下降，下降幅度大于流动性溢价。

水平收益率曲线：市场预期未来短期利率将会下降，下降幅度等于流动性溢价。

峰形收益率曲线：市场预期较近一段时期短期利率可能上升，也可能不变，还可能下降，但下降幅度小于流动性溢价；而在较远的将来，市场预期短期利率会下降，下降幅度大于流动性溢价。

3.2 货币的时间价值

3.2.1 概念

3.2.1.1 货币时间价值的含义

货币时间价值（或资金时间价值）是指货币经历一定时间的投资和再投资所增加的价值，是没有风险和没有通货膨胀条件下的社会平均资金利润率。货币资金只有被当作资本投入生产和流通后才能发生增值，实质是货币在运动过程中形成的价值增值额。等量的货币资金在不同时点上具有不同的价值，通俗地讲，就是今天的 1 元钱比明天的 1 元钱有可能更值钱。

3.2.1.2 货币时间价值的表现形式

货币时间价值可以用绝对数（利息额）和相对数（利息率）两种形式表示，一般是用相对数（利息率）表示。

从理论上讲，货币时间价值相当于没有风险、没有通货膨胀条件下的社会平均资金利润率。在实践中，如果通货膨胀率很低，可以用政府债券利率来表现货币时间价值。

3.2.1.3　货币时间价值的计算

货币时间价值的计算涉及两组重要的概念——单利和复利、终值和现值。利息的两种计算方法如下。

单利计息：是指在进行货币时间价值计算时，只有本金计算利息，利息不计算利息。

复利计息：是指在进行货币时间价值计算时，除本金计算利息之外，每经过一个计息期所得到的利息也要计算利息，逐期滚算，俗称"利滚利"。

终值（future value）和现值（present value）是从不同时点表示的货币价值。终值又称将来值，是现在一定量资金在未来某一时点上的价值，俗称"本利和"。现值又称本金，是未来某一时点上的一定量资金折合到现在的价值（见图 3-1）。

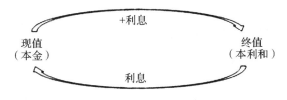

图 3-1　现值和终值

货币时间价值的计算包括一次性收付款项和非一次性收付款项（年金）的终值和现值的计算。由于终值和现值的计算与利息的计算方法有关，而利息的计算又有单利和复利两种，因此，终值和现值的计算又分为单利和复利两种情况。

为了方便计算，通常用 P 表示现值，F 表示终值，i 表示利率（贴现率、折现率），n 表示计息期数，I 表示利息。

3.2.2　复利现值和终值

（1）复利现值

$$P = F \times (1+i)^{-n}$$

其中，$(1+i)^{-n}$ 称为复利现值系数，用 $(P/F, i, n)$ 表示，其数值可通过查阅复利现值系数表获得。如 $(P/F, 10\%, 5)$ 表示利率为 10% 时 5 期的复利现值系数，在复利现值系数表上，$i = 10\%$ 这一列与 $n = 5$ 这一行的交叉点处数值

0.6209 即为对应的系数值。

（2）复利终值

$$F = P \times (1+i)^n$$

其中，$(1+i)^n$ 称为复利终值系数，用 $(F/P,i,n)$ 表示，其数值可通过查阅复利终值系数表获得。如 $(F/P,6\%,3)$ 表示利率为 6% 时 3 期的复利终值系数，在复利终值系数表上，$i=6\%$ 这一列与 $n=3$ 这一行的交叉点处数值 1.1910 即为对应的系数值。因此，复利终值的计算公式也可以写成：

$$F = P \times (F/P,i,n)$$

因此，复利现值的计算公式也可以写成：

$$P = F \times (P/F,i,n)$$

由此可知，在复利计息的方式下，现值计算与终值计算也是互逆的，由终值计算现值的过程称为贴现或折现。

3.2.3　年金现值和终值

年金是在一定时期内每隔相同的时间（如一年）发生相同数额的系列款项，一般用 A 表示，如等额分期付款、折旧、保险费等。根据年金每次收支发生的时点不同，年金可分为四种形式，分别是普通年金、预付年金、递延年金和永续年金。

3.2.3.1　普通年金终值和现值

普通年金是指从第一期起，一定时期内每期期末等额的系列收支款项，又称后付年金。

（1）普通年金终值的计算

普通年金的终值是指一定时期内每期期末等额的收支款项按复利计算的终值之和。按照复利计算，普通年金终值公式为：

$$F = A \times \left[\frac{(1+i)^n - 1}{i} \right]$$

其中，$\left[\dfrac{(1+i)^n - 1}{i} \right]$ 称为年金终值系数，用 $(F/A,i,n)$ 表示，其数值可通过查阅年金终值系数表获得。如 $(F/A,8\%,4)$ 表示利率为 8% 时 4 期的年金终值系数，在年金终值系数表上，$i=8\%$ 这一列与 $n=4$ 这一行的交叉点处数值 4.5601 即为对应的系数值。

因此,普通年金终值的计算公式也可以写成:

$$F = A \times (F/A, i, n)$$

(2)普通年金现值的计算

普通年金的现值是指一定时期内每期期末等额的收支款项按复利计算的现值之和。按照复利计算,普通年金现值公式为:

$$P = A \times \left[\frac{1-(1+i)^{-n}}{i} \right]$$

其中,$\left[\dfrac{1-(1+i)^{-n}}{i} \right]$ 称为年金现值系数,用$(P/A, i, n)$表示,其数值可通过查阅年金现值系数表获得。如$(P/A, 5\%, 6)$表示利率为5%时6期的年金现值系数,在年金现值系数表上,$i = 5\%$这一列与$n = 6$这一行的交叉点处数值 5.0757 即为对应的系数值。因此,普通年金现值的计算公式也可以写成:

$$P = A \times (P/A, i, n)$$

3.2.3.2　预付年金终值和现值

预付年金是指一定时期内每期期初等额的系列收支款项,又称先付年金或即付年金。预付年金与普通年金的区别是款项的发生时点不同,普通年金发生在每期期末,而预付年金发生在每期期初。

(1)预付年金终值的计算

预付年金的终值是指一定时期内每期期初等额的收支款项按复利计算的终值之和。按照复利计算,预付年金终值公式为:

$$F = A \times \left[\frac{(1+i)^n - 1}{i} \right] \times (1+i)$$

或

$$F = A \times \left[\frac{(1+i)^{n+1} - 1}{i} - 1 \right]$$

由普通年金终值的计算可知,$\dfrac{(1+i)^n - 1}{i}$是年金终值系数,用$(F/A, i, n)$表示,因此,预付年金终值 $F = A \times (F/A, i, n) \times (1+i)$ 或 $F = A \times [(F/A, i, n+1) - 1]$,即预付年金终值可以等于普通年金终值乘以$(1+i)$,也可以等于$(n+1)$期普通年金终值系数减1后的差值再乘以$A$。

(2)预付年金现值的计算

预付年金的现值是指一定时期内每期期初等额的收支款项按复利计算的现值之和。按照复利计算,预付年金现值公式为:

$$P = A \times \left[\frac{1-(1+i)^{-n}}{i} \right] \times (1+i)$$

或

$$P = A \times \left[\frac{1-(1+i)^{-(n-1)}}{i} + 1 \right]$$

由普通年金现值的计算可知,$\left[\frac{1-(1+i)^{-n}}{i} \right]$ 称为年金现值系数,用 $(P/A,i,n)$ 表示,因此,预付年金现值 $P = A \times (P/A,i,n) \times (1+i)$ 或 $P = A \times [(P/A,i,n-1)+1]$,即预付年金现值可以等于普通年金现值乘以 $(1+i)$,也可以等于 $(n-1)$ 期普通年金现值系数加 1 后的和值再乘以 A。

3.2.3.3 递延年金终值和现值

递延年金是普通年金的特殊形式,是指一定时期内,第一次收付发生在第 $m+1$ 期($m \geqslant 1$)期末的年金。递延年金的首次收付款项没有发生在第一期期末,而是发生在第 $m+1$ 期($m \geqslant 1$)期末,并且在之后的连续 n 期内每期期末都发生等额的收付款项。

(1)递延年金终值

递延年金终值的计算与递延期 m 无关,只与连续支付期 n 有关,其计算方法与 n 期普通年金终值的计算方法一样。因此,递延年金终值的计算公式为:

$$F = A \times (F/A,i,n)$$

(2)递延年金现值

由于递延年金涉及的期限是 $m+n$ 期,但是前 m 期无任何收付款项发生,后 n 期的每期期末才有等额的收付款项,所以递延年金的现值就是将 n 期的收付款项按复利折算到起点(第 1 期期初)处的价值之和。递延年金现值的计算有三种方法。

①两次折现

递延年金现值的计算公式为:

$$P = A \times (P/A,i,n) \times (P/F,i,m)$$

②先终后现

递延年金现值的计算公式为:

$$P = A \times (F/A, i, n) \times (P/F, i, m+n)$$

③系数之差

递延年金现值的计算公式为：

$$P = A \times [(P/A, i, m+n) - (P/A, i, m)]$$

3.2.3.4 永续年金现值

永续年金也是一种特殊形式的普通年金,是指从第 1 期开始,在无限期内于每期期末发生的等额系列收付款项,又称为永久年金。由于永续年金的特点是无限期收付,没有终点,所以永续年金没有终值,只有现值。根据前面的推导,普通年金现值公式为：

$$P = A \times \left[\frac{1 - (1+i)^{-n}}{i} \right]$$

当 $n \to +\infty$ 时：$P = \dfrac{A}{i}$

所以,永续年金现值的计算公式为：$P = A/i$

3.3 风险与报酬

3.3.1 风险

投机的定义是"在获取相应的报酬时承担一定的商业风险"。从语言学上说,该定义无可厚非。但如果不先明确"相应的报酬"和"一定的风险"的含义,这个定义就没有什么用处。风险是指在一定条件下和一定时期内可能发生的各种结果的变动程度。风险是事件本身的不确定性,具有客观性。"相应的报酬"是指去除无风险收益之后的实际预期收益。这就是风险溢价,是风险投资收益减去无风险投资(譬如,国库券投资)收益的差。风险溢价也是由风险所得到的不断增长的预期所得。"一定的风险"是指足以影响决策的风险,当增加的收益不足以补偿所冒的风险时,投资者可能会放弃一个产生正的风险溢价的机会。

风险常常和不确定性联系在一起。具体到财务管理活动中,风险是指由于各种难以或无法预料、控制的因素产生作用，使投资者的实际收益和预计收益发生背离的可能性。值得注意的是，风险不等于损失，因为风险不仅能带来超出预期的损失，表现其不利的一面，还可能带来超出预期的收益，表现其有利的一面。

风险和收益是投资者必须考虑的两个因素。投资者都希望在较低风险的情况下获得相对较高的收益，那么，如何降低或分散风险？以投资于证券市场为例，购买哪一家或哪几家公司的股票能够降低风险？这就涉及风险的分类。

按照风险可分散特性的不同，风险可分为系统性风险和非系统性风险。

系统性风险（systematic risk）。系统性风险是指由市场收益率整体变化所引起的市场上所有资产的收益率的变动性。它是由那些影响整个市场的风险因素引起的，因而又称为市场风险。这些因素包括战争、经济衰退、通货膨胀、税制改革、世界能源状况的改变等。这类风险是影响所有资产的风险，因而不能通过投资组合分散，故又称为不可分散风险。尽管大多数公司或项目都不可避免地受到系统风险的影响，但并不意味着系统风险对所有公司或项目都有完全相同的影响，有的公司或项目受到系统风险的影响大一些，而有的公司或项目受系统风险的影响比较小。

非系统性风险（unsystematic risk）。非系统性风险是指由于某一特定原因对某一特定资产收益率造成影响的可能性。它是特定公司或行业所特有的风险，因而又称为可分散风险、公司特有风险。例如，公司的工人罢工、新产品开发失败、失去重要的销售合同、诉讼失败或者发现新矿藏等。这类事件的发生是非预期的、随机的，它只影响一个或少数几个公司，不会对整个市场产生太大的影响。这种风险可以通过多样化的投资来分散，即发生于一家公司的不利事件可以被其他公司的有利事件所抵消。由于非系统性风险可以通过分散消除，因此一个充分的投资组合几乎没有非系统性风险。假设投资者都是理智的，会选择充分投资组合，则非系统性风险将与资本市场无关，市场不会对非系统性风险给予任何价格补偿，就像商品市场只承认社会必要劳动时间而不承认个别劳动时间一样，市场不会给"浪费"以价格回报，不会给那些不必要的风险以补偿。值得注意的是，在风险分散化过程中，不应该过分强调投资多样化和增加投资项目的作用。在投资实践中，经常出现以下情况：在投资组合中，投资项目增加的初期，风险分散化的效应比较明显，但增加到一定程度，风险分散的效应就会逐渐减弱。经验数据表明，当投资组合中的资产数量随机选择达到 20 种左右时，绝大多数的非系统性风险均已被消除。此时,如果继续选择投资项目,对分散风险已经没有多大实际意义,更不能指望通过风险分散化来达到消除全部风险的目的。这是因为被分散的风险只是非系统性风险,而系统性风险不能通过风险分散化来消除,如图 3-2 所示。

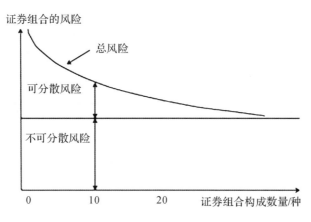

图 3-2　证券组合构成与风险

3.3.2　单一资产投资风险与报酬

假定有 10 万元的初始财富 W,进行投资有两种可能的结果。当概率 $p=0.6$ 时,结果令人满意,使最终财富 $W1$ 增长到 15 万元。否则,当概率 $1-p=0.4$ 时,结果不太理想,$W2=8$ 万元。假定在这样的单一前景下,提供给投资者一个为期一年的资产组合,他将如何评价该资产组合?

首先,他可以用描述性统计方法来概括,例如,用 $E(W)$ 表示平均或预期年终的财富,有:

$$E(W)=pW1+(1-p)W2$$
$$=(0.6\times150000)+(0.4\times80000)$$
$$=122000(元)$$

10 万元资产组合的预期盈利为 $122000-100000=2.2$ 万元。投资者从均值中得到资产组合每一可能结果的方差期望值的计算如下:

$$\sigma^2=p[W1-E(W)]^2+(1-p)[W2-E(W)]^2$$
$$=0.6\times(150000-122000)^2+0.4\times(80000-122000)^2$$
$$=1176000000$$

标准差,即方差的平方根为34292.86元。显然,这样做有很大风险:收益标准差远远大于预期盈利的2.2万元。预期盈利是否足以确保这样的风险是可以接受的,这取决于资产组合的选择。

我们把国库券作为风险资产组合的另一选择。假定在作出决策时,一年期国库券提供的收益率为5%,投资10万元能稳获5000元的盈利。

前面我们得出预期盈利为2.2万元,因此投资风险资产组合相较于投资安全的国库券的预期边际盈利或增加的盈利为22000−5000=17000元。

这表明作为投资风险的补偿可获得17000元的风险溢价(risk premium)。某一给定水平的风险溢价是否足以补偿投资的风险,这个问题由来已久。在健全的资本市场中测定风险并确定投资者预期的风险溢价是金融理论的核心问题之一。

1.概率与概率分布

资产的风险是资产收益率的不确定性,其大小可用资产收益率的离散程度来衡量。离散程度是资产收益率的各种可能结果与预期收益率的偏差,衡量风险大小的指标主要有标准离差、标准离差率等。

一个事件的概率是指这一事件产生某种结果的可能性。如果把某一事件所有可能的结果都列示出来,对每个结果给予一定的概率,就构成概率分布,以P_i表示概率,以n表示可能出现的所有情况,概率必须符合以下两个要求:

(1)所有的概率P_i都在0和1之间,即$0 \leqslant P_i \leqslant 1$;

(2)所有可能结果的概率之和等于1,即$\sum_{i=1}^{n} P_i = 1$。

通常把必然发生的事件的概率定为1,把不可能发生的事件的概率定为0,而一般随机事件的概率是介于0与1之间的一个数。概率越大表示该事件发生的可能性越大。

期望值又称预期收益,是指对于某一投资方案未来收益的各种可能结果,以概率为权数计算的加权平均数。它是衡量风险大小的基础,但它本身不能表明风险的高低,其基本计算公式是:

$$ER = \sum_{i=1}^{n} P_i \times R_i$$

式中,ER是期望值;P_i是第i种结果出现的概率;n是所有可能结果的个数;R_i是第i种可能情况下该资产的收益率。在投资额相同的情况下,期望值越大,说明预期收益越好。在期望值相同的情况下,概率分布越集中,实际可能的结果就越接近期望值,实际收益偏离预期收益的可能性就越小,投资的风险也就越小。反之,投资的风险就越大。

2. 标准离差和标准离差率

标准离差是反映某资产收益率的各种可能结果与其期望值之间的离散程度的一个指标。标准离差通常用符号 σ 表示,其计算公式为:

$$\sigma = \sqrt{(R_i - ER)^2 \times P_i}$$

标准离差以绝对数衡量风险的高低,只适用于期望值相同的决策方案风险程度的比较。在期望值相同的情况下,标准离差越大,说明各种可能情况与期望值的偏差越大,风险越大,反之,标准离差越小,说明各种可能情况越接近于期望值,意味着风险越小。标准离差率是标准离差与期望值之比,也可称为变异系数,通常用符号 V 表示,其计算公式为:

$$V = \frac{\sigma}{ER}$$

标准离差率是以相对数衡量资产的全部风险的大小。它表示每单位预期收益所包含的风险,即每 1 元预期收益所承担的风险大小,在期望值不同的情况下,标准离差率越大,风险越大,反之,标准离差率越小,风险越小。

【例】 有两个农业投资项目,A 项目的期望报酬率为 10%,标准离差是 12%;B 项目的期望报酬率为 18%,标准离差是 20%。

变异系数(A)=12%÷10%=1.20

变异系数(B)=20%÷18%=1.11

直接从标准离差看,B 项目的离散程度较大,能否说明 B 项目的风险比 A 项目大呢?不能轻易下这个结论,因为 B 项目的平均报酬率较大。如果以各自的平均报酬率为基础观察,A 项目的标准离差是其均值的 1.20 倍,而 B 项目的标准离差只是其均值的 1.11 倍,B 项目的相对风险较小。这就是说,A 项目的绝对风险较小,但是相对风险较大;B 项目与此正相反。

通过上述方法将决策方案的风险加以量化后,决策者便可据此作出决策,对于单个方案,决策者可根据其标准离差(率)的大小,并将其同可接受的此项指标的最高限值对比,作出取舍,对于多方案择优的情况,其决策准则应是选择低风险高收益的方案,即选择标准离差最低、期望收益最高的方案。然而高收益往往伴有高风险,低收益方案的风险程度往往也较低。究竟选择何种方案？这就要权衡期望收益与风险,而且还要视决策者对风险的态度而定,厌恶风险的决策者可能会选择期望收益低同时风险也较低的方案,偏好风险的决策者则可能选择风险虽高但同时预期收益也高的方案。

3.4　资产投资组合理论

现代投资决策理论产生于 20 世纪中期,其成熟的标志是《资本预算》一书的出版。随后 Markowitz(1952)提出了投资组合理论(portfolio theory),在此基础上 Sharpe(1964)、Lintner(1965a)发展和提出了资本资产定价模型(capital assets pricing model,CAPM)。

投资组合理论和 CAPM 的问世,将证券的定价建立在风险和报酬的基础上,不仅受到诸多投资机构和投资人的热烈欢迎,而且极大地改变了公司的资产选择和投资策略,被广泛应用于公司的投资决策实践。伴随现代金融学理论的发展和完善,一大批可以载入史册的伟大研究成果出现了,包括莫迪利亚尼-米勒(Modigliani-Miller)的公司财务理论(简称 MM 理论)、罗斯(Ross)的套利定价理论(APT)、布莱克-斯科尔斯-默顿(Black-Scholes-Merton)的期权定价理论和法玛(Fama)的有效市场理论等学说和模型。

3.4.1　马科维茨投资组合理论

随着传统投资组合理论逐渐地退出历史的舞台,现代投资组合理论逐渐地被投资行业所应用。现代投资组合理论起源于 Markowitz (马科维茨)1952 年在 *Journal of Finance* 上发表的《资产组合选择》(Portfolio Selection)一文,其提出了均值-方差模型。

Markowitz(1952)认为,投资者不是仅对一种证券进行投资,而是投资一揽子证券构成投资组合。因此,投资者最关心的是如何配置最优资产组合,保证收益既定的条件下组合风险最低,或在给定风险的情况下收益最大。投资组合理论用均值-方差来刻画收益和风险两个关键因素。相较于传统的投资组合理论,现代投资组合理论对整个的投资行为进行了详细的分析,甚至严格地分析了投资过程中的风险,所有的投资行为都有据可依,对于投资者来说,不必凭感觉进行投资,就能以最小的风险获得最大的收益,这是现代投资组合理论的优势,因此现代投资组合理论被广泛地运用于投资行业中。

马科维茨投资组合理论有三个基本假设:(1)投资者是风险规避的,追求期望效用最大化;(2)投资者根据收益率的期望值与方差来选择投资组合;(3)所有投资者处于同一单期投资期。在此基础上,马科维茨提出了均值-方差模型,以期望收益及其方差(ER, σ^2)确定有效投资组合。

所谓期望收益,是指投资组合的期望收益率,它是单只证券的期望收益率的加权平均,权重为相应的投资比例。所谓方差,是指投资组合的收益率的方差。我们把收益率的标准差称为波动率,它刻画了投资组合的风险。以期望收益 ER 来衡量证券收益,以收益的方差 σ^2 表示投资风险,通过计算各个资产预期收益的加权平均值和衡量组合资产风险的方差或标准差,从而得出资产组合的总收益。

投资组合理论认为,若干种证券组成的投资组合,其收益是这些证券收益的加权平均值,但是其风险不是这些证券风险的加权平均风险,投资组合能降低非系统性风险。这里的"证券"是"资产"的代名词,"资产"可以是任何产生现金流的东西。例如,一项生产性实物资产、一条生产线或者是一个企业。

各种证券投资组合的期望报酬率的加权平均值计算公式为:

$$r_p = \sum_{j=1}^{m} r_j A_j$$

其中,r_p 为期望报酬率,r_j 为第 j 类资产回报率,A_j 为第 j 类资产比率,m 为资产数量。构造一个投资组合的过程分为两步:投资者确定组合中风险资产的构成;决定风险资产组合的配置比率。

投资组合的风险度量基本公式为:$\sigma_p = \sqrt{\sum_{j=1}^{m} \sum_{k=1}^{m} A_j A_k \sigma_{jk}}$

其中,A_k 为第 k 类资产比率,σ_{jk} 为协方差。

马科维茨提出的均值-方差模型分析说明,通过投资组合可以有效降低风险,对现代投资管理实践具有明显的指导意义,他提出的证券投资风险和收益的衡量指标或标准,解决了资产投资时的风险衡量和如何取舍投资风险与收益的问题;引导基金经理投资由过去的注重选股票和单个证券的分析转向分散投资和组合投资,使投资管理理念发生了革命性变化。

马科维茨提出的证券投资组合理论,解决了长期困扰证券投资的三大根本问题。第一,为什么进行证券组合投资?针对这一问题,现代投资组合理论认为,证券组合投资是为了降低证券投资风险。第二,如何确定证券投资组合的有效边界?马科维茨认为,在证券种类既定的条件下,随着证券投资比重的变动,投资者可以得到无数个具有不同风险与收益的证券组合,称为可行集。而可行集中相同风险下期望收益更高或相同收益下预期风险更低的证券组合,就是有效边界,位于可行集的左上方边缘,呈现为一条外凸的弧线,也叫马科维茨边界。第三,如何确定最优投资组合?马科维茨认为,投资者如何在有效边界上选择最优投资组合,取决于投资者的风险偏好,通常用无差异曲线来反映。同一投资者可能有若干条相互平行的无差异曲线,形成无差异曲线簇,无差异曲线与有效边界相切的点就是最优投资组合。

但这一理论也存在一些不足之处,当需要考虑的投资证券数量较多时,所需要估算的数据量非常大,由数据统计估计带来的误差和不准确性也会影响组合投资时的资金分配比例,并且重新调整资产配置比例也会带来交易成本的上升。

3.4.2　风险资产与无风险资产组合

3.4.2.1　无风险资产

实践表明短期国库券可以作为无风险资产(risk-free asset),它们的短期性造成它们的价格对利率的波动很敏感。投资者可以购买短期国库券并持有到期来锁定短期名义收益。此外,几周甚至几月的通货膨胀率的不确定性,与股票市场收益的不确定性相比,是可以忽略的。实际上,绝大多数投资者用更广泛的货币市场工具作为无风险资产。所有的货币市场工具实际上与利率风险无关,因为它们的偿还期短,并且在违约或信用风险方面也是相当安全的。就多数而言,大部分货币市场基金持有三种类型的证券——短期国库券、银行可转换存单(CD)和商业票据(CP),它们在违约风险方面有细微的差别。

考察投资者可行的风险-收益组合,这是资产配置中的"技术性"部分,它只涉及在给定的全部资产市场中投资者可利用的机会。假设投资者已经决定了最优风险资产组合的构成,并且所有适用的风险资产的投资比例已知。现在,要考虑如何求出投资预算中投资于风险资产组合 P 的比例 y,以及余下的比例 $1-y$,即无风险资产 F 的投资比例。

记风险收益率为 r_P,P 的期望收益率为 $E(r_P)$,标准差为 σ_P,无风险资产收益率为 r_F。在下面的例子中,我们假定,$E(r_P)=15\%$,$\sigma_P=22\%$,无风险收益率 $r_F=7\%$。因此,风险资产的风险溢价为 $E(r_P)-r_F=8\%$。

由 y 份风险资产与 $1-y$ 份无风险资产组成的整个资产组合,记为 C,其收益率记为 r_C,则有 $r_C=yr_P+(1-y)r_F$。

对资产组合的收益率取期望值,有:

$$E(r_C)=yE(r_P)+(1-y)r_F=r_F+y[E(r_P)-r_F]$$
$$=[7+y(15-7)]\%$$

这个结果很容易解释。任意资产组合的基本收益率是无风险资产收益率。另外,资产组合期望获得一个无风险溢价,它依赖无风险资产组合的风险溢价 $E(r_P)-r_F$ 以及投资者的记作 y 的风险资产的风险暴露。这里,投资者被假设为风险厌恶型,并且在没有正的风险溢价时不愿意持有风险头寸。

当我们用一个风险资产和一个无风险资产组成资产组合时,这个组合的标准差等于风险资产的标准差乘以其在资产组合中的权重。在这个例子中,整个资产组合由风险资产与无风险资产组成。如果假设风险资产的标准差为 $\sigma_P=22\%$,则,

$$\sigma_C=y\sigma_P=22y\%$$

这表明资产组合的标准差与风险资产的标准差及投资比例成比例。总之,整个资产组合收益率将有期望值 $E(r_C)=yE(r_P)+(1-y)r_F=r_F+y[E(r_P)-r_F]=(7+8y)\%$,标准差 $\sigma_C=y\sigma_P=22y\%$。

由于 $y=\dfrac{\sigma_P}{\sigma_C}$,则有 $E(r_C)==r_F+\dfrac{\sigma_P}{\sigma_C}[E(r_P)-r_F]$

因此,资产组合的期望收益作为其标准差的函数是一条直线,截距为 r_F,斜率如下:

$$s=\frac{E(r_P)-r_F}{\sigma_C}$$

图 3-3 为投资机会集合(the investment opportunity set),即由不同 y 值产生的所有资产组合的可能期望收益与标准差配对的集合。其图形是由 r_F

点引出，穿过 P 点的直线。

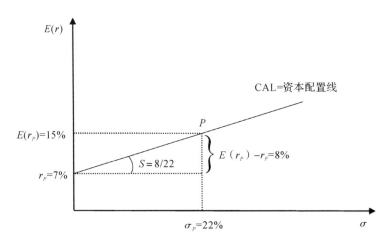

图 3-3 风险资产与无风险资产的投资机会集合

这条直线叫作资本配置线（capital allocation line，CAL），它表示投资者的所有可行的风险收益组合。它的斜率 S 等于选择的资产组合每增加一单位标准差时上升的期望收益，换句话说，就是每单位额外风险的额外收益的测度。基于这一原因，该斜率也可称为报酬与波动性比率（reward-to-variability ratio）。

3.4.2.2 风险与资产配置

我们已经说明如何建立资本配置线，即不同资产配置选择的所有可行风险-收益组合的图形。面对资本配置线的投资者现在必须从可行的选择集合中选出一个最优组合，这个选择需要风险与收益之间的一种替代关系。个人投资者风险厌恶的不同意味着在给定一个相等的机会集合（无风险收益率和报酬与波动性比率）下，不同投资者将选择不同的风险资产头寸。特别地讲，投资者越厌恶风险，越将选择较少风险的资产，并持有较多无风险的资产。

期望收益和资产组合收益率的方差可以说明投资者从给定收益率概率分布的资产组合中获得的效用。具体地说，我们可以有这样一个表述：

$$U=E(r)-0.0005A\sigma^2$$

这里，A 是风险厌恶系数。我们解释一下这个函数，资产组合的效用随期望收益率上升而上升，随着方差上升而下降。这种变化关系的重要程度由风险厌恶系数 A 决定。对风险中性的投资者，$A=0$。更高水平的风险厌恶反

映在更大的 A 值上。一个投资者面对无风险利率为 r_P 和期望收益为 $E(r_P)$、标准差为 σ_P 的风险资产组合,他将发现,对于 y 的任何选择,整个资产组合期望收益为 $E(r_C)=yE(r_P)+(1-y)r_F=r_F+y[E(r_P)-r_F]$。全部资产组合的方差为: $\sigma_C=y\sigma_P$

投资者试图通过选择风险资产的最优配置 y 来使他的效用最大化。我们一般将问题写成下列形式:

$$U_y=r_F+y[E(r_P)-r_F]-0.0005Ay^2\sigma_P^2$$

这里, A 是风险厌恶系数。对 U 求一阶导,令其为 0,解出厌恶风险投资者的最优风险资产头寸的收益率 y^*,具体的公式为: $y^*=\dfrac{E(r_P)-r_F}{0.001A\sigma_P^2}$。

该结果显示,正如人们所期望的,最优风险资产头寸是用方差测度的,与风险厌恶水平和风险水平成反比,与风险资产提供的风险溢价成正比。

3.4.3　资本资产定价模型

如前所述,投资组合的风险通常要低于单项投资的风险,这是因为通过适当的组合投资,可以分散非系统风险,资本资产定价模型和 CAPM 模型阐述了在充分多元化的组合投资中证券的风险和收益之间的均衡关系。

3.4.3.1　模型假设

资本资产定价模型是由美国学者夏普(William Sharpe)、林特尔(John Lintner)、特里诺(Jack Treynor)和莫辛(Jan Mossin)等在资产投资组合理论和资本市场理论的基础上发展起来的,主要研究证券市场中资产预期收益与风险间的关系,以及确定均衡价格,是现代金融市场理论的支柱,广泛应用于投资决策和公司理财领域。

在 CAPM 被提出之前,人们对风险(risk)如何影响一个公司的资本成本(cost of capital),进而如何影响收益,并没有清晰的认识。Modigliani 等(1958)提出了著名的 MM 定理,它也被称为资本结构无关原理。该定理认为,在有效市场里,在不考虑税收、破产成本、信息不对称条件下,企业价值不会因为企业融资方式改变而改变。这个定理让如何量化风险对于贴现率的影响更加扑朔迷离,这也直接促成了 Treynor 的研究。

Markowitz(1952)对 CAPM 的诞生影响深远。在提出投资组合理论后,

Markowitz 尝试提出一种简化模型。这是因为在他的均值-方差框架中,协方差矩阵需要估计的参数太多,实操起来可行性有限。Markowitz 希望把它简化成一个"单因子"模型来考察风险和收益之间的关系,而 Sharpe 的研究动机正源于此。1961 年,Sharpe 答辩通过获得博士学位,他论文的最后一章正是CAPM。Sharpe(1963)发表了论文《证券组合分析的简化模型》,开辟了投资组合选择的另一途径。他提出了单指数模型,将证券组合的风险和收益与市场组合联系起来,确定有效投资组合,为投资组合分散化提供了新的视角,大大降低了模型的计算量。Sharpe(1964)又以均衡市场假定下的资本市场线为基准,也就是用投资组合的总风险(即标准差)去除投资组合的风险溢价,来反映该投资组合每单位总风险所带来的收益,从而导出了著名的"资本资产定价"模型(CAPM)。Sharpe 的资本资产定价模型涉及的参数少,这大大地减少了需要统计的数据,避免了繁杂的数学运算,因而具有较大实际应用价值。

Lintner 的早期研究兴趣是企业金融。他提出 CAPM 的动机也是源于MM 定理。他认为 MM 定理的分析是存在缺陷的,并试图通过找到风险资产的定价理论来说明存在最优的资本结构。Lintner 于 1965 年提出 CAPM(Lintner,1965a,1965b)。公允地说,比较四个最早的 CAPM,Lintner 的文章在数学上最为严谨,他给出了很多证明,并且讨论了很多特殊的情况,在这些情况下,他的模型都是成立的。有意思的是,在提出 CAPM 之后,Lintner 将他自己的模型和当时已经发表的 Sharpe 的模型进行了比较,并指出他们的模型并不相同,而且他的模型适用性更强。在一段时间内,Sharpe 似乎被说服了,并承认 Lintner 的模型确实优于自己的。然而 Fama(1968)指出"仔细检查发现,二者的 CAPM 模型是等价的"。

和 Sharpe 一样,Mossin 研究的出发点也源自投资组合理论。但是,他的研究是否借鉴了 Sharpe 的工作,我们不得而知。Mossin(1966)对 Sharpe(1964)进行了"批评",认为其没有精确地阐述均衡条件的定义。直到 1970年,Stone(1970)才证明了 Mossin 的模型和其他三个模型的等价性。虽然在数学上等价,但是这四篇论文揭示了不同的视角(Sullivan,2006):Treynor 受到 MM 定理的影响,因此他的着眼点是 MM 定理中的命题一:企业的资本结构和它的价值无关。Lintner 的研究更关注通过发行股票融资的公司,并认为公司的财务政策非常重要。Sharpe 则毫无疑问受到了 Markowitz 工作的影响,他研究的出发点是最优化投资组合选择。同样,Mossin 的工作也来自投资组合理论,但是他关注的重点是刻画资产市场的均衡条件。

资本资产定价模型建立在以下基本假设之上:

(1)所有投资者均追求单期财富的期望效用最大化,并以各备选组合的期望收益和标准差为基础进行组合选择;

(2)所有投资者均可以无风险报酬率无限制地借入或贷出资金;

(3)所有投资者拥有同样预期,即对所有资产报酬的均值、方差和协方差等,投资者均有完全相同的主观估计;

(4)所有的资产均可被完全细分,拥有充分的流动性且没有交易成本;

(5)没有税金;

(6)所有投资者均为价格接受者。即任何一个投资者的买卖行为都不会对股票价格产生影响;

(7)所有资产的数量是给定的和固定不变的。

在以上假设的基础上,几位学者构建了具有奠基意义的资本资产定价模型。随后,每一个假设逐步被放开,并在新的基础上进行研究,这些研究成果都是对资本资产定价模型的突破与发展。多年来,资本资产定价模型经受住了大量经验上的证明,尤其是 β 概念。自资本资产定价模型构建以来,各种理论争议和经验证明便不断涌现。尽管该模型存在许多问题,但是其科学的简单性、逻辑的合理性赢得了人们的支持。各种实证研究验证了 β 概念的科学性及适用性。

资本资产定价模型的研究对象,是充分组合情况下风险与必要报酬率之间的均衡关系。资本资产定价模型可用于回答如下不容回避的问题:为了补偿某一特定程度的风险,投资者应该获得多大的报酬率? 在前面的讨论中,我们将风险定义为期望报酬率的不确定性;然后根据投资理论将风险区分为系统风险和非系统风险,知道了在高度分散化的资本市场里只有系统风险,并且会得到相应的回报。下面将讨论如何衡量系统风险以及如何给风险定价。

3.4.3.2　系统性风险度量

假设你的资产组合只有一种股票,那么这一资产组合的风险来源会有哪些呢? 你可能会想到来自一般经济状况的风险。比如经济周期、通货膨胀率、利息和汇率等。所有这些宏观经济指标都不能准确预测,而它们都会影响到公司股票的回报率。另外,这些宏观经济因素可能对特定企业有影响,譬如对企业的研发成功与否、人员的变动等产生影响。

资产分散化的理念是一个古老的观念,"不要把你所有的鸡蛋放在一个篮子里"这句俗语在现代财务理论出现前就已经存在很长时间了。1952 年,哈里·马科维茨发表了资产组合选择的正式模型,揭示了分散化的原则,他因此获得 1990 年诺贝尔经济学奖。他的模型是资产组合管理的第一步:确认有效率的资产组合集合,即风险资产的有效边界。

假如考虑一个分散化策略,你增加一种证券,那么资产组合风险将会发生什么变化呢? 影响公司的因素对两种股票影响程度的不同将降低资产组合风险。如果我们分散投资于更多的证券,将能继续分散对特定公司有影响的因素,资产组合的收益离散性将进一步下降。但是,最终我们并不能通过大量股票的资产组合把所有风险都规避掉,因为所有的证券最终还会受到共同的宏观经济因素的影响。例如,如果所有的股票都会受到经济周期的影响,我们就不能避免经济周期风险,不管我们持有多少股票。分散化就可以把风险降至任意低的水平。原因是所有风险来源都是独立的,任何一种风险来源的暴露可以降低至可忽略的水平。平均地,资产组合风险随着分散化而下降,但是分散化降低风险的能力受到系统性风险的制约。正确的资产组合方法 是在不降低期望收益的基础上降低风险。因此,增加资产组合的多样性可能是靠不住的。

当共同的风险来源影响所有的公司时,即便是最充分的分散化亦不能消除风险。资产组合的标准方差随着证券的增加而下降,但是,它不能降至零。在最充分分散条件下还存在的风险是市场风险(market risk),它来源于与市场有关的因素,这种风险亦被称为系统性风险(systematic risk)或不可分散的风险(non-diversifiable risk)。相反,那些可被分散化消除的风险被称为独特风险(unique risk)、特定企业风险(firm-specific risk)、非系统性风险(non-systematic risk)或可分散风险(diversifiable risk)。

风险资产组合集合背后最重要的思想是,在任一风险水平上,我们只对最高期望收益的资产组合感兴趣。因此,边界是给定期望收益下最小方差的资产组合的集合。资本资产定价模型假设所有投资者都是按照马科维茨的资产选择理论进行投资,投资人在自由借贷和其他假设条件下,对期望收益、方差和协方差等的估计完全相同。其认为当资本市场达到均衡时,风险的边际价格是不变的,任何改变市场组合的投资所带来的边际效果是相同的,即增加一个单位的风险所得到的补偿都是相同的。

以此思路为基础,引入衡量资产系统性风险的指标 β(Beta 系数),建立均衡资本市场条件下的资本资产定价模型。其基本观点是,单个证券的期望收益率由两个部分组成,无风险利率以及对所承担风险的补偿——风险溢价,而风险溢价的大小取决于 β 值的大小,β 值越高,表明单个证券的风险越高,所得到的补偿也就越高。

既然一项资产的必要报酬率取决于它的系统性风险,那么度量系统性风险就成了一个关键问题。度量一项资产系统性风险的指标是 Beta 系数,用希腊字母 β 表示。其计算公式如下:

$$\beta_J = \frac{cov(K_J, K_M)}{\sigma_M^2} = \frac{r_{JM}\sigma_J\sigma_M}{\sigma_M^2} = r_{JM}\left(\frac{\sigma_J}{\sigma_M}\right)$$

其中:分子 $cov(K_J, K_M)$ 是第 J 种证券的报酬率与市场组合报酬率之间的协方差。它等于该证券的标准差(σ_J)、市场组合的标准差(σ_M)及两者相关系数(r_{JM})的乘积。根据上式可以看出,一种股票的 β 值的大小取决于:

(1)该股票与整个股票市场的相关性;

(2)它自身的标准差;

(3)整个市场的标准差。

β 系数的经济意义在于,它告诉我们相对于市场组合而言特定资产的系统风险是多少。例如,市场组合相对于它自己的 β 系数是 1;如果一项资产的 $\beta=0.5$,表明它的系统风险是市场组合系统风险的 0.5,其报酬率的波动幅度只是一般市场波动幅度的一半;如果一项资产的 $\beta=2.0$,说明它的波动幅度为一般市场波动幅度的 2 倍。总之,某一资产 β 值的大小反映了该资产报酬率波动与整个市场报酬率波动之间的相关性及程度。

周期敏感型行业与防守型行业的分类非常符合上述概念,当人们对经济发展状况乐观时,股价会随着盈利预测的上升而上升。周期敏感型行业是对经济发展最敏感的行业,所以它们的股价就会上升得最快。因此周期性行业中的公司就具有高 β 值的股票。一般来说,当经济信息是利好时,该行业中的股票就会获利;如果经济信息不令人满意,那么该行业的股票就会急速下跌。与之相反的是防守型公司应该具有低 β 值,其股票的业绩受整体市场环境的影响则要相对小得多。

资本资产定价模型主要应用于资产估值、资金成本预算以及资源配置等,将现行的实际市场价格与均衡的期初价格进行比较,可以决定是买入该证券还是卖出该证券。同时,可以根据对市场走势的预测选择具有不同 β 系数的证券或组合以获得较高收益或规避市场风险。如预测牛市到来时,应选择那些高 β 系数的证券或组合,可以成倍地放大市场收益率,获取较高的收益。相反,在熊市到来之际,应选择那些低 β 系数的证券或组合,以减少因市场下跌而造成的损失。当然,这是一种理想环境下得出的结论,其核心是认为资产价格围绕资产价值波动,反映出证券价格波动的基本规律。

Black(1972) 观察到,实际的市场数据表明:真实的股票收益率和它们的 β 系数画出来的资本市场线(SML)远比 CAPM 预测的要更平缓。Black(1972) 从时间序列回归和截面回归两个维度实证了上述猜想。例如,Black(1972) 按照股票的 β 系数大小把股票分成十组(第一组中 β 最大),然后在时序上回归(检验时考虑了各种偏差和误差的影响),按照 CAPM,线性回归的截距项(即 α)应该为 0,然而 Black(1972) 观察到在很多历史时期,α 显著不为 0,且和 β 呈负相关——β 大于 1 的股票,α 倾向于是负的。

40 多年之后,Frazzini 等(2014)从另外的角度解释了 α 和 β 的关系。他们指出在实际投资中,不同的投资者受到不同资金使用的限制。Frazzini 等(2014)在不同的市场中(包括股票、商品、债券、外汇)实证了他们的模型。

投资组合的 β 等于被组合各证券 β 值的加权平均数:

$$\beta_p = \sum_{i=1}^{n} X_i \beta_i$$

如果一个高 β 值股票($\beta > 1$)加入一个平均风险组合(β_p)中,则组合风险将会提高;反之,如果一个低 β 值股票($\beta < 1$)加入一个平均风险组合中,则组合风险将会降低。所以,一只股票的 β 值可以度量该股票对整个组合风险的贡献,β 值可以作为这一股票风险程度的一个大致度量。

【例】 一个投资者拥有 100 万元现金,进行组合投资,共投资 10 种股票且各占 1/10 即 10 万元。如果这 10 种股票的 β 值皆为 1.26,则组合的 β 值为 $\beta_p = 1.26$.该组合的风险比市场风险大,即其价格波动的范围较大,报酬率的变动也较大。现在假设完全售出其中的一种股票且以一种 $\beta = 0.6$ 的股票取而代之。此时,股票组合的 β 值将由 1.26 下降至 1.194。

$$\beta_p = 0.9 \times 1.26 + 0.1 \times 0.6 = 1.194$$

3.4.3.3 投资组合的 β 系数

β 系数的计算方法有两种。一种是使用回归直线法。根据数理统计的线性回归原理,β 系数均可以通过同一时期内的资产报酬率和市场组合报酬率的历史数据,使用线性回归方程预测出来。β 系数就是该线性回归方程的回归系数,即直线的斜率 b。另一种方法是按照定义,根据证券与股票指数报酬率的相关系数、股票指数的标准差和股票报酬率的标准差值直接计算。

3.4.3.4 证券市场线

按照资本资产定价模型理论,单个证券的风险与收益关系可以用资本资产定价模型表示,资本资产定价模型用公式表示为:

$$R_j = R_f + \beta_j(R_m - R_f)$$

式中,R_j 为在证券 j 上投资者要求的收益率;R_f 为无风险证券的利率(通常以国库券的报酬率作为无风险报酬率);β_j 为证券 j 的系统性风险;R_m 为投资者对市场组合要求的收益率(指 $\beta = 1$ 的股票的必要报酬率,也是指包含所有股票的组合即市场组合的必要报酬率);$R_m - R_f$ 是投资者为补偿承担超过无风险报酬率的平均风险而要求的额外收益率,即风险价格,为市场风险溢价。在资本资产定价模型中,证券的风险与收益之间的关系可以表示为证券市场线 SML,如图 3-4 所示。

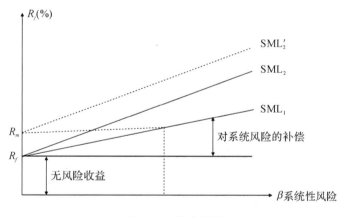

图 3-4 证券市场线

而个别证券的系统性风险可用该证券的 β 系数度量,个别证券的 β 系数是反映个别证券收益率与市场平均收益率之间变动关系的一个量化指标。它表示个别证券收益率的变化受市场平均收益率变动影响的程度,也就是相对于市场组合的平均风险而言,个别证券系统性风险的大小,市场组合的 β 系数为 1。

当个别证券的 $\beta = 1$ 时,该证券的收益率与市场平均收益率呈同方向、同比例的变化,即如果市场平均收益率增加(或减少)1％,那么该证券的收益率也相应地增加(或减少)1％。也就是说,该证券所含的系统性风险与市场组合的风险一致。

当个别证券的 $\beta<1$ 时,说明该证券收益率的变动幅度小于市场组合收益率的变动幅度。因此,其所含的系统性风险小于市场组合的风险,当个别证券的 $\beta>1$ 时,说明该证券收益率的变动幅度大于市场组合收益率的变动幅度。因此,其所含的系统性风险大于市场组合的风险。绝大多数证券的 β 系数是大于零的,如果 β 系数是负数,表明这类证券与市场平均收益率的变化方向相反。

从证券市场线可以看出,投资者要求的收益率不仅仅取决于市场风险,而且取决于无风险收益率(证券市场线的截距)和市场风险补偿程度(证券市场线斜率)。由于这些因素始终处于变动之中,所以证券市场线也不会一成不变,预计通货膨胀时,无风险收益率随之提高,进而导致证券市场线向上平移(如图 3-4 中的虚线);风险厌恶感加强,会提高证券市场线的斜率(如图 3-4 中的 SML_2)。

3.5　案例:农业企业并购——
隆平高科并购联创种业

本案例选取袁隆平农业高科技股份有限公司(简称隆平高科,股票代码:000998)于 2018 年 12 月定向增发收购联创种业 90％股权事件为研究对象,展开对农业企业并购活动的分析①。

3.5.1　并购方基本情况

3.5.1.1　隆平高科简介

袁隆平农业高科技股份有限公司于 1999 年成立,2000 年在深交所上市(证券代码:000998)。按照证监会 2012 年行业划分标准,其是一家属于农业

---

① 资料来源:隆平高科 2018—2020 年的年度财务报告。

行业(行业代码:A01)的种业公司。隆平高科以"杂交水稻之父"袁隆平院士的名字命名,并由袁隆平院士担任名誉董事长,第一大股东为中信集团。

公司是国内领先的"育繁推一体化"种业企业,主营业务涵盖种业运营和农业服务两大体系,其中杂交水稻种子业务全球领先,玉米、辣椒、黄瓜、谷子、食葵种子业务国内领先。自成立以来,隆平高科始终坚持战略引领和创新驱动,以"推动种业进步、造福世界人民"为使命,矢志为民族种业崛起的梦想努力前行。公司强大的研发能力是支撑公司持续发展的核心竞争力。公司构建了国内领先的商业化育种体系和测试体系,组建了国际先进的生物技术平台,主要农作物种子的研发创新能力居国内领先水平。公司连续多年保持高强度的科研投入,研发投入占营业收入比持续稳定在10%左右,大幅超过国内同行水平。

公司秉承"造福"理念,积极履行社会责任,坚持为农户提供优质、高产的种子和综合农业服务,以增产增收带动乡村振兴;成立隆平高科公益基金会,面向种植农户开展公益活动;加大管理变革力度,迈入发展新阶段。公司继续牢记初心和使命,深度聚焦公司的战略方向,加快构建系统化的管理体系和透明开放的市场化机制,大力弘扬隆平文化,着力推动公司实现向"世界优秀的种业公司"的跨越。

公司坚定地推进国际化战略。在印度、菲律宾等南亚、东南亚国家,水稻品种研发已经进入成果集中产出阶段,育成品种在当地市场具备明显竞争力;在南美市场,玉米品种主打高端、中高端市场,具备较强的竞争力,市场份额在巴西位居前三。积极开展对外援助,至今已为亚洲、非洲和拉丁美洲等100多个国家和地区培养了约10000名农业及相关领域的专业人才,先后承担10多个国家援外技术合作项目,为世界农业发展和粮食安全作出了积极贡献。其海外杂交水稻业务、玉米业务有望成为公司新的业务和利润增长点。

3.5.1.2 隆平高科上市以来主营业务的变化情况

1999年6月30日,公司成立,最初的经营范围为:以杂交水稻、蔬菜为主的高科技农作物种子、种苗培育、繁殖、推广和销售,新型农药的研制、生产、销售,政策允许的优质农副产品深加工及销售;提供农业高新技术开发及成果转让、农业技术咨询、培训服务。

1999年10月18日,公司经营范围变更为:以杂交水稻、蔬菜为主的高科技农作物种子、种苗的培育、繁殖、推广和销售,新型农药的研制、生产、销售,政策允许的农副产品优质深加工及销售；提供农业高新技术开发及成果转让、农业技术咨询、培训服务；经营种籽、种畜、食品、饲料及添加剂、香调料及香料油、土畜产品、工艺品、生物制剂、微生物活体菌、激素、农业科技成果及相关技术、本企业生产的红茶、特种茶（乌龙茶除外）的出口业务及本企业科研、生产所需的设备、仪器、仪表、零配件及原辅材料的进口业务。

2000 年 12 月 31 日，公司经营范围变更为：以杂交水稻、蔬菜为主的高科技农作物种子、种苗的培育、繁殖、推广和销售，新型农药、化肥的研制、生产、销售（限自产产品），政策允许的农副产品优质深加工及销售；提供农业高新技术开发及成果转让、农业技术咨询、培训服务；经营本企业《中华人民共和国进出口企业资格证书》核定范围内的进出口业务。

2001 年 8 月 3 日，公司经营范围变更为：以杂交水稻、蔬菜为主的高科技农作物种子、种苗的培育、繁殖、推广和销售，新型农药、化肥的研制、生产、销售，政策允许的农副产品优质深加工及销售；提供农业高新技术开发及成果转让、农业技术咨询、培训服务；经营本企业《中华人民共和国进出口企业资格证书》核定范围内的进出口业务。

2009 年 12 月 2 日，公司经营范围变更为：以杂交水稻、蔬菜为主的高科技农作物种子、种苗的培育、繁殖、推广和销售，新型农药、化肥的研制、生产、销售，政策允许的农副产品优质深加工及销售；提供农业高新技术开发及成果转让、农业技术咨询、培训服务；经营商品和技术的进出口业务（国家法律法规禁止和限制的除外）。

2014 年 8 月 28 日，公司经营范围变更为：以杂交水稻、杂交玉米、蔬菜为主的高科技农作物种子、种苗的培育、繁殖、推广和销售，新型农药、化肥的研制、推广、销售，政策允许的农副产品优质深加工及销售；提供农业高新技术开发及成果转让、农业技术咨询、培训服务；经营商品和技术的进出口业务（国家法律法规禁止和限制的除外）。

2016 年 2 月 2 日，公司经营范围变更为：凭经营和生产许可证进行以水稻、玉米、蔬菜为主的高科技农作物种子、种苗的生产、加工、包装、培育、繁殖、推广和销售，新型农药、化肥的研制、推广、销售；政策允许的农副产品优质深加工及销售；提供农业高新技术开发及成果转让、农业技术咨询、培训服务；经营商品和技术的进出口业务；各类投资业务；土地整理及修复、土地开发投资等（国家法律法规禁止和限制的除外）。

2016 年 7 月 4 日，公司经营范围变更为：以水稻、玉米、蔬菜为主的高科技农作物种子、种苗的生产、加工、包装、培育、繁殖、推广和销售;新型农药、化肥的研制、推广、销售,农副产品优质深加工及销售;提供农业高新技术开发及成果转让、农业技术咨询、培训服务;经营商品和技术的进出口业务;以自有资产进行土地开发投资及其他投资业务(不得从事吸收存款、集资收款、受托贷款、发行票据、发放贷款等国家金融监管及财政信用业务);土地整理及修复(依法须经批准的项目,经相关部门批准后方可开展经营活动)。

3.5.1.3　隆平高科历次控股股东的变更情况

1999 年 1 月 5 日,经湖南省人民政府"湘政函〔1999〕39 号"文批准,由湖南省农业科学院作为主发起人,联合湖南杂交水稻研究中心、湖南东方农业产业有限公司、中国科学院长沙农业现代化研究所、湖南省郴州种业发展有限公司以及袁隆平先生以发起方式设立公司,经中国证监会证监发行字〔2000〕61 号文批准,于 2000 年 5 月 22 日至 5 月 31 日向社会公开发行人民币普通股 5500 股。公司控股股东为湖南省农业科学院,持股比例为 26.19%。

2004 年 8 月 6 日,湖南省农业科学院与新大新集团签署了《股权转让协议书》,由湖南省农业科学院将其持有的隆平高科 25.24% 的国有法人股股份共计 2650 万股转让给新大新集团,并于 2004 年 12 月 20 日在中国证券登记结算有限责任公司深圳分公司办理了过户登记手续。转让完成后,新大新集团成为公司控股股东,持股比例为 25.24%。

2012 年 4 月 23 日,公司控股股东新大新威迈(原新大新集团)被其股东新大新股份吸收合并,新大新股份合法承继新大新威迈持有公司的 47800003 股股份,成为公司控股股东,持股比例为 17.24%。

2015 年 12 月 23 日,中国证监会批准公司非公开发行股票事项。2016 年 1 月 19 日,本次非公开发行股票在中国登记结算公司完成登记,中信兴业、中信建设和信农投资合计持有公司股份比例为 18.79%,公司的实际控制人变更为中信集团,最终控制人为中国财政部。

2018 年 7 月 10 日,公司股东新大新股份通过深圳证券交易所大宗交易系统将其所持有的公司股份 24000000 股转让给中信农业,中信农业持有公司股份比例为 1.91%;公司股东中信兴业 2018 年 6 月 22 日—8 月 2 日通过深圳证券交易所交易系统增持公司 10785790 股,占公司总股本的 0.86%。中信农业、中信兴业、中信建设和信农投资合计持有公司股份比例为

21.56%,公司的实际控制人为中信集团,最终控制人为中国财政部。

2018年12月21日,公司以非公开发行股份的方式购买王义波、彭泽斌等45名交易对方合计持有的联创种业90%股份之新增股份60775624股在深交所上市,公司总股本为1316970298股。中信农业、中信兴业、中信建设和信农投资合计持有公司股份比例为20.56%,公司的实际控制人为中信集团,最终控制人为中国财政部。

2018年11月16日,公司股东中信兴业、中信建设分别与中信农业签署股份转让协议,中信兴业、中信建设将其所持有的本公司193815722股股份转让给中信农业。2019年4月3日,协议转让股份完成过户登记。中信农业持有公司217815722股股份,占公司总股本的比例为16.54%,为公司第一大股东;中信农业与其一致行动人中信兴业、信农投资合计持有公司270779027股股份,占公司总股本的20.56%,公司的实际控制人为中信集团,最终控制人为中国财政部。

3.5.2 被并方介绍——北京联创种业有限公司

3.5.2.1 被并方基本情况

北京联创种业有限公司于2005年4月27日成立,注册地在北京,主要经营地在郑州。联创种业(430625.OC)2014年1月24日登陆新三板,是新三板全国扩容后首批挂牌公司,也是国内首批"育繁推一体化"种子企业,主要从事杂交玉米种子的研发、生产和销售。

作为"育、繁、推一体化"种子经营企业,农作物种子的研发、生产和销售是公司的主营业务,其中,杂交玉米种是公司的主要产品。公司于2005—2013年被科技部认定为国家高新技术企业,2010年被中国种子协会评为中国种子骨干企业,2013年被中国种子协会评为中国种子信用骨干企业,2011—2013年被中国种子协会评为中国种业信用AAA级种子企业,2012年被北京市农业工作委员会评为北京市农业产业化重点龙头企业,2013年被评为中国种子协会玉米分会副会长单位。

2014年,联创种业营业收入仅7375.40万元,净利亏损908.07万元。即使遇上2015年的牛市,或许也没有投资机构看得上这家种子公司。因此,在公司股权结构中没有任何一家投资机构的身影。然而,就是在不被投资者看好的情况下,联创种业依靠第二代品种联创 808、裕丰 303 和中科玉 505 的热销,带动公司业绩在行业供给侧改革的大背景下实现了逆势增长。

联创种业 2015 年、2016 年、2017 年归母净利润分别为 0.17 亿元、0.75亿元和 1.22 亿元,维持高速增长。

2018 年上半年度公司实现营业收入 217196297.17 元,比上年同期增长8.30%;实现归属于挂牌公司股东的净利润 92770344.95 元,比上年同期增长35.65%;本期经营活动产生的现金流量净额为 24258713.21 元,比上年同期增加 192.42%。截至 2018 年 6 月 30 日,公司注册资本 10625 万元,净资产334554824.72 元,总资产 492359363.81 元,资产负债率 32.05%。研发方面,公司玉米新品种联创 825、中科玉 501 通过黄淮海国家审定;联创 832、联创839 通过东华北国家审定;联创 852 通过东北中熟国家审定;联创 808 在 2015年黄淮海国家审定基础上,又通过东华北、东北中熟、西北、西南国家审定,实现我国四大玉米主产区全覆盖;裕丰 303 在 2015 年黄淮海和东华北国家审定基础上,又通过西北国家审定及安徽、湖北夏播审定,适应范围包括三大玉米主产区及西南的湖北、东南的皖南;中科玉 505 通过黄淮海和东华北、东北中熟国家审定,及安徽省审定。报告期内,裕丰 309、联创 825、隆禧 109 通过东华北中晚熟春玉米区国家审定初审,联合选育的协玉 306 通过东华北中早熟春玉米区国家审定初审。营销方面,公司实行 SAVE 营销模式,从重点关注产品转变为以提供解决方案为中心,从传统销售渠道转变为三条销售渠道并行运作协同发展的营销模式,从对产品价格的关注转变为对产品价值的关注,从促销转变为对产品的宣传教育,使销售量保有持续上升的态势。

联创种业的核心人物是公司董事长王义波,其从 1982 年起一直从事玉米遗传育种研究。2001 年辞职创建联创种业,获评国务院政府特殊津贴专家、河南省优秀专家,全国农业科技先进工作者。

3.5.2.2　并购动因分析

主并方:

2014 年 9 月,隆平高科向中信兴业投资、中信建设、信农投资等定向增发,中信集团入主后,公司核心管理层承诺业绩:2014—2018 年实现净利润分别不低于 3.6 亿元、4.9 亿元、5.9 亿元、7.7 亿元和 9.4 亿元,CAGR 达 27%,若没有完成则需要给予现金补偿。

2015—2017 年,隆平高科分别实现营业收入 20.26 亿元、22.99 亿元、

31.90 亿元,实现归母净利润 4.91 亿元、5.01 亿元、7.72 亿元。可以看到,虽
然隆平高科的业绩不错,但距离向中信集团许下的业绩承诺,还略有差距。

因此,并购整合成为隆平高科最好的选择。2015 年,中国种业 CR10 市
场份额 18%,CR50 市场份额 35%,虽然比 2011 年分别提高了 3% 和 5%,但
对比全球前七大种业集团合计 71% 的市场份额,还有明显差距。

从 2013 年开始,国内种业并购浪潮开始酝酿,隆平高科的外延并购活动
也随之逐渐加强,2017 年的并购事件数量更是井喷,达到 9 起,历史合计为 26
起,居全国第一。外延并购不仅侧重于玉米种子业务的布局,也在实行着公
司"3＋X"的经营品类战略。

本次交易完成后,隆平高科将持有联创种业 90% 的股权,通过注入优质
玉米种子资产,隆平高科将延伸在国内玉米种子行业的布局,玉米种子业务
将成为公司第二大板块,公司将直指国内玉米种业龙头宝座,进一步拓展相
关业务规模并大幅加快提升玉米市场占有率的步伐,有利于丰富公司的收入
结构、强化主业、提高公司核心竞争能力。

被并方:

全球种业发展的大趋势是通过并购整合由分散走向集中。联创种业虽
然有一定的竞争力,但是由于资金限制,难以取得行业领先地位,因此失去了
较多的研发创新的机会。并购后,其能够在隆平高科的支持下,获得更多的
发展动力,并且依托隆平高科背后的中信集团海内外强大的平台,业务扩张会
更便利;并购方的先进管理方式,可以激活被并方管理制度,促进业务的快速发
展。此外,通过本次并购,联创种业可以间接登陆 A 股,股东财富实现增值。

3.5.2.3　并购过程

公司第七届董事会第十四次(临时)会议及 2018 年第一次(临时)股东大
会审议通过《袁隆平农业高科技股份有限公司发行股份购买资产报告书(草
案)》,决议通过非公开发行股份的方式购买王义波、彭泽斌等 45 名交易对方
合计持有的联创种业 90% 股份。

2018 年 7 月 2 日,公司取得国家市场监督管理总局反垄断局出具的《经
营者集中反垄断审查不实施进一步审查决定书》(反垄断初审函〔2018〕
81 号)。

2018 年 9 月 10 日,公司取得中国证监会出具的《关于核准袁隆平农业高
科技股份有限公司向王义波等发行股份购买资产的批复》(证监许可 1435 号)。

2018 年 11 月 5 日,联创种业取得北京市工商行政管理局海淀分局核发的营业执照,本次交易涉及购买资产的过户事宜已办理完毕,联创种业成为公司控股子公司。

2018 年 11 月 7 日,天健会计师事务所(特殊普通合伙)出具《验资报告》(天健验〔2018〕2－20 号),对本次交易的标的股权过户事宜进行验证。截至 2018 年 11 月 6 日,公司已收到缴纳的新增注册资本(股本)人民币合计 60775624 元,本次发行股份购买资产发行的股份数量为 60775624 股,新增股份登记到账后,公司总股本为 1316970298 股。

2018 年 12 月 5 日,中国证券登记结算有限责任公司深圳分公司出具《股份登记申请受理确认书》,确认其已于 2018 年 12 月 5 日受理公司本次交易涉及的新增股份登记申请材料。

2018 年 12 月 20 日,经公司与深交所及中国证券登记结算有限责任公司深圳分公司三方确认,公司发布《发行股份购买资产实施情况暨新增股份上市报告书》及摘要文件,本次发行股份购买资产新增股份于 2018 年 12 月 21 日正式上市流通。

联创种业 90％股权的评估值为 13.87 亿元,交易各方协商确定标的资产交易价格为 13.86 亿元。

此次交易隆平高科全部以发行股份的方式购买联创种业 90％股权,本次新增股份数量为 6077.56 万股,发行价格为 22.82 元/股,本次股份发行方式为非公开发行。本次定向发行新增股份的性质为有限售条件流通股,2018 年 12 月 21 日在深交所上市。表 3-1 展示了被购买方于购买日的可辨认资产和负债详细情况。

表 3-1　被购买方于购买日可辨认资产、负债　　单位:元

项目	北京联创种业有限公司	
	购买日公允价值	购买日账面价值
资产:		
货币资金	321361981.20	321361981.20
存货	251232966.39	241081528.96
固定资产	154741630.55	80215160.80
无形资产	125041766.10	8065072.83

续表

项目	北京联创种业有限公司	
	购买日公允价值	购买日账面价值
预付账款	42857387.23	42857387.23
其他应收款	4525040.02	4525040.02
其他资产	74531799.59	74531799.59
负债:		
应付账款	5885984.94	5885984.94
预收账款	446760814.76	446760814.76
其他应付款	771435.62	771435.62
其他负债	6835336.68	6835336.68
净资产	514038999.15	312384398.63
减:少数股东权益	51403899.92	31238439.86
取得的净资产	462635099.23	281145958.77

数据来源:Choice 金融数据库。

可辨认资产、负债公允价值的确定方法:北京联创种业有限责任公司可辨认资产、负债公允价值系依据开元资产评估有限公司出具的《袁隆平农业高科技股份有限公司拟发行股份购买资产所涉及的北京联创种业股份有限公司股东全部权益价值资产评估报告》(开元评报字〔2018〕284 号)收益法评估结果确定。企业合并中承担被购买方的或有负债。

估值的溢价来自存货,固定资产和无形资产三大项目,而少数股东权益则是折价收购的。

本次交易前,隆平高科未持有联创种业股份,交易完成后,联创种业成为隆平高科的控股子公司,此次合并属于非同一控制下的企业合并。表 3-2 展示买方、卖方、标的方、标的评估价值等项目的详细情况。

表 3-2　交易情况

项目	内容
买方	袁隆平农业高科技股份有限公司
卖方	王义波、彭泽斌等 45 名自然人

项目	内容
标的方	北京联创种业股份有限公司
标的评估价值	1387468350 元
标的账面价值	272863440 元
评估增值	1114604910 元
评估增值率	4.08%
评估基准日	2017-12-31
资产评估披露文档号	开元评报字〔2018〕284 号
资金来源编码	定向增发
评估方法	收益法
业绩承诺	联创种业扣非归母净利润 2018 年不低于 1.38 亿元，2019 年不低于 1.54 亿元，2020 年不低于 1.64 亿元。

资料来源：根据隆平高科发布的相关公告整理。

3.5.3　并购效果

联创种业 2020 年度经审计的扣除非经常性损益后归属于母公司股东的净利润 17068.47 万元，完成了本年业绩承诺的 104.08%。2018—2020 年度合计扣除非经常性损益后归属于母公司股东的净利润为 48542.85 万元，超过 2018—2020 年度业绩承诺累计利润 2942.85 万元。

开元资产评估有限公司于 2021 年 4 月 12 日出具的《袁隆平农业高科技股份有限公司拟对合并北京联创种业有限公司形成的商誉进行减值测试所涉及的含商誉资产组可收回金额》(开元评报字〔2021〕313 号)评估报告，审定联创种业截至 2020 年 12 月 31 日的含商誉的资产组账面价值为 64262.30 万元，可收回金额评估结论为 173150.00 万元。

直观来看，此次并购活动达成了此前的业绩承诺，并且无形资产得到了较大的升值。

隆平高科收购联创目的在于挺进玉米产业，所以下面就针对并购前后各年度公司在玉米业务上的创收情况进行分析，来看一下并购的效果。

并购活动发生在 2018 年,从表 3-3 可以看出在并购当年,即 2018 年,公司的玉米产品业务对营业收入的贡献提高了近 6 个百分点,从 2017 年的 10.96％变为 16.84％,随后两年贡献不断提升,2019 年为 24.88％,近 1/4,2020 年更是达到了 30.02％,可以看出,对联创种业的收购行为的确推进了隆平高科玉米业务的发展。

表 3-3　隆平高科 2017—2020 年玉米产品业务的经营数据

项目	2017 年	2018 年	2019 年	2020 年
营业收入/亿元	3.5	6.03	7.79	9.88
营业成本/亿元	2.22	3.61	4.53	5.96
营业利润/亿元	1.27	2.41	3.25	3.92
毛利率/％	36.4	40.05	41.79	39.66
收入构成/％	10.96	16.84	24.88	30.02

数据来源:Choice 金融数据库。

如图 3-5 和图 3-6 所示,并购活动后,玉米业务的营业收入和营业利润也逐年攀升,营业收入从 2017 年的 3.5 亿元增长到了 2020 年的 9.88 亿元;营业利润从 2017 年的 1.27 亿元增长到了 2020 年的 3.92 亿元。

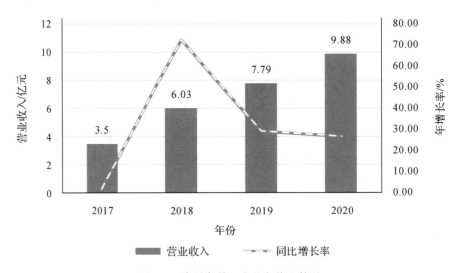

图 3-5　隆平高科玉米业务收入情况

数据来源:Choice 金融数据库。

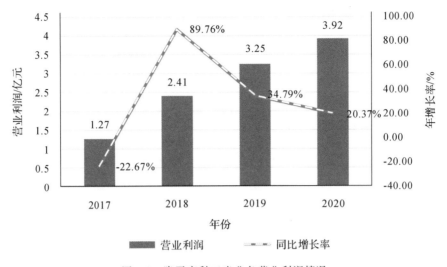

图 3-6　隆平高科玉米业务营业利润情况

数据来源：Choice 金融数据库。

　　我们可以看出，隆平高科在玉米这条产品线上发展得越来越好，虽然不能说这完全是并购活动带来的，因为在收购联创种业之前，隆平高科本身也有自己的玉米产业，所以为了进一步判断联创带来的影响，从隆平高科的2018年和2019年的年报中我们可以找到联创作为隆平高科子公司的一些财务数据来佐证。

　　从表 3-4 中可以看出，联创种业 2018 年的营业收入[①]为 2.92 亿元，毛利率为 57.19％，对比隆平高科合并报表中的 6.03 亿元营业收入和 40.05％毛利率，可以看出虽然营收占比只有 48.4％，还不足 50％，但是毛利率比公司整体高出了 17.14 个百分点，直接拉高了公司玉米业务的整体毛利率。而到了并购后的第二年，即 2019 年，联创种业的营业收入为 5.39 亿元，毛利率上升到 78.48％，对比隆平高科合并报表中的 7.79 亿元营业收入和 41.79％毛利率，联创的贡献率直接达到了 69.2％，可以看出并购活动不仅进一步拉高了隆平高科整体的玉米业务的营收规模和经营效率，同时对联创种业也起到了促进作用，相对自身而言，被收购单元——联创种业在被收购后首年营业收入增长到原先的 1.85 倍，营业毛利率也提升了 21.29 个百分点。

---

　　① 联创种业的主营业务是玉米产品且占比很高，由于没有其他业务的数据，所以其营业收入均列入其主营业务中。

表 3-4　子公司北京联创种业的相关财务数据

年度	营业收入/亿元	营业利润/亿元	净利润/亿元	经营活动现金流量/亿元	毛利率/%
2018	2.92	1.25	1.26	−0.60	57.19%
2019	5.39	1.16	1.15	1.59	78.48%

数据来源:隆平高科 2018 年、2019 年年度报告。

以上是经营数据的相关成果分析,下面对收购活动后隆平高科在玉米业务板块上的其他活动进行整理,分年度展示此次并购活动的其他影响。

2018 年玉米种子方面,报告期内,公司成功并购联创种业,河北巡天、四川隆平玉米种子有限公司业务保持增长态势,公司玉米种子业务 2018 年全年实现营业收入 6.03 亿元,比上年增长 2.53 亿元,自主研发玉米市场份额跃居全国首位。2018 年联创 808、中科玉 505、裕丰 303、隆平 206 等玉米品种凭借其优秀的品种表现、高于同行的种子质量以及坚决有效的市场管理,使其市场占有率进一步提高。

报告期内,公司收购了联创种业 90% 股权,通过联创种业优质玉米种子资产的注入,强化了公司国内玉米种子业务布局,主要目标市场的研发能力显著提升,公司在玉米种子业务领域的竞争优势实现飞跃式提升。并购联创种业后,通过充分发挥存量和增量主体的协同效应,增强了公司玉米产业的综合竞争力,助力公司的可持续、健康发展。

2019 年,以联创种业及玉米研究院为主要科研团队,面向东北、华北、黄淮海、西南等主要玉米种植区域,积极与巴西玉米研发团队联动,开展玉米产业国际化布局,种质资源交流国际化进程取得阶段性进展。

联创种业入选"中国种业信用明星企业",报告期内,公司玉米种子生产、营销协同效果显现,全年实现营业收入 7.78 亿元,联创 839、嘉禧 100、隆创 310 等新品种推广势头良好,公司玉米种子产业地位得到进一步巩固,自主研发玉米市场份额稳居全国首位。

2020 年生物技术板块,公司在转基因玉米研发、基因编辑水稻、各作物分子标记辅助育种等领域形成了成熟稳定的研发布局,玉米转基因创新前端以杭州瑞丰生物科技有限公司、隆平生物技术(海南)有限公司形成"双驾马车",协同推进玉米转基因性状开发,后端以玉米科学院、联创种业为主推进品种转育;隆平高科种业科学院生物技术团队运用基因编辑、性状标记开发等技术,有效提升水稻资源创制、全基因组选择育种创新效率;育种信息化不断推进,进一步加快智能育种技术突破与应用。

联创种业连续入选"中国种业信用明星企业",提升了隆平高科的品牌优势。

报告期内,公司国内玉米种子主体联创种业五大品牌、五大渠道独立运作模式快速发展,宣传、收款、提货、预订和兑现等工作均呈火爆态势,领跑玉米种子行业;河北巡天和安徽隆平积极探索资源重组、协同作战新模式。玉米种子板块全年实现营业收入 9.88 亿元,比上年同期增长 26.85%。同时,新品种联创 839、农大 372、中玉 303 等有望成为黄淮海地区拳头品种。

除此之外,联创种业的创始人王义波也在并购互动后加入了隆平高科,成为董事会的新成员。

王义波曾任河南省农科院研究室主任、粮作所副所长,北京中科华泰科技有限公司董事长,河南科泰种业有限公司董事长。先后获河南省玉米育种首席专家、国务院政府特殊津贴专家、河南省优秀专家、河南省劳动模范、全国农业科技先进工作者等荣誉称号。2014 年获科技部创新创业人才、2017 年获评"中国种业十大杰出人物",并被评为科学中国人 2017 年度人物特别奖"科技型企业家奖"。担任公司董事、决策委员会委员,北京联创种业有限公司董事长、首席育种专家兼联创种业科学院院长、研究员、中国种子协会常务理事、中国种子协会玉米分会副会长、北京作物学会常务理事、北京市种子协会副会长。新育成的玉米新品种裕丰 303、中科玉 505、联创 808 年种植面积均超过 500 万亩,进入全国前十一大品种行列。其丰富的玉米种业研究和从业经验也为隆平高科玉米板块业务的拓展和壮大带来了相应的社会资源和技术支持。

除此之外,在收购联创之后,隆平高科也开始创新共享联创种业多品牌运作经验、德瑞特办事处销售模式和博洋 9 号直销模式,细化差异化营销战略,公司品牌营销水平和整体运作管控水平得到不断提升,高效实现了公司对业务全面、高效的可持续管理。

3.5.4 案例的借鉴意义

隆平高科以发行股份的方式购买联创种业 90% 股权的并购活动促进了并购双方的发展,属于一个比较成功的案例。同一产业上的横向并购、强强联合,交易方案简单有效,各方利益均得到满足,因此,并购推进速度快、审核障碍少。

王义波、彭泽斌等 7 名股东仍将持有联创种业 10% 的股权,核心管理团队持有部分股权,有利于保持联创种业核心管理层的稳定。

并购标的属于优良资产。以 2017 年为例,联创种业的净资产收益率(ROE)竟然高达 48.19%。此外,53.69% 的毛利率和 29.54% 的净利率水平,甚至超越了许多制造业企业和所谓高科技行业。而且公司的资产负债表上没有一分钱应收账款,也没有任何的有息负债,而预收款却高达 2.2 亿元,活动现金流连续 7 年为正,具有极好的收入、现金流的持续获取能力和十分健康的资产负债。被并购方能够站在更大的平台上,获取更多的资源促进自身的发展,并购方借此成功延伸玉米产业布局,实现规模化的"大兵团"协同作战优势,也通过并购行为获取了相应的技术,提升了品牌价值,提高了自身的市场地位,有望成长为全球性种业集团。

习　题

1.请说明风险的概念并根据其可分散性特征进行分类论述。

2.请说明资本资产定价模型(CAPM)的基本假设。

3.假设资本资产定价模型成立,表中的数字是相互关联的。求出表中"?"位置的数字。

证券名称	期望报酬率	标准差	与市场组合的相关系数	β 值
无风险资产	?	?	?	?
市场组合	?	0.10	?	?
A 股票	0.22	?	0.65	1.3
B 股票	0.16	0.15	?	0.9
C 股票	0.31	?	0.2	?

参考文献

［1］ Black F. Capital market equilibrium with restricted borrowing. Journal of Business,1972,45(1):444-454.

［2］ Fama E. Risk,return,and equilibrium:some clarifying comments. Journal of Finance,1968,23(1):29-40.

［3］ Fama F,Kenneth R. The capital asset pricing model:theory and evidence. The Journal of Economic Perspectives,2004,18(3):25-46.

［4］ Frazzini A, Pedersen H. Betting against beta. Journal of Financial Economics,2014(111):1-25.

［5］ Lintner J. Securities prices,risk,and maximal gains from diversification. Journal of Finance,1965b,20(4):587-615.

［6］ Lintner J. The Valuation of risk assets and the selection of risky investments in stock portfolios and capital budgets. The Review of Economics and Statistics,1965a,47(1):13-37.

［7］ Markowitz H. Portfolio selection. Journal of Finance,1952,7(1):71-91.

［8］ Modigliani F,Miller M. The cost of capital,corporation finance,and the theory of investment. American Economic Review,1958,48(3):261-297.

［9］ Mossin J. Equilibrium in a capital asset market. Econometrica,1966,34(4):768-783.

［10］ Sharpe W. A simplified model of portifolio analysis. Management Science,1963,9(2):277-293.

［11］ Sharpe W. Capital asset prices:a theory of market equilibrium. Journal of Finance,1964,19(3):425-442.

［12］ Stone K. Risk,return,and equilibrium:a general single-period theory of asset selection and Ccapital market equilibrium. Cambridge:MIT Press,1970.

［13］ 陈德智,毕雅丽,云娇. 金融经济与财务管理. 长春:吉林人民出版社,2020.

［14］ 陈文汉,周明华,刘成群,等. 证券投资学. 北京:人民邮电出版社,2013.

[15] 格雷厄姆. 聪明的投资者. 王中华,黄一义,译. 北京:人民邮电出版
社,2010.

[16] 唐松莲. 财务报表分析与估值. 上海:华东理工大学出版社,2017.

[17] 王立东,李晓敏. 财务管理. 北京:北京理工大学出版社,2019.

[18] 中国注册会计师协会. 财务成本管理. 北京:中国财经经济出版社,2020.

[19] 中国注册会计师协会. 会计. 北京:中国财经经济出版社,2020.

第四章 农业投资风险

2020 年中国全年生猪平均价格为 34.03 元/公斤,同比大幅上涨 60.36％,养猪企业因此赚得盆满钵盈。天邦股份 2020 年实现营业收入 107.64 亿元,实现归母净利润 32.45 亿元,这一年赚的钱相当于自 2007 年上市到 2019 年总和的 4.6 倍。牧原股份这一年赚了 274.51 亿元,温氏股份为 74.26 亿元,正邦科技为 57.44 亿元。然而好景不长,2021 年生猪价格高位逐步回落,从 1 月份每公斤 35.8 元回落到 12 月份的 17.59 元,让养猪企业"亏到哭"。根据各企业 2021 年的业绩预告或业绩快报,正邦科技预亏 182 亿—197 亿元,温氏股份净亏损 133.37 亿元,新希望预亏 86 亿—96 亿元,天邦股份预亏 35 亿—40 亿元。

农业是国民经济的基础。由于农业发展的双重风险——自然风险和市场风险,农业具有天然的弱质性。从投资角度而言,财务风险是指企业投入项目资金后,因市场需求变化而影响项目最终收益与预期收益偏离的风险。企业财务风险的产生主要有外部和内部两方面原因。外部原因有市场环境变化的不确定性和市场经济运行的复杂性,企业不可能改变外部环境的影响,所以,外部因素具有硬约束性。内部原因是指企业自身因素的影响,主要是主观认识和控制风险能力的局限性,以及财务决策缺乏科学性导致的决策失误等。投资人对于农业风险有客观认识,是理性、科学投资的前提。

本章从农业弱质性出发,深入分析农业投资风险、农业项目投资的可行性评价方法、农业投资风险管理及其演化趋势。

4.1 农业弱质性

农业是国民经济的基石。由于农业的自然风险和市场风险,农业具有天然的弱质性。在发达国家,一些经济学家在给政府的政策建议书内,常以农业是一个弱势产业为由,建议政府增加其对农业及农业科研的投入。在发展中国家,农业的弱质性更为突出,主要表现为:农业生产能力与效率低下,农产品附加值不高,农业转型发展缺乏后劲,农民收入低且难提升;农业科技投入不足,农产品缺乏国际竞争力,等等。

农业的弱质性是阻碍农业产业高质量发展、农民增收、农村建设的最主要因素。农业弱质性是农业的本质特征,并且唯有使农业与其他产业形成鲜明发展落差之特性才属于农业弱质性的范畴。农业弱质性的后天特质多会随时代、随地域变化,比如农业产业科技薄弱特质。后天特质虽然使农业科技水平相对其他产业的科技水平具有较大差距,但在不同地域的差距程度不同,并能在一定程度上得到改善(穆月英,2008;吴敬琏等,1996)。无论是传统农业,还是现代农业,农业产业作为经济再生产与自然再生产相交织的过程,具有天然的弱质性。造成农业弱质性的原因既可能是主观的,比如一国偏向城市的社会经济发展战略;更可能是客观的,比如农业的先天弱质性。当主观因素比如政策对农业的影响从压抑农业转向积极扶持和发展农业的时候,不仅有可能缩小国民经济各产业之间的不平衡,甚至有可能使农业与国民经济中其他产业一样变成发达的产业。因此,农业虽然天生具有弱质性,但并不必然弱势,农业的弱势性具有阶段性和相对性,是农业相比其他产业的呈现状态;而农业弱质性多指农业弱势的根源特征(肖小虹,2012;曾庆芬,2007)。

一般来说,农业弱质性的成因是多方面的,除了先天弱质性,农业的后天弱质性是变动而杂糅的。从成因角度而言,总体上可以分为产业弱质性和环境弱质性两个方面。

4.1.1　产业弱质性

第一,农业自然再生产方面的弱质性主要体现为农业生产周期长,具有明显的季节性,并且对土地、水等自然资源具有较强的依赖性;而农业再生产弱质性主要表现为中间投入成本大,投入周期长,投入产出比低,农业技术革新缓慢,农业基础设施薄弱,农业主体增收难等方面。由于农业生产具有强要素依赖性,在土地资源有限的情况下,农业生产中的劳动时间和生产时间不一致,导致劳动作用不连续,劳动分工和专业化难以展开,农业比较优势难以实现,其产业生产率受到要素边际生产效率递减和专业化、规模化规律的限制,农业生产投入产出比低;土地细碎化、农村劳动力剩余问题使得中国农业产业的发展深受要素边际生产率递减的限制。当投入产出比低,且丧失比较优势的时候,农业产业部门的要素会流入其他产业部门,进一步加剧农业产业弱质性。另外,很多学者也都注意到农业与其他产业之间的生产率差距,配第观察到农业相比工业和服务业的劳动者收入存在显著差别;其后,克拉克提出了"配第-克拉克定理":随着国民收入的提高,劳动力首先由第一产业向第二产业转移,人均收入的进一步提高使劳动力流向第三产业。库兹涅茨利用截面和时序数据的实证研究表明,长期来看,农业在 GDP 和总劳动中所占份额显著下降,而工业和服务业部门所占份额趋于上升(吴敬琏等,1996;肖小虹,2012)。

第二,由于农业产业部门基础设施薄弱,农业技术应用落后,农业发展的后劲不足。农业基础设施建设直接关系到农业生产发展的基本条件,不仅包括种植业、渔业和畜牧业的生产基础设施建设,还包括农产品流通基础设施建设。我国自 20 世纪 80 年代以来,流动资金投入增长较快,但固定资产投入增长相对较慢,特别是一些大中型农业基础设施远不能满足农业高质量发展的需要。

第三,农业技术应用水平低,导致农业产业弱质性。据统计,2020 年我国农业生产中科技贡献率第一次超过 60%,而农业产业在科技应用水平低下、土地生产率受限的情况下,其产业生产率被农民的劳动生产率这根"短木板"限制,而农民从事农业生产也经常遇到歉收或者增产不增收的情况,农民从事农业增收困难,因此缺乏资金的再投入,从而形成恶性循环(王朗,2019)。农业科技成果转化率,发达国家普遍达到了 80%—90%,而我国只有 30%—40%,仅为其一半,真正成效显著,并能形成规模化、产业化的技术还不到 10%(付兵涛,2008)。此外,受资源约束和农业经营组织形式影响,农业生产规模小,生产效率不高,致使大部分农产品特别是大宗主要农产品缺乏国际竞争力。

第四,农业产业组织化程度低,权益保障性不强,农业利益严重流失。世界范围内的农业生产者主要以小农的形式存在,经营规模普遍较小,居住分散,但却是人数庞大的群体。根据奥尔森的集体行动逻辑,一个集体人数越多,搭便车现象越严重,越难以采取集体一致行动。比较其他产业,农业人口组织化程度较低,谈判能力弱,加上农业人口在收入、消费、文化等方面的弱势,必定导致农业与非农业的交换条件不平等,农业利益严重流失,农业人口往往成为一国最大的弱势群体。在我国市场经济的进程中,尤其是随着我国总体上进入工业化中期,农村劳动力以空前的规模流向城市、流向其他产业。我国农村劳动力结构发生了深刻变化,大量青壮农业劳动力进入城镇,进入工业、服务业工作,留守农村从事农业生产的大部分是年老体弱、文化素质低下的群体。农村"空心化"、农业从事者老龄化这一越来越明显的主体弱质性逐渐成为阻碍我国农业增效转型、高质量发展的一座大山(曾庆芬,2007)。

4.1.2　环境弱质性

4.1.2.1　自然环境弱质性

农业是以生命有机体作为生产对象,具有自然再生产和经济再生产相交织的生产特殊性。农业要利用生命有机体生长、繁育的自然规律生产农产品。在这一过程中,生命有机体的生长、繁育能力和质量与外界自然环境条件有着直接关系。然而,生命有机体赖以生存的自然环境条件处于不断的变化之中。自然环境的不确定性,造就了农业产业的先天弱质性。

另外,自然环境中自然资源的有限性和自然灾害的多发性,使得农业后天弱质性愈发明显,农业生产对水和耕地资源的依赖不可替代,而我国农业用水和耕地资源逐年减少,被工业和其他产业挤占、污染,我国农业用水和耕地红线屡受侵犯,严重影响了我国农业高质量发展和粮食安全。并且,在众多发展中国家,"靠天吃饭"这一现状并没有得到改善,甚至有愈演愈烈之势,各种自然灾害给我国的农业生产造成了重大损失。因此,自然环境的多变性是农业弱质性的根源(曾庆芬,2007)。

4.1.2.2　市场环境弱质性

市场弱质性主要体现在农产品流通和销售环节上。首先,农产品的需求弹性较小,农业生产提供人类生存发展的基本生活资料,这些农产品在需求层次上一般处于最底层。农产品的需求弹性小的特点,致使农产品处于一个很难扩张的市场环境,这增加了实现农产品价值的难度。其次,农产品具有一般生物特性,鲜活、易腐,对储存时间、环境要求较高,这些因素加剧了农产品的不确定性。再次,农产品的供给有较强的周期性和季节性,而农产品的需求却是长期或平稳的,二者之间的时滞也是市场波动的一大缘由。需求增大时,市场信号会传递给农产品的生产者,由于农产品生产的周期性,生产者只能在下一个生产周期调整其生产决策和布局,以满足市场需求(曾庆芬,2007)。最后,绝大多数农业生产者只出售初级农产品,价格低廉。农产品市场价格波动很大,由于信息不对称,农产品大多时候无法以较优的价格出售,甚至会出现"劣币驱逐良币"的竞次现象,农产品标准不统一,质量很难提升,产品附加值也就无法上抬,导致农民增收困难、农业投资者回报甚微。

4.1.2.3 政策环境弱质性

农业产业与其他产业的生产率差异,导致农业部门的要素流向其他部门,加剧了农业弱质性,但这种要素流失也可能是农业弱质性和社会经济发展战略的混合结果。社会经济的不平衡发展战略的实例是,在很多国家的工业化初期,包括我国计划经济时期,农业充当了"造血"者。通过工农业产品"剪刀差"政策,农业生产要素廉价向工业和城市转移,国家财政资源也向城市和工业领域倾斜,支持了工业化进程。因此,在一个经济体工业化推进的结构转变时期,工业和服务业对农业尚未形成有效的分工支持,而农业没有采取调整措施以应对经济结构的变化,以工业为主的现代部门和以农业为主的传统部门之间的二元经济反差,使得农业弱质性特征尤为突出(高帆,2006)。

总之,农业的弱质性不仅源自农业与生俱来的秉性,还存在于经济结构转变过程中的一个相对过程,这种弱质性的程度不仅与资源禀赋有关,也与各国的农业发展战略有关。

4.2 农业风险及其类型

4.2.1 风险内涵

农业部门存在的明显弱质性,增加了农业生产主体和投资主体的获益不确定性,这些不确定性也正是资本流入农业部门的最主要障碍。认识、管理和降低这种风险,改变农业部门要素流失的局面,以吸纳资本、激发投资主体的投资愿望,成为弥补农业弱质性的关键。

风险是指遭受损失、伤害、不利或毁灭的可能性。风险的存在是客观、必然的,是不以人的意志为转移的。关于"风险"一词的由来,最普遍的说法是,远古时期的渔民在每次出海前都要祈求神明保佑自己出海时风平浪静、取得丰收,而在长期的捕捞实践中,这些渔民领悟到"风"带来的无法预测和无法确定的危险,"风"即意味着"险",得"风险"一词。而经过多位学者论证,"风险"(risk)实为舶来词,常被认为来自阿拉伯语、西班牙语或拉丁语,比较权威的是意大利语中"risque"一词,在早期运用中被理解为客观的危险,通常指代反常的自然现象或者航海遇到礁石、风暴等事件。到 19 世纪时,风险常用法文拼写,主要用于与保险有关的事情。

美国学者威利特(Willett)1901 年在《风险与保险的经济理论》中将风险定义为:"有关不愿意发生的事件出现的不确定性之客观体现。"国内外学术界对风险的概念没有完全统一,但归纳来讲,风险的定义大多沿用了《风险、不确定性和利润》(Knight,1921)的内容,表述为生产目的与劳动成果之间可度量的不确定性,这种可度量性主要表现为根据过去经营经验推测未来的可能性,是一种可知其概率分布的不确定程度,其大致有两层含义:一层强调风险表现为收益的不确定性;另一层则表现为成本或代价的不确定性。风险和收益成正比,一般进取型投资者为了获得更高的利润,偏向于高风险;而稳健型的投资者则着重考虑安全性。

1983 年,日本学者武井勋在其著作《风险理论》中,将风险定义为在特定环境中和特定期间内自然存在的导致经济损失的变化。Williams(1985)提出:"风险是在特定的情况以及确定的时期内,可能发生的结果之间的差异。"

风险和不确定性,一个被当作可度量的不确定性,一个被当作不可度量的不确定性。为什么仅仅是可不可以度量的差别,就产生这么大的经济上的不同呢?为了理解奈特这一思路,并把它与熊彼特的思路相打通,首先需要有一点经济学之外的通识作为知识基础。从通识来说,所有事物可以分心物两个方面。心是指自由选择、不确定性、非决定论的方式(在精神上表现为自由意志,在物质上表现为不确定性),物是指理性、风险、决定论的方式(在精神上表现为理性,在物质上表现为确定性)。通俗地讲,心是人文学科的研究对象,物是自然科学的研究对象。只有两者兼修,才能更全面地认识世界。凡事都可以区分心物,经济也不例外,风险(可度量的不确定性)对应的是物,不确定性(不可度量的不确定性)对应的是心。物质投入(循环流转)对应的是物,创新对应的是心。与熊彼特思路对应的那个点在于,两人都认为利润来自企业家(熊彼特径直称为企业家精神),资本家只配得到零利润。这就点出了前四十年传统的中国制造与后四十年新兴的中国创造的区别要点。

风险的特征是概率估计的可靠性,以及因此将它作为一种可保险的成本进行处理的可能性。估计的可靠性来自所遵循的理论规律或稳定的经验规律,对经济理论的目的来说,整个概率问题的关键点是,只要概率能够用这两种方法中的任一种以数字表示,不确定性就可以被排除。与可计算或可预见的风险不同,不确定性是指人们缺乏对事件的基本知识,对事件可能的结果知之甚少,因此,不能通过现有理论或经验进行预见和定量分析。

本书的风险概念既包括可度量的"风险",也包括不可度量的不确定性。

4.2.2 农业投资风险

农业风险是指人们在从事农业生产和经营过程中遭受的、能够导致损失的可能性。农业作为基础产业,由于自身的弱质性和生产过程的特殊性,在整个再生产循环过程中面临着诸多风险。

农业投资过程,风险与机遇并存,不以农业投资主体的主观意识改变而消失,但能通过一定的事前、事中和事后措施来部分规避、弥补风险带来的潜在或已有损失,甚至获得由风险溢价带来的超额收益。农业投资风险的特征是农业风险的本质及其发生规律的表现,主要包括以下六个方面(杨卫军等,2018):

(1)客观性。农业风险是由客观存在的自然现象和社会现象所引起的,无论是天灾、战争、市场波动或政策变动,农业风险的发生,其范围、程度、频率、形式、时间和强度等都可以表现出不同形态,都是不以农业生产者和投资者主观意志为转移的存在。

(2)不确定性。虽然农业风险是客观存在的,但风险发生的范围和程度等包含着偶然性和不确定性。农业投资风险产生的不确定性是由农业风险形成过程的复杂性和随机性决定的。

(3)相对性。农业风险的相对性主要包括两个方面:一是指农业风险可预测性。尽管农业风险具有不规则性,但任何事物的产生、发展都不只是偶然的,是有规律可循的,随着科学技术的进步和人们认识的提高,农业风险的规律性是可以逐步被认识和掌握的。农业生产者和投资者可以通过各种科学方法,对可能产生农业风险的时间、范围和程度进行预测,为农业投资风险控制提供可靠依据。二是指对不同的农业生产者和投资者,相同的风险所带来的损失程度是不同的。

(4)双重性。农业风险的双重性是指农业风险具有两面性,既有因风险而损失的一面,也有获取风险溢价的一面。比如,自然灾害减少农业产量的同时也使农产品价格攀升,这可能会对直接农业生产者造成损失,但也可能为间接农业投资者带来风险溢价。因此,认识农业风险的双重性有助于全面把握其实质,在看到农业风险危害性的同时,提高农业投资风险的控制能力,实现风险的降低、转化和消除,甚至在农业投资过程中获得超额收益。

(5)季节性和周期性。农业相对其他行业,具有明显的季节性和周期性。因此,农业投资风险多伴随着一定的季节循环出现和发生,并且主要体现在两个方面:①农业生产风险的时间性,错过适宜的季节将会产生巨大损失,或者某些自然风险在某个既定季节发生的概率偏大;②农业生产受季节的影响,农产品进入市场表现出很强的集中性,同一类别或品种的农业产品基本上都是同时上市和下市,从而造成市场季节性饱和和短缺,带来市场风险。

(6)多样性。农业生产过程从种植、管理、收获、加工到销售等的多个环节暴露在不同的自然、政策和市场环境中,并且在现代农业和制造业、服务业融合日益紧密的大背景下,农业生产者和投资者面临的风险将会越来越多样化。

在农业投资风险的分类方面,Ellis(1988)认为农业生产不确定性会带来风险,可以归纳为四类:自然风险、市场波动、社会不确定性、国家行为与战争;Hardaker 等(1997)对农业风险的分类较为系统,将农业风险归纳为 7 类:①生产风险——来源于气候的不可预测性和作物或牲畜生长的不确定性,如虫灾和疫病,或来自其他不可预期的因素;②价格/市场风险——涉及农场投入、产出价格和销路等因素的不确定性;③货币风险——涉及国家货币的升值或贬值,这将影响参与国际贸易的投入品和产出品的进口需求和国内价格;④制度风险——源于政府政策对涉农一二三产业利润空间和发展方向影响的不确定性,这里的政策不仅局限于当地政策、中央政策,对于众多涉外的农业生产者及投资者,国外涉农政策也相当重要;⑤融资风险——涉及农业生产者融资方法,如不可预期的利息上涨、贷款人要求提前归还贷款、贷款渠道可得性的缺失;⑥合约/法律风险——现代经济背景下越来越多的涉农一二三产业的生产、经营和投资行为都包含具有法律意义的承诺,例如,合约安排、环境责任和食品安全责任等;⑦人身风险——当农业现代化程度不断提升时,涉农一二三产业的生产规模越来越大,雇工形式的涉农经营组织如雨后春笋般涌现,使得雇工的人身安全也成为不确定性因素。

国内学者在对农业风险的分类上有两种路径(徐雪高等,2008):有学者认为即便在农业生产经营过程中,有很多无法预料的因素,包括自然的、经济的、社会的、人文的、政治的等,但其实最终都可以归咎为自然风险和市场风险(刘学文,2014);另有学者则将农业风险分为市场风险、自然风险、社会风险、国家风险和技术风险(曾玉珍等,2011;孙良媛等,2001),环境污染风险(张叶,2001)和资源风险(刘惟洲,2002)。

为了缓解农业生产中的自然风险和市场风险,订单农业经营模式逐渐在中国多地落地推广,但也促生了新的风险,即订单风险(刘凤芹,2003)。这里所讲的订单风险和国外学者所提"合约/法律风险"的意思基本一致,是农业规模化、专业化和产业间融合后的必然存在的风险。和龙(2018)将我国农村产业融合发展风险依据风险来源、结果、性质和大小进行了如图 4-1 所示的分类。

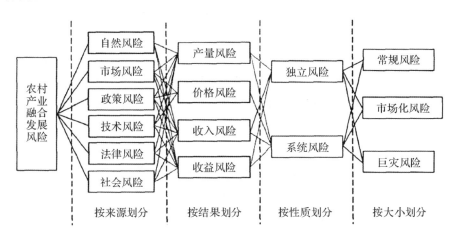

图 4-1 农村产业融合发展风险类型划分

一般来说,农业生产经营活动或者涉农项目所处的环境一直处于剧烈的变化过程中,而这些环境变化给农业生产经营和涉农项目带来的不确定性都可能成为风险的根源,按照农业生产经营活动所处环境的不同,这些由某个环境变化而引致的农业风险也可划分为自然风险、市场风险、制度风险、组织风险、技术风险和社会风险①。因为环境变化的不确定性,所以按照不同标准对风险类别的划分很难统一,甚至会不断涌现出新的风险类别,具有一定的延伸性。而以环境背景为分类标准则提高了划分的统一性和包容性。接下来,我们将按照这一标准具体介绍几种常见的风险(杨卫军等,2018)。

4.2.2.1 自然风险

在众多农业风险的影响因素当中,由市场变化导致的价格变化和由自然灾害因素导致的产量变化是最为重要的风险因素,自然风险一直是农业发展的重要制约因素。农业生产受自然条件的直接影响,特别是在运营期间。无论是种植业还是养殖业,均受到高低温、干旱和雨雪等恶劣天气的影响。气候条件与农业生产和农作物生长发育密切相关,包括光、热、水分等作物生长发育不可缺少的因子,也包括旱、涝、霜冻、大风、大雪等不利气候条件,这些条件不仅影响农业生产的地理分布,也影响农作物产量的高低和品质的优劣。

自然风险就是指不利于农业生产的气候状况。特别是干旱、暴雨、低温冰雪等极端气候事件频发,给农业生产带来了很大损失(平英华,2015)。农业的自然风险主要是指自然环境的不规则变化给农业带来的灾害和损失,常表现为气象和地质灾害风险、生物灾害风险及资源环境风险等。气象和地质灾害风险,主要是由农业气候和地质条件的异常变化所引发的。气象灾害是发生频率最高、影响最大、危害最重的一种自然灾害。按照形成风险气候条件的不同,农业气象灾害风险包括洪涝、干旱、寒潮、暴雪、霜冻、低温冷害、寒露风、干热风、台风和冰雹等。地质灾害风险则是在大自然变异和人为因素作用的共同影响下,地质表层和地质体发生变化并达到一定程度时,给农业生产造成的危害,如崩塌、滑坡、泥石流、地裂缝、水土流失、土地沙漠化及沼泽化、土壤盐碱化,以及地震、火山爆发和地热害等。地质灾害对农业生产的危害,既有对农业基础设施及农业生物体的机械性剧烈破坏,也有对农业生物体的生理性缓慢损伤。生物灾害风险,主要是病、虫、草、鼠、鸟等在一定环境下暴发或流行造成农业及其产品巨大损失的自然变异过程。它对农业生产的危害既有机械性的破坏,也有生理性损害,以生理性损害为主。其危害表现在两大方面:一是使农作物产量降低甚至绝收;二是降低农产品品质,农

---

① 此处各风险类别所对应的农业生产经营活动环境分别为自然环境、市场环境、制度与法规环境、组织环境、技术环境和社会环境。

产品附加值难以提高,农业生产者或者投资者的收益大打折扣。生物灾害不但影响到农业产量,严重时还会威胁公共安全。除了外来物种入侵,受全球气候变暖、有害生物致害性变异和产业结构调整等因素的影响,我国农作物病、虫、草、鼠等生物灾害发生面积不断扩大,作物受害损失逐年加重,过去的偶发区变成常发区和重发区(杨卫军等,2018)。

4.2.2.2　市场风险

市场风险是任何竞争性项目都必须面临的重大风险之一。农业产业项目的市场风险主要是:预测方法不当或数据不准确、不全面,导致市场分析出现重大偏差,项目预测方案和产品市场需求相差较大,产品滞销;项目产品的市场竞争力或竞争对手分析不准确,产品销售不畅;新的替代产品出现,导致市场需求发生较大变化,项目产品被淘汰;项目产品生产所需的原材料存在质量问题,导致产出量降低或品质下降(平英华,2015)。农业市场风险主要来源于农业产、供、销经济活动中的经营管理不善、市场运作失灵、价格波动、消费需求变化、通货膨胀等。农业市场风险就是受市场供求失衡、价格波动、经济贸易条件及资本市场等因素变化的影响,或者受经营管理不善、信息不对称、市场前景预测偏差等因素的影响,农民在经济上面临遭受损失的风险。其中,农产品价格风险是农业投资面临的最主要的市场风险之一。

另外,农产品进入市场还有一个风险,那就是基础设施风险。绝大部分农产品采摘后的保质期很短,特别是作为鲜蔬鲜果出售的农产品,较短的保鲜期极度考验从产地到市场之间的交通运输和储藏冷藏等基础设施,基础设施越落后,农产品的市场越小,使得农产品积压难卖。当然,农产品难以销售出去,还有一个原因就是所有同种农产品大都集中在同一加工水平的初级农产品层次,农产品加工的基础设施不足,果蔬等农产品加工环节薄弱,不易通过不同层次的销售渠道或者增加农产品附加值来降低市场风险。

最后就是食品安全风险,食品安全风险是指农产品具有潜在的危害性,会给消费者带来健康方面的不利影响。因为农产品公司的主要产出是食品,所以农产品公司要投入很大的财力与精力来保证产品质量,以避免食品风险对公司战略的不利影响(韩文腾,2017)。

4.2.2.3　社会风险

社会风险即行为风险,是个人或团体的过失、疏忽、侥幸、利益驱使等行为所导致的风险,主要包括政策风险、制度风险和关联者风险。社会风险分析的核心是在项目投资活动中关注各种社会问题,在追求投资项目的财务效益、经济效益和环境效益的同时,关注各种社会发展目标的实现,减少项目投资可能引起的各种社会矛盾和风险(平英华,2015)。

(1)政策、法规风险,来自有关农业和农村政策的不稳定性或某些失误。因情况变化而导致政府政策的调整是必然的,但农业政策的不稳定性会给农产品生产、营销等带来不少风险,有时甚至会影响整个国民经济的发展。如农用生产资料价格失控、收购资金不能到位等都会影响农产品的价格。

(2)制度风险,源于现行的政府行为和财政体制,主要指政府制度变化给农业带来的不确定性。现行制度极易导致决策行为的短期化,这使农业这一弱质性产业处于不利地位,比如家庭联产承包责任制在改革开放初期解决了国民温饱问题,但这种生产方式不利于大型农业机械作业和先进农业技术的全面推广,农业规模经济难以实现,造成我国农产品市场处于"小生产、大市场"的状态。在分散的小规模生产方式下,农产品市场价格的决定权就集中在少数农产品经销者手中,农民只是价格的被动接受者,对农产品市场价格缺乏影响力。又比如在陡坡或者丘陵地带种植经济作物或粮食作物的农业经营者在当地政府颁布退耕还林政策时会遇到相应的转型风险。

(3)关联者行为风险。关联者行为风险具体又可以分为产业关联者行为风险和非产业关联者行为风险。产业关联者行为是随着现代农业的推进,相对稳定的农业产业链将逐渐建立,且各参与主体相互作用力将逐渐增强,产业链中各参与主体的行为都将直接影响到农业生产经营者的农业风险程度。如农业生产资料经营者、农产品收购者等的不良信用和经营中的不良行为都可能造成农业生产者的损失。非产业关联者行为是非相关产业部门也可能给农业造成损失,如环境的污染导致农业生产环境或条件的恶化给农业生产经营者带来损失的可能性。产业关联者行为风险中最常见的为信用及履约风险,其具体指在契约农业合约到期日,双方主观意愿改变,拒绝依照签订的合约进行农产品交割,是违背契约的行为。这种现象是合约主体双方法律意识淡薄、违法成本较低、利益驱使等多方因素导致的(韩文腾,2017)。

4.2.2.4 技术风险

农业技术风险是指农业技术运用的实际收益与预期收益发生背离导致的风险。在农业领域,现代科学技术的发展不仅拓宽了传统农业的产品种类,而且降低了农业对自然资源的依赖,极大地提高了农业产出率。但由于农业技术是以优秀人力资本、资金和物资充足的追加投入为前提的,农业技术的发展及推广也隐含着巨大的风险。农业投资项目所采用的技术往往是较新的农业生产技术,但其先进性、可靠性、适用性和可得性与预测方案不一致时,可能会导致生产能力降低、生产成本增加、产品质量达不到预期要求,即使与预测方案一致,也并不代表没有风险性,因为农业生产的不同地点的环境条件差异很大,生产人员接受和掌握技术的程度参差不齐,因此可能会出现甲地应用成功的新技术在乙地应用就很不成功(平英华,2015)。农业技术风险具体表现在以下三个方面。

(1)农业技术无论以知识形态还是以实物形态存在,都要求农业技术的使用者——农民具备一定的知识和技能,但这与我国大部分农业生产经营者文化水平偏低、整体素质不高的现状产生了强烈冲突,他们常常因难以掌握新技术要领而不能有效地运用技术。

(2)目前财政性教育经费投入农业专业技能教育培训的资金有限,农业技术推广或培训流于形式,一方面可能会忽略技术推广过程中的适用性、易用性因素;另一方面这样的推广或培训无法让农业生产者或投资者产生有效的技术认知、掌握技术操作能力以及增加采纳技术的意愿。

(3)农业科技成果的外部性。由于大多数农业科技成果具有公共物品属性,农业科技成果使用者不可能独占该项技术成果所产生的正外部性,由此当众多使用者共同享用某项农业科技成果时,可能会使该技术效应发生逆向转化(曾玉珍等,2011)。

4.2.2.5　组织风险、管理风险

农业投资项目的其中一个独特之处就是和众多的农民关联度高,这就对项目的经营管理提出了较高的要求。若项目经营不善,就可能导致建设期延长、投资增加、生产成本增加、产品或质量达不到预测方案要求,从而降低项目效益。实际上众多的农业企业管理制度不完善,甚至根本就没有管理制度,经营管理决策不科学、不民主,导致经营管理不善,造成项目损失(平英华,2015)。组织风险是随着我国农业规模化、专业化和现代化转型不断深化而产生的新型风险,现在的农业产业不限于以往的家庭单位,而是多以农业合作社、农业企业等新型农业经营组织的形式存在。农业生产突破家庭单位则意味着需要一个农业组织顾及现代经济组织运行的组织风险。借鉴组织

管理中的理论,可以将农业组织风险具体细分为雇工风险、经营管理风险、财务风险和战略决策风险等。组织中的雇工风险是指因生产规模扩张而雇用家庭外的人员进行农业生产经营活动产生的人员管理风险。雇工风险的根源在于监督成本的提高,农业生产的周期长、风险大,这就需要劳动者有较高的责任心,对农作物自始至终用心管理和照料。如果农业组织广泛采用雇佣劳动,那么偷懒、欺骗、搭便车的问题在所难免。

家庭农场等小农业产业组织中经营管理风险指的是公司采取错误或者落后的管理模式,导致公司运行的低效率,最终影响公司战略执行的风险。当今中国的很多农产品公司都为家族型企业,组织设置不够规范,运行效率低下。这些企业很容易由于一言堂式的决策模式而产生决策失误,从而引发经营管理风险(谢欣利,2019)。对于规模较大或者已经上市的农业企业,除了外部投资环境的变化会导致企业投资风险,企业内部管理体系不完善、缺乏科学的决策机制和操作规范等内部经营管理方面的失误而使经济主体遭受损失的可能性就是我们通常所说的内部管理风险。

农业投资具有综合性的特点,投资受益主体不仅包含公司本体,也包括成千上万的农户,而投资项目之间也常常存在差异,这就大大增加了农业投资的复杂性。当投资和经营环境出现对企业的不利变化时,风险就会被成倍地放大,导致企业投资遭受更加严重的损失。在企业内部管理风险中决策风险的形成因素是多方面的,既有主观的,也有客观的,但归纳起来主要有以下三个方面:一是经济主体本身的体制和机制因素。许多企业内部治理决策机制不完善,一旦对某些因素考虑不周,就可能导致整个决策失误。二是人的因素。决策者及方案提供者知识不够、经验不足或缺乏使命感和责任感,不善于进行调查研究并综合评估投资项目及其可靠性、可实施性等,从而导致决策失误。三是信息不对称。由于经济主体所获得外部信息不完备,而经济主体内在的机制又难免会导致内部信息流通不畅、传递失真,从而使决策者不能知己知彼而产生投资失败。当然一项投资即使是决策者通过现有的知识技能和数据资料建立模型并作出分析,在一个适当的时间、地点作出适当的投资决策,也有可能最终失败。这与投资过程中操作程序不规范,公司职员越权操作,合同环节的审核不严,招标环节的幕后交易、违规操作,企业内部体制不顺,部门间利益冲突、权责不明而导致的部门对立,从而影响企业内部管理的运行效率,增加管理成本,降低绩效等因素有关,其对企业投资收益产生负面影响,造成经济损失,形成投资风险(瞿翔,2010)。

4.2.2.6　资源风险

农业生产的资源风险主要是资源的保供率和质量风险。资源环境风险,是自然环境被破坏、农业资源消耗速度过快或生态恶化对农业生产造成的危害,包括资源衰竭、水土流失、水土污染和温室效应等。农业生态环境是影响农业生物生存和发展的各种天然和经过人工改造的自然因素的总体。人类不当的社会经济行为破坏了自然生态平衡,酿成了多种对农业具有巨大破坏性的环境灾害(杨卫军等,2018)。作为农业资源的水,是生命之源,没有水就没有农业,特别是在水资源匮乏和干旱地区,水在农业投资项目中是不可替代的资源。水资源短缺已经成为我国北方地区农业生产的主要制约因素。如华北地区地下水严重超采,水资源严重短缺,成为农业可持续发展的重要制约因素。此外,作为农业资源的农田土壤的污染亦不可小觑,2013年湖南"镉大米"事件成为全国公众关注的焦点,湖南种植的水稻、蔬菜因"镉"而蒙受了巨大的损失(平英华,2015)。

4.3　农业项目投资可行性分析

财务风险主要包括两大方面——金融决策风险和投资决策风险。防范化解农村产业融合发展中的金融决策风险,事关农业企业的根本利益、农村产业融合发展全局,是实现农村产业融合高质量发展必须跨过的重大关口,必须下大力气规避(和龙,2018)。财务风险实质上是一种微观经济风险,主要来自投资产生的财务杠杆作用,该作用是企业生产经营活动的前提条件,它是资金筹集、投资、占用、耗费、收回、分配等活动环节的有机统一,财务风险是现代企业面临的一个重要风险因素。企业财务风险来源于资金利润率不高和债权不安全两个方面(瞿翔,2010)。

4.3.1　项目投资盈亏平衡分析

盈亏平衡分析主要用来分析项目投产后收入和支出平衡时所必须达到的最低生产水平和销售水平。它是一种静态分析方法,又称保本分析、损益平衡分析。

盈亏平衡分析主要从成本性态入手,是指商品成本总值与产品产量之间的依存关系。盈亏平衡分析一般通过正常年份产品产量、成本、价格和构成等因素来确定产量的盈亏平衡点(保本点)。在保本点上的产出为：

$$P \times Q = a + b \times Q$$

式中：P 为单位产品的销售价格；Q 为产品产量；a 为固定成本总值；b 为单位产品变动成本。求解上面的方程，以产量表示的盈亏平衡点 Q_0 为：

$$Q_0 = \frac{a}{P - b}$$

1. 以项目设计生产能力利用率表示的盈亏平衡点：

$$BEP = \frac{a}{P - b} \times \frac{1}{Q} \times 100\%$$

式中：BEP 为盈亏平衡点的生产能力利用率；Q 表示设计生产能力；其他变量同前。

利用生产能力利用率表示的盈亏平衡点表明项目不发生亏损所必须达到的最低限度的生产能力。一个项目如果只有较低的生产能力利用率就能达到盈亏平衡点，说明即使项目投产后其实际生产能力远低于设计生产能力，项目仍能保本，因而该项目可以承受较大的风险。相反，若该平衡点过高或接近项目设计生产能力利用率，则说明项目承受风险的能力较弱。

2. 以产品的销售单价表示的盈亏平衡点：

$$P_0 = b + \frac{a}{Q} = \frac{a + bQ}{Q}$$

式中：P_0 为处于盈亏平衡点时的产品销售价格；其他变量同前。

采用盈亏平衡点分析，最大特点是简便易行，但它的成立必须以许多假设条件为前提。项目盈亏平衡点分析的前提假设包括：所有数据为正常年份内达到设计生产能力时的数据；销售成本和销售收入均是销售量的线性函数；在所分析的设计生产能力范围内，产品销售量与生产量是相等的；产品品种的结构相对稳定。所以，其优势也必然导致其相应的劣势：只能从整体上反映出项目的抗风险能力，而不能反映各个不确定因素的影响程度。并且盈亏平衡分析以若干假设条件作为前提，而在实际经济活动中，尤其在市场竞争日益激烈的环境下，这些条件并不一定成立。

4.3.2　项目投资敏感性分析

敏感性分析是通过分析，预测项目主要因素发生变化时对经济评价指标的影响，从中找出敏感因素，并确定其影响程度。可能发生变化的因素有产品产量生产负荷、产品价格、可变成本和固定成本。通常是分析这些因素单独变化或多因素同时变化对内部收益率的影响。项目对某种因素的敏感程度可以表示为该因素按一定比例变化时引起评价指标的变化幅度,也可以表示为评价指标达到临界点时允许某个因素变化的最大幅度,即极限变化。超过此极限,即认为项目不可行。

农业生产不仅受到自然因素的影响,而且受到社会生活的影响。因此,农业项目投资与其他项目投资相比,影响其经济效益的因素较多,而且这些因素的不确定性更大。一般来说,在许多不确定因素中,农业项目对价格、项目执行时期的延误、成本超支、产量等经济因素比较敏感。第一,产品价格或生产资料价格波动风险。产品价格或生产资料价格稍有变化,项目的经济效益就会随之相应地有所变化。第二,执行延误风险。主要原因包括技术、管理及资金和物资不能按质量及时供应等。第三,成本超支风险。对于一般的农业项目都应该分析成本超支的敏感性。这是因为在很多项目分析中,实际需要支付的建筑安装费、设备购置费以及生产资料的价格常有很大的不确定性,而且项目分析人员在成本估算方面还存在一种倾向,即以过于乐观的项目执行进度表和对项目投入物价格过于乐观的假设作为估算成本的依据。第四,产量波动风险。主要是指分析拟建项目对于产量估算误差的敏感性,即分析在项目评价中所采用的产量指标与项目实施后实际产量不一致时对投资项目经济效益的影响程度。

选择需要分析的不确定因素、确定分析指标、计算各不确定因素在各自的变动范围内变动对各分析指标的影响结果及确定敏感性因素并判断项目的风险因素。

(1)单因素敏感性分析。是指针对单个不确定敏感性因素的变动对项目效益的影响所作的分析。在测定某个因素变动影响时,需要假定其他因素保持不变。单因素敏感分析主要是假定各影响因素之间不相关的前提下针对单个因素进行的。但各个因素间往往存在着相互依存的关系,一个因素的变动会引起其他因素的变动。

(2)多因素敏感性分析。多因素敏感性分析就是通过考察多个因素同时变动对方案产生的影响来判断方案的风险情况。但是,由于多因素敏感性分析需要考虑可能发生的各种因素不同变动幅度的多种组合,计算起来要比单因素敏感性分析复杂得多。

敏感性分析法的缺点在于其假定各个不确定因素以同等概率出现,假定各个不确定因素之间都是相互独立的,则一个因素的变动幅度、方向与其他因素无关,这影响了项目分析结论的实用性和准确性。

4.4　农业投资风险管理

在农业转型过程中,粗放型农业经营方式转向集约型农业经营方式,家庭小农经营模式转向企业规模型经营模式,产业化部门由一个部门增加到几个部门,上述转变都不同程度地扩大了农业风险的规模、范围,以及危害性(杨恒松,2016)。随着工业化、信息化、城镇化和农业现代化的深入发展,农业和农村正经历着深刻变化,在生产力不断提高的同时,农业的脆弱性和高风险性也更加凸显(张峭等,2020)。资源配置效率理论表明,在资金利用效率一定的情况下,资本偏向于低风险的领域以规避投资风险(王竹泉等,2019),生产风险的存在会显著影响农户的技术投资(Koundouri et al.,2006),自然和市场风险是影响农户投资决策的重要因素(Takeshima et al.,2012)。

不同的农业农村社会经济环境需要不同的农业风险管理制度,不同性质的农业风险需要不同的农业风险管理工具,不同大小的农业风险需要不同的农业风险管理策略。面对新的发展趋势,我国传统的风险管理制度已经难以有效应对不断涌现的新型风险以及日趋复杂的多元风险组合,唯有创新农业风险综合管理才能为我国农业现代化发展保驾护航。与传统农业风险管理方式相比,农业风险综合管理的最大不同就是不再孤立和线性地分析和管理特定风险,而是从系统论的角度看待农业风险管理,强调农业风险管理的风险环境、行为主体、管理策略和管理工具要素以及各要素之间的联系性和交互性(见图4-2)。

风险管理的各要素并不是单向影响的,因此农业风险综合管理强调要重视和利用风险管理各要素间的相互作用和影响。因为不同类型的农业风险并不是相互独立的,因此要对农业风险进行综合考虑,不能忽视风险之间的关联性而只对某类风险进行管理;不同类型的风险管理工具具有交互作用,因此要对各种类型的风险管理工具进行组合运用,不片面强调某一类或一种风险管理工具的作用;农业风险管理涉及多个行为主体,因此既要对相关主体的利益进行协调,同时又要注重这些主体的合作与配合;农业风险管理有多种可能的风险管理策略,但这些策略的选择既受其他管理策略的影响,还受风险环境、管理工具和行为主体的影响(张峭等,2016)。

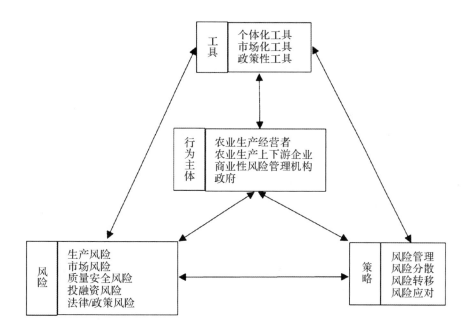

图 4-2　农业风险综合管理体系

4.4.1　农业风险综合分析

对风险进行识别、分析与评估，是进行风险管理的前提和基础。对农业风险进行综合管理，就需要对农业面临的风险环境进行综合分析。这里的"综合"体现在横向和纵向两个维度上。

横向维度的农业风险包括农业生产经营者与投资者的生产经营和投资环节中各种来源的风险。一方面，影响农户收入风险的各种因素，如生产风险和市场风险之间可能具有天然的负相关性，此时利用这种相关性设计农业经营风险管理措施就比单独管理每类风险更有效率，也更加经济。比如美国推出的农产品收入保险，以农业生产者的收入作为保险赔付的依据，不仅同时管理了农业生产经营者面临的生产风险和农产品价格风险，而且由于农产品的产量与价格存在潜在的负相关关系，农产品收入序列的波动率要小于产量序列与价格序列的波动率之和，还降低了农业生产者获得同等收入保障的负担，即农产品收入保险所需要缴纳的保费要低于产量保险或价格保险。另一方面，各种风险来源之间复杂的相互关系也可能使某种风险放大，在此情况下孤立地对某一来源的风险进行管理,会表现出低效率。如土地承包经营制度的变化可能会削弱生产资料补贴和技术推广的效果,而旨在降低农产品市场风险的粮食直补政策,其效果也会被生产资料价格大幅波动所削弱。因此,横向维度的农业风险综合分析,必须综合考虑各种类型的农业风险(张峭等,2016)。

纵向维度的农业风险包括农业生产经营环节的风险和整个产业链的风险。现代农业已经不再是单一的生产部门,而是在社会分工逐渐细化的推动下形成了一个包含产前、产中、产后的完整产业链条。产业链条中的参与主体除农业生产者外,还包括要素供应商和加工商、出口商、批发商和零售商等,这些主体出于各自的利益理性、处置风险的策略、行为偏好和彼此的博弈,使农业风险不仅局限在农业生产环节,而是会沿着产业链条扩展到整个产业,因此某一个环节的风险过度集聚都可能会危及整个产业的安全。因此,纵向维度的农业风险综合分析需要深入理解产业链条不同环节风险的相互影响和交互作用机理(见图 4-3)。

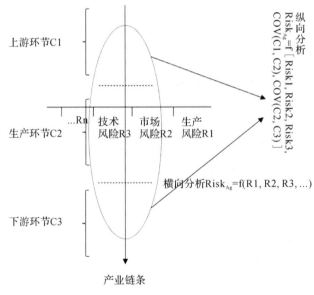

图 4-3　农业风险综合分析

4.4.2　风险管理策略原则

如果说风险管理目标是农业风险综合管理的导向性的宏观纲领,那么风险管理策略就是农业风险综合管理决策的具体性指导方针。根据 Holzmann 等(2001)、World Bank(2011)等的研究,农业风险管理的策略可以分为风险缓释策略、风险分散策略、风险转移策略和风险应对策略四个大类。风险缓释策略,指降低不利事件发生概率或降低不利事件直接损失严重程度的活动。风险缓释策略主要是使用技术手段来预防和控制不利事件的发生与影响,比如,灌溉、抗灾性种子、更好的预警系统以及更好的农事活动方法等。风险分散策略,指在不改变风险事件本身发生概率和造成损失程度的情况下,将风险分散给不同的主体或不同的活动,从而使得每一个主体或活动承担的风险降低。风险转移策略,指将风险转移给愿意接受风险的一方。由于不同主体对未来结果的判断和风险偏好的差异,不同主体愿意承受的风险往往不同。所以,可以将风险转移给愿意接受风险的一方。风险应对,指通过事前准备提高承担和应对风险事件的能力,一旦不利事件发生,就可以启动这些措施,降低其带来的损失。比如,安全网项目、巨灾风险准备金、储蓄、战略储备和意外事件融资等。农业风险综合管理就是从一个动态连续的视角,针对风险的不同性质、生产经营的不同阶段采取相应的、适宜的管理策略组合。

　　农业风险管理策略的选择主要与农业风险的损失程度(相对预期收益)及发生概率相关,农业风险可以被划分为风险自留、市场保险、市场失灵 3 个层级响应。各层级相应的风险管理策略如图 4-4 所示。

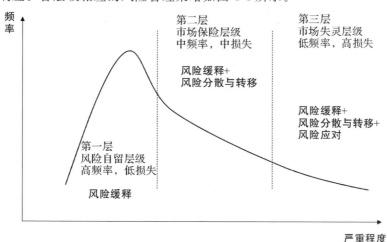

图 4-4　农业风险的分层与策略选择

资料来源:World Bank,2011。

风险自留层级(risk retention layer) 及其管理策略。该层级风险的特点是发生频率高,但损失比较小。在农业中,一般发生频率比较高的风险,其损失相对较小,比如,非持续性的大降雨、非传染性动物疾病、农产品价格日常小幅波动等。这类风险不需要通过某种组织安排,将风险转移或分散给其他人,因为风险转移与分散也需要成本。对于这类风险,农业生产经营者可以自己承受或通过风险缓释的策略应对。

市场保险层级(market insurance layer)及其管理策略。该层级风险的特点是发生频率和损失程度都相对居中。对于这类风险,如果仅采取风险缓释的措施,农业生产经营者自身无法承担,因而还需要采取风险分散与转移策略。比如,即使农户已经采取了足够的技术措施,干旱和洪涝灾害依然会造成作物显著减产。通过风险分散与转移策略,农业生产经营者将通过农业保险以较低的保费投入获得较高的风险保障水平。由于保险机制是风险分散转移机制的主要形式之一,因而世界银行将这个层级称为市场保险层级。

市场失灵层级(market failure layer)及其管理策略。该层级风险的特点是发生频率极低,但损失程度巨大,即所谓的巨灾风险。这种风险很难仅通过市场机制分担或汇聚。应对巨灾风险,一般需要政府干预市场和采取相应的行动,建立起巨灾风险分散与应对机制。从风险管理策略上来讲,该层级的风险需要在风险缓释与风险分散、转移的基础上,再加上风险应对策略。

4.4.3 风险管理工具组合

风险管理目标、策略的实现最终将落实到各类风险管理工具的运用。每种风险管理工具均有其特定的管理对象和最佳的适用范围,同时,不同风险管理工具也可能互为补充或替代。农业风险综合管理就是要根据不同的风险特征、管理目标,选择适当的风险管理工具,并充分考虑工具间可能存在的交互关系,通过定性分析和定量模拟确定适宜的风险管理工具组合。

首先,要根据风险的大小和性质,综合布局不同类型的风险管理工具。风险管理工具是对风险管理策略的综合运用。不同大小的风险需要不同的风险管理策略,同样地,不同大小的风险也需要使用不同的风险管理工具。另外,如果风险管理工具运用的是风险分散与转移的原理,那么风险在不同个体之间的相关性也会影响风险管理工具的使用。如果各个个体面临的农业风险是比较独立的,比如冰雹和火灾风险,可以运用商业保险来管理;但如果农业风险在众多个体中具有很大的正相关性,如由暴雨、大风、霜灾、虫害等导致的作物产量损失,那么农业保险就必须有政府的补贴才能运作;如果农业风险在不同个体中是完全相关的,如农产品价格风险,则保险手段一般是失效的,就需要选择订单农业或农产品期货、期权工具。

其次,风险管理工具的具体优化组合要借助数值模拟等技术、根据定量分析的结果进行确定。考虑到可供选择的风险管理工具和工具间的交互影响,结合风险管理预期目标,就可以得到一组或几组风险管理工具组合。组合中的工具应该是在功能上互为补充,在效果上相互增进,但如何达到更好的风险管理效果,还需要从定量的角度对工具组合方案进行效果模拟,并根据模拟结果进一步优化组合方式,最终达到风险工具组合效果最大化的目的。

农业保险和农产品期货市场都是政府服务农业、防范农业风险的重要金融渠道。农业保险旨在实现风险转移,农产品期货旨在实现风险对冲,二者定位不同,但共同致力于农业产业链的风险转移和分散。对于农业保险与农产品期货而言,2016年中央一号文件也提供了政策依据和鼓励,提出要"探索开展重要农产品目标价格保险","探索建立农业补贴、涉农信贷、农产品期货和农业保险联动机制","稳步扩大'保险＋期货'试点"。文件对保险、期货产品创新,尤其是对"保险＋期货"试点的肯定,将给金融业的跨界经营带来更大的机遇与挑战,并对农业风险管理体系的完善具有重要的现实意义。

"保险＋期货"包括两个层次的含义:一是指在市场发展不完善的情况下,基于保险机构和期货机构的合作推出价格保险和收入保险等产品;二是指在保险市场和期货市场完善的情况下,保险公司直接利用期货市场的套期保值功能推出价格保险和收入保险产品。由于当前我国的农业保险市场和期货市场均有待完善,因此,通常所说的"保险＋期货"是指第一层含义,这种机构合作的"期货＋保险"是在市场不发达情况下的有益探索,但保险公司在灵活运用期货市场风险管理功能基础上推出的收入保险才应该是我国农业风险管理的长期战略选择(鞠荣华等,2019)。

保险市场通常提供成本保险、产量保险、收入保险等产品,是管理自然风险的主要渠道。而价格风险管理的模式有两种:一是利用保险市场,二是利用期货期权市场。保险市场中提供的价格风险管理工具包括农产品价格保险和农产品收入保险。比较而言,收入保险同时为自然风险和价格风险提供了保险,比价格保险有更强的风险管理能力;但无论是提供价格保险,还是收入保险,保险公司都要承担价格风险,需要在期货期权市场上转移和分散风险,因此,成熟的期货期权市场是保险公司提供价格保险和收入保险产品的基础条件。

期货期权市场提供的价格风险管理工具有农产品期货和期权。为了锁定未来的销售价格,农业生产者可以在期货市场上卖出相应的期货合约,或买入看跌期权,为自己的农产品套期保值,提前锁定价格。农业生产者利用期货市场套期保值需要缴纳一定比例的保证金,并需要关注市场动向及时追加保证金。利用期货合约套期保值虽然规避了价格下跌的风险,但也失去了价格上涨的收益。与期货相比,期权要付出一定的权利金,但欧式期权的买方无须时刻关注市场变化,还保留了价格有利变动的收益。

对于价格风险管理,保险市场和期货市场具有一定的可替代性,但由于保险公司要再次进入期货市场转移价格风险,期货期权市场在管理单纯的价格风险方面更有优势;而对于收入保险所提供的同时保障价格和产量的功能,则是期货期权市场难以提供的。因此,对于农业风险管理而言,保险市场和期货期权市场各有优势。如果只是转移价格风险,利用期货期权市场的效率会更高;但若提供收入保险,则离不开保险市场作用的发挥。具体使用哪种风险管理模式更为有效,需要结合各国的国情具体分析。

如图4-5所示,保险与期货对接模式很好地利用对接模式,将农户、保险市场与期货市场三者有机地联系起来,既打破了传统农业保险承保农产品市场价格的尴尬,也消除了农户无力直接参与期货市场的障碍,使农户通过保险的形式,充分发挥农产品期货市场风险转移和价格发现功能,利用农产品期货合约交易进行套期保值,从而转嫁农产品价格波动所带来的风险。一是期货市场形成的农产品价格具有较高公信力,可成为制定农产品价格险种的权威参照。二是期货市场的价格发现功能可以为农产品价格保险提供精准定价的数据来源。通过处理和分析农产品期货交易的市场价格,预测农产品的收获价格,以此为基础制定农产品价格保险的保障价格。三是场外期权可以利用其杠杆效应,发挥期货市场"再保险"的功能,理论上说就是在期货市场卖出与承保品种相同、数量相当的期货合约,形成农产品价格保险与农产品期货合约之间的盈亏对冲机制,实现分散风险的目的(秦萍,2016)。

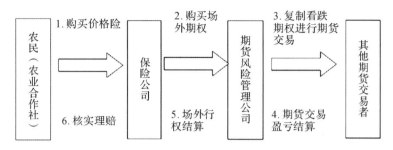

图 4-5 "保险—期货"金融工具在风险管理中的运行机制

4.5 案例:义县玉米期货价格保险方案

4.5.1 案例概况

2015 年 8 月 14 日,中国人民财产保险股份有限公司(以下简称人保财险)大连分公司与上海新湖瑞丰金融服务有限公司(以下简称新湖瑞丰期货公司)合作,设计出我国第一份玉米期货价格保险,利用期货市场转移农产品价格波动风险,为锦州义县两家合作社共 51 家农户 1000 吨玉米提供了 216 万元风险保障。

4.5.2 发展过程

1.保险公司确定玉米价格保险的目标价格

人保财险通过实地调研收集义县当地玉米收获时间和历史价格及其波动情况等数据,结合大连商品交易所公布的玉米期货价格以及国家玉米临时收储政策等因素,计算并设计了玉米期货价格保险保单,设计目标价格确定为 2160 元/吨。

2.生产者以目标价格购买玉米价格保险转移价格风险

2015 年 8 月,义县两家合作社综合考虑成本和合理收益等因素,以 2160 元/吨的价格共计 1000 吨投保了以大连商品交易所玉米期货 C1601 合约为标的的玉米期货价格保险,投保期限为 2015 年 9 月 16 日至 11 月 16 日,保费为 11.58 万元(折合为每吨 115.78 元)。该保险承诺在投保期限内当承保玉米价格低于每吨 2160 元时,合作社将会得到保险公司的相应赔付,赔付金额为目标价格与结算价格之差乘以投保数量,其中理赔结算价格为 C1601 玉米期货合约在投保期限内日收盘价的算术平均值,投保数量为 1000 吨。

3. 保险公司购买场外期权转嫁价格风险

随着合作社购买玉米期货价格保险,玉米价格的波动风险转移至保险公司。为转移价格下跌给自身带来的理赔风险,人保财险需购买期权转移价格风险。因国内当时尚未推出玉米的场内期权,新湖瑞丰风险管理子公司根据玉米期货的历史波动率、自身风险对冲成本以及市场流动性,为人保财险量身定制了执行价格为 2160 元/吨、共计 1000 吨的玉米场外看跌期权,期权费共计 9.65 万元,帮助保险公司将风险转嫁给了看跌期权的卖方——新湖瑞丰期货公司。

4. 期货公司卖出期货合约分散风险

新湖瑞丰期货公司卖出场外看跌期权后,通过大连商品交易所卖出 100 手(10 吨/手)C1601 玉米期货合约的方式复制看跌期权,采用 Delta 中性的动态对冲,进一步将风险分散至期货市场。具体而言,当玉米价格下降,看跌期权的行权概率增加时,公司会逐步增加期货空单数量;反之,则减少期货空单数量。

5. 保险公司履行赔付义务

上述玉米"保险+期货"项目于 2015 年 11 月 16 日到期,大连商品交易所 C1601 玉米期货从 8 月 31 日开始,价格大幅下跌,最终经过计算,理赔结算价格为 1918.6 元/吨,目标价格为 2160 元/吨,二者差价为 241.4 元/吨,投保总量为 1000 吨,因此保险公司须向合作社赔付 24.14 万元。在支付 11.58 万元保费的情况下,赔付率达 208.5%,避险效果理想。

6. 保险公司行权

玉米价格下跌到目标价格以下,保险公司行使场外看跌期权所赋予的以目标价格卖出的权利,获得期货公司相应的 241.4 元/吨的差价补偿,得以实现风险转移。

义县玉米期货价格保险案例作为我国首个"期货+保险"案例,最终以

208.5％的赔付率成功帮助农户转移了玉米价格下跌的风险,达到了利用期货市场规避价格风险的目的(见图 4-6)。

图 4-6 义县玉米期货价格保险理赔流程

习 题

1.请简析农业弱质性的定义、成因与表现。
2.请简析农业投资风险定义、特征与类型。
3.请简析农业投资风险综合管理体系。

参考文献

［1］ Ellis F. Small, farm sugar production in Fiji: employment and distribution aspects 1. IDS Bulletin, 1988, 19(2): 47-53.

［2］ Hardaker B, Huirne M, Anderson R. et al. Coping with risk in agriculture CAB international. Walling Ford (ик), 1997.

［3］ Holzmann R, Jørgensen S. Social risk management: a new conceptual framework for social protection and beyond. International Tax and Public Finance, 2001, 8(4): 529-556.

［4］ Knight H. Risk, Uncertainty and Profit. Boston MA: Hart, Schaffner and Max; Houghton Mifflin, 1921.

［5］ Koundouri P, Nauges C, Tzouvelekas V. Technology adoption under production uncertainty: theory and application to irrigation technology. American Journal of Agricultural Economics, 2006(88): 657-670.

［6］ Takeshima H, Yamauchi F. Risks and farmers' investment in productive assets in Nigeria. Agricultural Economics, 2012(43): 143-153.

[7] World Bank. Reduce risk vulnerability and gender inequality in agriculture. 2011.

[8] 付兵涛.农业弱质性与农村金融体系建设.中国金融,2008(8):76-77.

[9] 高帆.农村现代化:内涵和外延.调研世界,2006(7):17-18,44.

[10] 韩文腾.农产品企业风险管理研究.北京:首都经济贸易大学学位论文,2017.

[11] 和龙.我国农村产业融合发展风险管理研究.北京:北京交通大学学位论文,2018.

[12] 姜太碧,郑景骥,杨武云.论农业的弱质性.经济论坛,2002(23):22-23.

[13] 鞠荣华,常清,陈晨,等."保险,期货":农业风险管理的策略与战略——基于试点案例分析的对策建议.中国证券期货,2019(5):4-12.

[14] 刘凤芹.不完全合约与履约障碍——以订单农业为例.经济研究,2003(4):22-30,92.

[15] 刘惟洲.论高科技在化解农业风险中的作用.农业现代化研究,2002(3):226-228.

[16] 刘学文.中国农业风险管理研究.成都:西南财经大学学位论文,2014.

[17] 穆月英.中国农业补贴政策的理论与实证分析.北京:中国农业出版社,2008.

[18] 平英华.农业投资项目的风险识别研究.安徽农业科学,2015(14):368-369,373.

[19] 秦萍.保险与期货对接服务农业风险管理模式分析.保险理论与实践,2016(10):42-50.

[20] 瞿翔.中国农业上市公司投资风险问题研究.武汉:华中农业大学学位论文,2010.

[21] 孙良媛,张岳恒.转型期农业风险的特点与风险管理.农业经济问题,2001(8):20-26.

[22] 王朗.我国城乡居民收入差距与消费差距关系的实证研究.荆州:长江大学学位论文,2019.

[23] 王竹泉,王苑琢,王舒慧.中国实体经济资金效率与财务风险真实水平透析——金融服务实体经济效率和水平不高的症结何在? 管理世界,2019(35):58-73.

[24] 吴敬琏,等.渐进与激进:中国改革道路的选择.北京:经济科学出版

社,1996.

[25] 肖小虹.中国农业弱质与农民贫困的现状思考.产业与科技论坛,2012,11(17):11-12.

[26] 谢欣利.农产品公司战略风险控制探讨.南昌:江西财经大学学位论文,2019.

[27] 徐雪高,沈杰,靳兴初.农业风险管理:一个研究综述.首都经济贸易大学学报,2008(5):84-90.

[28] 杨恒松.农业保险在生态农业发展中的作用.农业开发与装备,2016(3):20.

[29] 杨卫军,郭晨阳.农业风险多层次应对研究.北京:北京理工大学出版社,2018.

[30] 曾庆芬.农业的弱质性与弱势性辨析.云南社会科学,2007(6):94-97.

[31] 曾玉珍,穆月英.农业保险在农业风险管理中的优势分析.农业经济,2011(5):51-53.

[32] 张峭,庹国柱,王克,等.中国农业风险管理体系的历史、现状和未来.保险理论与实践,2020(7):1-17.

[33] 张峭,王克,汪必旺,等.农业风险综合管理:一个理论框架.农业展望,2016(3):59-65.

[34] 张叶.论农业生产风险与农业产业化经营.浙江学刊,2001(2):87-90.

[35] 郑大豪.农业弱质性的成因、影响和对策.农业技术经济,1995(4):2-6.

第五章　农业投资环境

　　本章,我们将探讨投资环境的一般情况,以帮助投资者作出正确的投资决策。对于投资者而言,选择也是一种努力,甚至是更重要的努力。投资环境是指在一定时期内,对某一地区的投资产生影响的内部和外部要素的综合(权衡等,2017)。对于某些企业来说,在其众多影响企业利润的因素当中,宏观经济和行业环境也许比其在该行业中的业绩好坏更重要。农业生产对外部环境有特定的要求,农业投资对外部环境的要求则更高。农业投资环境是指一定时期内,对农业产业发展和投资产生影响的要素及其形成的经济发展环境。农业投资环境既有其他产业投资环境的共性,也有农业投资环境的特殊性。

　　因此,本章分别从宏观投资环境、区域投资环境和行业投资环境三个方面分析投资环境,再介绍投资环境分析的方法。

5.1　宏观投资环境

　　所有企业都在宏观经济这个大环境中运行。宏观经济是决定投资业绩的重要因素。宏观投资环境是指影响整个社会资本运动的社会的、经济的、文化的各种要素的综合,它所涉及的变量参数包括:国民经济运行指标,社会发展指标,一国或一地的人文情况、政治法律制度以及地缘关系等。宏观投资环境决定了社会总体投资流向、投资总量以及投资规模与结构(张鸣,2001)。因此,必须时刻密切关注宏观经济发展和运行,把握宏观经济的走势,保持对宏观经济的敏感度,既要在宏观经济的走势中把握投资机会,也要预防经济波动和经济周期可能带来的风险与挑战。投资环境是一个内涵丰

富的系统,包含了对投资有直接或间接影响的区域范围内的地理区位、自然
资源、基础设施、原材料供应、市场化程度、竞争状况、人力资源、信息渠道、资
金融通、纳税负担、社会服务、经济政策、法律法规、社会秩序、政治形势等有
利或不利的条件与因素,涵盖了经济、社会、政治、文化、法律、自然地理、基础
设施、信息、服务以及政策等方方面面(谢国娥等,2018)。

5.1.1　宏观投资的需求冲击

　　对影响宏观经济的因素进行整体分析的一个有效方法是把它们按照需
求影响和供给影响进行分类。我们把可能影响到产品或劳务需求的事件称
为需求冲击(demand shock),例如,减税、增加货币供应量、增加政府支出、增
加对外出口需求等都是正的需求冲击。需求冲击通常会使总产出与利率或
通胀率产生同向变动。比如说,政府支出的大量增加将会刺激经济并提高
GDP。它还会提高利率,因为这提高了政府对借贷资金的需求,同时也加大
了对新项目的融资需求。如果此时对产品与劳务的需求已经超过整个经济
的总生产能力,它就会使通货膨胀加剧。而供给冲击通常会使总产出与通胀
率或利率产生反向变动。在任何一个宏观经济环境中,我们应该先分清楚这
种冲击对哪些产业是有利的,对哪些产业是不利的。假设预计将会有紧缩的
货币政策,我们就可能会停止对汽车产业的投资,因为当利率上升时,这些产
业将处于不利的地位。但要做诸如此类的预测绝非易事。

5.1.1.1　制度环境

　　经济体制是一个国家的基本经济制度,体制直接决定了各类经济资源的
配置方式和整个国民经济的运行。从世界各国来看,不同的经济制度是由不
同的国情和国家制度所决定的,不同的制度其目标取向也是不同的,制度对
整个社会的经济活动有着根本性的影响,并直接影响到投资的目标定位、管
理程序和管理方法。投资者必须密切关注市场变化,深入研究和分析引起市
场变化的各种因素,正确预测市场变化的主要趋势,才能在千变万化的市场
环境中找到适合的投资时机,获得最佳的投资收益。市场和投资之间存在着
复杂的双向影响关系,市场决定了资本的流向,资本也会影响市场的行情。
市场经济环境中,各种因素互相交织,市场既充满了风险,又充满了投资机

遇,如何把握风险、寻找合适的投资机会十分重要。

5.1.1.2 财政政策

财政政策(fiscal policy)是指政府的支出和税收行为,它是需求管理的一个重要部分。财政政策可能是刺激或减缓经济发展的最直接方式。政府支出的下降直接减少了对产品与劳务的需求;同样,税率的上升也会立即减少消费者的收入,从而导致消费的快速下降。具有讽刺意味的是,尽管财政政策对经济的影响最直接,但是这些政策的拟定和实施超乎寻常地复杂与缓慢。这是因为财政政策需要在行政机构和立法机构之间作出极大的妥协。许多政府支出,如医疗和社会保险,都是非选择性的政策;这意味着它们不是一种政策而是一种法令,于是它们就不能按照经济状况变化而进行调整,这使财政政策的形成和实施更加缺乏灵活性。

财政政策反映一个国家、一定时期的财政收入和财政支出情况。财政政策分为紧缩型和宽松型。当一个国家采用高税率等政策来增加财政收入,并同时降低其财政支出的财政政策时,我们通常称其为紧缩型财政政策。反之,国家采用降低税率,扩大财政支出和鼓励投资的财政政策时,我们称其为宽松型财政。财政政策的变化对投资有不同程度的影响。一般而言,宽松的财政政策会促进投资,因为国家财政支出的增加会相应扩大社会总投资的规模。随着经济增长的不断加快,财政政策的作用更加明显,并能保证良好的投资回报。

在经济过热的情况下,也有必要采取适度从紧的财政政策。但长期采取这样的政策,对投资的限制明显,经济增长放缓,影响投资者信心。值得注意的是,用于投资的财政支出是社会投资的重要来源。除了必须由政府承担的公共投资支出,其他投资的流动也可能预示着这些领域将获得更好的投资回报。此外,宽松的财政政策将促进宽松的金融政策,让投资者更方便地获得信贷资金,增加全社会的投资资金。同时,这一政策将促进社会消费的增长,间接创造良好的投资环境。对政府财政政策净影响归纳总结的一个普遍方法是考察政府预算的收入与支出间的差额,即是赤字还是盈余。巨额的赤字意味着政府支出大大超过了它的税收收入,巨额赤字可能会刺激经济增长。

5.1.1.3　货币政策

货币政策是指国家通过金融系统调节货币的供应量和需求,实现宏观经济目标所采取的控制、调节和稳定货币的措施的总和,是调整国家一定时期货币供应量的基本策略。宽松的货币政策将适当增加货币发行量,而紧缩的货币政策会减少一定时期的货币发行量。同时,货币发行量的变化也会引起市场利率的变动,一般来说降低利率可能意味着实行宽松的货币政策,而提高利率则可能是较严格的货币政策紧随其后。采用何种货币政策,主要取决于当时的经济运行状况和宏观调控的方向与目的。当然,货币政策对投资的影响也是复杂的,即使一样的货币政策在不同时期也会产生不同的影响。

从长期看,许多经济学家都认为货币的高供给只会导致高的价格水平,它并不能对经济活动产生持续的影响。于是货币管理当局就面临着一个两难的选择。扩张的货币政策可能会在短期内降低利率从而刺激投资并增加消费的需求,但这些做法也许会导致极高的价格水平。刺激经济与通货膨胀之间的权衡是争论货币政策正确性的内涵所在。财政政策尽管影响直接,但实施复杂;而货币政策虽易于实施与操作,但对经济的影响并不那么直接。

中央银行常用的货币政策工具有存款准备金、再贴现和公开市场业务三种。存款准备金是指在国家法律所赋予的权利范围内,通过规定或调整商业银行交存中央银行的存款准备金率控制商业银行的信用创造能力,间接地调节社会货币供应。再贴现是指中央银行通过制定或调整再贴现率干预和影响市场利率及货币市场的供应和需求,从而调节市场货币供应量的一种手段。再贴现率是其他银行向中央银行进行短期借贷时中央银行所索取的利率。而准备金率是要求银行必须以现金形式留在手中或存放在中央银行的那部分存款占银行总存款的比重。贴现率的下调预示着扩张的货币政策;准备金率的降低加大了银行中存款的借贷能力,货币供给的效率得到了提高,于是刺激了经济。

公开市场业务是指中央银行在公开市场上买进卖出有价证券进而调节货币供应的业务。中央银行可以在它自己的账户上买卖债券,买入债券时,货币供给增加。与此相反,卖出债券时,对方所支付的货币就从货币供应量中抽离。公开市场操作每天都在进行,它使得中央银行能够对其货币供给进行微调。

与财政政策相比,货币政策影响经济的方式是迂回曲折的。财政政策一般是直接影响经济发展,而货币政策则主要通过对利率的影响达到其效果。货币供给的提高降低了利率,从而刺激了投资需求。当经济中货币量增加了,投资者就会发现在他们的资产组合中现金过剩了。于是他们就会通过购买证券的方式来重新调整他们的资产组合。如果他们购买的是债券,那么债券的价格就会上升,利率就会下降。从长期来看,个人投资者也会提高他们手中的股票持有量,并最终增加实物资产的购买量,从而直接刺激人们对消费的需求。但是,货币政策对投资需求和消费需求的刺激远远不如财政政策那样直接。

5.1.1.4 利率政策

投资市场对利率的变化非常敏感。利率政策实际上是一段时间内国家货币政策的重要组成部分,是调节经济的重要杠杆。利率法主要有三种形式:一是在经济过热的情况下,着力降低通胀,适度加息;二是在经济低迷的时候刺激投资和消费,提高利率;三是制定特殊经济事项和特殊行业等的优惠利率和差别利率等。

利率给投资市场带来的效应是多样的,但是其效应往往具有一定的滞后性。利率变动对现行投资成本有直接影响,利率下降会鼓励投资,利率上升则限制投资。而利率变动对未来投资回报的影响只有在较长时期后才会体现。然而,影响投资的利率变动因素往往是多元的,并没有那么简单。某些利率政策变化可能有利于实际投资,但并不总是有利于长期投资。此外,虽然利率的变化有时能降低投资成本,但更高收益的预期投资回报不一定有利可图。

同时,利率变动对实业投资和金融投资的影响并不相同。例如,降息对证券投资短期影响显著,但对实际投资的长期影响会更大。因此,掌握利率周期性波动的规律,科学准确地预测其未来潜力,作出正确的投资决策,设定合理的投资期限,确定所需的投资回报等很重要。

5.1.1.5 税率政策

税率是财政政策的重要工具,也是投资者非常关心的政策之一。总体来看,增税不会与投资增加同步,但是减税有助于刺激投资增加。普遍的规律是，当市场行情下行和经济增长放缓时，税率普遍较低，以鼓励投资和经济增长。而当市场行情上涨，尤其是经济出现过热情况时，必须提高税率以抑制经济过快增长和投资。因此，预期收益是投资者所最为关心的，税率作为杠杆工具就是通过对预期收益的调整来引导投资，投资者应该尽量顺应市场的趋势，不要逆市场而为。

在全球化的背景下，资本在各个国家和地区不断流动，因此税率的影响是长期的。如果一国的长期税率太高，不仅导致本国资本的大量流出，而且不利于吸引国际资本。但是，在资本投资中，税率对投资的影响往往是短期的，因为税率的变化会改变投资的回报，同时也会增加投资的成本。同时，如果一个国家采取必要有效的税收和税率政策来促进重大投资开发项目，税率可以充分体现为衡量经济激励的一个重要标准。此外，税率是相对稳定的，短期内不会发生快速变化。经济政策的变化和产业政策的发展，可能不仅体现在税率的变化上，还可能体现在各种经济措施上，如财政让利、优惠信贷等，这些都可能对投资产生更大影响。

5.1.1.6 产业政策

一定时期社会经济发展的产业结构，是决定一定时期整个国民经济效益的最基本的经济联系，产业结构是国家宏观产业政策对投资影响的具体表现。产业结构包含多层次和多方面的内容，如产值结构、资本结构、行业结构和就业结构等。一定时期国家的产业结构发挥其合理资源配置和资源转化的功能的充分程度，从整体上就决定了一国经济的投资规模。在产出目标既定的前提下，产业结构运行机制的状态越好，那么全社会所需的投资总额就越少。

产业结构内在的经济关联度主要是从投资的效率上反作用于投资。在投资决策中，有必要细致研究长短线产业的关系，因为国家为了保证产业结构投入与产出之间的比例均衡和前后衔接关系，必然要对其作合理的结构安排。这里讲的长线是产出大于需求的产业或产品，而短线是指产出小于需求的产业或产品。显然抓住短线产业投资，不但投资风险小，收益稳定，而且预期投资收益也较大。但产业政策是国家制定的，它是发展和多变的，以前是扶持性或鼓励性产业，现在就可能成为限制性产业，经济形势发展得越快，那么社会宏观产业结构的调整也就会变化得越快。必须正确把握国家宏观产业结构的决策和发展方向,仔细研究经济和环境问题,这在投资决策中至关重要,因为如果对产业结构发展方向判断错误,将导致投资失败。同时,宏观产业政策往往与政府的各种优惠和限制政策紧密结合,把握好产业政策往往能够获得更大的收益。

5.1.1.7 经济条件

一定时期社会的经济运行状况,首要的是社会总需求与总供给之间的关系。总供给是衡量一个国家经济生产能力的指标,总需求是一个国家在一段时间内的消费能力的反映。根据供给需求理论,两者之间的不平衡表明一个国家生产过多,对消费缺乏信心;或者一个国家的产量不足以完全满足国民消费的需求。

从供需角度来说,宏观经济运行状况以不同方式影响投资。如果总供给和总需求平衡,通常不需要增加或减少投资,而投资增长率仍然与总供给和总需求的增长成正比;如果总供给大于总需求,那么就应该考虑两个发展方案,一种情况是由投资需求引起的,那么它应该对投资有一定的刺激作用,因为此时的投资增长将降低成本,同时投资增长将转化为消费需求增长,这对刺激经济增长和发展来说是有益的;第二种情况是总供给大于总需求不是投资需求的结果,那么它可能会受到投资的抑制,因为没有足够的社会需求就会导致投资回报降低,资本也会流向其他地方,投资前景也会不佳;如果总供给小于总需求,那么可以通过刺激和加大投资的手段来增加社会供给,供给的增加也会让投资者看到市场机会。

然而,总供给和总需求之间的关系是双向的。投资的增长不仅在生产侧增加了社会供给,也在需求侧增强了社会的消费能力。此外,应对宏观经济影响状况应该具体问题具体分析,即使宏观市场情况不利于投资并不意味着对特定的投资是不利的,因为不同行业和不同地区受到的宏观影响是不同的。同样,宏观环境对投资是利好的,并不意味着特定的投资就一定有利可图,也不宜在宏观经济较好的时候盲目投资。

5.1.1.8 经济周期

预测宏观经济走强还是衰退,是决定资产配置决策的重要因素。经济周期是指经济发展过程中经济扩张与收缩的交替,主要体现在经济增长率指标的变化上。经济周期分为两阶段周期和四阶段周期。一般来说,两阶段周期理论中一个经济周期由一个扩张期和随后的收缩期组成。它有两个转折点,即扩张期向收缩期转变的高峰和收缩期恢复的最低点。四阶段经济周期理论将经济周期分为繁荣、衰退、萧条、复苏四个阶段。如果把循环周期中的转折点称作波峰或波谷,则波峰(peak)是指经济扩张结束后开始收缩的转折点,而当经济开始复苏时,前一次经济衰退的最底部即为波谷(trough)。

　　当经济处于经济周期的不同阶段时,不同行业可能会表现出各异的业绩。例如,在波谷的时候,因为经济马上就要从萧条走向复苏,所以那些对经济发展异常敏感的周期敏感型行业(cyclical industries)就会比其他行业有更好的发展前景。这些周期敏感型行业主要是指像汽车、洗衣机等耐用型产品的制造行业。由于在萧条期这些物品的购买会不可避免地有所推迟,所以它们的销售额对宏观经济有很大的依赖性。周期敏感型行业还包括那些资本品的生产厂商,这些产品被其他厂商用来生产他们自己的产品。当需求松弛的时候,很少会有公司要扩张从而购置这些生产资料。于是资本品行业在经济停滞期会遭受最大的打击,但在经济扩张时则会飞速增长。

　　无论在任何经济体中,经济周期都是普遍存在的,周期波动对投资领域有着重大的影响。如果预测与市场的看法不一致,那么它就会对投资策略产生很大的影响。经济会重复地经历扩张和紧缩的阶段,不过这些周期的时间长度和影响深度可能是各不相同的。一般来说,当经济处于上升阶段时适宜进行更多的投资,特别是在经济复苏初期,投资成本普遍较低,股市中股票和证券的上升空间也较大。这一时期,无论是企业投资还是证券投资都存在着风险小、成本低的特点,并且随着经济的发展,未来的收入水平会不断上升。

　　当经济周期处于上升后期,社会经济开始走弱时,其就不利于实业和证券投资,因为此时市场信心不足,消费开始下滑,投资风险显著增加,预期回报也不乐观。不过,适度投资银行业金融资产可能是有利的,因为此时各种银行存款的利率可能会上升。

　　当然,上述经济周期对投资的影响只是一个普遍规律,具体情况需要深入细致地分析。作为一个理性的投资者,面对经济周期的变化和影响,应该随时自觉有效地调整自己的投资行为和投资管理方式,以确保投资的安全和稳定。与周期敏感型行业相比较,防守型行业(defensive industries)对经济周期的敏感性很小。对于不同的经济周期阶段来说,它们所生产产品的销售量和利润是受经济状况影响最小的。防守型行业主要包括食品生产商和加工商，还有生产医疗设备的厂家和公用事业单位。当经济进入萧条期时，这些行业就会比别的行业有更出色的业绩。

5.1.2 宏观投资的供给冲击

宏观经济发展的三大目标是稳定的经济增长、稳定的社会就业和适度的通货膨胀。分析宏观经济环境必须依靠宏观经济指标来分析宏观统计数据。投资者不仅需要了解宏观经济指标的定义及其反映的宏观经济情况，同时需要观察经济指标的变化趋势以判断宏观经济指标的走势。供给冲击（supply shock）是指可能引起生产能力或成本产生变化的事件，例如，石油进口价格的变化、霜冻、洪水或干旱对大量农作物的破坏、一国劳动力教育水平的变化或劳动力愿意参加工作的最低工资率的变化，等等。

5.1.2.1 国内生产总值

国内生产总值（gross domestic product, GDP）是指一个国家在某一段时期（通常为一年）内所生产的所有最终产品和服务的价值总和。国内生产总值是衡量一个国家经济运行规模的最重要指标。GDP 的核算方法包括生产法、收入法和支出法。当前，中国主要采用的是"生产法"，就是分别计算各国民经济部门的产出总额，再对应地扣除各部门的中间消耗，最后汇总所有部门产出增加值的方法。美国则主要采用"支出法"来核算 GDP，即用整个社会购买最终产品的总支出，包括个人消费、个人国内投资、政府购买和净出口等四大类统计项目，减去产品和劳务进口的差额来计算 GDP 总量。

GDP 被视为最具概括性的宏观经济指标，因为它紧紧围绕生产创造的价值，确实衡量了整体经济的发展。快速增长的 GDP 表示该国经济正迅速扩张，企业有充足的机会来提高销售量。另一个应用较广的经济产出测度标准是工业总产量。它更多反映的是制造业方面的经济活动水平。但 GDP 过于简单的定义，导致其存在较多漏洞，因此遭到不少诟病。在实际生活中，各级政府也逐渐淡化和避免对 GDP 增长的过度关注。

5.1.2.2 通货膨胀与就业

通货膨胀是指价格全面上涨的程度。高通货膨胀经常与过热的经济联系在一起,也就是说,当对产品与劳务的需求超过该经济的生产能力时,它就会导致价格升高的压力。许多政府在它们所采取的经济政策上都非常微妙。它们希望能完全刺激经济以保证几乎为零的失业率,但不至于引发通货膨胀的压力。通胀率与失业率的权衡是众多宏观经济政策争论的焦点。

消费者物价指数(consumer price index,CPI)是一个反映居民家庭所购买的消费品和服务项目价格水平变动情况的宏观经济指标。它是在特定时段内度量一组代表性消费商品及服务项目的价格水平随时间而变动的相对数。

居民消费价格统计调查的是社会产品和服务项目的最终价格,同人民群众的生活密切相关,同时在整个国民经济价格体系中也具有重要的地位。它是进行经济分析和决策、价格总水平监测和调控及国民经济核算的重要指标。其变动率在一定程度上反映了通货膨胀或紧缩的程度。一般来讲,物价全面地、持续地上涨就被认为发生了通货膨胀。通货膨胀不但影响到居民的生活,还会影响个人的投资。

生产价格指数(producer price index,PPI)是衡量工业企业产品出厂价格变动趋势和变动程度的指数,是反映某一时期生产领域价格变动情况的重要经济指标,也是制定有关经济政策和国民经济核算的重要依据。生产者价格指数与 CPI 不同,主要的目的是衡量企业购买的一篮子物品和劳务的总费用。由于企业最终要把它们的费用以更高的消费价格的形式转移给消费者,所以,通常认为 PPI 对 CPI 具有一定的传导作用,PPI 的变动对预测 CPI 的变动是有用的。

失业率(unemployment rate)是指正在寻找工作的劳动力占总劳动力(即包括正在工作和正积极寻找工作)的百分比。失业率测度了经济运行中生产能力极限的运用程度。虽然失业率是仅与劳动力有关的数据,但从失业率可以得出其他生产要素的信息,它们有助于对该经济生产能力进一步的研究。

5.1.2.3 国际收支

国际收支是指一个国家在一定时期从国外收进的全部货币资金和向国

外支付的全部货币资金之间的对比关系。收支相等称为国际收支平衡,收入大于支出称为国际收支顺差,支出大于收入称为国际收支逆差。保持国际收支平衡是一个国家经济状况稳定的表现。国际收支不仅影响一个国家的外资利用状况,也影响着汇率的波动。

5.1.2.4　固定资产投资

固定资产投资额是以货币表示的建造和购置固定资产活动的工作量,它是反映一定时期内固定资产投资规模、速度、比例关系和投资方向的综合性指标。按照管理渠道,全社会固定资产投资总额分为基础建设投资、更新改造投资、房地产开发投资和其他固定资产投资四个部分。

5.1.2.5　金融指标

金融指标包括利率、汇率、货币供应量、金融机构存贷款余额、金融资产总量等。

货币供应量,是指一国在某一时点上为社会经济运转服务的货币存量,它由包括中央银行在内的金融机构供应的存款货币和现金货币两部分构成,是单位和居民个人在银行的各项存款和手持现金之和。

世界各国中央银行货币估计口径不完全一致,但划分的基本依据是一致的,即流动性大小。所谓流动性,是指一种资产随时可以变为现金或商品的流通程度。货币的流动性程度不同,在流通中的周转次数就不同,形成的货币购买力及其对整个社会经济活动的影响也不一样。一般来说,中央银行发行的钞票具有极强的流动性和货币性,随时可以直接作为流通手段和支付手段进入流通过程,从而影响市场供求关系的变化。商业银行的活期存款,由于可以随时支取、随时签发支票而进入流通,因此其流动性也很强,也是影响市场供求变化的重要因素。有些资产,如定期存款、储蓄存款等,虽然也是购买力的组成部分,但必须转换为现金,或活期存款,或提前支取才能进入市场购买商品,因此其流动性相对较差,它们对市场的影响不如现金和活期存款来得迅速。

中央银行可以通过增加或减少货币供应量调节信贷供给和利率,从而影响货币需求并使其与货币供给相一致。我国现行货币统计制度将货币供应量划分为 3 个层次:(1)流通现金(M0),指单位库存现金和居民手持现金之和;(2)狭义货币供应量(M1),指 M0 加上单位在银行的可开支票进行支付的活期存款;(3)广义货币供应量(M2),指 M1 加上单位在银行的定期存款和城乡居民个人在银行的各项储蓄存款以及证券公司的客户保证金。

利率是指在借贷期内所形成的利息额与本金的比率。利率有存款利率、贷款利率、国债利率、回购利率、贴现率等。利率的波动反映出市场资金供求变动状况。在经济持续繁荣增长时期资金供不应求,利率上升;经济萧条、市场疲软时,利率会随资金需求的减少而下降。利率也影响着人们的储蓄、投资和消费行为。

(1)贴现率与再贴现率。央行根据市场资金供求状况调整再贴现率,能影响商业银行资金借入的成本,进而影响商业银行对社会的信用量,从而调节货币供给总量。如果央行提高再贴现率,就意味着商业银行向央行再融资的成本提高,进而带动整个市场利率上涨,起到紧缩信用的作用,市场货币供应量减少。

(2)回购利率。国债回购是交易双方在全国统一拆借中心进行的以债券为权利质押的一种短期资金融通业务,其回购利率是一种无风险利率,可以准确反映市场资金成本和短期收益水平,比较真实地反映中国金融市场的资金供求情况,已成为央行制定货币政策、财政部和其他债券发行人制定发行策略、市场参与者进行资产管理的重要参考指标。

(3)各项存贷款利率。在其他条件不变时,利率水平上浮引起存款增加和贷款下降,一方面是居民消费支出减少,另一方面是企业的生产成本增加,它会同时抑制供给和需求。利率水平的降低则会引起需求和供给的双向扩大。

汇率是一国货币与他国货币相互交换的比率。一般来说,国际金融市场上的外汇汇率是由一国货币所代表的实际社会购买力平价和自由市场对外汇的供求关系决定的。通常直接标价法下,汇率下降,本国货币升值不利于该国的商品出口,但有利于该国的商品进口。

外汇储备是一国对外债权的总和,用于偿还外债和支付进口,是国际储备的一种。扩大外汇储备会相应增加国内需求。

5.1.2.6　财政指标

财政指标包括财政收入和财政支出。财政收支平衡是最佳状况,所谓平衡就是收支相抵,略有节余。如果国家财政支出大于财政收入,我们称之为财政赤字。中央政府一般通过发行公债(国债)的方式来弥补财政赤字。

根据国家统计局的划分,财政收入指国家财政参与社会产品分配所取得的收入,是实现国家职能的财力保证。主要包括:(1)各项税收。包括国内增值税、国内消费税、进口货物增值税和消费税、出口货物退增值税和消费税、营业税、企业所得税、个人所得税、资源税、城市维护建设税、房产税、印花税、城镇土地使用税、土地增值税、车船税、船舶吨税、车辆购置税、关税、耕地占用税、契税、烟叶税等。(2)非税收入。包括专项收入、行政事业性收费、罚没收入和其他收入。财政收入按现行分税制财政体制划分为中央本级收入和地方本级收入。

财政支出是指国家财政对筹集到的资金进行分配使用,以满足经济建设和各项事业的需要。主要包括:一般公共服务、外交、国防、公共安全、教育、科学技术、文化体育与传媒、社会保障和就业、医疗卫生、环境保护、城乡社区事务、农林水事务、交通运输、资源勘探、电力、信息、商业服务、金融监管、国土气象、住房保障、粮油物资储备管理、国债付息等方面的支出。财政支出根据政府在经济和社会活动中的不同职权,划分为中央财政支出和地方财政支出。

5.2　区域投资环境

区域投资环境是指一定的区域范围内伴随投资活动整个过程的各种周围境况和条件的总和,包括影响投资活动的自然要素、社会要素、经济要素、政治要素和法律要素等。区域投资环境一直是投资者关心的问题,投资环境是不可完全控制的因素,企业必须努力认清其所处的环境,并努力适应环境,利用环境提供的有利条件,回避不利因素。但是,区域投资环境分析没有统计的标准和方法。本节借助国内外代表性机构发布的区域投资环境的评估报告来介绍主要的区域投资环境评估维度和方法。

5.2.1　国际投资环境评估

自 2003 年首次发行以来,世界银行的《营商环境报告》就成为全球投资者对各国投资环境分析的主要来源之一。《营商环境报告》在其衡量的 10 个商业监管领域内也已经引发了世界各国 3500 余项改革。众多其他机构也将《营商环境报告》中的指标纳入相关衡量标准中,从而引发了更多关于"最佳营商环境"的讨论,推动了全球具有包容性、可持续性的经济增长。

《2020 年营商环境报告》是系列年度营商环境报告的第 17 期。这些年度报告对推动和限制商业活动的监管规则进行考察。报告就商业法规和产权保护提供量化指标,从而对从阿富汗到津巴布韦的全球 190 个经济体进行横向与纵向比较。报告覆盖了影响企业生命周期 10 个领域的监管法规:开办企业、申请建筑许可、获得电力、登记财产、获得信贷、保护少数投资者、跨境贸易、缴纳税费、执行合同和办理破产。

过去 40 年里,世界经济论坛一直对各经济体的竞争力进行对标分析,这也给予我们评价不同国家投资环境很好的参考。2019 年,世界经济论坛对全球 141 个经济体的生产力和长期经济增长的驱动因素进行了年度评估,旨在为政策制定者和其他利益相关者提供全球竞争力水平评价与排名。报告包括 12 项主要竞争力因素:制度、基础设施、通信技术、宏观经济稳定性、健康水平、技能水平、产品市场、劳动力市场、金融系统、市场规模、商业活力与创新能力。这 12 项主要竞争力因素又细分为 103 个具体指标,每项指标采取 0—100 分的计分制度。

考虑到新冠疫情的影响,我们以《2019 全球竞争力报告》(*Global Competitiveness Report* 2019)为蓝本,对当前全球各地区国际投资环境进行情况介绍。首先,从各地区总得分平均分来看,依次为亚太地区、欧洲北美地区、中东和北非、中亚、南亚、拉美加勒比地区和撒哈拉以南地区。

如表 5-1 所示,亚太地区和欧洲北美地区是市场竞争力表现最好的地区,政策环境、人力资本、市场、创新环境等各方面均位于世界前列,相比于欧洲北美地区,亚太地区在产品市场、金融系统、市场规模等方面略占优势,总得分稍高一些。中亚、中东和北非在一些方面存在着明显的短板,南亚、拉美加勒比地区和撒哈拉以南地区在经济发展的各方面因素均较为落后。

表 5-1   2019 全球竞争力报告世界各地区竞争力得分详情

地区	政策环境				人力资本		市场				创新环境		总分
	制度	基础设施	通信技术	宏观经济稳定性	健康水平	技能水平	产品市场	劳动力市场	金融系统	市场规模	商业活力	创新能力	
亚太地区	61.6	74.8	70.3	89.6	83.8	67.3	62.2	66.6	74.3	67.9	66.1	54.0	73.9
中亚	53.8	67.7	59.5	74.9	71.3	66.1	56.1	63.5	52.0	50.3	61.9	35.5	59.4
欧洲和北美地区	64.7	79.7	70.4	92.6	89.1	74.8	60.0	66.4	70.9	60.1	68.3	58.1	70.9
拉美加勒比地区	47.1	61.3	50,9	73.7	82.2	58.7	51.6	55.9	60.3	51.2	53.8	34.3	52.5
中东和北非	55.5	70.5	57.6	75.3	80.8	62.9	56.7	54.8	63.7	59.9	58.2	41.3	61.4
南亚	50.0	59.2	35.1	74.7	68.4	50.1	45.8	51.5	60.0	67.7	57.8	36.3	54.7
撒哈拉以南地区	46.9	45.0	34.3	69.4	50.8	44.3	49.3	54.6	50.8	40.4	51.8	29.4	46.3

资料来源：World Economic Forum,2019.

5.2.2   国内投资环境评估

21 世纪经济研究院是国内区域投资环境评估的主要代表。根据《中国营商环境调查报告(2022)》，"数字政府的使用率增至约 60％,进入大规模使用阶段;市场主体'最多跑一次'的比例首次超过 50％;市场主体认可'放管服'改革省时的比例超过 90％"。

2015 年 5 月 12 日,国务院召开全国推进简政放权、放管结合职能转变工作电视电话会议,正式提出"放管服"改革。

基于连续 4 年的实地访谈,课题组发现,2018—2021 年我国"放管服"改革取得的主要进展有 5 个方面。一是开办企业更便利。登记注册平均耗时从 7 天减少至 5.6 天,实现"一天注册"的市场主体从 20％增加至 29％。二是信用监管显成效。2018—2021 年,被上门检查的市场主体比例从 79％下降到 66％;2021 年使用国家企业信用信息公示系统的市场主体比例达 68％。三是服务效率持续提升。2018—2021 年,线下"最多跑一次"比例从 30％大幅提升至 51％;网上办事大厅和移动端办事系统使用率从 42％提升至 59％,进入大规模使用阶段。四是助力"六稳""六保"见实效。2021 年,面对新冠疫情带来的罕见冲击,企业创业热情不减,新增市场主体占随机访谈样本的 17％;就业大局稳定,企业就业增长指数比上年提升 3 个百分点;企业业绩增长指数比上年提升 14 个百分点。五是企业获得感不断增强。认可"放管服"改革省时间(认为与政府打交道耗时减少)的市场主体比例从 86％提升至 91％,认可"放管服"改革省费用(认为与政府打交道费用降低)的市场主体占比从 65％提升至 91％(见表 5-2)。

　　根据受访的市场主体反馈,上海、广东、北京、浙江、江苏、福建的营商环境 2018—2021 年稳居全国前 6。同时,"放管服"改革主要面临 5 个问题:"减事项"工作进入瓶颈期;数字政府建设不够充分、不够好用;各地"放管服"改革进展差距较大;市场主体面临"成长难";认为遇到不公平竞争时政府不作处理的市场主体多。

表 5-2　2018—2021 年全国"放管服"改革需求侧进展

指标	2018 年	2019 年	2020 年	2021 年
完成登记注册所需时间/天	7.0	6.9	6.2	5.6
完成登记注册所需窗口数量/个	1.8	1.8	1.7	1.7
认为办理营业执照更快捷的市场主体占比/％	75	81	78	
办理许可证的数量/个	2.0	1.8	1.8	1.8
办理许可证所需最长时间/天	26.5	21.7	17.7	
认为办理许可证数量减少的市场主体占比/％	37	25	21	16

续表

指标	2018 年	2019 年	2020 年	2021 年
国家企业信用信息公示系统使用率/%	66	66	70	68
被上门检查的市场主体占比/%	79	81	83	66
被上门检查且部门数量增多的市场主体占比/%	30	35	28	23
进驻部门数量/个	20	19.2	18.7	27.0
窗口开放率/%	92	85	85	81
"最多跑一次"的市场主体占比/%	30	42	44	51
"一窗办理"的市场主体占比/%	68	67	69	69
网上办事大厅和移动端办事系统想用率/%		92	93	88
网上办事大厅和移动端办事系统知晓率/%	59	69	77	77
网上办事大厅和移动端办事系统使用率/%	42	53	62	59
政务一体机数量/个		1.1	1.7	1.8
政务一体机上进驻部门数量/个			5.4	10.2
认为与政府打交道耗时减少的市场主体占比/%	86	87	89	91
认为与政府打交道费用降低的市场主体占比/%	65	72	74	91
认为商事制度改革对经营有积极影响的占比/%	60	66	62	64
过去半年员工增加的市场主体占比/%		34	44	51

指标	2018 年	2019 年	2020 年	2021 年
过去半年进行创新的市场主体占比/%		42	44	51
过去半年业绩变好的市场主体占比/%		42	44	51
企业对本地公平竞争环境的打分				79
在与政府职能部门或其他企业打交道的过程中遇到不公平的企业占比/%				13
认为面临不公平竞争时,政府不进行处理的企业占比/%				34

注:为使历年数据可比,课题组对 2018 年指标的计算方式进行了更新。

5.3 农业行业投资环境

5.3.1 农业投资政策环境

行业政策是投资过程中不可忽视的重要一环。政策不仅仅影响行业的未来发展趋势,还极大地影响投资项目的顺利进行。一号文件,现在已经成为中国农业顶层政策的代名词,在"三农"工作中有着极其重要的地位。1982年,中共中央发布一号文件《全国农村工作会议纪要》,此后一直到 1986 年,中央连续 5 年发布以农业、农村和农民为主题的中央一号文件,对农村改革和农业发展作出具体部署。2004—2022 年,中共中央又连续 19 年发布以"三农"为主题的中央一号文件,强调了"三农"问题在中国"重中之重"的地位。

在 2013 年之前,已有大量社会资本进入农业,政府既希望社会资本进入农业提供资金、技术,又担心资本进入农业后分割农民土地、瓜分农民利益,造成社会的不稳定,因此保持不引导投资,也不干预投资的态度,社会资本可以自由投资农业。2010 年国务院出台《关于鼓励和引导民间投资健康发展的若干意见》,鼓励民间资本拓宽投资渠道,但未专门涉及对农业领域的投资规定。

党的十八大以来,每年的中央一号文件都涉及对工商资本下乡的阐述。2013 年 11 月 9 日至 12 日在北京召开的党的十八届三中全会,提出要"鼓励和引导工商资本到农村发展适合企业化经营的现代种养业,开展多种形式的适度规模经营"。2013 年中央一号文件就提出"鼓励城市工商资本到农村发展适合企业化经营的种养业"。在 2013 年的中央一号文件中,明确提出了对于城市的工商资本,可以鼓励其用合适的方式进入农业,尤其是从事"适合企业化经营的种养业"。

随后,由于个别工商资本存在着经营不善、农民土地租金不能及时到位、土地非农化等问题,2014 年中央一号文件进行了调整,号召探索建立工商企业流转农业用地风险保障金制度,严禁农用地非农化。2014 年,农业部将农业领域划分为"红、黄、蓝、绿"四大区域,采取差别化政策措施,对工商资本参与现代农业建设进一步加强规范引导。四类区域所涵盖的农业产业领域各有不同。"绿区"是国家鼓励扶持工商资本进入的领域,承担部分公益性职能。"蓝区"是国家引导工商资本进入的领域,市场化程度较高。"黄区"是国家强化对工商资本监管的领域,涉及农民较多,属土地密集型产业。"红区"是国家限制工商资本进入的领域,具有高污染、高消耗的特点。

为尊重各地方差异性、更好地规范工商资本下乡,2015 年中央一号文件指出要尽快制定工商资本租赁农地的准入和监管办法,严禁擅自改变农业用途。为了科学规范引导社会资本投资现代农业,2015 年的中央一号文件再次强调了禁止擅自改变土地的农业用途,并要求就此制定准入和监管办法,以对工商资本租赁农地的具体做法进行规范。提出"引导和鼓励社会资本投向农村建设。鼓励社会资本投向农村基础设施建设和在农村兴办各类事业。对于政府主导、财政支持的农村公益性工程和项目,可采取购买服务、政府与社会资本合作等方式,引导企业和社会组织参与建设、管护和运营。对于能够商业化运营的农村服务业,向社会资本全面开放。制定鼓励社会资本参与农村建设目录,研究制定财税、金融等支持政策。探索建立乡镇政府职能转移目录,将适合社会兴办的公共服务交由社会组织承担"。

2016 年中央一号文件进一步提出完善工商资本租赁农地准入、监管和风险防范机制,并将经验制度化,建立长效机制以明确工商资本租赁农地的相关问题,包括准入以及监管与风险防范等。提出了"完善工商资本租赁农地准入、监管和风险防范机制。健全县乡农村经营管理体系,加强对土地流转和规模经营的管理服务"。2016年《全国农业现代化规划(2016—2020年)》明确提出,鼓励社会资本主导设立农业发展基金。

2017年的中央一号文件则提出要将工商资本投资农业农村问题制度化,工商资本下乡开始进入制度完善化阶段。2017年中央一号文件提出支持社会资本参与农林水利、农垦等项目建设运营。鼓励地方政府和社会资本设立各类农业农村发展投资基金。提出改革财政支农投入机制。坚持把农业农村作为财政支出的优先保障领域,确保农业农村投入适度增加,着力优化投入结构,创新使用方式,提升支农效能。固定资产投资继续向农业农村倾斜。发挥规划统筹引领作用,多层次多形式推进涉农资金整合。推进专项转移支付预算编制环节源头整合改革,探索实行"大专项＋任务清单"管理方式。

2018年发布的中央一号文件提出"采用投资兴业的手段,帮助乡村振兴,颁布优惠政策,刺激工商业资本对乡村的开发进行投资"。在2018年发布的中央一号文件中,对乡村振兴的具体实施进行了全面的战略规划。文件指出,要重视对农村开发项目的投入,采用投资兴业的手段帮助乡村振兴,颁布优惠政策刺激工商业资本对乡村的开发进行投资。

2020年召开的党的十九届五中全会更是提出,全面实施乡村振兴战略,强化以工补农、以城带乡,推动形成工农互补、城乡互补、协调发展、共同繁荣的新型工农城乡关系,加快农业现代化。吸引和引导工商资本下乡,对缩小城乡差距、促进城乡融合,形成工业反哺农业、城市支持农村的发展格局,推进乡村振兴战略的全面实施具有重要意义。为此,农业农村部2020年发布了《社会资本投资农业农村指引》,2021年修订发布了《社会资本投资农业农村指引(2021年)》,该文件明确了鼓励投资的重点产业和领域,即现代种养业、现代种业、乡村富民产业、农产品加工流通业、乡村新型服务业、生态循环农业、农业科技创新、农业农村人才培养、农业农村基础设施建设、智慧农业建设、农村创业创新、农村人居环境整治和农业对外合作,对农业农村领域的投资具有重要的指导作用。投入方式上,根据各地农业农村实际发展情况,鼓励相关主体因地制宜创新投融资模式,通过独资、合资、合作、联营、租赁等途径,采取特许经营、公建民营、民办公助等方式,健全联农带农有效激励机制,稳妥有序投入乡村振兴。

农业现代化建设连续多年成为中央一号文件的关键词。2021年2月21日,《中共中央 国务院关于全面推进乡村振兴 加快农业农村现代化的意见》

发布,提出到 2025 年,农业农村现代化取得重要进展,农业基础更加稳固,粮食和重要农产品供应保障更加有力,农业生产结构和区域布局明显优化,农业质量效益和竞争力明显提升,现代乡村产业体系基本形成,有条件的地区率先基本实现农业现代化。随后,2021 年 5 月 7 日,农业农村部办公厅国家乡村振兴局综合司印发《社会资本投资农业农村指引(2021 年)》,旨在切实发挥社会资本投资农业农村、服务乡村全面振兴的作用,满足乡村振兴多样化投融资需求,汇聚社会资本力量推进全面实施乡村振兴战略。该文件梳理提出了 13 个重点产业和领域,包括:现代种养业、现代种业、乡村富民产业、农产品加工流通业、乡村新型服务业、生态循环农业、农业科技创新、农业农村人才培养、农业农村基础设施建设、智慧农业建设、农村创业创新、农村人居环境整治、农业对外合作。提出鼓励社会资本创办农业科技创新型企业,参与农业关键核心技术攻关,开展生物种业、高端智能和丘陵山区农机、渔业装备、绿色投入品、环保渔具和玻璃钢等新材料渔船等领域的研发创新、成果转化与技术服务。鼓励社会资本牵头建设农业领域国家重点实验室等科技创新平台基地,参与农业科技创新联盟、国家现代农业产业科技创新中心等建设。2021 年 5 月 14 日,农业农村部、财政部发布《关于做好 2021 年农业生产发展等项目实施工作的通知》,部署农业产业融合发展的相关工作。统筹布局建设一批国家现代农业产业园、优势特色产业集群和农业产业强镇,加快推动品种培优、品质提升、品牌打造和标准化生产,整体提升产业链发展质量效益和竞争力。促进家庭农场和农民合作社高质量发展,培育高素质农民,健全农业社会化服务体系,扶持带动小农户发展。2021 年 8 月 23 日,农业农村部等 6 部门联合发布《"十四五"全国农业绿色发展规划》的通知,强调要目标同向,聚焦农业绿色发展重点任务,列出清单,细化措施,逐项落实;资源同聚,资金、人才、技术等资源要素要向农业绿色发展的重点领域和重点区域聚集,发挥集合效应,提升农业发展质量;力量同汇,创新推进机制,形成政府引导、市场主导、社会参与的格局。

2021 年 11 月 12 日,国务院发布《关于印发"十四五"推进农业农村现代化规划的通知》(国发〔2021〕25 号),"十四五"时期是我国全面建成小康社会、实现第一个百年奋斗目标之后,乘势而上开启全面建设社会主义现代化国家新征程、向第二个百年奋斗目标进军的第一个五年,"三农"工作重心历史性转向全面推进乡村振兴,加快中国特色农业农村现代化进程。推进农业现代化必须注意农业的发展特征,包括:必须立足国情农情特点;必须立足农业产业特性;必须立足乡村地域特征。给定中国农业发展特征,如何促进资本投资的农业流入,是中国农业现代化必须破解的难题。由于农业在国民经济的基础地位和它自身固有的弱质性,政府农业投资(中央财政"三农"支出)的最优规模、支出结构和管理机制研究,受到国内外许多科研机构和学者的关注,涌现了大量的研究成果和先进经验。由于弱质产业的特性,外部投入对农业发展尤为重要,特别是在社会资本投入方面。

5.3.2 农业区域布局政策

根据《国务院关于印发全国农业现代化规划(2016—2020 年)的通知》精神,为促进区域农业统筹发展,将中国农业发展区域划分为优化发展区、适度发展区和保护发展区三个区域,对不同区域作出了不同的要求(见表 5-3)。

表 5-3 中国区域农业发展重点

区域	定位	地理区域	要求
优化发展区	对水土资源匹配较好的区域,提升重要农产品生产能力,壮大区域特色产业,加快实现农业现代化	东北区	合理控制地下水开发利用强度较大的三江平原地区水稻种植规模,适当减少高纬度地区玉米种植面积,增加食用大豆生产。适度扩大生猪、奶牛、肉牛生产规模。提高粮油、畜禽产品深加工能力,加快推进黑龙江等垦区大型商品粮基地和优质奶源基地建设
		华北区	适度调减地下水严重超采地区的小麦种植,加强果蔬、小杂粮等特色农产品生产。稳定生猪、奶牛、肉牛肉羊养殖规模,发展净水渔业。推动京津冀现代农业协同发展
		长江中下游区	稳步提升水稻综合生产能力,巩固长江流域"双低"(低芥酸、低硫甙)油菜生产,发展高效园艺产业。调减重金属污染区水稻种植面积。控制水网密集区生猪、奶牛养殖规模,适度开发草山草坡资源发展草食畜牧业,大力发展名优水产品生产
		华南区	稳定水稻面积,扩大南菜北运基地和热带作物产业规模。巩固海南、广东天然橡胶生产能力,稳定广西糖料蔗产能,加强海南南繁基地建设。稳步发展大宗畜产品,加快发展现代水产养殖

续表

区域	定位	地理区域	要求
适度发展区	对农业资源环境问题突出的区域,重点加快调整农业结构,限制资源消耗大的产业规模,稳步推进农业现代化	西北区	调减小麦种植面积,增加马铃薯、饲用玉米、牧草、小杂粮种植。扩大甘肃玉米良种繁育基地规模,稳定新疆优质棉花种植面积,稳步发展设施蔬菜和特色园艺。发展适度规模草食畜牧业,推进冷水鱼类资源开发利用
		北方农牧交错区	推进农林复合、农牧结合、农牧业发展与生态环境深度融合,发展粮草兼顾型农业和草食畜牧业。调减籽粒玉米种植面积,扩大青贮玉米和优质牧草生产规模,发展奶牛和肉牛肉羊养殖
		西南区	稳定水稻种植面积,扩大马铃薯种植,大力发展特色园艺产业,巩固云南天然橡胶和糖料蔗生产能力。合理开发利用草地资源和水产资源,发展生态畜牧业和特色渔业
保护发展区	对生态脆弱的区域,重点划定生态保护红线,明确禁止类产业,加大生态建设力度,提升可持续发展水平	青藏区	严守生态保护红线,加强草原保护建设。稳定青稞、马铃薯、油菜发展规模,推行禁牧休牧轮牧和舍饲半舍饲,发展牦牛、藏系绵羊、绒山羊等特色畜牧业
		海洋渔业区	控制近海养殖规模,拓展外海养殖空间。扩大海洋牧场立体养殖、深水网箱养殖规模,建设海洋渔业优势产业带

根据《国务院关于建立粮食生产功能区和重要农产品生产保护区的指导意见》(国发〔2017〕24 号),我国明确了部分区域为主要的粮食生产功能区和重要农产品生产保护区。

(1)粮食生产功能区。划定粮食生产功能区 9 亿亩,其中 6 亿亩用于稻麦生产。以东北平原、长江流域、东南沿海优势区为重点,划定水稻生产功能区 3.4 亿亩;以黄淮海地区、长江中下游、西北及西南优势区为重点,划定小麦生产功能区 3.2 亿亩(含水稻和小麦复种区 6000 万亩);以松嫩平原、三江平原、辽河平原、黄淮海地区以及汾河和渭河流域等优势区为重点,划定玉米生产功能区 4.5 亿亩(含小麦和玉米复种区 1.5 亿亩)。

(2)重要农产品生产保护区。划定重要农产品生产保护区 2.38 亿亩(与粮食生产功能区重叠 8000 万亩)。以东北地区为重点,黄淮海地区为补充,划定大豆生产保护区 1 亿亩(含小麦和大豆复种区 2000 万亩);以新疆为重点,黄河流域、长江流域主产区为补充,划定棉花生产保护区 3500 万亩;以长江流域为重点,划定油菜籽生产保护区 7000 万亩(含水稻和油菜籽复种区 6000 万亩);以广西、云南为重点,划定糖料蔗生产保护区 1500 万亩;以海南、云南、广东为重点,划定天然橡胶生产保护区 1800 万亩。

近年来,农业农村部会同国家发展改革委、财政部等部门印发《关于开展特色农产品优势区创建工作的通知》《特色农产品优势区建设规划纲要》《中国特色农产品优势区管理办法(试行)》,指导各地开展特色农产品优势区创建。从 2017 年起,农业农村部等七部委共认定四批 308 个中国特色农产品优势区,培育了青稞、高粱、谷子、糜子等特色产业体系,推动不同区域优势特色产业不断做大做强。

农业农村部为促进区域特优区品牌创建,指导印发《中国农产品区域公用品牌建设指南》,引导鼓励特优区开展品牌建设。从 2011 年起,每年推出和认定一批农产品区域公用品牌。发展地理标志农产品对推进特色产业发展、振兴乡村经济具有重要意义。到 2020 年 11 月,全国地理标志农产品已达 3090 个。从 2018 年起,地理标志农产品保护工程开始实施,各地共落实专项资金 13 亿多元,支持了 443 个地理标志农产品发展,打造了一批以地理标志农产品为引领、一二三产业融合发展为依托、生产生活生态协调的乡村特色产业发展样板。

5.3.3 项目投资产业链选择

国家战略和政策,往往是投资机会的窗口。随着脱贫攻坚战完成,全面推进乡村振兴、加快农业农村现代化成为当前农业农村的新形势新要求。2021 年 4 月 22 日,农业农村部依据中央 1 号文件、"十四五"规划等政策文件,制定了《社会资本投资农业农村指引(2021 年)》,某种程度上可以看作一份引导社会资本投资农业农村的指南。指引中提出了 13 个投资领域,包括现代种养业、现代种业、乡村富民产业、农产品加工流通业、乡村新型服务业、生态循环农业、农业科技创新、农业农村人才培养、农业农村基础设施建设、智慧农业建设、农村创业创新、农村人居环境整治和农业对外合作,表 5-4 至表 5-6 按照农业生产(产前—产中—产后)、农业上下游、农村发展 3 个板块进行了重新归类。

表 5-4　根据农业生产种类及过程分类

生产类型	产前	产中			流通	仓储	产后		环境与生态保护
	种苗	种类	生产方式	生产服务			加工	销售	
种植	商业化育种 建立现代种业体系 生物育种产业化应用 参与国家南繁育种基地建设 加强种质资源保护利用、育种创新，品种检测测试、良种示范与推广，品种示范区、良种繁育等产能力建设	巩固主产区粮棉油糖胶生产 发展青贮玉米、高产优质苜蓿等饲草料生产	发展规模化、标准化，品牌化和绿色化养殖 大力发展设施农业		建设国家级农产品产地市场和田头市场	建设农产品仓储保鲜冷链物流体系 建设一批贮藏保鲜、分级包装、冷链配送	集约化加工基地 粮食主产区和特色农产品优势区发展农产品加工工业	发展特色农产品优势区，发展绿色农产品，有机农产品和地理标志农产品 发展"一村一品""一镇一特""一县一业"	参与农业农村减排固碳 参与农业绿色种养循环试点，畜禽粪污资源化利用，秸秆综合利用，农膜农药包装物回收行动，病死畜禽无害化处理、废弃渔网具回收再利用 投资农村可再生能源开发利用（探索和成型燃料供暖供热、沼气生物天然气（供热新模式）
养殖	推进甘肃、四川国家级制种基地建设与提档升级、加快制种大县和区域性良繁基地建设 投资畜禽水产保种场（保护区）、国家畜禽水产种质资源基因库，种畜禽场、种畜禽质量检测定站、种畜禽场站建设	发展草食畜牧业 发展牛羊产业 推进禽肉禽等产业 发展建设优质奶源基地 发展水产绿色健康养殖 发展远洋渔业	构建现代养殖体系、合理布局规模化养殖场 升级改造中小奶牛养殖场 开展集约化工厂化生态循环水养殖、稻渔综合种养、大水面生态养殖、盐碱水养殖和深远海智能网箱养殖	开展农业生产托管服务 建设一批农业科技服务企业、服务型农民合作社	打造农产品物流节点	田头小型仓储保鲜冷链设施 建设产地低温直销配送中心 仓储物流基地	推动初加工、精深加工，副产物综合利用产地加工协调发展 建设农产品基地和加工强县	发展农超、农社、农企等对接新型流通业态 建设区域公用品牌，打造一批"土字号""乡字号"特色农产品品牌和具有市场竞争力的农业企业品牌	参与长江黄河等流域生态保护、东北黑土地保护、农业面源污染治理、重金属污染耕地治理修复

表 5-5　根据农业上下游产业分类

区域发展	第三产业	信息化服务 （智慧农业）	科技创新	对外合作
建设现代农业产业园、农业产业强镇、优势特色产业集群 标准化生产基地、集约化加工基地、仓储物流基地 发展具有民族、文化与地域特色的乡村手工业，发展一批家庭工厂、手工作坊、乡村车间 区域公用品牌建设，打造一批"土字号""乡字号"特色产品品牌和具有市场竞争力的农业企业品牌 建设规范化乡村工厂、生产车间，发展特色食品、制造、手工业和绿色建筑建材等乡村产业	发展休闲农业、乡村旅游、餐饮民宿、创意农业、农耕体验、康养基地等产业 发展乡村特色文化产业（农商文旅体融合，建设农耕主题博物馆、村史馆，传承农耕手工艺、曲艺、民俗节庆） 发展农业生产托管服务 建设一批农业科技服务企业、服务型农民合作社	建设智慧农业（推进农业遥感、物联网、5G、人工智能、区块链等应用） 鼓励参与农业农村大数据建设，基础数据资源体系和重要农产品全产业链大数据中心建设 鼓励参与农村地区信息基础设施建设 鼓励参与"互联网＋"农产品出村进城工程建设	创办农业科技创新型企业（参与农业关键核心技术攻关，开展生物种业、高端智能和丘陵山区农机、渔业装备、绿色投入品、环保渔具和玻璃钢等新材料渔船等领域的研发创新、成果转化与技术服务） 建设农业领域国家重点实验室等科技创新平台基地（参与农业科技创新联盟、国家现代农业产业科技创新中心等建设） 发展技术交易市场和科技服务机构，提供科技成果转化服务，加快先进实用技术集成创新与推广应用	海外农业投资合作，在"一带一路"共建国家投资经营粮、棉、油、糖、胶、畜、渔等生产加工、仓储物流项目，建设境外农业合作园区 参与农业服务出口（带动农资、农机、农产品加工等领域产能走出去） 参与农业国际贸易高质量发展基地、农业对外开放合作试验区等建设（创新农业经贸合作模式、对接有关规则标准、培育出口农产品品牌、建设国际营销促销网络）

表 5-6　根据农村发展分类

便民服务	人才培养	基础设施	农村创业	人居环境整治
改造传统小商业、小门店、小集市等商业网点 发展批发零售、养老托幼、文化教育、环境卫生等生活性服务业,发展线上线下相结合的服务网点	参与农业生产经营人才、农村二三产业发展人才、乡村公共服务人才、乡村治理人才、农业农村科技人才、乡村基础设施建设和管护人才等培养 打造乡村人才孵化基地 促进农业农村人才脱颖而出	高标准农田建设、农田水利建设 农村资源路、产业路、旅游路和村内主干道建设,丘陵山区农田宜机化改造,规模化供水工程建设和小型工程标准化改造,建设乡村储气罐站和微管网供气系统,渔港和避风锚地建设	建设返乡入乡创业园、农村创业创新园区和孵化实训基地等平台载体 开展面向农村创业创新带头人的创业能力、产业技术、经营管理培训,建设产学研用协同创新基地	参与农村人居环境整治提升五年行动健全农村生活垃圾收运处置体系,建设一批有机废弃物综合处置利用设施(农村厕所革命、农村生活垃圾治理、农村生活污水治理等项目) 参与村庄清洁和绿化行动 推进农村人居环境整治与发展乡村休闲旅游等有机结合

5.4　投资环境分析方法

5.4.1　投资环境分析的理论基础

5.4.1.1　有效市场假说

1970 年,尤金·法玛(Eugene Fama)提出了"有效市场假说"(efficient market hypothesis),认为如果在一个市场中,价格完全反映了所有可获得的信息,那么就可称其为有效市场。有效市场理论有四个假设前提:(1)市场信息是被充分披露的,每个市场参与者在同一时间内得到等量等质的信息,信息的发布在时间上不存在前后相关性;(2)信息的获取是没有成本或几乎是没有成本的;(3)存在大量的理性投资者,他们为了追逐最大的利润,积极参与到市场中来,理性地对证券进行分析、定价和交易。其中包括三点:第一,假设投资者是理性的,那么投资者就可以理性评估资产价值;第二,即使有些投资者不是理性的,但由于他们的交易随机产生,交易相互抵消,不至于影响资产的价格;第三,即使投资者的非理性行为并非随机而是具有相关性,他们在市场中将遇到理性的套期保值者,后者将消除前者对价格的影响;(4)投资者对新信息会作出全面的、迅速的反应,从而导致股价发生相应变化。

根据可获信息集合可以定义三类有效市场:弱式、半强式和强式。在弱式有效市场,商品价格能充分反映历史交易价格和交易量中所隐含的信息,市场的历史事件序列信息都包括在当前的价格变化之中,过去、现在和未来的价格变化是相互独立的;在半强式有效市场,当前价格不仅充分反映了所有历史价格信息,而且也充分反映了所有公开信息,价格会对各种公开市场信息的发布作出及时调整,所以依靠公开市场因素的变化来取得超额的利润是不可能的;在强式有效市场,商品价格能充分反映所有公开渠道的各种信息,市场价格充分反映了其内在价值。同样,投资者无法利用这些信息获得超额投资利润。

三类市场相比较而言,弱式有效市场假说遵循收益率独立的规律,能够针对当前的资本市场行情显示出往期信息,但不能用过去的收益率来预测未来收益率,因为过去的收益率与未来收益率之间不存在任何关系,这就导致投资者很难获得精准的投资策略;而强式有效市场假说能够保证投资者获得全部信息,进而使投资者享受到丰硕的成果(姚从容,2019)。

5.4.1.2　随机漫步理论

1827 年,苏格兰生物学家罗伯特·布朗(Robert Brown)发现水中的花粉及其他悬浮的微小颗粒不停地作不规则的曲线运动,继而用自己的名字把这种不可预测的自由运动称为"布朗运动"。1959 年,奥斯本(M. F. M Osborne)以布朗运动原理作为研究视角,提出了随机漫步理论,认为股票交易中买方与卖方同样聪明机智,股票价格形成是市场对随机到来的事件信息作出的反应,现今的股价已基本反映了供求关系;股票价格的变化类似于布朗运动,具有随机漫步的特点,其变动路径没有任何规律可循。因此,股价波动是不可预测的,根据技术图表来预知未来股价走势的说法,实际上是一派胡言。基于布朗运动的对数正态随机漫步理论,逐渐成为金融市场研究的经典框架,也为之后量化金融的发展奠定了基础。

5.4.2　投资环境多因素分析法

投资环境是一个复杂的非线性系统,同时它又受到自然和社会、国内和国际诸多因素的影响和制约。投资环境评价首先考虑的是对其正面因素进行分解,将复杂系统简单化,再对诸正面因素进行评分计量,从而得出一个明确的、可操作的定性和定量概念。具体评价投资环境的方法很多,大都是将众多影响投资的环境因素分解为若干具体指标,然后综合评价,包括冷热评估法、等级评分法、层次分析法、网络分析法、多元混合标准、模糊评价方法等(朱延福,2012)。

　　本章着重介绍投资环境多因素分析法(又称为投资环境等级尺度法或投资环境等级评分法),这一方法由美国经济学家罗伯特·斯托伯提出。多因素分析法的特点是,根据国际投资环境所起的作用和影响程度的不同而确定其不同的等级分数,再按每一个因素中的有利或不利的程度给予不同的评分,最后把各因素的等级得分进行加总作为对投资环境的总体评价。总分越高表示其投资环境越好,越低则投资环境越差。相比于其他方法的复杂性,多因素分析法简单易操作,投资者可以依据自己的认知给投资环境打分,等级评分标准见表 5-7。

表 5-7　投资环境因素等级评分标准

因素		分数	因素		分数
(1)抽回资本 (0—12分)	①无抽回	12	(2)外商股权 (0—12分)	①准许并欢迎全部外资股权	12
	②只有时间上的限制	8		②准许全部外资股权但不欢迎	10
	③对资本有限制	6		③准许外资占大部分股权	8
	④对资本和红利都有限制	4		④外资最多不得超过股权半数	6
	⑤限制繁多	2		⑤只准外资占小部分股权	4
	⑥禁止资本抽回	0		⑥外资不得超过股权的三成	2
	—	—		⑦不准外资控制任何股权	0

	因素	分数		因素	分数
(3)歧视和管制(0—12分)	①对外商与本国企业一视同仁	12	(4)货币稳定性(4—20分)	①完全自由兑换	20
	②对外商略有限制但无管制	10		②黑市与官价差距小于一成	18
	③对外商有少许管制	8		③黑市与官价差距在一成与四成之间	14
	④对外商有限制并有管制	6		④黑市与官价差距在四成与一倍之间	8
	⑤对外商有限制并严加管制	5		⑤黑市与官价差距在一倍以上	4
	⑥对外商严格限制和严格管制	2		—	—
	⑦禁止外商投资	0		—	—
(5)政治稳定性(0—12分)	①长期稳定	12	(6)给予关税保护的意愿(2—8分)	①给予充分保护	8
	②稳定但因人而治	10		②给予相当保护,以新工业为主	6
	③内部分裂但政府掌权	8		③给予少许保护,以新工业为主	4
	④国内外有强大的反对力量	4		④保护甚少或不予保护	2
	⑤有政变和激变的可能	2		—	—
	⑥不稳定,极有可能发生政变和激变	0		—	—

续表

因素		分数	因素		分数
	①完善的资本市场,有公开的证券交易所	10		①小于1%	14
	②有少量当地资本,有投机性证券交易所	8		②1%—3%	12
(7)当地资金的可供程度(0—10分)	③当地资本少,外来资本不多	6	(8)近5年的通货膨胀率(2—14分)	③3%—7%	10
	④短期资本极其有限	4		④7%—10%	8
	⑤资本管制很严	2		⑤10%—15%	6
	⑥高度的资本外流	0		⑥15%—35%	4
	—	—		⑦35%以上	2

5.5 案例:共建"一带一路"国家投资环境分析

当前,"一带一路"建设已进入新阶段,我国与共建"一带一路"国家的经贸投资合作水平不断提升。为客观梳理各国家投资环境的优势和不足,帮助企业在投资合作过程中发现机遇和规避风险,国家信息中心大数据发展部于2018年研发了共建"一带一路"国家投资环境指数,从政治环境、经济环境、营商环境、自然环境、对华关系等方面构建了包括5个一级指标、13个二级指标、28个三级指标在内的评价指标体系(见表5-8)。投资环境水平总分100分,按分值划分为"高"(80—100分,含100分)、"较高"(60—80分,含80分)、"中等"(40—60分,含60分)、"较低"(20—40分,含40分)、"低"(0—20分,含20分)五个等级(于施洋等,2018)。

表 5-8　共建"一带一路"国家投资环境评价指标体系

一级指标	二级指标	三级指标
政治环境(22)	政治稳定性(8)	政权平稳度(4)
		治理包容度(4)
	社会稳定性(6)	恐怖袭击(3)
		暴力犯罪(3)
	外部稳定性(8)	—
经济环境(22)	经济基础(12)	经济发展水平(5)
		国际收支(3)
		通货膨胀(2)
		就业水平(2)
	金融环境(10)	汇率稳定性(5)
		外债偿付(5)
营商环境(22)	政府治理(8)	行政效率(2)
		法治程度(2)
		汇兑限制(2)
		税务负担(2)
	市场环境(6)	市场容量(2)
		商业管制(2)
		劳动力市场监管(2)
	基础设施(8)	电力设施(3)
		运输基础设施(5)

续表

一级指标	二级指标	三级指标
自然环境(18)	矿产资源(15)	矿物储量(8)
		矿产品出口(7)
	气候(3)	—
对华关系(16)	政治互信(4)	高层互访(2)
		伙伴关系(2)
	投资保障(3)	双边投资协定(1)
		双边监管合作协议(1)
		多边税收协定(1)
	文化好感(9)	民众积极情绪(6)
		文化融合(3)

测评结果显示,共建"一带一路"国家投资环境的平均得分为 61.13,新加坡、新西兰、韩国、阿联酋、俄罗斯的投资环境位列前 5。其中,38 个国家处于"较高"水平,占比 53.52%;31 个国家处于"中等"水平,占比 43.66%,2 个国家处于"较低"水平,占比 2.82%(见表 5-9)。

表 5-9　共建"一带一路"国家投资环境指数排名

排名	国家	总分	等级	排名	国家	总分	等级
1	新加坡	78.19	较高	37	蒙古国	60.32	较高
2	新西兰	77.76		38	约旦	60.26	
3	韩国	76.60		39	柬埔寨	59.65	中等
4	阿联酋	75.14		40	阿塞拜疆	59.63	
5	俄罗斯	74.83		41	老挝	59.30	
6	印度尼西亚	74.13		42	埃及	58.98	
7	波兰	73.66		43	伊朗	58.95	
8	匈牙利	73.19		44	亚美尼亚	58.59	
9	越南	72.29		45	白俄罗斯	57.78	
10	捷克	71.75		46	阿尔巴尼亚	57.56	
11	泰国	71.71		47	塔吉克斯坦	57.24	
12	卡塔尔	69.69		48	斯里兰卡	57.09	
13	马来西亚	69.66		49	格鲁吉亚	56.98	
14	沙特阿拉伯	69.58		50	缅甸	56.79	
15	立陶宛	69.38		51	乌兹别克斯坦	56.54	
16	拉脱维亚	68.90		52	黑山	56.15	
17	以色列	68.83		53	波黑	55.23	
18	爱沙尼亚	68.64	较高	54	吉尔吉斯斯坦	55.09	中等
19	罗马尼亚	68.64		55	土库曼斯坦	55.03	
20	印度	68.54		56	巴拿马	54.72	
21	科威特	68.02		57	伊拉克	54.02	
22	阿曼	66.74		58	埃塞俄比亚	53.75	
23	哈萨克斯坦	66.54		59	孟加拉国	53.32	
24	斯洛文尼亚	66.29		60	马达加斯加	53.29	
25	斯洛伐克	66.00		61	黎巴嫩	52.14	
26	菲律宾	65.67		62	尼泊尔	51.69	
27	南非	65.41		63	乌克兰	51.53	
28	文莱	64.73		64	马尔代夫	50.35	
29	克罗地亚	64.72		65	摩尔多瓦	50.35	
30	保加利亚	64.53		66	东帝汶	46.15	
31	巴林	63.39		67	也门	45.83	
32	塞尔维亚	63.29		68	阿富汗	45.81	
33	摩洛哥	63.12		69	不丹	45.26	
34	巴基斯坦	62.93		70	叙利亚	31.01	较低
35	土耳其	62.25		71	巴勒斯坦	27.47	
36	马其顿	61.55			平均分	61.13	较高

如图 5-1 所示,从"政治环境"角度而言,东欧地区总体稳定,中亚、西亚和南亚各存短板。"政治环境"指标包括政治稳定性、社会稳定性、外部稳定性 3 个二级指标,总体平均分 15.45。爱沙尼亚、拉脱维亚、斯洛文尼亚、新西兰和蒙古国位列前 5。"政治环境"排名前 20 的国家中,东欧地区国家有 13 个。中亚地区政权稳定性较弱,据美国系统和平中心发布的《2017 年全球报告:冲突、治理和脆弱状态》,吉尔吉斯斯坦在"政治有效性"和"政治合法性"方面为"高脆弱性",哈萨克斯坦为"中度脆弱性"。西亚和南亚国家恐怖袭击时有发生,社会稳定性总体偏低,这两个地区部分国家恐怖主义隐患未得到有效遏制。

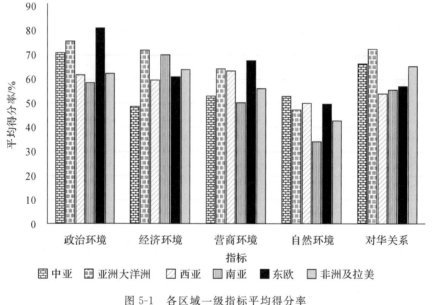

图 5-1　各区域一级指标平均得分率

从"经济环境"角度而言,越南、印度、以色列排名前 3,西亚富裕国家的金融环境较好。"经济环境"指标包括经济基础、金融环境 2 个二级指标,总体平均分 13.89,越南、印度、以色列、韩国和孟加拉国位列前 5。其中,越南、印度、孟加拉国等发展中国家在 GDP 增速、汇率、通胀率等指标上相对均衡,经济发展势头较好。沙特阿拉伯等西亚产油国金融环境平稳,这些国家凭借其稳定的汇率和较低的外债比例取得较高得分。前 20 名国家中,西亚地区占据 8 席,尤其在汇率方面,西亚地区的沙特阿拉伯、阿联酋、卡塔尔、巴林、阿曼等国 2013—2017 年汇率几乎未变,保持较高的稳定性。

　　从"营商环境"角度而言,新加坡、新西兰、阿联酋最优,部分国家营商软硬件环境均存在明显短板。"营商环境"指标包括政府治理、市场环境、基础设施3个二级指标,总体平均分13.63,新加坡、新西兰、阿联酋、以色列和卡塔尔分列前5。亚洲大洋洲、东欧、西亚地区政府治理能力较强,亚洲大洋洲地区市场环境整体较好,东欧地区基础设施最为完备。柬埔寨、缅甸、东帝汶、埃塞俄比亚、马达加斯加等部分国家受发展水平影响,电力等基础设施硬件条件和政府治理、市场环境等软环境均处于靠后位置。

　　从自然环境角度而言,各国资源禀赋差别明显,气候总体平稳。"自然环境"指标包括矿产资源、气候2个二级指标,总体平均分8.48,排名前5的国家分别是俄罗斯、哈萨克斯坦、印度尼西亚、伊朗和沙特阿拉伯。矿产资源方面,俄罗斯、伊朗、哈萨克斯坦分列前3,新加坡、马尔代夫、不丹等国的石油、煤炭、天然气、铁矿、铜矿等资源均贫乏,国家间矿产资源禀赋差距较大。气候方面,共建"一带一路"国家气候状况总体平稳,据统计超过65%的国家年均受灾害影响人口比例低于1%。极端天气发生频率较高的是南亚地区,水患和高温是其主要灾害。

　　从对华关系角度而言,共建"一带一路"国家对华关系总体较好,为投资合作奠定了良好基础。"对华关系"指标包括政治互信、投资保障、文化好感3个二级指标,总体平均分9.67,排名前5的国家分别是泰国、俄罗斯、巴基斯坦、新西兰和埃塞俄比亚。倡议提出后5年间,我国与共建"一带一路"国家领导人互访近150次,与56%的共建"一带一路"国家保持战略合作及以上的伙伴关系级别,与45%的共建"一带一路"国家签订了多边税收条约、双边投资协定、双边监管合作协议等全面的投资保障文件。各类文化交流和旅游活动,均有效增进了民众间的文化好感度。

习　题

1.请说明投资环境和农业投资环境的定义。

2.请说明宏观投资环境的定义、要素和指标。

3.请说明投资环境多因素分析法的定义和主要指标。

参考文献

［1］Klaus S. Global Competitiveness Report 2019. (2019-10-08)［2023-12-11］. https://www. weforum. org/publications/how-to-end-a-decade-of-lost-productivity-growth/.

［2］World Economic Forum. Global Competitiveness Report. (2019-10-08)［2023-12-11］https://www. weforum. org/reports/how-to-end-a-decade-of-lost-productivity-growth? tdsourcetag＝s_pcqq_aiomsg.

［3］何曙慧,王瑞,张秀峰. 环保政策对生猪市场影响全解读. (2017-01-15)［2023-12-11］. http://www. ygsite. cn/m/show. asp? trcms＝1&id＝66520&pageno＝1.

［4］南华期货. 近年国内养殖政策对生猪产能的直接影响(分析). (2021-01-06)［2023-12-11］. https://www. xianjichina. com/news/details_243612. html.

［5］粤港澳大湾区研究院,21 世纪经济研究院. 2020 年中国 296 个城市营商环境报告. (2021-02-23)［2023-12-11］. https://www. sohu. com/a/452277477_680938.

［6］蔡樱梓. 我国农村集体建设用地流转制度创新的法律分析. 广州:暨南大学学位论文,2020.

［7］国务院发展研究中心农村经济研究部. 集体所有制下的产权重构. 北京:中国发展出版社,2015.

［8］韩冬梅,刘静,金书秦. 中国农业农村环境保护政策四十年回顾与展望. 环境与可持续发展,2019(2):16-21.

［9］黄汉权,蓝海涛,王为农,等. 我国农业补贴政策改革思路研究. 宏观经济研究,2016(8):3-11.

［10］李鎏,蔡键,林晓珊. 农业补贴政策"三补合一"改革:演进轨迹、作用机理与发展策略. 经济体制改革,2021(3):80-85.

［11］农业农村部,国家林业和草原局,国家发展改革委,等. 七部委公布中国特色农产品优势区名单(共四批). (2021-09-27)［2023-12-11］. http://news. sohu. com/a/492442772_104675.

［12］权衡,张鹏飞.亚洲地区"一带一路"建设与企业投资环境分析.上海财经大学学报,2017(1):88-102.

［13］世界银行.2020营商环境报告.(2020-08-31)［2023-12-11］.http://www.goclee.com/Uploads/file/202008/20200803112259_1508.pdf.

［14］孙炳彦.关于当前我国农业农村环境保护的思考与建议.环境与可持续发展,2020(3):103-107.

［15］谢国娥,许瑶佳,杨逢珉."一带一路"背景下东南亚、中东欧国家投资环境比较研究.世界经济研究,2018(11):89-98,137.

［16］杨芷晴,孔东民.我国农业补贴政策变迁、效应评估与制度优化.改革,2020(10):114-127.

［17］姚从容,曾云敏.碳市场有效性及其评价指标体系——基于有效市场假说的视角.兰州学刊,2019(12):114-122.

［18］于施洋,杨道玲,王璟璇,等.数说"一带一路"合作国家投资环境.中国投资,2018(15):108-109,110-111.

［19］张鸣.投资管理.大连:东北财经大学出版社,2001.

［20］张毅,张红,毕宝德.农地的"三权分置"及改革问题:政策轨迹、文本分析与产权重构.中国软科学,2016(3):13-23.

［21］朱延福,张建平.中外投资环境评价方法论的演进述评.湖北经济学院学报,2012(5):24-28.

第六章　农业实物投资

　　在农业农村部办公厅、国家乡村振兴局综合司联合印发的《社会资本投资农业农村指引（2022年）》中，明确了鼓励社会资本的投入领域，这些领域包括：现代种养业、现代种业、乡村富民产业、农产品加工流通业、乡村新型服务业、农业农村绿色发展、农业科技创新、农业农村人才培养、农业农村基础设施建设、数字乡村和智慧农业建设、农业创业创新、农村人居环境整治、农业对外合作等重点产业和领域。文件鼓励地方根据各地农业农村实际发展情况，因地制宜创新投融资模式，推动资源整合、投资结构优化、投资效能提升。鼓励社会资本探索通过全产业链开发、区域整体开发、政府和社会资本合作、设立乡村振兴投资基金、建立紧密合作的利益共赢机制等模式，稳妥有序投入乡村振兴。可以看出，鼓励社会资本进入的领域，主要是农业实物投资。

　　农业实物投资，指的是投资者将资金用于建造或购置固定资产，以进行生产经营活动，并以此获得未来收益的投资行为。与金融投资不同，实物投资是一种有形的投资，其受众对象是社会大众，同时提供有形的产品和服务，以物质资料的生产经营活动为内容。金融投资则是以金融为主体，提供服务的对象是实体经济，金融投资是以实体经济未来可能产生的收益作为收入来源和目标，简单地说，就是直接以钱生钱的活动。实物投资和金融投资的关系可以归纳为：实物投资借助金融投资组织生产，金融投资依赖实物投资产生的利润带来收益。

　　本章将从如何做好一个投资项目的角度展开分析，特别关注项目管理周期，包括决策阶段、实施阶段和收尾阶段的投资管理问题。

6.1　农业实物投资分类

　　为了做好一个实物资产项目的投资与管理,首先应该对农业实物资产投资进行科学的分类。采用不同的分类标准,会有不同的分类结果。根据农业投资总投入量规模分类,可以划分为大型项目、中型项目和小型项目。

　　根据农业投资使用性质,可以划分为新建、改造、扩建、重建、迁建等不同用途的投资项目。新建项目即投资的是新建的工程项目,能增加固定资产的数量和价值;改造项目是对原有的固定资产进行改造、改进,可以增加其使用价值和价值;扩建项目是扩大原有的固定资产规模,可以扩大其使用价值和价值;重建项目是对已损坏或者降低性能的固定资产进行重新建造或购置,恢复后能增加原来的使用价值和价值;迁建项目是指为改变生产力布局或由于环境保护和安全生产的需要等原因,将原有的固定资产迁移到另一地方进行重建的建设项目。

　　根据农业投资使用的途径分类,可以划分为农垦项目、种植业项目、农业机械化项目、林业项目、畜牧业项目、渔业项目、农副产品加工项目、农田基本建设项目等。农垦项目指农业垦殖,也指开垦荒地,以便进行农业生产;种植业项目指的是植物栽培业,包括各种农作物、林木、果树、药用和观赏等植物的栽培,有粮食作物、经济作物、蔬菜作物、绿肥作物、饲料作物、牧草、花卉等园艺作物;农业机械化项目是指运用先进适用的农业机械装备农业,改善农业生产经营条件,不断提高农业的生产技术水平和经济效益、生态效益的项目;林业项目是指以保护生态环境,保持生态平衡,培育和保护森林为原则,开发利用林产品的项目;畜牧业,是利用畜禽等已经被人类驯化的动物,或者鹿、麝、狐、貂、水獭、鹌鹑等野生动物的生理机能,通过人工饲养、繁殖,使其将牧草和饲料等植物能转变为动物能,以取得肉、蛋、奶、羊毛、山羊绒、皮张、蚕丝和药材等畜产品的活动;渔业是人类利用水域中生物的物质转化功能,通过捕捞、养殖和加工,取得水产品的活动;农副产品加工项目指的是农副产品产出以后,进入消费领域以前所进行的一系列再制造的活动;农田基本建设项目是为发展农业生产,实现稳产高产,在土地上采取工程措施或生物措施,兴建能在生产上长期发挥效益的设施。

　　根据农业投资的产业链分类,可以划分为产前育种、产中种植/养殖、产后农副产品加工等项目。根据农业项目投资的资金来源分类,可以划分为政府投资项目、利用外资项目,自筹资金项目、联合投资项目等种类。政府投资是以政府作为投资主体的投资,使用预算安排的资金进行固定资产投资建设的活动,又可以分为中央政府投资和地方政府投资;自筹资金可分为国营企事业基金、合作经济积累资金、地区间协作性资金、补偿贸易和农民个人投放的资金(罗兴林,1992);利用外资项目是指通过国际信贷关系或直接吸收外国投资来筹集资金(包括设备、材料、技术在内),在国内进行固定资产建设的项目,利用的外资包括外国政府、企业和国际机构提供的资金,还有侨资,即侨居国外的华侨提供的资金;联合投资是指不同地区、不同部门、不同所有制的法人组织或自然人按一定的协议或章程联合出资进行的一种投资活动形式。

根据投融资项目属性分类,可以划分为竞争性项目、基础性项目、公益性项目。竞争性项目指投资收益比较高、市场调节比较灵敏、具有市场竞争能力的项目;基础性项目指建设周期长、投资额度大、收益比较低、需要政府扶持的基础设施和一部分基础产业项目,以及直接增强国力的符合经济规模的支柱产业项目;公益性项目主要指科技、教育、文化、卫生、环保等公益事业的建设项目,公、检、法、司等政权机关的建设项目,以及政府机关、社会团体办公设施和国防设施的建设项目。

6.2　农业实物投资决策

农业投资项目是农业投资的具体化,是投资主体运用资金以形成或扩大农业生产能力或使用功能的经济活动(王雪梅等,1996)。而农业投资项目管理作为一种管理活动,对保证农业投资项目的顺利实施具有重要作用。农业投资管理周期一般分为三个阶段:前期决策阶段、中期实施阶段和后期收尾阶段。

前期决策阶段的主要工作依次为投资机会研究、提出项目建议书、进行可行性研究、进行项目评估、正式立项、签订投资协议书和项目的初步设计等。前期工作的目的是使项目的开展建立在科学民主决策的基础上,促进项目顺利进行(杨秋林,2003)。

6.2.1 农业投资机会识别

投资机会识别也叫投资机会鉴别,是农业项目投资与管理的起点,是进行可行性研究之前的准备性调查研究。其目的是寻找有价值的投资机会,对项目的背景、投资条件、市场状况等进行初步调查研究和分析预测。投资机会研究可以是定量的研究,根据资源、市场、技术水平等情况对投资者拟投资的项目作出粗略的估计,寻找最有利的投资机会;也可以是定性的研究,对投资项目的投资方向提出建议。

投资机会研究可以分为两个阶段,首先是一般机会研究,这个阶段的目的是确定项目的投资领域或发展方向。其次是特定项目机会研究,这个阶段的目的是通过进一步的调查研究,将项目投资意向转变为具体的项目提案和投资建议。

一般机会研究是研究项目投资机会选择的最初阶段,是一种全方位搜索研究的过程。项目投资者首先通过搜集大量信息并分析比较,鉴别发展机会,最终形成确切的项目发展方向或投资领域的过程(或称项目意向)。

按照联合国工业发展组织(UNIDO)推荐的纲要,一般机会研究通常包括地区机会研究、部门行业机会研究和资源开发机会研究。地区机会就是为了鉴别指定地区的各种投资机会,通过分析特定地区的地理位置、自然特征、人口、地区经济结构、经济发展状况及地区进出口结构等状况,选择投资或发展方向。部门机会研究是为了鉴别某个指定部门(行业)的各种投资机会,通过分析所指定的部门特征、投资者或经营者所处部门(行业)的地位和作用、增长情况等,来进行项目的方向性选择。资源开发机会研究是为了识别并利用某种自然资源或农业产品为基础的投资机会,通过分析某种资源的分布状况、资源储量、可利用程度、已利用状况、利用的限制条件等信息,寻找项目机会。

特定机会研究更加深入和具体,其内容可以分为外部环境分析、市场分析及内部投资者的优劣势分析。外部环境分析主要是政策分析,农业政策分析需要考虑农村土地政策、农业金融政策、农业产业政策、农业区域布局政策、农业环境保护政策和乡村振兴政策等。外部环境分析相关的具体内容已经在前面相关章节进行了详细的介绍,市场分析的关键在于引导项目产品或服务从生产流向消费,以满足消费者的需要。"满足需要"是项目市场分析的出发点和最终目的(许成绩,2003),因此市场分析的任务包括分析预测项目产品的需求量、分析同类产品的市场供给量及竞争对手情况、初步确定生产规模以及初步测算项目的经济效益。以生产农产品为例,项目市场分析的基本内容包括以下几个方面。

一是项目产品计划,就是对同质农产品的销量、质量、品种、种植等进行分析研究。包括对项目农产品产量的增减考虑、对项目农产品品种改良的研究、对项目农产品种植方法及区域的研究、对项目农产品包装改良的研究、对新品种改良经费预算的研究等。

二是项目产品的价格变动,就是研究农产品价格变动对消费者购买量的影响,并对不同农产品的价格需求进行弹性分析,包括农产品价格变动因素的研究、市场供求情况的研究、运用价格变动促进销售的研究、进行产品生命周期不同阶段定价原则的研究等。

三是项目产品的营销渠道,就是对农产品不同销售渠道的研究。包括对农产品冷链物流的研究、农产品仓储的研究、农产品销售渠道的研究、农产品市场区域划分的研究等。

四是项目产品的推销对策,包括用何种广告进行宣传、运用何种媒体进行宣传、如何在不同媒体或者广告中分配预算经费、对不同媒体或广告效果的测算、对目标市场进行选择研究。

市场调查是市场分析的基础,是指用科学的方法,有目的、系统地搜集、记录、整理和分析市场情况,了解市场的现状及其发展趋势,为投资者制定政策、进行市场预测、作出经营决策、制订计划提供客观、正确的依据(冯俊华,2006)。市场调查的内容可以分为宏观调查和微观调查(卢海涛,2017),宏观调查包括政治法律环境调查、经济技术环境调查、社会文化环境调查和地理和气候环境调查;微观调查包括目标市场调查、消费者调查、产品调查、销售调查和竞争对手状况调查。

政治法律环境调查。目的是调查国家各项方针、政策、法律法规等对企业市场活动的影响。政治环境包括方针、政策,如物价政策、工资政策、对外贸易政策等。法律环境包括法律法规,如《中华人民共和国公司法》《中华人民共和国环境保护法》《中华人民共和国消费者权益保护法》《中华人民共和国反不正当竞争法》等。

经济技术环境调查。经济环境调查包括对农业生产发展状况,经济发展水平,自然资源和能源的开发、供应状况,进出口产品数量及变化状况,税收和银行利率及其变动等的调查。技术环境调查包括对行业技术发展趋势和新产品开发动向的调查。科学技术是第一生产力，因此企业必须密切关注科学技术进步的新动向。

社会文化环境调查。主要包括对消费者的文化背景、社会教育水平、民族与宗教状况、风俗习惯、社会心理等的调查。文化及教育会影响消费水平和消费结构。民族与宗教状况、风俗习惯和社会心理等则会影响消费需求，企业经营活动必须适应所涉及国家（或地区）的文化和传统习惯，才能为当地消费者所接受。

地理和气候环境调查。主要包括对各地区地理条件、气候条件、季节因素、使用条件等方面的调查。自然条件的复杂性很难通过人的作用加以控制，因此企业只能在了解的基础上去适应这种环境并开展生产经营活动。此外，自然环境对人的消费行为有很大的影响。

目标市场调查。主要包括对市场容量、市场占有率和市场变化趋势等方面的调查。市场容量是指在一定的时期内市场对某种产品或服务需求量的最大限度，市场容量受价格、购买力、季节性等的影响，企业如果不考虑市场容量而生产过多的话，就容易造成商品滞销与积压。市场占有率分为绝对市场占有率和相对市场占有率，绝对市场占有率指企业某种产品在一定期间内的销售量占同类产品市场销售总量的份额，相对市场占有率指企业某种产品在一定期间内的销售量与同行业销售量最高的企业同类产品销售量的比值。市场占有率反映了该企业产品在市场上的地位和竞争能力。市场变化趋势的调查目的是寻找市场变化趋势，主要通过销售变化趋势反映，包括稳定形态、升降倾向形态、季节形态和抛物线形态四种形态。

消费者调查。满足消费者的需求是企业生产经营的根本任务，因此消费者调查是企业市场调查的主要内容。消费者调查的内容包括对现有消费者的数量及地区分布状况、消费者的特征变量（如性别、年龄、职业、民族、文化程度、收入状况等）、消费者对产品及服务满意程度的评价、消费者的购买心理和购买行为、消费者的价格敏感度等因素的调查。

产品调查。产品本身可以直接或间接地体现企业的某种竞争能力和内在素质，产品调查通常包括产品研究调查、企业和品牌调查、产品实体调查、产品包装调查和产品生命周期调查。产品研究调查包括新产品的开发、测试状况，现有产品的研发、诊断和改造等内容。企业和品牌调查包括企业和品牌的知名度与好感度、企业和品牌的认知程度和认知途径、消费者对新品牌和新企业的名称与商标相关设计的评价和喜好、品牌的管理和品牌力的测试等。产品实体调查是对产品本身的质量、规格、品种等因素的调查。产品包装调查目的是了解商品包装对消费者的吸引程度。产品生命周期调查是通过确定产品处于生命周期的哪一阶段,以此来确定调查重点。

销售调查。包括销售渠道调查、促销调查、销售服务调查等。销售渠道调查主要包括现有的销售渠道能否满足销售商品的需要、现有销售网点的布局是否科学合理、销售渠道中各环节的商品运输与库存是否经济合理、各类中间商的营销实力如何、各类中间商对经销本企业商品有何需求等。促销调查的主要目的是向消费者传递怎样的信息可以激发消费者的购买欲望,以扩大销售。主要内容包括调查各种促销形式的特点、消费者接受程度如何、是否起到吸引顾客的作用等。销售服务调查的目的也是吸引消费者,可以分为售前服务、售中服务和售后服务,调查内容包括消费者服务需要的具体内容和形式,企业目前所提供服务网点的数量与质量情况,消费者对目前服务的满意度等。

竞争对手状况调查。知己知彼,才能百战不殆,因此企业必须对竞争对手状况进行调查。调查的内容包括主要竞争对手是谁、竞争对手数量、生产经营规模、资金、产品质量、技术开发能力、产品定价、销售渠道、营销策略、市场占有率、产品质量与本企业产品质量的差距、消费者对竞争对手产品的认可程度和消费者对本企业产品的认可程度等。

6.2.2　农业实物投资建议书设计

项目建议书,又称项目立项申请书或立项申请报告,一般在投资机会研究之后、可行性研究报告撰写之前设计。由于在项目早期,项目条件还不够成熟,投资者对项目的具体建设方案还不明晰,因此项目建议书的目的主要是论证项目建设的必要性和可能性,把项目投资的设想变为概略的投资建议,同时初步分析项目建设的条件是否具备、是否值得投入人力和物力作进一步的深入研究(许成绩,2003)。

目前,项目建议书广泛应用于项目的国家立项审批工作中,是由项目投资方向其主管部门上报的文件。项目建议书可以供项目审批机关作出初步决策,可以减少项目选择的盲目性,为下一步可行性研究打下基础。因此,项目建议书是项目发展周期的初始阶段基本情况的汇总,是选择和审批项目的依据,也是制作可行性研究报告的依据。

项目建议书主要包括以下几个方面:①项目建设的必要性和依据。通过阐明农业投资项目提出的背景、与项目有关的长远规划或行业、地区规划资料,说明项目建设的必要性。②产品方案、拟建规模、建设地点的初步设想。包括分析产品的市场需求、产品销售价格、产品年产量,分析项目拟建地点的自然条件和社会条件是否符合地区规划的要求,如地质、气候、交通、公用设施、征地拆迁工作等。③资源情况、交通运输及其他建设条件和协作关系的初步分析。④环境与生态影响的初步评价。⑤主要技术方案的设想。⑥投资估算、资金筹措及还贷方案的设想。⑦农业投资项目的进度安排。⑧经济效果和社会效益的初步估计。⑨初步结论和建议。

在编写项目建议书时,应注意以下要点:①项目是否符合国家的建设方针和长期规划,以及产业结构调整的方向和范围。②项目产品是否符合市场需要,论证的理由是否充分。③项目建设地点是否合适,有无重复建设与不合理布局的现象。④项目的财务、经济效益评价是否合理。

6.2.3 可行性研究

6.2.3.1 可行性研究的含义

可行性研究是在项目建议书被批准后,对项目在技术上和经济上是否可行所进行的科学分析和论证,是对拟议中的若干项目实施备选方案,组织有关专家从市场营销、技术、组织管理、社会及环境影响、财务、经济等方面进行调查研究,分析各方案是否可行,并对它们进行比较,从中选出最优方案的全部分析研究活动(杨秋林,2003)。

项目可行性研究是项目周期前期阶段的核心工作内容。为了促进国家农业综合开发资金和项目管理科学化、制度化、规范化,保证资金安全运行和有效使用,保证项目顺利实施,财政部于 2005 年公布了《国家农业综合开发资金和项目管理办法》(财政部令第 29 号),又于 2010 年公布了《国家农业综合开发资金和项目管理办法》(财政部令第 60 号),2017 年重新公布了修订版,明确指出了编制项目可行性研究报告是农业综合开发项目的前期准备工作之一,前期准备工作应当做到常态化、规范化。此外还对可行性研究报告的编制要求进行说明。该办法对农业投资项目的可行性研究起到一定的指导作用。项目可行性研究的工作程序依次为筹划准备、收集资料、分析研究和报告编写。

首先,筹划准备。该阶段主要是确定项目可行性研究的承担单位,一种是将可行性研究工作委托给有能力的专门咨询设计单位,双方签订合同,由专门咨询设计单位承包可行性研究任务;另一种是由项目单位组织有关专家参加的项目可行性研究工作小组进行此项工作。承担可行性研究的单位或专家组,应获得项目建议书和有关项目背景资料、批示文件,了解项目单位的意图和要求,制订详细的工作计划,以着手从事项目可行性研究工作。采取哪一种方式,应根据投资方对项目承担单位的要求而定。

其次,收集资料。该阶段主要收集有关项目的各种资料,包括有关方针政策,项目地区的历史、文化、风俗习惯、自然资源条件、社会经济状况,国内外市场情况,有关项目技术经济指标和信息,项目直接参加者和受益者心态及对项目的要求,项目开展的周围环境条件等。针对不同的资料,要采用不同的方式,前提是保证收集资料的客观性、全面性、正确性、详尽性,可以通过调查研究,访问项目参加者和受益者,查阅各种统计会计资料、技术档案资料。

再次,分析研究。在收集资料和各种数据的基础上,应按照项目可行性研究所要求的内容进行科学的分类整理、计算加工、分析研究,结合项目的具体情况,对项目建设涉及的技术方案、产品方案、组织管理、社会条件、市场条件、实施进度、资金测算、财务效益、经济效益、社会生态效益等各方面的问题进行可行性论证。应设计几套可供选择的方案,进行比较分析,筛选出最优的可行性方案,形成可行性研究的结论性意见。

最后,编写报告。承担可行性研究任务的单位或专家组应根据分析研究所得的结论性意见,对项目是否可行编制出合乎规格的可行性研究报告,交给委托或组织该项研究的项目单位,由项目单位再上报,以进一步进行项目评估。

6.2.3.2 项目可行性研究报告的编制

可行性研究报告必须依据国家有关的规划、政策、法规,以及相关的各种技术资料进行编制。第一,国家有关经济发展的政策和农业方针政策、法律法规。第二,国家、地方的经济和社会发展规划,行业部门发展规划。第三,经过批准的可行性研究或项目建议书。第四,项目当地的自然、经济和社会条件,以及水文地质等基础资料。第五,对拟建项目的生产产品进行调查的内容。第六,有关行业的工程技术、经济方面的规范、定额和标准等。第七,双方签订的协议书或意向书。第八,受托编制可行性研究报告的服务委托合同。项目可行性研究的编制内容可以分为基本内容与主要内容,基本内容包括申报项目的基本概况,如项目名称、建设地点、建设单位、法人代表、发展内容、项目提出理由、项目性质、项目总投资及资金筹措、实施周期、可行性研究报告的编制依据和原则、可行性研究结论。主要内容则包括七个方面:市场分析、融资决策分析、技术与设备分析、组织管理分析、社会效益分析、经济效益分析、财务效益分析。下面将对主要内容分别进行介绍。

(1)市场分析

在市场经济条件下,为了使农业投资项目的产品适销对路,在市场环境中持续高效地发展,必须进行市场分析。市场分析主要围绕与项目产品相关的市场条件展开,主要包括市场需求分析、市场供给分析、市场竞争分析。

市场需求分析主要估计市场规模的大小及产品潜在需求量,需求分析重点解决以下问题:①确定目标市场,既要考虑客户群体及人数,也要考虑地理区域的目标市场。②考虑目标市场的消费限制条件是否可能减少目标市场的规模。③估计目标市场的需求情况,包括潜在市场需求、当前市场需求、市场潜力空间。

市场供给分析主要估计一定的时期内、一定条件下,在一定的市场范围内可提供给消费者的某种商品或劳务的总量。市场供给分析重点解决以下问题:①国内这项产品的现有的生产能力。②国外这项产品的现有的生产能力。

竞争者分析是对竞争对手的现状和未来动向进行分析。市场竞争分析内容包括:①识别现有的直接竞争者和潜在竞争者。②收集与竞争者有关的情报和建立数据库。③对竞争者的战略意图和各层面的战略进行分析。④识别竞争者的长处和短处。⑤洞察竞争者在未来可能采用的战略和可能作出的竞争反应。

(2)融资决策分析

根据生产规模、物料供应和成本开支,计算出资金总额,并通过对拟建项目的资金来源渠道、投融资模式、融资方式、融资结构及融资成本的研究,对拟定的融资方案进行比选,确定相对更有利的融资方案(孟小愉,2012)。

(3)技术与设备分析

技术与设备是形成现实生产力的重要因素,也是可行性研究的重点。对设备的选型应与选择的项目生产规模、产品方案和工艺技术流程相适应,以满足项目的实际需求。提高设备连续化、大型化程度,同时强调设备技术上的可靠性和成熟性,以确保生产和质量的稳定性(孟小愉,2012)。具体到农业项目,需要考虑以下问题:①项目规模,涉及地域大小、村庄规模、农户规模、经济规模。②项目具体的地点和布局。需要考虑项目所在地的自然条件(土壤、水源、农户习惯、耕作制度等)和资源条件(植物、动物矿产、水、劳力等)。③农业生产现状。需要调查项目种植的作物种类、产量,饲养牲畜种类及产量,农林牧副渔生产发展的情况(产量、产值、劳力、成本)。④农业机械化情况。⑤农业病虫害及防治情况,旱、涝、风、雹等灾情。⑥综合农业技术。种子改良、畜禽良种、化肥、农药、种植方式、轮作制度、栽培方法、机械化措施、产品加工措施等方面的采用是否合理可行。

(4)组织管理分析

为了保证项目顺利执行,需要制订合理的项目实施进度计划、设计合理的组织机构、选择经验丰富的管理人员、建立良好的协作关系、制订合适的培训计划等。需要考虑的问题包括:①组织机构设置是否合理。包括部门职能设计、权力体系设计、职责设计、管理层次设计、信息传递方式设计、运行机制设计。②人员培训。包括费用估算、培训目标、培训方法。③劳动定员的优化组合。技术职工和管理员工的配置情况和数量要求。④与国家或地区组织关系。项目的独立组织管理机构拥有多大的权力,和当地的其他政府机构或各有关业务部门存在何种联系,能否合作共事,有无利益冲突,项目分析人员应在准备过程中提出建议措施,把这类冲突摩擦减少到最低程度。⑤在农村地区的项目中,组织管理的分析尤其要注意考虑参加项目的农民的文化、技术及管理水平,有无合适的政策有效组织农民积极参与项目建设,培训农民和农技推广的计划能否落实,培训网络是否可行(杨秋林,2003)。

(5)社会效益分析

通常是指以国家的各种社会政策为基础,分析和评估投资项目对实现国家和地方的社会发展目标所作的贡献和产生的影响,以及是否与当地社会相适应的一种系统的分析评估方法。社会效益分析可以从国家、地区、社区三个层次展开,也可以从社会发展目标展开,包括一个国家的社会环境、自然生态、资源利用、经济发展等许多方面(王雪梅等,1996),表 6-1 列出了社会效益分析的诸多参考因素。

表 6-1　社会效益分析因素

影响类型	影响因素
社会环境	对当地民众风俗习惯、宗教信仰的影响
	对文物古迹的影响
	对人民卫生保健的影响
	对人民生活供应的影响
	对当地社会基础设施、城市建投及其发展的影响
	对社区居住条件的影响
	对社会福利的影响
	对经济可持续发展的影响
自然生态	对生态完整性的影响
	对自然环境的影响(地形地貌、气候与气象、地质、水文、大气、地表水、地下水、土壤、海洋等)
	污染物排放情况(废气、废渣、废水、噪声、放射物等)
	对动植物的影响(植被覆盖率、植被生长、生物多样性、野生动物活动和栖息、野生动物种群数量)
	对水土流失的影响
资源利用	自然资源综合利用
	节约能源
	节约水资源
	节约耕地
	节约其他自然资源
经济发展	对国民经济发展的影响(包括改善结构、布局,提高效益等)
	对部门经济发展的影响
	对地区经济发展的影响
	对收入分配的影响
	对就业的影响

（6）经济效益分析

从整个国民经济的角度出发,分析项目是否能给国民经济带来利益的分析,被称为经济效益分析。实现项目利润最大化是项目建设的最终目标,在对新项目投产后销售收入和费用支出进行估算后,根据全年净现金流量和收益情况,推算出投资的变现能力和回收年限。在分析和论证投资效益时,也要注意对国民经济效益及社会效益的综合评价,要处理好眼前利益与长远利益的关系,并尽可能做到项目的经济效益与社会利益协调统一(孟小愉,2012)。

（7）财务效益分析

从项目参加者的立场出发,围绕着参加者的利益而进行的项目效益分析,被称为财务分析。它是从参加者这一微观环境对项目进行的分析。农业投资项目的参加者包括农户、企业、合作经济组织以及国家某个单位或部门。在财务分析中要为所有参加者分别编制财务预算,判定参加者的投资收益是否合理,项目有无足够的周转资金来满足项目业务开展的要求,项目偿还债务的能力如何等。

6.2.3.3　项目评估

农业投资项目评估是项目可行性研究的再研究,二者既相互联系,又相互区别。其联系表现在:①从理论基础到具体内容,二者基本上是一致的。②二者互为因果。没有可行性研究,就没有项目评估;不经过项目评估,项目的可行性研究便不能最终成立。二者的区别在于:①主体不同,项目可行性研究一般由项目单位独立完成或委托中间机构完成;项目评估一般由财政、银行、投资机构独立完成或邀请有关专家参与或委托中间机构完成。②依据不同。项目可行性研究依据项目建议书。项目评估依据可行性研究报告和现场搜集的数据、资料。③出发点不同。项目可行性研究倾向于从项目出发,从微观角度分析项目经济上的合理性、技术上的可行性;项目评估则倾向于从资金供应者的角度及社会角度考察项目在经济上的合理性、技术上的可行性等,特别是财政支农项目的评估,其更是从整个农业发展、生态平衡、社会效益的角度展开的,因而具有更大的宏观意义和价值。

项目评估是指在项目可行性研究的基础上,由第三方(国家、银行或有关机构)根据国家颁布的政策、法规、方法、参数和条例等,从项目(或企业)、国民经济、社会的角度出发,对拟建项目的必要性、产品市场需求、工程技术、组织管理、经济效益和社会效益等方面进行全面评价、分析和论证,进而判断其是否可行的一个评估过程。对项目评估的主要内容学习有助于投资者认真审查可行性研究报告相关的论证。农业投资项目评估的主要内容如下。

项目必要性的评估。该评估主要从宏观政策、社会效益及项目自身的效益角度出发,主要评估以下内容:①项目是否符合国家经济发展的总目标、开发规划和产业政策,是否有利于增强农村地区经济活力,促进农业可持续发展,项目在这方面起什么样的作用。②项目是否有利于合理配置和有效利用资源,并改善生态环境。③项目产品是否适销对路,符合市场的需求,有发展前途。项目产品无市场,项目建设则无必要,否则会造成社会资源浪费。④项目投资的总体效益如何,尤其要看项目开发建设能否给农村地区经济发展和整个国民经济带来好的效益和大的贡献,从而判定项目投资建设的必要性。

市场分析评估。首先,市场是影响项目效益的关键环节,产品价值的实现和投入物的来源都需要有良好的市场为依托。因此,市场分析评估的要旨,是确认项目产品销售和投入物供应的可靠性。通过评估,为项目产品销售和投入物的供应制订完善的计划。市场分析评估的内容有:①项目产品的质量、品种是否满足目标市场的需求?②项目产品在市场上的需求及供应情况如何?③项目产品的竞争能力如何?④项目所需的各种物质资料,如农药、化肥、种苗以及加工业的原料的供应的稳定性、可靠性、价格合理性及采购可行性如何?⑤项目物资的采购方式如何?⑥项目产品是否确属畅销产品及目前市场上同类产品在本地区与外地区的需求及供应情况等。

技术分析评估,包括建设生产条件的评估。技术评估的目的是对技术方案进行审定,以确定技术的实用性和先进性,确保最佳技术方案。具体分析内容一般有:农业投资项目的布局、地点和规模是否确实与本地的条件相适应;农业投资项目采用的种养品种、耕作制度、播种制度、轮作制度、种养方法、加工技艺是否确实适用,是否是成熟的技术,所采用的机器设备是否确实获得了有关部门的鉴定;各种农业资源与农业投资项目的适应性如何,包括土壤、气候水源、水质等是否确实适应农业作物的种植和农业动物的养殖,以及采用的品种是否最佳;各投资费用和运营费用的估算是否准确,有无不合理或不相关的费用,有无意外费用;投资的时间安排是否恰当;项目预计的产量、产值是否合理。

财务分析评估。财务分析是关系项目生存能力的一个重要方面。财务分析的目的在于考察项目的财务盈利能力、财务管理能力、筹资计划等。财务盈利能力评估依据,一是所有投入资源的财务报酬率(筹资前),二是借款者自有资金的报酬率(筹资)。此外,还要考察项目对产品价格、投入物灾害等影响的承受力。财务管理能力主要考察借款者的财务机构、财务制度、财务管理是否健全、是否适应项目的执行等。筹资计划评估着重审查项目是否有足够的资金来源,筹资计划是否适宜,财政或银行贷款占多大比重为宜。

组织管理的评估。项目的组织管理是搞好项目执行的重要保证。组织管理的好坏直接关系到项目的成败。因此,项目评估必须十分重视对组织管理的检查。通过分析,为项目执行建立完善的管理机构和管理制度,以推动项目的发展。评估内容包括:①组织机构设置是否适当?是否适应项目的执行?②项目领导班子的技术素质、经营能力、管理经验怎样?③项目团队的数量是否充足?有无相关技能?文化素质是否适应本项目所采用的技术方式和技术方法?④人员的培训计划是否适应项目的发展?培训计划如何开展?

社会效益的评估。社会分析是分析项目对社会的影响和受社会条件的制约情况,以确认项目的社会效益。评估的重点内容包括:①项目是否能够提高农民的收入?能否改善贫困状态?②项目是否会破坏生态?是否会破坏自然环境?是否会产生污染物?是否会对动植物的生存产生不利影响?③是否有利于资源的综合开发和利用?项目是否可以节约资源?④项目对国家农业经济发展的目标能作出多大贡献?对调整农村产业结构、促进农业生产的发展能起到怎样的作用?能否增加农村地区的就业?能否缩小城乡居民收入分配差距?

6.2.3.4 正式立项

立项特指建设项目已经获得政府投资计划主管机关的行政许可(原称立项批文),是项目前期工作的一部分,又称项目可行性研究报告批复。项目管理分为审批、核准、备案三种,其中,审批又分为项目建议书审批、可行性研究报告审批和初步设计审批。立项就是政府投资主管部门已批准项目的可行性研究报告。

项目前期工作一般包括投资机会研究、项目建议书、可行性研究等,完成可行性研究,标志着前期工作正式完成,并进入施工准备阶段。需要注意的是,初设计不是前期工作,而是施工准备阶段的一个环节,完成初设计后,项目便可进入施工图设计和招投标阶段。

由于投资主体、投资的行业、投资规模、项目性质(营利与非营利等)的差异,政府有着不同的项目报批规定。按照前述要素将投资项目划分为禁止类、限制类、许可类和鼓励类等四类。除禁止类不允许建设外,其余的分别执行审批制、核准制和备案制。其立项审批所处的阶段、要求提交报批的资料、报批前应先行取得的其他行政许可各有不同。

为了对经济发展实施有效调控,凡具备一定规模(与统计部门固定资产投资额统计最低数值相一致)的固定资产投资项目或行为,都要向发展改革部门申报立项,履行基本建设程序。我国现阶段的投资项目管理分三种方式,即备案制、核准制和审批制。每个项目只适用其中一种方式。立项专指审批制中的项目建议书审批。

(1)审批制:针对使用政府投资建设的项目;

(2)核准制:针对企业不使用政府性资金投资建设的重大和限制类固定资产投资项目;

(3)备案制:适用审批制和核准制管理以外的项目。

简单来说,适用审批制和核准制的项目都有上级发改部门制定的参照目录,这两种参照目录之外的项目都实行备案制。

初步设计是项目建设程序中的重要阶段之一,是在项目立项之后、施工图设计之前,为确定建设方案、落实建设内容、核定工程投资,按照一定标准和技术规范进行的工程设计。农业项目初步设计文件是项目前期立项工作成果的进一步深化和反映,也是进行后续(设计)工作主要的技术、经济指导文件。项目建议书、可行性研究报告及批复文件,工程勘察文件,以及用地、选址、规划、环评等审批文件是编制初步设计文件的主要依据。

2009年,农业部发布了《农业建设项目初步设计文件编制规范》,其对农业项目初步设计可以起到一定的参考作用。

农业建设项目初步设计应遵循技术先进、安全可靠、注重质量、功能适用、经济合理的设计原则,农业建筑工程还应适当注意美观。初步设计文件应当符合法律、行政法规的规定,符合工程质量、安全标准以及设计合同的约定。初步设计文件选用的建筑材料、构配件和设备,应注明规格、性能参数等技术指标,其质量必须符合有关标准,不得指定生产厂或供应商。编制农业建设项目初步设计文件还应符合国家有关土地管理、城市规划、工程建设强制性标准、政策、法规要求,遵循行业主管部门颁布的建设标准、估算指标、造价定额、技术规范、产品质量检验与检测标准等。

农业工程建设项目初步设计文件应包括初步设计说明书、初步设计图纸、初步设计概算书、农机具和仪器设备清单等内容。

初步设计说明书由总说明、总图设计说明、工艺设计说明、农业建筑工程设计说明、农业田间工程设计说明、农机具和仪器设备选型说明等组成,并按照此顺序依次编写。初步设计图纸包括农业建筑工程设计图和农业田间工程设计图,并符合国家颁布的相关专业制图标准。初步设计概算书应由工程总概算书、工程综合概算书、工程概算书组成。

6.3　农业实物投资项目实施

项目管理周期实施阶段的主要任务是执行项目计划书,并进行项目的监督和控制。具体地说,就是按照项目初步设计文件的内容,选配项目成员、调控资金、调配机械设备和工具,进行物资采购等,并按照进度计划实施项目,最终把规划在图纸上的项目目标实现出来,即一个从无到有的实现过程。

项目实施是一个动态性、系统性、不确定性、多目标性和一次性的复杂系统,为实现项目的目标,参与项目的各个部门和项目组成员,必须在系统控制理论指导下,围绕项目的周期、质量和成本,对项目的实施状态进行周密的、全面的控制。

为保证项目实施的高质量,达到预期的目标,在整个实施过程中重点工作是加强管理与控制,包括加强组织建设、实行科学有效的过程控制、范围控制、进度控制、费用控制与质量控制,保证项目顺利实施。

6.3.1　农业投资项目实施组织

所有的项目在实施前都必须建立项目组织,这是成功管理的前提。项目组织是从事和承担项目的具有独立性的组织实体,包括项目班子和项目团队。项目班子是指项目团队的管理班子,有的项目班子也直接从事项目活动。项目经理是项目班子的核心,也是项目管理的中枢。一般通过任命一位有经验的专职负责人(即项目经理)来管理项目工作,划分项目经理的责任范围,并配置精干的项目班子。项目团队由直接从事项目活动的机构和人员组成,它从属于项目组织,也可能包括一部分从项目组织外部聘用的人员。

项目组织是为完成一个项目而组成一个临时的与组织目标相适应的结构形式,并在项目实施过程中不断得到健全和完善。项目组织要处理好项目的一次性和组织的长期性之间的关系。项目组织结构是为适应组织的项目目标而形成的项目组织内部和外部各个机构相互关系的总和。

项目组织类型也指组织结构,是组织内的构成部分所规定的关系的形式。组织结构对项目的影响主要表现在项目经理与职能部门经理之间的权力划分,以及资源的分配与获取(张旭辉等,2018)。项目的组织结构通常有三大类型:项目式管理组织结构、职能式管理组织结构以及矩阵式管理组织结构。

项目式管理组织结构又称线性组织结构。它适用于专门为开展一次性和独特性的项目任务而建立的组织。系统中的部门全部是按项目进行设置的,每一项目部门均有项目经理,负责整个项目的实施,项目经理是专职的,具有很高的权威性,对项目的总体负全责。在项目式管理组织结构中,每个项目组彼此相对独立,为不同的项目提供支持服务。若一些项目对组织来说有着重要的战略意义,且需要较高的自由度和自主决策权,则该组织更适用于项目式管理组织结构。项目式管理组织结构如图6-1所示。

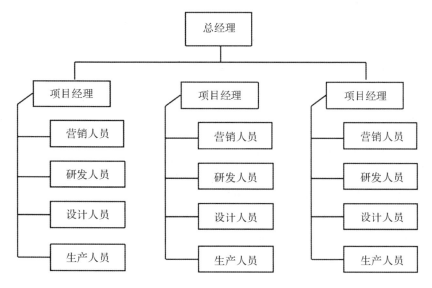

图 6-1　项目式管理组织结构

职能式管理组织结构适用于日常运营型企业。它是按照专业职能以及工作的相似性来设定、划分内部职能部门(如供应、销售、财务等部门)。组织在进行项目管理工作时,由各职能部门根据需要分别承担本职能范围内的工作,必要时可从专业相近的职能部门派遣人员参加项目管理工作。如供应部门负责原材料的采购与供应,销售部门负责产品或项目的营销,财务部门负责财务管理等。但是,这种组织结构界限并不明确,存在着多重领导,使得协调难度大、组织成员责任淡化。职能式管理组织结构如图 6-2 所示。

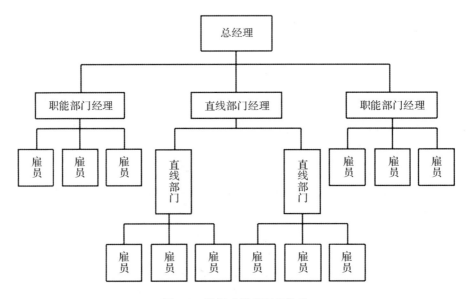

图 6-2　职能式管理组织结构

矩阵式管理组织结构适用于大的组织系统,是职能式管理组织结构和项目式管理组织结构结合的产物。在矩阵式管理组织结构中,设横向和纵向两种不同类型的工作部门,项目经理对项目内的活动内容和时间安排行使权力,并直接对项目的主管领导负责,而职能部门负责人则决定如何以专业资源支持各个项目,并对自己的主管领导负责,因此,矩阵式管理组织结构存在两个指令源。当纵向和横向工作部门的指令发生矛盾时,由该系统的最高指挥者进行协调和决策。矩阵式项目组织结构如图 6-3 所示。

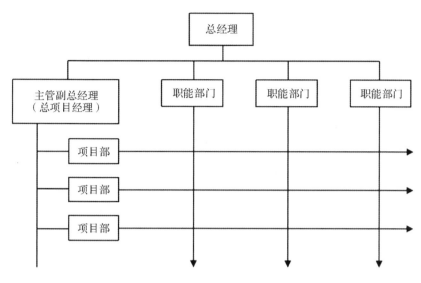

图 6-3　矩阵式管理组织结构

6.3.2　农业投资项目时间管理

项目时间管理,又称项目工期管理或项目进度管理,是为确保项目按时完工所开展的一系列管理活动与过程。

主要内容包括:项目活动的界定和确认、项目活动内容的排序、项目活动工期的估算、项目工期计划的制订、项目工期计划控制等。

6.3.2.1　项目活动的界定

1.依据

项目活动的界定是指识别实现项目目标所必须开展的项目活动。主要依据有如下几个方面。

一是项目工作结构分解,这是界定项目活动所依据的最基本和最主要的信息,就是按照一定原则,把项目分解成任务,任务再分解成一项项工作,再把一项项工作分配到项目小组或个人的日常活动中。它是关于项目所需工作的一种层次性、树状的分解结构及描述。项目工作结构分解可以采用多种方式进行,如按产品的物理结构分解、按产品或项目的功能分解、按照实施过程分解、按照项目的地域分布分解、按照项目的各个目标分解、按部门分解、按职能分解等。

二是确认的项目范围,可以防止在界定该项目活动的过程中漏掉一些必须开展的作业与活动,或者是将一些与实现项目目标无关的工作界定为项目的必要活动,从而出现超越项目范围的工作与活动。

三是历史信息,既包括在项目前期工作中收集和积累的各种信息,也包括项目组织或其他组织过去开展类似项目获得的各种历史信息。

四是项目的约束条件,即项目所面临的各种限制条件和限制因素。例如,农业科技产品开发项目会受到高科技人才资源、资金、时间等各种因素和条件的限制。

五是项目的假设前提条件,是对那些不具有确定性的项目的前提条件作出的假设。在界定项目活动时,项目的某些前提条件无法确定,就需要根据分析、判断和经验,假定这些具体的项目前提条件,以作为项目活动界定的前提条件使用,但是项目假设前提条件存在一定的不确定性和风险性。

2.方法

一是"头脑风暴法",通过集思广益生成一份项目活动清单。这种方法主要适合较小项目活动的界定。

二是项目活动分解法,是指为了使项目便于管理而根据项目工作分解结构,通过进一步分解和细化项目工作任务,从而得到全部项目具体活动的一种结构化的、层次化的项目活动分解方法,这种分解得到的关于项目活动的界定更容易管理与控制,从而使相关人员更好地进行项目的时间管理。

三是项目活动界定的平台法,也叫原型法,它将一个已完成项目的活动清单(或该活动清单中的一部分)作为新项目活动界定的一个平台,根据新项目的各种具体要求、限制条件和假设前提条件,通过在选定平台上增减项目活动的方法,定义新项目的全部活动,得到新项目的活动清单。但是要注意平台的局限性会对新的项目活动界定结果带来一定的影响。

6.3.2.2 项目活动的排序

1.定义

项目活动排序是识别项目活动清单中各项活动的相互关联与依赖关系,并据此对项目各项活动的先后顺序进行合理安排与确定的项目进度管理工作。

2.方法

一是顺序图法(precedence diagramming method,PDM),也叫节点网络图法(activity-on-node,AON),是一种通过编制项目网络图给出项目活动顺序安排的方法。它用节点表示一项活动,用节点之间的箭线表示项目活动之间的相互关系。对于"结束—开始"的关系,箭线箭头指向的活动是后续活动(后续开展的活动),箭头离开的活动是前序活动(前期开展的活动)。一项后续活动只有在与其联系的全部前序活动完成以后才能开始(见图6-4)。顺序图法有四种先后关系:结束—开始(某活动必须结束,然后另一活动才能开始)、结束—结束(某活动结束前,另一活动必须结束)、开始—开始(某活动必须在另一活动开始前开始)、开始—结束(某活动结束前,另一活动必须开始)。

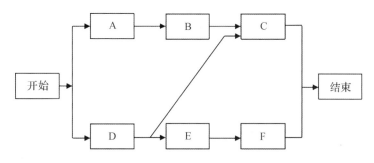

图 6-4　用顺序图法绘制的项目网络

二是箭线图法(arrow diagramming method,ADM),这也是一种描述项目活动顺序的网络图方法。通常只描述项目活动间的"结束—开始"的关系。在箭线图中,一项活动由一条箭线表示,有关这一活动的描述(命名)可以写在箭线上方。描述一项活动的箭线只能有一个箭头,箭线的箭尾代表活动的开始,箭线的箭头代表活动的结束。箭线的长度和斜度与项目活动的持续时间或重要性没有任何关系。在箭线图法中,代表项目活动的箭线通过圆圈连接起来,这些连接用的圆圈表示具体的事件。箭线图中的圆圈既可以代表项目的开始事件,也可以代表项目的结束事件;当箭线指向圆圈时,圆圈代表该活动的结束;当箭线离开圆圈时,圆圈代表活动的开始(见图6-5)。

当需要给出项目活动的其他逻辑关系时,就需要借用"虚活动"(dummy activity)来描述,这种活动不消耗时间,所以它在网络图中用一个虚线构成的箭线来表示。这种"虚活动"用来描述项目活动之间的一种特殊的先后关系,以满足每项活动必须用唯一的紧前事件和紧随事件的组合来确定的要求。

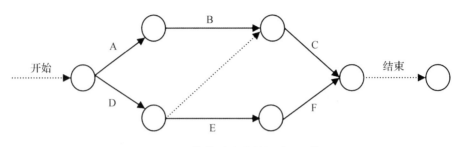

图 6-5　用箭线图法绘制的项目网络

三是网络模板法,就是用过去完成项目的网络图作为新项目网络图的模板,并通过增删项目活动修订这种模板,从而获得新项目的活动网络图。

6.3.2.3　项目活动工期估算方法

项目活动工期估算是指对项目的各种活动所做的工期(或时间)可能长度的估算工作,包括对每一项完全独立的项目活动时间的估算和对整个项目的工期估算。

一是专家评估法,是指由项目进度管理专家运用其经验和专业特长对项目活动工期作出估计和评价的方法。

二是类比法,是指以过去相似项目活动的实际活动工期为基础,通过类比的办法估算新项目活动工期的一种方法。

三是模拟法,是指以一定的假设条件为前提,进行项目活动工期估算的一种方法。常见的这类方法有蒙特卡罗模拟、三角模拟等。这种方法既可以用来确定单个项目活动工期的统计分布,也可以用来确定整个项目工期的统计分布。

项目工期计划制订是根据项目活动界定、项目活动顺序安排、各项活动工期估算和所需资源所进行的分析和项目计划的编制与安排。制订项目工期计划要定义项目的起止日期和具体的实施方案与措施。在制订项目工期计划之前,必须同时考虑这一计划所涉及的其他方面问题和因素,尤其是项目工期估算和成本预算的集成问题。项目活动工期估算方法包括以下几种。

一是系统分析法,由于综合考虑了项目工期的资源限制、约束条件,以及各种不确定因素,所以在项目工期计划编制中系统分析法运用得较多。系统分析法是通过计算所有项目活动的最早开始和结束时间、最晚开始和结束时间,统一安排项目活动,获得项目工期计划。项目的开始和结束时间,这两个时间的间隔规定了项目完成所需的时间周期(或叫项目的时间限制)。项目活动的最早开始和结束时间、最迟开始和结束时间,指的是每项活动的具体时间表,是在整个项目预计开始和结束的时间基础上确定的。其中,一项活动的最早开始时间是根据整个项目的预计开始时间和所有紧前活动的工期估计得来的;一项活动的最早结束时间是用该活动的最早开始时间加上该活动的工期估计得来的。项目活动的最迟完工时间是用项目的要求完工时间减去该项目活动所有紧随活动的工期估计出来的,而项目活动的最迟开始时间是用该活动最迟结束时间加上活动的工期估计出来的。关键路径法和项目计划评审技术是广为使用的系统分析法,其中,关键路径法最为重要。关键路径法是一种运用特定的、有顺序的网络逻辑估算项目活动工期,确定项目每项活动的最早与最晚开始和结束时间,并做出项目工期网络计划的方法。关键路径法关注的核心是项目活动网络中关键路径的确定和关键路径总工期的计算,其目的是使项目工期能够最短。关键路径法通过反复调整项目活动的计划安排和资源配置方案,使项目活动网络中的关键路径逐步得到优化,最终确定合理的项目工期计划。因为只有时间最长的项目活动完成之后,项目才能够完成,所以一个项目最长的活动路径被称为"关键路径"。

二是模拟法,是根据一定的假设条件和这些条件发生的概率,运用蒙特卡罗模拟、三角模拟等方法,确定每个项目活动可能工期的统计分布和整个项目可能工期的统计分布,然后使用这些统计数据编制项目工期计划的一种方法。

三是资源水平法,使用系统分析法制订项目工期计划的前提是项目的资源充足,但是在实际中,多数项目都存在资源限制,因此有时需要使用资源水平法编制项目的工期计划。其基本指导思想是将稀缺资源优先分配给关键路线上的项目活动。这种方法制订的项目工期计划常常比使用系统分析法编制的项目工期计划的工期要长,但是更经济和实用。这种方法有时又叫作基于资源的项目工期计划方法。

四是甘特图法,是由美国学者甘特发明的一种使用条形图编制项目工期计划的方法,是一种比较简便的工期计划和进度安排方法。甘特图把项目工期和实施进度安排两种职能组合在一起。项目活动纵向排列在图的左侧,横轴则表示活动与工期时间。每项活动预计的时间用线段或横棒的长短表示。另外,在图中也可以加入一些表明每项活动由谁负责等方面的信息。

五是项目管理软件法,是广泛应用于项目工期计划编制的一种辅助方法。使用特定的项目管理软件就能够运用系统分析法的计算方法并考虑资源水平,快速地编制出多个可供选择的项目工期计划方案,最终选定一个满意的方案。

6.3.2.4　项目工期计划控制

项目工期计划控制是指对项目工期计划的实施与项目工期计划的变更所进行的管理控制工作。主要内容包括:对项目工期计划影响因素的控制(事前控制)、对项目工期计划完成情况的绩效度量、对项目实施中出现的偏差采取纠偏措施,以及对项目工期计划变更的管理控制等,在这一工作中,必须及时定期地将项目实施的情况与项目计划进度进行比较,并找出二者的差距,一旦发现这种差距超过了控制标准,就必须采取纠偏措施,以维持项目工期正常的进度。

第一,项目工期计划实施情况的度量方法,是一种测定和评估项目实施情况,确定项目工期计划完成程度和实际情况与计划要求的差距的管理控制方法。主要内容包括:定期收集项目实施情况的数据,将实际情况与项目计划要求进行比较,报告项目工期计划实施情况存在的偏差和是否需要采用纠偏措施。这一方法要求有固定的项目工期计划实施情况报告期,并定期和不定期地度量和报告项目工期计划的实施情况。在一个报告期内,需要为项目工期计划的控制收集和积累的数据或信息包括:项目实施情况的数据、项目变更的信息等。其中,这些数据或信息的收集必须及时、准确,以为更新项目工期计划服务。

第二,追加计划法,这种方法可以根据可能出现的工期计划变化,修订项目活动的工期估算、项目的活动排序和整个项目的工期计划。包括四个步骤:一是分析项目实施进度并找出存在的问题;二是确定应采取哪些具体的纠偏措施;三是修改项目工期计划并将纠偏措施列入计划中;四是重新计划安排项目工期,估算和评价采取纠偏措施的效果并编制项目工期的追加计划。这种方法需要重点分析两种活动:一是近期需要开展的项目活动;二是所需时间较长的项目活动。同时,如果能够减少所需工期较长的项目活动的工期,显然要比在所需工期较短的项目活动上面想办法有用得多。有多种方法可以用于缩短项目活动的时间,其中最显而易见的方法是投入更多的资源。

第三,项目工期管理软件法,可以用来追踪和对比项目实际实施情况与工期计划要求的差距,预测项目工期计划的变化及其影响,调整、更新与追加项目工期计划。

6.3.3 农业投资项目质量管理

项目质量管理是指为确保项目的产出物能够满足客户和项目利益相关者的需要而开展的对于项目产出物质量和项目工作质量的全面管理工作。质量管理的根本目的是保障最终交付的项目产出物能够符合质量要求,一个企业为了确保生产的产品或服务的质量能够达到消费者的需求,就必须开展质量管理活动。其内容包括项目质量计划、质量控制、质量保证和质量改进等。

6.3.3.1 项目质量计划

项目质量计划是指为确定项目应该达到的质量标准和如何达到这些项目质量标准而做的项目质量的计划与安排。它规定了与项目相关的质量标准,明确为达到质量目标应采取的措施、提供的相关资源、明确项目参与方、部门或岗位的质量职责。项目质量计划工作的成果包括:项目质量计划、项目质量工作说明、质量核检清单、可用于其他管理工作的信息。

一是项目质量方针,为质量目标的制定提供了框架。它是由组织的最高管理者正式发布的该组织的质量宗旨和方向,是一个对项目的整个质量目标和方向进行指导的文件。

二是项目范围描述,是项目质量计划的一项关键依据。它记载了项目的主要可交付成果,以及用于确定利害关系者主要要求的项目目标、限值和验收标准。项目范围明确地说明了为提交既定特性和功能的项目产出物而必须开展项目工作和对于这些项目工作的具体要求,一般包括项目的合理性说明、项目目标、项目可交付成果清单、产品说明。

三是项目产出描述,是项目质量计划编制的基础。它包含了更加详细的产品的技术要求和性能参数要求,是对项目产出物的全面与详细的说明。

四是项目标准和规范,在制订项目质量计划时须充分考虑所有与项目质量相关领域的国家标准、行业标准、各种规范以及政府规定等。

6.3.3.2　项目质量控制

项目质量控制是对项目质量实施情况的监督和管理,它直接对影响项目质量的因素进行把关和纠偏,是一种过程性、纠偏性和把关性的质量管理活动。简单地说,项目质量控制是通过认真规划,不断观测检查,以及采取必要的纠正措施来鉴定或维持预期的项目质量或工序质量水平的一种系统,是为了达到质量要求所采取的作业技术和行动(张旭辉等,2018)。根据项目质量控制的特点,有效的项目质量控制是由事前控制、过程控制、闭环控制、主动控制组成的闭环系统。

事前控制。由于影响质量的因素多,必须对工程项目质量进行事前控制,也就是根据工程的类型和特点,以及类似工程的常发病和预防措施,对工程项目质量提出事前预防措施,包括制订控制的计划和程序,这是项目质量控制的前提。

过程控制。根据容易产生质量波动和系统因素变异等特点,必须对工程项目质量实施过程控制,也就是按照预控的计划和程序,对工序、分项、分部、单位工程和整个项目的建设全过程进行过程监控,包括检测、检查、控制和评定,这是项目质量控制的基础。

闭环控制。根据容易产生第二判断错误等的特点,必须对工程项目质量进行闭环控制,也就是使计划与实施、检查与评定、偏离与纠正、总结与提高等项目质量控制过程,形成反馈系统,定期循环控制,不断减少质量偏离值,提高质量控制精确度。

主动控制。根据质量检查时不能解体、拆卸以及工程必须一次成功等的特点,必须对工程项目质量进行主动控制,也就是事前有预控及措施、过程有监控及其阈值,使项目始终按照规定质量标准实施,即使出现偏离,也能及时纠偏使项目质量达到或逼近预期目标。

项目质量控制方法和工具:一是核验清单法,主要是使用一份开列有用于检查项目各个流程、各项活动和各个活动步骤中所需核对和检查的科目与任务清单,并对照该清单,以确定项目质量是否失控,是否出现偏差,是否需要采取纠偏措施,最终给出检查结果及对应措施。二是质量检验法,指那些测量、检验和测试等用于保证工作结果与质量要求一致的质量控制方法,要求每次严格记录检查结果,由合格人员进行评定并决定接受与否。三是控制图法,是一种关于控制界限、实际结果、实施过程的图示描述方法,用于确认项目过程是否处于受控状态,如图 6-6 所示。横坐标 T 代表检验的产品序号,UCL 表示上控制线,LCL 表示下控制线,中间的 CL 表示中心线。上下控制线表示变化的最终限度。

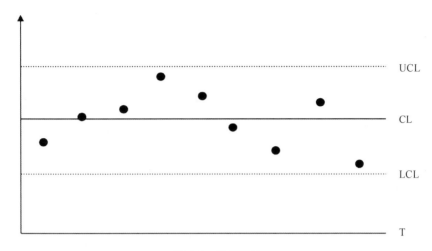

图 6-6　控制图法

四是帕累托图法,又叫排列图、主次图,是按照发生频率大小顺序绘制的直方图,用于影响质量的最主要因素。左边纵坐标表示频数,右边纵坐标表示频率,横坐标表示影响质量的各项因素,按照影响大小从左向右排列。曲线表示各因素大小的累计百分数,通常 0%—80% 为 A 类因素,称为主因素,80%—90% 为 B 类因素,称为次要因素,90%—100% 为 C 类因素,称为一般因素。找出主要因素后,就可以集中力量进行规划。

五是统计样本法,选择一定数量的样本进行检验,从而推断总体样本的质量情况。该方法适用于大批量生产项目的质量控制。六是流程图法,通过流程图确保质量控制活动的有效实施。七是趋势分析法,指的是使用各种预测分析技术,根据历史数据来预测项目质量未来发展趋势和结果的一种质量控制方法,如回归分析、相关分析、趋势外推分析等统计分析方法。

6.3.2.3　项目质量保证

项目质量保证是指在项目质量计划过程中,经常性地对整个项目计划执行情况所进行的评估、检查与改进等工作。它是确保项目质量计划得以执行和完成,使项目能够最终满足质量要求的系统性工作。一是项目质量计划。

这是在项目质量计划编制中所生成的计划文件。二是项目质量工作说明。这是在项目质量计划编制中所生成的工作文件。三是项目质量控制标准与要求。这是根据项目质量计划和项目质量工作说明,通过分析和设计而生成的项目质量控制的具体标准。此标准与项目质量目标和项目质量计划指标不同,项目质量目标和计划给出的都是项目质量的最终要求,而项目质量控制标准是根据这些最终要求所制定的控制依据和控制参数。通常这些项目质量控制参数要比项目目标和依据更为精确、严格和有操作性,因为如果不更精确与严格,就会经常出现项目质量的失控状态,就会经常需要采用项目质量恢复措施,从而形成较高的项目质量成本(侯军岐等,2007)。四是项目质量的实际结果。将项目质量实际情况与项目的质量要求和控制标准进行对照,从而发现项目质量问题,并采取项目质量纠偏措施,使项目质量保持在受控状态。

项目质量保证的工作内容:一是制订质量保证计划与标准。要明确项目的质量目标和质量方针,制订各种定性、定量的指标、规则、方案等,力求在质量管理过程中达到或超过质量标准。二是制定质量控制流程。不同项目种类和不同项目实施阶段需要不同的深度和力度。三是持续开展有计划的质量改进活动。项目质量保障的一项核心工作就是一系列有计划的,为确保项目产出物质量而开展的审核、评价和质量改进工作,包括对产出物、项目方法和管理活动的改进。四是建立质量保证体系。以大型产品研制生产企业质量保证系统为例,质量保证体系由质保管理、质保工程、质保材料、质量检验和质量审计五个部门组成。

6.3.3　农业投资项目成本管理

项目成本管理是为保障项目实际发生的成本不超过项目预算而开展的项目成本估算、项目预算编制和项目预算控制等方面的管理活动。

项目成本管理的主要内容包括项目资源计划、项目成本估算、项目成本预算、项目成本控制、项目成本预测。

6.3.3.1　项目资源计划

项目资源计划是指通过分析和识别项目的资源需求,确定项目所需投入资源的种类(如人力、设备、材料、资金等)、资源的数量和资源投入的时间,从而制订项目资源计划的项目成本管理活动。这项计划工作必须同项目成本的估算与评价等项目成本管理活动紧密结合进行,这样才能够制订出合理、科学、可行的项目资源计划。计划编制方法包括以下三种。

一是专家判断法,是指由项目成本管理专家根据经验确定和编制项目资源计划的方法。优点是主要依靠专家判断,基本不需要历史信息资料,适合全新的项目。缺点是如果专家的水平不一,对项目的理解不准,就会使项目资源计划出现问题。

二是统一定额法,是指使用统一标准定额和工程量计算规则制订项目资源计划的方法。"统一标准定额"是由权威部门所制定的,在一定的技术装备和组织条件下为完成一定量的工作所需消耗和占用的资源质量和数量限定标准或额度。缺点是统一标准定额相对比较固定,无法适应技术装备、工艺和劳动生产率的快速变化,所以近年来发达国家正在逐步放弃使用这种编制项目资源计划的方法。

三是资料统计法,是指用历史项目的统计数据资料,计算和确定项目资源计划的方法。要求有足够的样本量,也有具体的数量指标以反映项目资源的规模、质量、消耗速度等。数量指标可以分为实物量指标、劳动量指标和价值量指标。实物量指标多数用来表明物质资源的需求数量,这类指标一般表现为绝对数指标。劳动量指标主要用于表明人力的使用,这类指标可以是绝对量,也可以是相对量。价值量指标主要用于表示资源的货币价值,一般使用本国货币币值表示活劳动或物化劳动的价值。优点是结论比较准确合理和切实可行。缺点是要求有详细的历史数据,并且要求这些历史数据具有可比性,所以这种方法的推广和使用有一定难度。

6.3.3.2 项目成本估算

项目成本估算是项目成本管理的一项核心工作,是确定项目成本预算和开展项目成本控制的基础和依据。项目成本估算是指根据项目的资源需求和计划,以及各种资源的价格信息,估算和确定项目各种活动的成本和整个项目总成本的项目管理工作。项目成本是由一系列的项目成本细目构成的。主要的项目成本细目包括以下内容。

第一,项目定义与决策成本。为了对项目进行科学的定义和决策,在这一阶段要进行各种调查研究,收集和掌握第一手信息资料、进行项目的可行性研究,最终作出选择。要完成这些工作需要消耗许多人力、物力资源,需要花费许多的资金,这些资金构成了项目成本中的项目定义与决策成本。

第二,项目设计成本。根据项目的可行性研究报告,在分析、研究和试验等环节后,项目就可以进入设计阶段。在此阶段产生的费用称为项目设计成本。比如,工程建设项目的设计包括初步设计、技术设计和施工图设计,新产品开发项目的产品设计,科学研究项目的技术路线和试验方案等方面的设计。

第三,项目采购成本。是指为获得项目所需的各种资源(包括物料、设备和劳务等),项目组织在开展询价、选择供应商、广告、承发包、招投标等一系列的工作时产生的费用。

第四,项目实施成本。为生成项目产出物所耗用的各项资源构成的费用,是项目总成本的主要组成部分,一般占项目总成本的 90% 左右。因此,项目成本管理的主要工作是对项目实施成本的管理与控制。包括项目人工成本(项目施工、监督管理和其他方面人员的工资、津贴、奖金等全部发生在活劳动上的成本,不包括项目业主/客户)、项目物料成本(原料、材料的成本)、项目顾问费用(雇用分包商或专业顾问的费用)、项目设备费用(专用仪器、工具的购买或租用费用)、项目其他费用(差旅费、住宿费、必要的出差补贴、临时设施费等)、项目不可预见费用(项目发生意外事件或风险时的费用)。项目实施成本影响因素包括:一是耗用资源的数量和价格。在这两个要素中,资源消耗与占用数量占第一位,资源价格占第二位。因为资源消耗与占用数量是一个相对可控的内部要素;而资源价格是一个相对不可控的外部要素,主要是由外部市场条件决定的。二是项目工期。项目工期是项目完成某项具体活动所需要或实际花费的工作时间周期。由于在实现过程中,项目所消耗的资金、设备、人力等资源都具有自己的时间价值,表现在等额价值量的资源在不同时间消耗或占用的价值之间的差额,也表现在资金占用所应付的利息。所以,项目消耗或占用的各种资源都可以看成对货币资金的一种占用。因此,项目工期是造成项目成本变动的重要影响因素之一。三是项目质量。一个项目生产的产品或服务的质量要能够满足消费者的需求,就必须开展项目质量管理活动,从而会产生项目的质量成本。四是项目范围,即项目究竟需要做些什么事情和做到什么程度,这也直接影响项目成本。项目范围越大,所需完成的任务越复杂,项目的成本就会越高。

6.3.3.3 项目成本预算

项目成本预算是一项制定项目成本控制标准的管理工作,它涉及根据项目成本估算为项目各项具体工作分配和确定预算和定额,以及确定整个项目总预算的一系列管理工作。主要工作内容是确定项目总的预算、确定项目各项活动的预算、确定项目各项活动预算的投入时间。项目成本预算决定因素包括:项目规模大小、项目复杂程度、项目紧急程度、对项目细节的掌握程度、有无相应的技术设备和人员。

6.3.3.4 项目成本控制

项目的成本控制就是在整个项目的实施过程中,定期地、经常性地收集项目的实际成本数据,进行成本的计划值(目标值)和实际值的动态比较分析,并进行成本预测,如果发现偏差,则及时采取纠偏措施,包括经济、技术、合同、组织管理等综合措施,以尽可能实现项目的成本目标。项目成本控制是项目成本管理的主要目的。项目成本控制的依据,体现在以下几个方面:一是项目的成本实效报告,即项目成本管理与控制的实际绩效评价报告,反映了项目预算的实际执行情况,如哪些预算已经完成,哪些尚未完成等。二是项目的变更请求,指在执行过程中,对项目计划提出变更申请。变更请求应该详细说明变更的性质和对项目的影响。记录变更情况和批准变更的主体情况是重要的,以防未来的意见分歧。三是项目成本管理计划,即关于管理项目成本的计划文件,说明了如何管理费用偏差。

项目成本控制度量方法:一是项目变更控制体系,是一种项目变更全过程的控制体系,包括从项目变更的请求,到变更请求批准,到最终变更项目成本预算。其内容包括规避和控制。规避是在项目定义和设计阶段,通过确保项目相关利益者的充分参与,了解项目的需求;在项目定义和设计结束后,通过组织评审,倾听意见;同时要保持与相关利益者的沟通渠道的畅通,及时反馈,避免项目后期发生大的变更或返工,从而规避项目成本的变动。控制是建立严格的项目变更控制系统和流程,即通过一系列评估确定变更发生的成本和时间代价,再由利益相关者判断是否接受该代价。二是项目成本实效度量方法,是对项目实际成本完成情况进行度量的方法。“挣值”度量方法是非常有价值的一种项目控制方法,其基本思想就是通过引进一个中间变量即“挣值”(earned value),以帮助项目成本管理者分析项目的成本和工期变化,并给出相应的信息,从而能够使人们对项目成本的发展趋势作出科学的预测与判断。三是附加计划法,即通过新增计划或修订原有计划对项目成本进行有效的控制,是未雨绸缪、防患于未然的项目成本控制方法之一。四是计算机软件工具,即利用项目成本控制软件进行分析。

6.4　农业实物投资项目收尾阶段

根据 PMI(美国项目管理协会)提出的概念定义,项目收尾(project conclusion)包括合同收尾和管理收尾两部分。合同收尾就是对照合同,一项一项地核对是否完成了合同的所有要求,是否可以把项目结束掉,也就是通常所讲的验收。管理收尾涉及为使项目干系人对项目产品的验收正式化而进行的项目成果验证和归档,具体包括收集项目记录、确保产品满足商业需求、并将项目信息归档,还包括项目审计。管理收尾活动不能等到项目结束才进行,项目的每个阶段都要进行适当的收尾,保证重要的、有价值的信息不流失。

6.4.1　项目验收的一般标准

项目验收标准是判断项目成果是否达到目标要求的依据,因而应具有科学性和权威性。只有制定科学的标准,才能有效地验收项目结果。项目验收的标准一般选用项目合同书、行业国标和相关的政策法规、国际惯例等。

项目合同书规定了在项目实施过程中各项工作应遵守的标准、项目要达到的目标、项目成果的形式以及对项目成果的要求等,它是项目实施管理、跟踪与控制的首要依据,具有法律效力。因而,在对项目进行验收时,最基本的标准就是项目合同书。

国标、行业标准和相关的政策法规,是比较科学的、被普遍接受的标准。项目验收时,如无特殊的规定,可参照国标、行业标准以及相关的政策法规进行。国际惯例是针对一些常识性的内容而言的,如无特殊说明,可参照国际惯例进行验收。

6.4.2　项目验收的依据

投资项目竣工验收,要有一定的依据。国家规定,对于已按设计文件规定的内容和施工图纸的要求建成的需要验收的工程,其验收的依据主要有:①经上级审批机关批准的可行性研究报告;②初步设计、施工图和文字说明;③设备技术说明;④招标投标文件和工程承包合同;⑤施工过程中设计修改签证;⑥现行的施工技术验收标准及规范;⑦上级主管部门的审批、修改、调整文件等。

例如,高标准农田建设竣工验收的主要依据包括:①国家及有关部门颁布的相关法律法规、规章、标准、规范等;②建设规划、项目初步设计文件、批复文件以及项目变更调整、终止批复文件;③项目建设合同、资金下达拨付等文件资料;④按照有关规定应取得的其他项目建设审批手续;⑤初步验收报告及竣工验收申请。

6.4.3　项目验收的方法

项目验收通常根据项目的不同特点而灵活采用不同的方法。对于生产性项目,可采用试生产的方法,检验生产设备是否能达到设计要求;对于系统开发项目,可采用试运行方式检验项目成果的性能;对 R&D 项目,可通过测试成果的各项物理、化学、生化等性能指标来检验;对服务性项目,一般通过考核其经济效益或社会效益来验收。为了核实项目或项目阶段是否已按规定完成,往往需要进行必要的测量、考察和试验等活动。

6.4.4　项目验收的程序

项目(工程)全部完成,经过各单项工程的验收符合设计的要求,并具备竣工图表、竣工决算、工程总结等必要文件资料,由项目(工程)主管部门或建设单位向负责验收的单位提出竣工验收申请报告,按程序验收。其程序一般是:

①报送竣工验收报告。

②组织竣工验收机构。

③整理各种技术文件材料。

④绘制竣工图。

⑤进行工程质量评定。

⑥编制竣工决算。

⑦办理固定资产移交手续。

⑧签署竣工验收鉴定书。

习　题

1.简述农业投资项目管理周期阶段。

2.简述项目可行性研究的主要内容。

参考文献

［1］Lesiv M,Laso B C,See L,et al. Estimating the global distribution of field size using crowdsourcing. Global Change Biology,2019,25(1):174-186.

［2］McGrath G. Business models:a discovery driven approach. Long Range Planning,2010,43:247-261.

［3］Osterwalder A. The business model ontology—a proposition in a design science approach. Business,Computer Science,2004(6):678-688.

［4］Osterwalder A,Pigneur Y,Tucci L. Clarifying business models:origins, present and future of the concept. Communications of the Association for Information Science (CAIS),2005(16):1-25.

［5］Rappa M. Business models on the web:managing the digital enterprise. (2001-01-22)［2021-12-01］. http//digitalenterprise. org/models/ models. html.

［6］Stewart W,Zhao Q. Internet marketing,business models and public policy. Journal of Public Policy and Marketing,2000,19:287-296.

［7］Teece J. Explicating dynamic capabilities:the nature and microfoundations of (sustainable) enterprise performance. Strategic Management Journal, 2007,28:1319-1350.

［8］Wang X, Yamauchi F, Huang J, et al. What constrains mechanization in Chinese agriculture? Role of farm size and fragmentation. China Economic Review,2020,62:101221.

［9］Zott C, Amit R, Massa L. The business model:recent developments and future research. Journal of Management,2011,37(4):1019-1042.

［10］Zott C, Amit R. Designing your future business model:an activity system perspective. Long Range Planning,2010,43:216-226.

［11］张旭辉,赵萍.项目投资管理学(第二版).成都:西南财经大学出版社,2018.

［12］罗兴林.农业投资与管理.北京:气象出版社,1992.

［13］郑荔萍.移动互联网时代莆田移动公司商业模式研究.福州:福建农林大学,2017.

［14］德鲁克,马恰列洛.德鲁克日志.蒋旭峰,王珊珊,等译.上海:上海译文出版社,2006.

［15］刘哲澔.基于商业模式画布的渤海生态农场商业模式研究.济南:山东大学,2020.

［16］刘建芳,王伟新,肖建中,等.田园综合体商业模式创新的国际经验及启示.世界农业,2018(9):34-38,106.

［17］王雪梅,赵一锦,马骁.农业投资项目管理.成都:西南财经大学出版社,1996.

［18］杨秋林.农业项目投资评估.北京:中国农业出版社,2003.

［19］许成绩.现代项目管理教程.北京:中国宇航出版社,2003.

［20］冯俊华.企业管理概论.北京:化学工业出版社,2006.

［21］卢海涛.市场调查与分析.北京:人民邮电出版社,2017.

［22］孟小愉.编制《项目可行性研究报告》的相关实务浅析.现代经济信息,2012(5):72.

［23］侯军岐,贠晓哲.项目管理理论与农业项目管理.北京:经济科学出版社,2007.

［24］赵春江.智慧农业的发展现状与未来展望.华南农业大学学报,2021(6):1-10.

［25］殷浩栋,霍鹏,肖荣美,等.智慧农业发展的底层逻辑、现实约束与突破路径.改革,2021:1-9.

[26] 中国信息通信研究院.2021中国数字经济城市发展白皮书.北京:中国信息通信研究院,2021.

[27] 林万龙.农地经营规模:国际经验与中国的现实选择.农业经济问题,2017(7):33-42.

[28] 王丰.我国当前农业投资形势与策略分析.生态经济评论,2014:256-262.

[29] 焦翔,辛绪红,孙布克.乡村振兴战略下品牌农业的作用解析与路径研究.农业经济,2021(8):55-56.

[30] 张玉香.牢牢把握以品牌化助力现代农业的重要战略机遇期.农业经济问题,2014(5):4-7,110.

[31] 李正刚."加工农业"——农业发展的必由之路.农村财政与财务,2002(5):36-37.

[32] 杨兴龙,张越杰,张弛.农产品加工企业技术创新能力与影响因素分析——基于吉林省30户农产品加工业龙头企业的调查.经济纵横,2019(3):38-44.

[33] 龙井然,杜姗姗,张景秋.文旅融合导向下的乡村振兴发展机制与模式.经济地理,2021(7):222-230.

第七章 农业企业融资

信贷直通车是农业农村部于 2021 年 5 月启动的一项创新活动。通过收集全国家庭农场、农民合作社等主体金融服务需求,对接银行发放贷款,打造"主体直报需求、农担公司提供担保、银行信贷支持"的直通车服务模式。信贷直通车的开通,为破解新型农业经营主体"融资难、融资贵"难题探索出一条新路径。根据中国经济网消息,截至 2021 年 12 月 15 日,已有 18882 个被全国家庭农场名录系统收录的家庭农场通过信贷直通车申请,获得授信 5427 笔,授信金额 32.95 亿元,笔均授信 60.72 万元。2022 年 5 月,为贯彻落实农业农村部、财政部关于《乡村产业振兴带头人培育"头雁"项目实施方案的通知》和农业农村部《关于推进农业经营主体信贷直通车常态化服务的通知》要求,加大对乡村产业振兴带头人信贷支持力度,依托农业经营主体信贷直通车,打造"头雁"专版,开展"头雁"专项信贷服务行动,助力乡村产业振兴人才队伍培育。乡村振兴,产业是基础,人才是关键。信贷支持乡村产业振兴带头人是强化政策、资金、平台、要素等综合性扶持,助力农业农村人才队伍建设的重要举措。各级农业农村部门要充分认识打造"头雁"专版的重要意义,瞄准乡村产业振兴带头人,聚焦"头雁"群体,强化培训指导,收集信贷需求,开辟绿色通道,创新产品服务,让"头雁"想得到、用得上、贷得足、得实惠,助力推进乡村振兴产业带头人"头雁"培育工作。

融资与投资是资本运营的两大基本功能,兼并与收购是资本运营的核心任务,企业上市则是资本运营的最高形式。融资、投资、并购和上市成为资本运作的四大基本任务。一级资本市场(primary capital market)是企业和政府进行融资的市场。企业通过借款或者权益工具进行融资。政府一般只通过借款进行融资。当金融系统将资金分配到最具生产效率的地方时,经济资源的配置才是高效的。尽管企业都想融资以投资各种潜在的项目,但并不是每一个项目都值得投资。金融系统的重要作用之一就是确保只有最好的项目才能获得稀缺的资本,储蓄者所提供的资金应该被分配给生产力最高的使用者。在市场中,资金供给者直接或者间接决定哪些项目将获得资金。资金供给者通过选择投资证券的种类直接决定资本配置,或者通过将资金提供给金融中介间接决定资本配置。由于投资者担心资金损失,他们会以低利率将资金借给信誉最好或者拥有最好抵押物的人,而会以更高的利率借款给那些前景相对不太稳定的借款者。同样地,资金供给者只会购买那些他们认为在价格和风险方面有更好前景的权益产品。

　　本章聚焦农业企业融资行为。农业企业融资,是社会融资的基本组成部分,是指农业企业作为资金需求者为融通资金而进行的一系列经济行为。其中,融通资金是资金双向互动的过程,包括资金的融入和融出,既包括资金的来源,又包括资金的运用。本章内容包括融资概述、融资风险、融资工具、企业生命周期与融资渠道。

7.1　什么是融资

7.1.1　企业融资

　　什么是融资?截至目前,还没有一个被广泛接受的定义。融资从广义上讲,是金融的一部分,就是货币资金的融通,到金融市场上通过多种方式筹措或贷放资金的行为。

　　《新帕尔格雷夫经济学大辞典》中对"融资"(financing)的解释是:融资是指为支付超出现金的购货款而采取的货币交易手段,或为获取资金、资产而采取的货币手段。《大不列颠百科全书》将企业融资定义为:融资是为某种开支进行资金或资本筹集的过程,企业融资是应用经济学的一种形式,利用会计、统计工具和经济理论所提供的数量资料,以期使公司或某些工商业实体的目标最大化。在国内,对于融资的定义大同小异。《中华金融词库》将融资定义为"货币的借贷与资金的有偿筹集活动",具体形式有银行贷款、有价证券的发行和转让、信托、融资租赁等。也有学者将融资定义为:融资就是资本的调剂与融通行为,是融资主体(资金的需求者)运用金融工具,通过某种方式从某些储蓄者(资金的所有者)手中获取资金的过程。有的学者区分企业融资和企业筹资两种行为,认为企业融资是指企业通过某种方式从潜在投资者手中获取所需资产的过程;而企业筹资不仅包括上述过程,还包括通过自身积累实现聚集资金的目的。实质上,企业融资和企业筹资性质相同,本章将融资与筹资视作同一经济行为。

企业融资与一般金融机构所进行的金融活动不同。金融机构是货币资金的中介机构,通过"聚集社会闲散资金再贷放"的形式为全社会的经济运行服务,其筹措资金的目的是运用资金获取利息差。企业融资则是为企业自身的生产经营服务,企业通过资金运作进行自身的再生产或商业活动服务,谋求更高的收益。农业企业融资具有不同于其他企业的特点,主要因为农业具有特殊性,农业是利用动植物的生长发育规律,通过人工培育来获得产品的产业,其劳动对象是有生命的动植物,具有地域性、季节性、周期性等特点,而且农业是提供支撑国民经济建设与发展的基础产业。因此农业企业融资不仅要考虑融资的方式、途径等内容,也要重点关注农业的特殊性,更要关注融资与投资的内在关系问题。

7.1.2　融资原则

融资是企业投资的前提。无论是新企业的创办,还是原企业的更新改造或扩建,企业需要靠融资来优化生产运营、扩大市场优势地位。因此,企业投资之前通常都需要在企业外部筹集所需资金。确定采取何种融资方式时,要考虑投资回报率、产业特点、资金成本率、银行利率水平等,这些因素直接影响了企业的资金链条。

投资是企业融资的目的。投资是从资金运用的角度来描述企业资金的使用状况和实力,处理好企业的融资与投资之间的关系是企业融资战略选择的基础。这不仅有利于保证融资与投资在数量上达到平衡、在时间上做到衔接,也有利于企业合理选择融资战略方案,权衡风险和收益,有效实现企业的财务管理目标。

融资与投资的关系有三种:一是匹配战略,即资金来源可用期限与所投资资产寿命相匹配的战略关系,长期稳定投资由长期稳定资金支持,临时性流动资产由临时性资金(短期借款)支持,该战略可以减少不协调的风险;二是稳健战略,该战略为了减少风险,用长期稳定资金来支持一部分临时性流动资产;三是进取战略,该战略为了降低资金成本、减少利息支出,用临时性资金来支持一部分长期稳定投资,这种战略的利率风险和偿债风险均大于前两种。

从理论上讲,匹配战略是最为理想的一种融资战略,但在实际工作中,由于企业经营者对风险的喜好程度不同,再加上融资活动受到多重因素的影响,融资战略选择变得较为复杂。为此,企业融资必须遵循以下基本原则。

第一,成本最低原则。资本成本是指企业筹集和使用资本而付出的代价。企业融资需要历经多个阶段,融资前期为寻找合适的融资方式及投资方,可能产生中介费用,融资过程中可能需要组织管理费用,融资后产生利息或股利、租金等支出,这些均属于资本成本的一部分。资本成本的高低是评价投资方案、进行投资决策的重要标准,也是评价企业经营业绩的重要依据。企业的资本成本过高,会直接影响到企业收益,进而波及企业的整体战略发展及市场地位。因此,企业融资的目标之一就是依据投资利润率和各种资金的成本等情况确定企业可以接受的融资成本水平,尽量以较低的成本融到足够的资金。

企业可以通过选择恰当的融资时机和融资方式,来降低融资成本,从而获得更大的经济效益。融资时机是指在特定时点出现的一系列有利于企业融资的因素所构成的外部融资环境,一般而言,企业根据资本市场的变化选择融资时机时,应考虑以下几个方面:一是外部融资环境一般难以改变,企业必须充分发挥自身的主动性积极适应环境,及时把握住各种有利时机。二是外部融资环境复杂多变,要求企业准确把握国家政策、经济形势、资本市场的各类信息等,分析和预测能够影响企业融资的各种有利和不利条件,以寻求最佳融资时机,取得最佳的融资效果。如果企业能够根据资本市场的变化,及时把握融资时机,而没有提前或滞后,就可以降低融资成本。三是要结合企业的实际情况,及时了解现有资金的动态变化,及时获取资金供求信息,并考虑不同融资方式的特点,选择适当的融资方式,并做好各个时期内的资金预测与调配工作。在选择适当的融资方式时,企业要遵循一个总的原则,即只有融入资金的使用总收益大于融资总成本时,融资才是安全的。否则,股东权益会遭受损失和萎缩,从本质上讲,这也是企业陷入财务困境、面临融资风险的根本原因。因此,通过使用合理的融资方式降低融资成本是降低企业资金风险的重要手段之一。四是提高融入资金的使用效率和使用效益。融资不足可能会影响企业的生产经营活动和投资项目,但融资后如果资金未合理使用,或是找不到合适的投资出路,就会损害企业现有投资者、债权人等相关利益主体的利益,产生的信任问题也会导致企业的后续融资活动变得困难。因此,管理者不仅要关注如何科学决策以融入足够的资金,还要关注如何提高融入资金的使用效率和使用效益,以提高单位资金的效能。

第二,风险最低原则。不同的融资渠道给企业融来不同类型的资金,风险也是不同的,因此企业准备融资之前,不仅要考虑降低融资成本,还要注意融资风险,而且风险与融资成本关系密切。一般低成本的融资可能带来的风险更高,企业需要在风险和成本两者之间进行权衡,把融资风险控制在可接受的范围之内。同时,融资风险情况也是对融资好坏的重要评估指标之一,直接影响了企业的经营环境及效率。

对于企业而言,融资目标就是以较低的成本和风险来获得较大的稳定的未来现金流,以实现以所有者权益为主的企业价值最大化。一般情况下,企业融资的首要目标应是满足企业的资金需要,满足资金供应,同时注意降低融资成本和风险,拓展融资渠道等。在实际选择融资方案时,依据企业的具体情况而定,企业需要在企业内外部环境分析的基础上,依据企业战略要求,对多元化的融资方式进行权衡与选择,最终确定一个最佳的融资目标及方案。

7.2 融资风险控制

资金是企业持续从事生产经营活动的前提条件。企业融资的目的是将所筹集资金用于生产经营活动以获取利润,企业总是希望利润越大越好。但是,企业的融资行为在获取收益的同时,也必然要面对一定的融资风险。这些风险一旦转化为实际的经济损失,就会给企业的生产经营活动带来诸多不利影响,甚至会威胁到企业的生存。

企业融资过程中,常常存在着融资结构不合理、资金管理风险、企业经营风险等问题,有可能使企业经营者、投资者、债权人等各方蒙受损失。因此,企业的融资活动除规划以何种合适的方式筹措到所需数量的资金外,还应正确权衡不同方案下的风险程度,对各融资方案的融资风险进行识别、评价和比较,并提出对应的防范与控制风险的措施。

7.2.1　融资风险来源

7.2.1.1　融资结构不合理

融资结构是指企业融资过程中,各类来源的资金在所融资金总额中的比例及其相互关系,一般反映在企业资产负债表的右侧项目。企业选择不同的融资方式,形成的融资结构就不同,企业长期资金的融集方式决定了企业的资本结构。企业的资本结构是融资结构的一部分,是指股权资本与债权资本之间的比例及相互关系,即企业资本的变化情况。资本结构理论指出融资风险表现为债务资本占公司资本结构的比例较大,造成企业资本结构不协调,从而导致企业存在无法偿还债务融资的本金和相关利息的可能。因此,确定融资结构时,需要重点关注两点:负债规模以及负债的期限结构。

负债规模是指企业负债的数额或负债在资金总额中的占比。企业的负债规模越大,利息费用也就越大,则企业无法偿债或破产的可能性就会相应增加,损害股东权益的可能性也会增加。企业负债规模过小时,又可能难以满足企业融资的资金需求,影响企业生产经营活动的运行。为此,必须通过融资保持负债与资本需求的适度平衡。

融资按资金使用周期可分为短期融资与长期融资。短期融资主要用于解决筹资者的短期资金使用和周转的问题,用以满足资产流动性管理的需要;长期融资主要用于解决筹资者的扩展资本问题,用以满足企业经营管理的需要。企业应当根据实际需求,选择合适的融资结构。例如,企业应筹集长期借款时却采用了短期借款,由于短期借款比长期借款的偿付压力大,且短期借款的利率随资本市场资金供求关系的变动而变动(长期借款的利率在较长的借款期限内一般保持不变),短期借款到期后,企业可能会出现难以筹措到足够的现金来偿还的风险。此时,如果债权人不愿意将短期借款延期,企业的融资风险就会显著增大。同样,企业若将长期负债用于流动资产,也会导致收益与成本不匹配,从而增大融资风险。

7.2.1.2　资金管理风险

在企业的实际经营活动中,企业的财务部门应当以该企业自身的发展阶段和投资规模为标准,运用科学技术手段,综合考虑企业实际环境与需求,预测企业在某一时期的资金需要量,再进行融资,而非盲目地"贪多求全",否则其后资金管理难度会大幅增加。也有一些企业在融到资金后,未对资金进行有效管理和使用,产生资金管理风险。例如:①融资过程中,经常存在不能按期取得足够资金,资金不能及时到位的情况,影响公司的运营或投资项目的进行。②企业整体的资产流动性不足,经营周期长,企业的营运效率低下,对资金的使用没有实现企业收益最大化。③资金过多地停留在应收款项、存货、使用率低或废弃的固定资产等项目上,资金周转缓慢,导致现金净流量不达预期和资产变现能力较弱,没有足够的现金来支付到期债务。④企业财务管理不到位,各职能部门权责不明,资金乱占乱用,导致资金分散。

由于对融入资金的管理和使用缺乏效率,单位资金的使用效能低下,企业将目光过多地投向资金的数量方面,却忽略或轻视了资金使用的质量方面,客观上就导致企业需要加大负债融资的规模,负债越多,融资成本和风险就会越大。

7.2.1.3　融资经营风险

国家经济政策、环境均存在变化,行业间竞争可能激化、资金供求关系变化等,直接或间接影响了企业的经营情况,增加了把原料加工为成品并最终完成销售同时获得增值的整个循环过程中的不确定性,即给企业经营活动带来了风险,直接表现为企业息税前利润的不确定性。例如,2020 年新冠疫情席卷全球,多地区企业停工停产,居民居家隔离,导致整体的消费走弱,企业收入减少,即产生经营风险,直接影响了企业的偿债能力,营业利润可能不足以支付融资产生的费用,不但不能实现财务杠杆效应对于股东权益的扩张性作用,而且要用股本来支付利息,企业的财务风险扩大。

农业具有特殊性,导致农业企业相比其他行业中的企业,面临诸多特殊的经营风险。

(1)自然灾害风险。农业生产容易受到自然灾害的影响,例如干旱、水灾、地震、冰雹等自然灾害,直接影响动植物的生长、繁殖过程,甚至造成生产场所及生产设施的损坏,给企业带来直接损失。此外,若国内外粮食主产区遭受自然灾害影响,可能导致玉米、豆粕等饲料原料价格上涨,进而导致以养殖为主的企业饲料成本增加,对经营业绩产生不利影响。

(2)动物疫情风险。农业企业还可能面临着动物疫情风险,以生猪养殖产业为例,其面临着猪蓝耳病、猪瘟、猪流行性腹泻、猪口蹄疫、非洲猪瘟等多种疫情风险,而且生猪疫情具有种类多、频繁发生的特征。生猪疫情给企业经营带来了负面影响,例如:疫病可能导致生猪死亡,动物防疫部门也可能对潜在患病猪只进行扑杀,直接导致生猪出栏数量下降,收益降低;在疫病高发时期,使用兽药、疫苗的数量将增加,企业也将投入更多的管理成本,导致生猪养殖环节的生产成本增加。同时,在面临重大疫情时,短期内生猪市场价格可能发生大幅波动,对企业产品的销售造成不利影响。

(3)食品安全风险。农业企业的产品多为食品,生产环节可能涵盖了饲料生产、养殖、屠宰、加工、运输等多个环节,在消费者及监管机构对于食品安全日益重视的情况下,任何一个环节出现重大食品安全事件,对于农业企业形象和业务发展都将产生较大影响。

(4)市场竞争风险。食品行业发展逐步成熟,食品安全、质量、品牌、营销网络、产能、成本控制、消费者喜爱度等方面均会产生竞争,与直接进行食品生产销售的企业相比,部分养殖类农业企业想要进入食品领域,面临的市场竞争风险较大。若不能在产品质量及产量上满足客户的需求、持续开发新产品、拓展销售渠道和客户、提升品牌知名度、及时应对客户需求的变化、进一步巩固并提高市场占有率,将对企业的持续增长产生不利影响,存在因行业竞争加剧造成盈利能力下降的风险。

7.2.2　融资风险防范

企业在融资过程中应当树立风险意识,采取相应措施加强对融资风险的防范和控制,这样不仅可以节省融资成本、降低融资风险,而且能够帮助企业优化资本结构,提升企业经营活动的稳定性,提高企业后续的融资能力,从而实现企业的持续发展。

首先,必须确定合理的融资结构。企业在融资决策时,要遵循融资收益和融资风险相匹配的原则,在融资风险可控与最大收益之间实现均衡,即寻求企业最佳的资本结构。尽管最佳资本结构没有确定的形态,但搭配使用各种融资手段才可能找到最佳资本结构。企业应根据外部融资环境,以及自身的资金需求情况、债务偿付能力、资本结构等多重因素来综合确定负债经营的融资结构。融资结构须与实际的经营状况相匹配。在确定融资结构时,企业应注意以下几方面的问题:一是融集资金的来源及构成。资金的来源渠道不同,企业付出的成本和面临的风险也存在差异,对企业整体的财务稳定性也会产生影响。尤其是债务性融资,企业需根据自身情况,综合衡量利弊后作出理性的选择。二是融集资金的可使用期限。一般来说,短期负债的使用期限短,偿付压力大,企业不能按期偿付本息的可能性就大;长期负债的使用期限较长,企业不会面临短期内偿付的压力,融资风险较小,但融资成本相对较高。因此,企业要合理搭配不同期限的融资,尽量减少因还款过于集中而增大的偿付压力。三是融集资金的投资方向。企业在对借入资金进行投资决策时,必须加强对投资方案或项目的评估、论证,因为资金的投向不同,能够产生收益的时间和数量大小也不同。如果企业的资金投向不恰当,不但不能获得收益,还可能连投资成本都收不回来,因此,需要关注借入资金的投向和合理分布,降低投资风险,实现收益最大化。

其次,必须确定适当的负债规模。企业确定负债规模的依据应当综合考虑企业现有的可用资金和预期业务发展对资金的需求情况,并且结合企业发展阶段、经营规模和经济实力、融资的难易程度等综合确定。不仅在融资数量上要规模适度,而且在融资时间上也要尽可能与资金需求时间相吻合。同时,要兼顾负债融资的正面效应和负面效应,注意融资收益和风险的相互匹配,充分考虑影响企业经营的各种因素,保持借入资金和自有资金适当的比例关系,从而确定最佳的负债规模。还要充分考虑融资结构弹性和财务灵活性的有效协调,并注意不同融资方式之间转换的可能性,以形成一个融资风险更小、融资成本更低的资本结构。

最后,选择恰当的融资时机和融资方式。企业的融资方式选择遵循啄食顺序(pecking order):先进行内部融资,然后是债务融资,最后是权益融资。因为外部权益融资成本显著高于内源融资,高外部融资成本使一些企业被迫放弃好的投资项目而造成投资不足,导致了投资的融资约束(Myers et al.,1984)。

7.3　企业融资模式

企业在不同发展阶段需要不同的融资工具,而我们在选择融资工具的时候,首先需要了解各种融资工具的特征,以选择适合不同阶段的融资方式。

按照资金来源不同,融资分为内部融资和外部融资。内部融资是指企业通过自身经济活动获得资金,并将其用来满足资金需要的方式,包括向企业主、合伙人或内部职工等与企业有利益关系的人员借款而获得资金。它的资金来源主要是企业的留存收益、折旧基金等。内部融资具有原始性、自主性、低成本性和抗风险性的特点,缺点是融资来源有限,有时无法满足企业的需要。

外部融资是指企业通过外部其他经济主体筹集资金的方式,包括贷款融资、股票融资、债券融资、融资租赁等。外部融资有高效性、灵活性、规模性和集中性的特点,缺点是手续烦琐、成本高、风险大。外部融资还可细分为直接融资和间接融资。直接融资是指资金供求双方通过一定的金融工具直接形成债权债务或者权益性融资的方式,如企业发行股票和债券;间接融资是指资金供求双方通过金融中介机构间接实现资金融通的方式,如银行借款。

按照资金性质不同,外部融资分为债务性融资和权益性融资。债务性融资构成负债,企业要按期偿还本息,债权人不参与企业的经营决策,一般包括民间借贷、银行贷款、发行债券和信托等。权益性融资构成企业的自有资金,投资者有权参与企业的经营决策、获得红利,但无权撤资,一般包括天使投资、风险投资、私募股权融资、战略投资者以及发行普通股等。企业股权融资筹集的是股本金,而债务融资是金融机构提供信贷资金用于生产流动资金或项目贷款。前者按年度收取股利并择机转让或从资本市场出售退出,后者要求企业按债务条约规定到期还本付息。

本节主要研究的是农业企业的外源性融资问题,因此接下来将按照资金性质将融资工具分为债务性融资和权益性融资,并分别介绍。

7.3.1　债务性融资模式

为了满足企业未来经营发展需要,企业通过银行机构、非银行机构或者自行发行债券等方式获得的资金,统称为债务性融资。债务性融资除了需要偿还本金外,还要支付相应利息,企业的债务率也会提高,但同时也能够给企业带来杠杆收益。一般情况下,债务性融资的融资成本不高,适合经营风险较小并且与之相对的预期收益也不大的传统企业融资。

7.3.1.1　民间借贷

民间借贷是一种比较复杂的金融现象,可以理解为借者与贷者间比较简单的借贷活动,也可以将民间金融的一切活动都视为民间借贷。随着我国经济的发展和民间金融资产的逐步扩张,民间借贷逐渐活跃。民间借贷有广义和狭义之分:狭义的民间借贷是指个人同个人、个人同集体之间的借贷活动,它包括个人之间的借贷和私人钱庄等地下金融组织的借贷活动;广义的民间借贷是指游离于经国家职能机关依法批准设立的金融机构之外的所有以营利为目的的个人与个人、个人与企业、企业与企业之间的资金筹集活动。例如,企业进行民间借贷时,通常以私下协议方式与私人或非金融机构商定融资金额、利率、期限等条件。这类民间借贷的融资安排往往回避了正常的金融监管,债务双方常需要承担政策风险甚至法律风险,债务人通常需要支付较高的利息作为补偿,所以民间借贷常与"高利贷"同名。

民间借贷主要有以下特点:①民间借贷的资金来源广泛。不但包括个人、家庭和企业的自有资金,甚至私募基金、信贷资金、海外"热钱"等也出现在民间借贷领域。而且民间借贷多出于自愿,借贷双方较为熟悉,借贷的门槛更低,可吸收大量社会闲置资金,充分发挥资金的效用。②借贷方式灵活多样。为了缩短资金到位的时间,提高资金的使用效率,民间借贷多以现金交易为主,而且交易方式灵活,与正规借贷相比,减去了诸多中间环节,资金滞留现象少,借贷手续仍比较简便。③借贷利率市场化。在目前的情况下,民间借贷除了极少部分贷款不计算利息或者仅参照银行贷款利率,其利率一般高于银行的贷款利率,特别是为了投资而产生的民间借贷,其利率比银行贷款利率要高出很多,"高利诱惑"往往能积聚大量社会资金,也汇集了较高的信用风险,容易演变成"非法集资"。④容易引发资金恶性循环。企业进行民间借贷行为多为解决流动资金不足问题,如果资金借入者生产经营出现问题,难以按时清偿债务,又以民间借贷方式借入资金、偿还旧债,在此拆东墙补西墙的过程中,一旦经营失误,就会陷入资金恶性循环之中。⑤民间借贷具有分散性和隐蔽性,对其监管难以深入,缺少法律保护和监管约束,向现存的金融体制提出了有力的挑战。

7.3.1.2　银行信贷

银行贷款是指银行以一定的利率、按照一定的准备金率将储户在银行的存款贷放给资金需要者,并约定归还期限的一种经济行为。一般而言,银行贷款在企业所有的融资渠道中所占的比重是最高的。如果企业需要风险低、成本小的资金,那么银行贷款是最合适的,中小企业的主要融资渠道便是银行贷款融资。建立良好的银企关系,合理利用银行贷款,是中小企业解决资金困境,实现成功经营的重要手段。

银行贷款主要有以下特点:①相对于其他融资工具,银行贷款的融资成本比较低。商业信贷由借款者和贷款者直接商定信贷条件,手续较为简单,借贷双方可以灵活地协商处理,融资速度快;无须做广泛的宣传与广告推广,无须大量的文件制作,因而融资成本较低。②资金来源稳定及时。银行的实力都是比较雄厚的,资金充足,资金来源也比较稳定,而且银行借款相对于其他的贷款平台来讲是最安全的。③发行股票和债券融资这两种形式仅适合于公司制的大中型企业,而银行则可根据企业的信用状况相应给予恰当的贷款,从而成为中小型企业长期资本的主要来源。银行贷款利息可以计入成本,具有所得税抵减效应,从而相对减轻企业税负。④银行贷款门槛较高。商业银行始终以盈利为目的,而且信贷风险的管控严苛,因此银行提供贷款的时候通常有担保、资产抵押等附带条件,企业的资质、盈利能力、信誉等因素导致企业所拥有的银行信用有一定的限度,因此实际从银行贷款的过程中会受到诸多约束。有时,银行贷款无法解决企业所有的资金需要。

7.3.1.3 债券融资

债券是企业直接向社会筹措资金时,向投资者发行,承诺按既定利率支付利息并按约定条件偿还本金的债务凭证,它代表债券持有人与发行者之间的一种债权债务关系,债券持有人不能参加企业利润分配,只能按照规定利率收取利息。发行债券在一定程度上弥补了股票融资和向银行贷款的不足。

债券融资主要有以下特点:①债券具有自主性,企业通过发行债券筹集到的资金是面向社会公众的借款,债券投资者无权干涉企业的经营决策,不能像股票持有者那样参与公司的经营管理,现有企业股东对企业的所有权不变。②债券所筹集的资金期限较长,可以根据投资项目的回收期来确定。③债券具有流动性,资金使用自由,投资者需要现金时可以在证券市场上随时卖出或者到银行以债券作为抵押品取得抵押借款。债券持有人不能要求提早偿还,到期能无条件地收回本金。对于企业来说,债券融资具有稳定性。

7.3.1.4 信托融资

信托是指委托人出于对受托人的信任,将其财产权委托给受托人,受托人按委托人的要求，以委托人为受益人，对财产进行管理或者处分的行为。信托投资公司作为合法从事信托投资业务的机构，可以根据投资市场情况及其管理能力，安排信托计划，向其他投资人募集一定规模的信托资金，然后作为受托人向特定对象进行投资。

信托投资可分为股权信托投资和债券信托投资，通过一定的安排，信托投资公司的股权信托投资在一定条件下也可以转化为债券信托投资。在股权信托投资过程中，作为受托人的信托投资公司对投资对象行使股东权利。进行债券信托投资的信托投资公司则是以债权人代表的身份为投资对象提供贷款，并按约定条件收取本息。信托投资是一种很灵活的融资工具，例如信托投资公司与股权投资对象约定，在一定时间内其所投入的股权可按照一定条件转让给对方，即信托投资公司的股权投资可转化为债券投资，并顺利退出此次投资活动。

信托融资主要有以下特点：①与银行贷款相比，信贷融资的融资期限较长，更稳定，可以有效解决企业的短期资金压力，也有利于企业的持续发展。②与其他债务性融资相比，信托融资的要求较低，在一些情况下能够解决银行贷款不能解决的问题，尤其是对于一些民营企业更为友好。③因为信托投资公司的运作增加了发行费用，所以信托融资的成本一般高于银行贷款。④信托融资更为灵活。企业可以先以财产信托取得资金，一定时间后按照回购协议"购回"股权，这样企业就在不提高资产负债率的情况下实现融资，优化了企业的资产负债结构。

7.3.1.5　融资租赁

融资租赁又称金融租赁，是一种以商品交易为基础的融资与融物相结合的特殊类型的筹集资本、设备的方式。出租人根据与承租人签订的租赁契约将租赁物在规定的时期内交给承租人使用，但是租赁物所有权仍属出租人，承租人在租赁期间支付租金而享有使用权，并负责租赁期间租赁物的管理、维修和保养，合约期满后按协议决定租赁物的具体分配方式。融资租赁是所有权和经营权相分离的一种新的经济活动方式，具有融资、投资、促销和管理的多重功能。

当企业急需某种设备，而购买设备的资金不足时，可以考虑融资租赁的方式。融资租赁在那些需要使用昂贵设备的企业非常普遍，例如航空公司、医院等。租赁融资的主要优点之一就是融资期限长，还款方式灵活、压力小，企业根据自身条件选择分期还款,极大减轻了短期资金压力,降低固定资产在总资产中的比例,改善资产结构,防止部分企业本身就比较脆弱的资金链发生断裂。

7.3.2 权益性融资模式

权益资本融资是另一种把将来的资金转移到现在的机制。当股东或者合伙人为公司的筹资作出贡献的时候,公司会把未来支付分红的权益融资工具作为交换以获取当下所需的资金。虽然权益投资工具并不像债权投资工具那样会在将来确定的时间获得收益,但是它仍然代表一种对未来潜在收入的诉求。

7.3.2.1 天使投资

"天使投资"一词起源于纽约百老汇的演出捐助。"天使"这个词是由百老汇大街的内部人员创造出来的,被用来形容百老汇演出的富有资助者,他们为演出创作而进行了高风险的投资。天使投资最初具有一定的公益捐款性质,不是真正意义上的投资,但是随着时代发展、科技进步,天使投资逐渐演变成一种针对新兴的、具有巨大发展潜力的企业或原创项目的一次性的前期投资,天使投资是风险投资的一种。被天使资本青睐的企业多为中小高新技术企业,比如著名的苹果和亚马逊,都在初创阶段获得过天使投资,且由于有天使投资的介入而取得了迅速发展。

天使投资是自由投资者或非正式风险投资机构对原创项目或小型初创企业进行的一次性的前期投资,天使投资是风险投资的一种,是一种非组织化的创业投资形式。天使投资主要有以下特征:第一,天使投资是指具有一定净财富的个人或家庭等单位,对其认为具有巨大发展潜力的初创企业进行早期的、直接的权益资本投资,是创业企业种子期的主要融资方式。第二,天使投资通常是个体或者小型的商业行为,因此金额一般较小,多为一次性投入,投资人的主观判断或者个人好恶直接影响投资行为。天使投资是一种来自民间的、个体的、分散的投资模式。它是一种金融运作模式,以资本的形式投入、退出,并获取巨额资本增值。因此,它可能"见好就收",即一旦初始投资实现收益,天使投资人就有很大可能撤出。天使投资人不但可以带来资金,而且带来关系网络。尤其是互联网时代,天使投资人乐于组成一种非正式组织,为其提供一个相互交流投资经验、提供投资信息、寻找投资机会的平台。这个平台不仅有助于扩大单个项目的投资规模,也有利于降低个人的投资风险。

天使投资是风险投资家族中的一员,但与常规意义上的私募股权投资相比,天使投资一般投资阶段较早,而且投资规模比较小,但天使投资既可长期进行股权投资,也可为短期投资寻找投资机会将股权进行出售。

一般情况下,天使投资人提供的资金金额并不大,通常都在 5 万美元以上、100 万美元以下,并以此来要求初创企业 10%—30% 的股份。除此之外,接受天使投资的企业实力往往比较薄弱,在获得天使投资 5 年之内一般无法上市。针对这些企业,天使投资人除了给予资金支持,还会在技术、管理等方面提供帮助,甚至是利用自己的人脉资源帮助初创企业获得发展。

7.3.2.2　风险投资

风险投资(venture capital,VC),也叫创业投资。广义的风险投资泛指一切具有高风险、高潜在收益的投资;狭义的风险投资是指对以高新技术为基础,生产与经营技术密集型产品的投资。根据全美风险投资协会的定义,风险投资是由职业金融家投入新兴的、迅速发展的、具有巨大竞争潜力的企业中的一种权益资本。风险投资和风险融资(venture financing)是对同一个问题的两种不同描述角度。风险投资机构进行风险投资的过程也是目标企业进行风险融资的过程。企业有风险融资的需求,风险投资者才产生;风险投资者提供风险资金,企业才能进行风险融资。

当企业发展到一定阶段时,天使投资的资金难以维持企业的正常发展。此时,创业者寻求 VC 的帮助是最好的选择。风险投资主要有以下特征:①高风险、高收益性。风险投资的主要对象是高科技中小企业的技术创新活动,看重的是投资对象潜在的技术和市场潜力,因而具有很大的不确定性。②高专业化和程序化,分阶段投入策略。投资对象的特殊性加上投资风险较大,要求风险资本管理者具有很高的专业水准,在项目选择上要求高度专业化和程序化,精心组织、安排和挑选,尽可能地锁定有价值的投资对象,采取多次追加投资的投资策略。③风险投资的最终目的不是获得企业所有权,而是通过投资和提供增值服务把被投资的企业做大,然后通过公开上市、兼并收购或其他方式退出,在产权流动中获取投资回报,这种回报不同于一般股权投资的股息,而是建立在被投资企业增值的基础上变现得到的,因此与一般的权益性投资相比,风险投资有一定的特殊性。④很强的参与性。由于风险投资的目的是增值变现获取收益,因此专业的风险投资人会协助企业进行经营管理,参与企业的重大决策。将风险资本分期分批投入被投资企业,既可以降低投资风险,又有利于加速资金周转。因此,风险投资具有长期性和参与性。

在大多数情况下,VC 提供的资金额度往往能够达到 200 万到 1000 万美元,以此换取约 10%—20% 的股份。因此,一些实力较强的 VC 甚至会投入高达几千万美元的资金。当然,VC 投入力度大,要求的回报率也比较高。一般来说,能够获得 VC 青睐的企业都是在 5 年时间内有机会上市的企业。

7.3.2.3 股票发行

股票是企业为筹措资金而发行的一种有价证券,它代表了持有者对企业资产享有相应的所有权,股票发行是一种符合特定条件的法人机构以股票筹集货币资本的融资行为。股票发行实际上是发行主体将公司的资产权益和未来的资产收益权益以标准化交易方式售卖给社会投资人的行为。而投资主体则在获得一种特殊的股东身份的同时,把对相应财产的所有者权益转化为对公司收益的特定索取权以及其他相关权利。

股票融资是指资金不通过金融中介机构,借助股票这一载体直接从资金盈余部门流向资金短缺部门,资金供给者作为所有者(股东)享有对企业控制权的融资方式,其目的是满足广大企业增加融资渠道的需求,它的优点是筹资风险小。从总体上看,通过发行股票融入的资金是企业的资本金,企业与出资者之间体现的是所有权关系,不体现为企业的债务,所以股票融资能改善企业的财务结构状况,降低企业负债率,使企业财务状况好转,为企业今后负债融资提供更好的基础。

7.3.2.4 私募股权融资

私募股权投资(private equity,PE),也叫私募股权融资、私募资本投资、股权私募融资、直接股权投资等,是指企业或个人购买其他未上市公司的股票,或以货币基金、无形资产和其他实物资产直接投资于其他单位的行为,这种行为的最终目的是通过分得利润或股利获得较大的经济利益。私募股权投资作为一种金融工具,是中小企业融资的一个重要渠道,也是企业通往资本市场的桥梁。

私募股权投资起源于 venture capital(VC),最早被称为"风险投资"和"创业投资",后来演变为"私募股权投资"。私募股权投资是指私募股权投资机构通过非公开的方式对特定的投资者(通常为高净值的人群)募集资金,一般以非上市企业的股权为投资标的,并在一定期限内(通常 3—5 年)退出获得投资收益,将本金返还给投资者,并按照约定将投资收益在投资者和管理者间分配。从私募股权投资的含义可以看出,其实质是一种商业模式,在交易实施过程中附带考虑了将来的退出机制,即通过上市、并购或管理层回购等方式出售持股获利。广义的私募股权投资包括发展资本、夹层资本、基本建设、管理层收购或杠杆收购、重组和合伙制投资基金等。

在投资标的资产类型方面,私募股权投资的标的资产不仅限于非上市公司的股权,还包括上市公司的非流通股权(private investment in public equity,PIPE)。在投资企业所处发展阶段方面,私募股权投资可以分为以下 3 种。

(1)成长资本(growth capital)是以处于成长期的成熟企业为主要投资对象的一类投资。目前,成长资本是我国私募股权投资行业的主要投资类型,其主要投资处在上市前阶段的成熟企业的股权,待被投企业上市后,通过出售股票完成退出。成长期企业的商业模式已经得到市场验证且具有良好的成长能力,通常可用 2—3 年的投资期寻求 4—6 倍的回报。成长期资本投资规模通常为 500 万—2000 万美元。

(2)并购资本专注于并购目标企业。其主要目的是寻求标的公司的控制权,然后对其进行重组改造,持有一定时期后再出售。并购基金可以通过多种方式对标的企业进行收购,其中杠杆收购(leveraged buy-out,LBO)是最常用的方式。杠杆收购是指公司或者个人利用标的公司的资产作为抵押进行融资,收购该公司的一种方式。由于发达国家经济增速较低,多数行业发展成熟,并购基金是其重要的投资方式。并购资本涉及的资金规模比较大,通常达 10 亿美元左右,甚至更多。

(3)夹层资本的投资对象是已经完成初步股权融资的企业。它是一种兼有债权与股权投资双重性质的投资方式,其实质是一种附有权益认购权的无担保长期债权。夹层投资的运作模式风险比较低,寻求的投资回报率也相对比较低,一般在 18%—28%左右。

私募股权投资主要有以下特点:①资金来源广泛,如富有的个人、风险基金、杠杆收购基金、战略投资者、养老基金、保险公司等。②权益的销售和赎回都是基金管理人私下与投资者协商进行的,绝少涉及公开市场的操作,所以没有现成的市场供非上市公司的股权出让方与购买方直接达成交易,投资者和需要融资的企业必须依靠个人关系、行业协会或中介机构来寻找对方。③因为"私募"形式导致流动性较差,所以投资者会要求高于公开市场的回报。④私募股权投资更偏向于已形成一定规模和产生稳定现金流的成型企业,这一点与风险投资有明显区别。私募股权投资基金与公募股权投资基金的对比情况如表 7-1 所示。

表 7-1　私募股权投资基金与公募股权投资基金对比

对比类目	私募股权投资基金	公募股权投资基金
募集的对象	少数特定投资者,包括机构和个人	广大社会公众,即社会不特定的投资者
募集的方式	通过非公开发售的方式募集	通过公开发售的方式募集
信息披露要求	对信息披露的要求很低,具有较强的保密性	对信息披露有非常严格的要求,其投资目标、投资组合等信息都要披露
投资限制	投资限制完全由协议约定	在投资品种、投资比例、投资与基金类型的匹配上有严格的限制
业绩报酬	业绩是报酬的基础,一般收取业绩报酬,不收管理费	业绩仅仅是排名时的荣誉,因此不提取业绩报酬,只收管理费

PE 在投资过程中通常会附带将来的退出机制这一条件,说明需要通过哪一种退出机制出售持股并且获利。接受 PE 的企业一般都处于成熟阶段,无论是在产品、管理还是销售等方面都处于稳定状态。这些企业为了拓展市场,需要更多的资金来帮助自己获取更多的资源与业务,而 PE 往往可以帮助企业完成这一目标。PE 提供的资金额度往往至少达到 1000 万美元,少数 PE 投资机构会投入数亿美元,以此来换取一般不会多于 20% 的股份。一般情况下,PE 投资的企业通常在 3 年之内便可达到上市要求。

7.3.3　供应链金融模式

供应链金融的出现颠覆了传统融资模式,为中小农业企业开辟了新的获取资金的渠道。供应链金融模式下的中小农业企业融资不再拘泥于中小企业本身,而是站在整个产业链的角度构建产业体系,信息流、资金流、物流的联通让核心企业与中小农业企业形成利益共享、风险共担的整体。资金的提供者可以利用供应链链条上的数据信息增强对风险的把控能力,核心企业可以利用在链的其他企业为自己分摊资金风险,而中小企业则能利用核心企业为自己增加信用,以较低的成本获取贷款。

作为较早对供应链金融展开研究的学者之一,Hofmann(2005)从宏微观供应链的参与主体角度,提出金融和物流的融合,为金融机构和物流企业开辟新的业务领域提供了新的机会。供应链金融围绕核心企业分析成本情况,管理财务状况,然后通过供应链内信息的集中、整理和利用来降低企业获得资金的成本,帮助其顺利实现融资(Michael,2007)。供应链金融就是在链各经济主体之间通过资金、信息的流通实现平均成本的下降和供应链整体收益的增加。供应链金融分为以银行主导、以物流主导和以核心企业主导的模式。

农业供应链将农业核心企业和上下游企业加以整合,基于现金流、物流与信息流的畅通对各参与主体进行管理,形成了一个互相依赖、互相渗透的命运共同体,包含了前期的生产资料购买,中期的生产,后期的农产品加工、经销、零售、消费和贯穿始终的运输等环节。按照企业在链上所处的位置可以将它们分为上游的农业生产资料供应商和生产商,中间阶段的加工商,以及处于末端的经销商和零售商,再加上进行运输的物流商等。农业供应链最大的优势就是能更加合理地分配资金,通过加强管理以增加在链企业的绩效和提升收益。

7.3.3.1　传统农业供应链金融模式

在企业经营阶段中,中小农业企业容易在采购生产资料、生产农产品和销售农产品时出现资金不足的情况,根据出现资金短缺的不同环节,供应链金融主要有以下三种模式。

存货质押模式。中小农业企业在经营的过程中会出现货物占用资金规模较大,无法自由周转资金以满足自身需求从而产生资金缺口的状况,比如上游的农产品生产商产成品的堆积和下游的农产品经销商销售品堆积。在这种情况下,中小农业企业可以向金融机构申请质押贷款,有静态质押和动态质押两种模式。在静态模式下,融资方向金融机构提出借款后要将存货移交给第三方物流企业存放,物流企业在收到存货后告知金融机构,金融机构收到消息后再向融资企业发放资金。中小农业企业在获得资金进行生产经营有所收入后将借款还给金融机构,金融机构再通知物流企业将质押物归还给中小农业企业。在这个过程中,质押物处于一个封闭状态,中小农业企业只有偿还资金后才可以拿回质押物。动态质押模式与静态模式不同的是:金融机构确定了质押物品种、数量、品质与价值的最低要求,中小农业企业与第三方物流企业之间在最低限度内可以以货易货,在这种模式下,第三方物流企业可以实时监控融资企业的动向,及时向金融机构报告,这在一定程度上也降低了中小农业企业的质押门槛。

应收账款模式。上游的中小农业企业和下游的核心企业签订合同进行商品销售,而处于强势地位的核心企业会要求先交货后付款。对于中小农业企业来说,资金回收期较长会带来使用资金的压力,产生资金的缺口。此时,中小农业企业就可以凭借核心企业开具的应收账款单据向金融机构寻求资金支持,金融机构接到申请后对该业务进行核实,并且审查中小农业企业与核心企业的经营状况和还款能力等情况,核心企业还须与金融机构签订承诺书,承诺如果上游企业在时限内无法偿还资金,金融机构所贷出去的资金则由核心企业来偿还。核实审查有关情况并签完承诺书后,金融机构向中小农业企业发放贷款,之后核心企业会将款项还至中小农业企业账户,中小农业企业就可以进行还款,金融机构根据还款情况解除质押。在应收账款模式下,中小企业通过质押应收账款单据较快地获得了资金,并且将核心企业可能出现延迟付款的风险转嫁给了金融机构。而金融机构获得了信用水平高于中小农业企业的核心企业的承诺,所承受的贷款风险也得到一定程度的降低。

预付账款模式。中小农业企业作为下游企业在进行购买时会被上游强势的核心企业要求先付款再发货,但中小农业企业可能由于自有资金不足或者即使有资金但后期销售的回款期较长导致资金缺口,无法进行提前款项支付,此时就可以进行预付账款融资。中小农业企业在与核心企业签订贸易合同后向金融机构请求资金支持,金融机构在审核后要求核心企业进行担保,与其进行回购协议的订立,要求核心企业在中小农业企业不能及时支付款项的情况下进行兜底,同时金融机构要和第三方物流签订监管合同,约定将核心企业的货物交给物流企业监督管理。中小农业企业则向金融机构缴纳保证金,根据保证金的相关比例在第三方物流企业处得到货物,在这种模式下,中小农业企业可以分批申请货物,并且以自己所售的资金进行偿还。分批逐步支付的模式减轻了融资企业一次性付款压力,并且减小了存货堆积的可能性。核心企业一方面可以扩大自己的销售规模,另一方面可以增加与中小农业企业的联系紧密度,为未来的业务发展打下更加坚实的基础。而金融机构通过第三方物流企业的监督管理和核心企业的兜底减小了风险。

7.3.3.2　数字金融背景下数字化的农业供应链金融模式

数据流的线上传递使得各参与主体和各环节所涉及的各项数据都很好地被保存和利用。除此之外,在链的各环节都可以在线完成。在数字金融的背景下,根据主导机构的不同,可以将农业供应链金融模式分为以下三种:

金融机构为核心的模式。传统的银行等金融机构在数字金融的发展下,发挥自身独有的资金优势,在网上银行和电子银行的基础上,创办信息系统,利用交易中产生的相关数据信息向农业供应链在链企业提供资金支持,满足在链企业的资金需求。金融机构还可以联合外部平台展开技术协作,根据企业经营管理的数据和平台的信息,运用数字技术抓住供应链流通的重要环节,提供相应的金融服务。与传统的供应链金融模式相比,该模式实现无纸化申请与线上审批,提高了融资的效率,而且可视化的数据使得中小农业企业的经营活动情况一目了然,减少了信息收集成本。

电商平台为核心的模式。电商平台通过大量的数据资源、强大的供应关系网和自有的物流框架实现"数据流、物流、信息流、资金流"四流的统一,扮演传统供应链金融中核心企业的角色。电商平台以新型的数字技术为基础,为在链企业提供融资、担保等金融服务。电商平台可以组建公司向中小农业企业提供资金,也可以通过与其他金融机构的合作来提供服务。在交易过程中形成的各种消费、支付等数据会成为电商平台的重要参考,电商平台以这些数据为基础,通过云计算等数字技术建立风险控制模型,以此作为向农业企业和农户提供金融支持的依据。与传统农业供应链金融相比,该模式下贷款审核流程缩减,申请与放贷也在线上进行,各项成本均有所降低。同时,风险控制渗透各个环节,电商平台在贷前了解企业需求,为提供合适的金融服务打下基础;贷中根据供应链订单信息、征信情况和数字足迹刻画企业形象,建立评分模型,降低不良贷款率;贷后通过交易数据的可视化,实时掌握情况,降低了道德风险发生的概率,降低了贷后相应的监管成本。

核心企业为核心的模式。正处于数字化转型的核心农业企业为该模式的主要驱动力,农业核心企业通过电商平台或大数据、物联网等数字技术积累中小农业企业和农户的交易数据,构建数字风险评估模型评估中小企业和农户的风险大小,通过自建的互联网金融平台和与金融机构的联合,为与其有合作的经济主体畅通金融服务的渠道。与传统农业供应链金融相比,该模式最大限度地利用了内部数据,可以用其来弥补外部数据的短板,提高授信评估的精准度,同时,核心企业在使用的过程中还收集了农户和中小微企业的信息,及时更新数据库信息,进一步拓展其信息网的覆盖度,优化风险模型。数字农业供应链金融模式的发展实现了农业供应链金融的在线化,可以完成对中小农业企业从借贷到销售获得资金全流程的信息流、资金流、物流的管控,有效地降低交易成本,减少信贷风险。在这种模式下,所有的信息得到长期的积累,提高了在链企业的金融服务可得性。

7.3.4　企业 RBF 融资模式

RBF(revenue-based financing)是一种基于收入分成、非债非股的新型融资模式。通俗来讲,RBF 就是收入抽点。因此,RBF 融资有时候又被叫作版权融资,但是传统的版权授权的方式,只是一种商业行为,这两者又不一样。投资机构通过 RBF 的方式向企业投资,但不要求占股,而是从销售收入当中提取一个百分比作为回报。RBF 平台将分享企业的部分收入,直到企业偿还全部预设的资金为止。

RBF 融资具有其独到的优点。它提供不会稀释股权(non-dilutive)的融资方式,资金的提供是基于公司预期营收。此类融资方式可以广泛适用于各类已有较为稳定营收流的初创企业,并且成本相对股权融资而言更加可控,帮助初创企业提前拿到资金,实现快速扩张。

7.3.4.1　RBF 融资优点

①灵活的还款方式:没有固定的月度分期付款额;还款是基于公司的月收入,若收入少可以少还,若收入多可以多还,总还款以预定的数额为上限。

②股权非稀释性:不需要放弃股权(所有权)或董事会席位来换取资金。

③按自己的节奏成长:RBF 平台不参与企业的管理,也不干涉决策过程,企业不需要为了赚钱而出售公司股权,RBF 对合并、收购或 IPO 等流动性事件不施加任何压力。

④易于申请:大多数 RBF 平台允许在线申请,不需要介绍材料或演示;RBF 平台利用数据整合和分析来评估申请人的财务表现,无须手动准备详细

的财务报告和预测；无须抵押品来"保障"资金安全。

⑤低资本成本：唯一的资本成本是小额度的统一收费。对未借出的款项不收取利息，不涉及其他费用（如贷款设施费）。

7.3.4.2　RBF 融资缺点

未有收入的公司可能不符合条件。公司需要有经常性收入，才能申请和偿还 RBF 资金。

7.3.4.3　RBF 融资模式的结构与场景

根据公开的资料，典型的 RBF 结构如下。

①分成还款：创业者按固定比例按月还款，通常是营业收入的 2%—10%。

②投资回报：投资人设定的回报在 1.5—3 倍，且通常会有回报封顶的条款。

③投资期限：贷款期限为 3—5 年，但通常约定截止时间为 6—8 年（假设企业没有达到还款目标）。

④投资金额：不一定，但肯定小于风险投资，通常高于银行借贷。

通过这个结构，可以看出，RBF 有较明确的适用场景，并不适用所有企业。借贷的创业者必须了解以下几点：

①RBF 比银行借贷融资更昂贵。

②由于还款是基于收入，因此企业必须确保能按时产生收入。

③企业的产品或服务必须是高毛利率的，否则很难满足偿还贷款的百分比。

④企业必须将变化莫测的利率因素考虑在内。

7.4　企业生命周期与融资渠道

每一个企业都要根据其自身的发展阶段、生产经营情况、资金需求情况等因素，确定融资行为和过程。面对融资的复杂性，创业者可以通过明确企业的发展阶段来进一步确定自己的融资方式。从初创到成熟再到衰败，每个阶段对应不同的融资方式（见图 7-1 和图 7-2）。

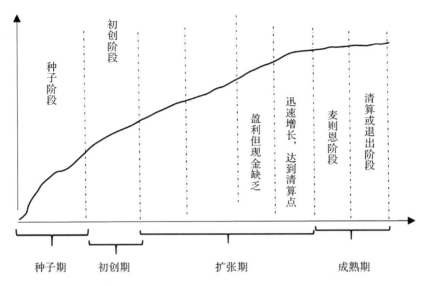

图 7-1　企业生命周期

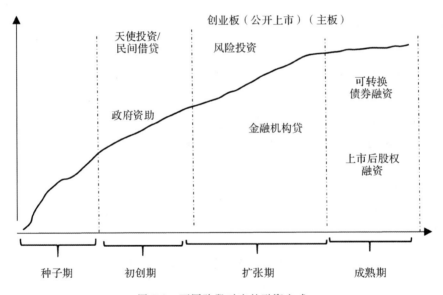

图 7-2　不同阶段对应的融资方式

7.4.1　企业初创期融资渠道

7.4.1.1　初创期的企业特点

种子期是指技术的酝酿与新产品、新工艺的早期试验开发阶段。该阶段的成果是样品和生产方案。这一时期也需要相当数量的资金，一般都由创业者自行解决，资金主要用于研发和项目前期启动。该阶段存在两大风险：一是技术失败风险，二是产品市场风险。所以，很少有资本介入。

初创期是产品研发成功、着手创立企业、开始试生产，进入技术创新后的产品试销阶段。这一阶段的经费投入显著增加，主要用于购买生产设备及批量市场推广。企业初创时期，主要目标就是"生存"，此时企业的技术实力、产品品牌、资本实力、市场渠道等都比较薄弱，对外没有形成影响市场或是得到广泛认可的产品，没有树立起自己的形象，对内也尚未形成自己的企业文化及管理方式，整体实力较差。该阶段风险主要是技术仍不成熟、产品性能不稳定、市场启动缓慢、订单较少，企业虽然已经有现金流，但管理风险也开始凸显。政府融资是指创业（初创期）企业采用申请方式通过政府获得各类创业资金的一种融资渠道。国家各级政府专门设立政策扶持资金或计划项目资金，目的是促进国民经济发展、支持科学研究和企业发展。因此初创期企业以及创业者，可以多关注国家相关创业扶持政策，根据自身需求及条件进行申请，借助政策帮扶减轻企业的资金压力。

这一阶段的主要特征是：第一，企业发展潜力巨大。初创阶段的企业虽然获利水平比较低，但资本占有量、综合资本成本相对较低，灵活性强，发展空间和增值潜力较大，预期内在价值也较大。第二，发展速度不稳定。初创企业面临着巨大的行业进入障碍，必须有过硬的实力及产品才能生存。在这个阶段企业主要面临着产品风险、技术风险，其次是市场风险、管理风险，因此发展的速度不稳定。创业初期的企业竞争力不强，市场渠道不足，用户较少，会直接影响企业的生产，但是，企业如果是通过创新进入市场，弥补了原本市场中缺少的部分，则市场需求量大，发展前景好。第三，发展方向不明确。企业在求生存阶段除采用灵活多变的经营战略外，还需要以新制胜。由于这个时期企业的产品方向不稳定，转业现象经常发生。企业难以找到适合自身特点的业务方向，难以准确地进行市场定位。其决策和行动较多地依靠试错过程,从而会走很多弯路,企业的交易成本也会因此增加。一旦出现大的挫折或失误,便可能导致企业夭折。第四,资金供需矛盾突出。企业初创阶段需要大量的资金投放于产品开发和市场开拓,以确保一定的市场占有率和持续创新的能力,但此阶段企业的筹集资金能力是极其有限的。第五,管理水平较低。此阶段的企业管理制度还不健全,管理工作不规范,企业的领导者和管理者基本上是创业者,他们的个人作用突出,各项业务的开展以领导者为核心,较少使用正式控制或信息系统,权力集中在较少授权的业主管理者手中,专业人员和职业管理者不多。

根据初创阶段的特点,企业在这一时期对资金的需求量显著增加,主要用于设备采购并满足产品的市场需求,此时须注入大笔资金,解决此阶段的生存问题。在这一阶段,由于企业的管理水平较低、知名度(信誉水平)较低、经营风险较高,银行等金融机构对其提供贷款的可能性远低于成熟期的企业,而且初创期企业从银行等金融机构贷款的利息会高于大型企业或成熟期企业,加剧其财务风险。

7.4.1.2 融资渠道:天使投资

在企业的早期成长阶段,"非正规资本市场"如民间资本市场对企业的外部融资发挥着重要作用。在这一阶段的企业融资方式以直接融资为主,间接融资为辅,其中直接融资方式又以天使投资和民间融资为较好的选择。除了政府资助和民间借贷,一般来说,民营企业在初创阶段募集资金时,都是让投资者持有少部分股权,这样既可以募集到资金又可以保持企业的控股地位。

对于初创期的企业而言,可能没有足够的抵押物用于借贷,但为了满足企业的资金需求,可以采取天使投资的方式进行融资,在保持创始者控股地位的前提下,吸收其他投资者的资金,给予部分股权作为回报。在国内,天使投资人可能是企业创始人的亲戚朋友,这种融资带有人情色彩,因为一般的投资者不容易对某一公司的业务及经营情况有足够的了解和认识,在没有掌握控制权的情况下,投资者也不愿轻易将资金交给他人管理,但出于人情以及对熟人信任的考虑,愿意将手上多余的资金用于投资。

初创期的企业处于刚刚起步的筹备阶段,生产规模小,设备简陋,企业产品还不能完全投入市场,市场份额较低,管理上也不规范。这时的企业盈利能力较弱,资金流转困难,可能经常出现财务困难。这时候资本主要来源于该企业的创始者。这时负债融资并不是一个很好的选择,因为银行贷款要求较高,需要有足够的抵押物与高投资回报率,基于农业企业的特殊性,它们很难获得银行贷款的支持。这时除了公司创始者的投入,还可以将天使投资作为一种融资方式,让天使投资公司对企业作一定的投入。正式的天使投资是一个复杂而漫长的过程,一般的投资时间要持续3—7年。按照投资的先后顺序,大致可以将天使投资分成4个阶段:项目选择、投资、投资后管理和退出。了解天使投资的流程有助于企业的融资和经营。

(1)项目选择

首先根据投资人自身的情况和兴趣,设定预期的投资回报率,选择合适的投资项目。找到投资项目后,投资人应对该项目进行尽职调查,包括项目的地理位置、所处行业、企业发展潜力、创业者的品质及能力等多方面,然后慎重作出投资决定。

一般而言,离天使投资者较近而便于其进行投资管理、与天使投资者自身工作背景相关、项目产品具有广阔的市场前景、创业者具有优良个人品质的项目更能吸引天使投资者进行投资。同时,也要积极建立与天使投资者联系的渠道,例如直接与周边对农业项目感兴趣的天使投资者联系,通过天使团体寻找机会,通过律师、会计师及公司顾问等中介机构的介绍而获得投资等。

(2)投资

在选择合适的项目后,首先需要对初创企业作定量了解。通过评估初创企业预期的资本回报,对该企业进行定价。然后设计贴合双方实际情况的交易结构。交易结构是指天使投资者对可能长远影响投资者和创业者投资利益的各个方面进行综合考虑,形成一系列条款。有3种常见的交易结构:普通股交易结构、附有各种条款的可转化优先股交易结构、附有各项条款的可转债交易结构。一个好的交易结构可以对天使投资者及被投资者双方的合法权益起到良好的保护作用。

经过上述评估和设计交易结构的过程之后,天使投资者对企业的价值和是否进行投资活动应该已经有了一个较为明确的答案,在这之后就需要与创业者进行谈判,就该企业的价值、交易结构等具体事项达成一致,明确双方的权利义务,明晰投资细则,签订投资合同。在实际投资过程中,有一些天使投资者没有签订明确的投资细则就给予投资,这可能会埋下一定的隐患。

(3)投资后管理

不同天使投资者对投资后管理的态度也不同,有些天使投资者很乐意参加企业的管理经营,有些则袖手旁观。一般而言,投资后管理主要包括三方面：

资产管理。天使投资机构或投资者是以获利为目标的，因此需要跟踪企业的生产经营过程，不断重复评估过程，除找到企业经营管理的问题并及时制定处理方案外，还应该持续关注周期性的财务报表、重大合同等业务经营信息、重大的投资和融资活动、公司经营范围的变更、重要管理人员的任免等可能对公司生产经营、业绩、资产产生重大影响的事宜。

帮助被投企业规范公司治理。因为被投资企业处于初创期，很多创业者的创业经验不足，因此天使投资者在进入初期，应该帮企业梳理发展方向、战略以及业务计划。

帮助被投企业再融资。初创期企业的资金需求量大，融资渠道较窄，而且此阶段很难做到盈亏平衡，甚至会处于持续亏损状态，因此投资人理应帮助其进行再融资。

(4)退出

天使投资虽然投入的是权益资本，但它们的目的不是获得企业的所有权，而是盈利，是得到丰厚的利润和显赫功绩，而后从风险企业退出。以何种方式退出，在一定程度上是天使投资人投资成功与否的标志，而实际的退出行为则会对企业的生产经营决策产生直接的影响。因此，企业应当尽量在谈判时就明晰拟定天使投资者具体的退出策略，以便在实际退出时做好企业资金应对措施。

7.4.1.3 其他融资渠道

(1)民间借贷融资

在我国，虽然正规金融机构对非公有制经济的支持在近年来也不断提高，但是与对公有制经济的支持相比仍然不足，而民间借贷则为中小型企业融资提供了一个有效的途径。民间借贷能更广泛地动员、挖掘游资，使更多的闲散资金用于生产和流通，满足企业发展对资金的需要。随着我国市场化的深入，民间借贷还有逐步扩大的趋势，其中借贷金额逐渐扩大、借贷期限长期化、借贷利率市场化已经成为我国民间借贷的新特点。

民间借贷之所以快速发展，一方面是因为正规的借贷渠道无法满足众多处于刚起步阶段的中小企业的融资需求；另一方面是因为民间借贷本身逐渐规范化，甚至在有些地方已经发展出比较正式的组织参与经营民间金融活动。不过，在蓬勃发展的同时，民间借贷的风险防范成为这种融资渠道发展的瓶颈。尽管有熟人信用、抵押、担保等措施，但投资者的损失无法完全避免。所以通常民间借贷同银行等正规金融机构相比利率更高,还款期限不确定性较大,这也成为融资企业需要慎重考虑的问题。

(2)政府政策融资

在国家提出建设创新型社会的经济发展理念的引导下,政府充分意识到创新创业在国民经济中的重要地位,先后出台了鼓励创业的众多政策。国家由原来的消极减税支持转变为积极财政资金直接支持,通过设立创新基金、"孵化器"等多种方式为初创期企业提供融资。各地方政府也根据地方经济发展特点和需要相继出台了各种各样的政府创业扶持基金政策,包含了税收优惠、资金扶持等多种形式。

政策性融资是根据国家的政策,以政府信用为担保的政策性银行或其他银行对一定的项目提供的金融支持。主要是低利率甚至无息贷款的形式,其针对性强,对于没有基础的初创期企业而言,是起步的"顺风车"。

地方政府的扶持政策各不相同,有的是直接给现金补贴,而有的会在贷款、用地等方面给予支持。例如,优先保障返乡入乡创业用地,各地级市安排不少于10%的建设用地作为乡村产业发展用地;返乡办农家乐和休闲农业的从业人员,可依法使用集体建设用地;对土地流转达60亩以上的从事规模经营的个人或单位给予奖补等。

又以浙江省为例,浙江省首先是着力构建农银合作机制,协同运用融资担保、基金投资、抵押贷款等金融手段,积极引导金融资本投入乡村振兴。联合人行出台金融服务乡村振兴20条措施,开展金融机构服务乡村振兴专项考核,指导省级31家金融机构加大乡村振兴金融支持力度。联合省农信联社,在采集农户姓名、身份证号、联系方式、户籍地址、户号等5项基本身份性信息的基础上,推行"无感授信、按需增信、随时用信",全面开展农户小额普惠贷款,实现农村普惠授信全覆盖。截至2020年11月末,全省普惠授信服务农户908.22万户、授信总额1.43万亿元,每户农户享有至少3万元的授信基础额度;已用信农户299.07万户,占授信户数的32.9%,总信用额度5895.91亿元。深化开展与省建行、省农行、省农信联社等金融支农战略合作,协同加大金融服务乡村振兴力度,总体授信8000多亿元。积极优化金融服务,大力推进产品创新,努力打通农业农村金融服务"最后一公里"。支持农业信贷担保机构扩面增贷提质和主体信用信息化体系建设,开发并组织实施"粮农贷"、乡村振兴金融新产品"E农贷"等专属产品,提供政策性融资增信担保。截至2020年11月底,省农业担保融资公司在保余额53.53亿元,在保项目近1.98

万个,其中政策性业务占 99.8%。

其次是优化完善政策性农业保险制度机制,深化拓展政策性农业保险"扩面、提标、增品"和创新农险经营机制。坚持传统险种和创新险种统筹推进,建立健全考核激励体系,重点推进全省普适性险种,积极鼓励各地开办特色险种,努力扩大农险覆盖面、受惠面,并将政策性农业保险覆盖面列入市县实施乡村振兴战略实绩考核指标,发挥了农业生产"安全网"和农民增收"稳定器"作用。"十三五"期间,政策性农业保险保费达 43 亿元以上,提供风险保障 2003 亿元,受益农户 65 万户。创新"银行信贷十保险保障十政策补贴"模式,在全国范围内率先开展活体抵押等新型抵质押贷款创新,盘活生猪等活体资产融资价值。截至 2020 年三季度末,辖内共发放生猪活体抵押贷款 112 笔,贷款余额 1.21 亿元。

最后是深入实施"两进两回"行动,着力优化营商环境,搭建招商引资平台,充分发挥支农政策的导向带动、财政资金的杠杆引导和百亿乡村振兴基金的引领撬动作用,吸引撬动更多社会资本、资源要素参与投入农业农村建设,投资乡村振兴。如温州市通过集中实施一批农业重大项目,带动农业有效投资 85.4 亿;台州市 2019 年共谋划 150 多个农业招商引资项目,拟投资总额达 150 多亿元;湖州市南浔区专门成立了农业"大好高"项目推进组,对农业"大好高"项目实行"一企一策"支持。

7.4.2　企业扩张期融资渠道

7.4.2.1　企业扩张期的特点

扩张期公司的产品或服务已经达到了一定的生产水平并且销售成功,奠定了初步的市场基础,但仍需要开发更具有竞争力的产品、扩大生产规模、扩大市场占有率,即企业进入快速成长和逐步形成规模的扩张期阶段。这一阶段的主要特征如下。

(1)扩张期企业对于资本需求相对前一阶段大有增加,但是需求原因不同。企业逐步为市场所熟知,企业市场急剧扩张,规模迅速扩大,企业的生产能力亟须快速提高,更重要的是开拓市场。这一阶段企业面临的主要风险已不是技术风险,市场风险和管理风险明显增加。由于技术已经成熟,竞争者

开始仿效,会夺走一部分市场。为了保证市场占有量以达到经济规模,企业
会增加营销投入、渠道管理投入。

(2)与初创阶段相比,处于扩张阶段的企业有较为稳定的顾客和供应商
以及较好的信用记录,影响企业发展的各种不确定因素也大为减少,财务风
险大大降低,此时取得银行贷款和利用信用融资相对来说比较容易。

(3)处在扩张阶段的企业,风险抵御能力仍然不足。发展顺利的企业,凭
借其资产规模和营业收入的大幅增长给市场信心,但是一旦国内外政治、经
济环境突变,重大政策调整,各种自然灾害或突发性事件发生,企业可能因为
业务萎缩、资产缩水或重大财产损失而陷入困境。

(4)在企业快速扩张的过程中,企业管理中出现的问题也越来越多,创业
者每天陷于各种繁杂的事务中,对于公司的组织构架调整、管理水平提升可
能跟不上企业发展的速度,或者根本无暇顾及企业的长远发展,企业的发展
战略出现"摇摆期"。

总体来看,企业扩张期的主要融资方式有三种:引进战略投资、银行贷款
和融资租赁。战略投资者随着企业成长或扩张会择机进入,银行等稳健资金
也能提供项目融资或生产流动资金。另外,产品销售利润也可提供一部分扩
大再生产的资金。这些融资方式的表现形式既可以是债权方式,也可以是股
权方式,具体情形需依据投资方和融资方各自的需求。

7.4.2.2　融资渠道:风险投资

随着企业度过初创期、进入扩张期,企业各方面都开始规范化,产品开始
逐步深入市场。企业对于自身也有了更清楚的定位。这个时期企业筹资能
力无论从哪方面来讲都是最强的,可供选择的渠道也有很多。

扩张期企业可以通过引入战略投资者来满足其资金需求,同时也可以规
划企业的发展战略,使企业保持长期发展。专业的风险投资机构或投资者带
来资本,在承担很大风险的基础上为融资人提供长期股权资本和增值服务,
同时培育企业快速成长。此阶段企业通过出让股权方式获取资金,与初创期
面临的局面有所不同:①处于扩张期的企业的发展前景逐渐明晰,不确定性
较初创期明显减少;②为继续保持增长仍需不断投入大量资金,企业对资金
的需求仍旧旺盛;③面对这样的企业,资金供给方可能更偏好未来相对确定
的收益,所以入股时希望长期持有,借贷则希望收益稳定。

风险投资的运作比较复杂,但主要包括计划书、项目审定、投资合作、资

本退出四个阶段,每一家风险投资公司都有自己独特的运作方式。

(1)计划书

一份好的商业计划书,不仅是创业者的创业规划,也是向外筹资的重要依据。企业要想吸引投资者的资金,首先必须明确地提出事业经营的构想与战略、市场需求的规模与成长潜力,同时有依据地对市场、财务进行分析预测,展示这项投资具有可行性、可操作性,最重要的一点就是要突出项目会带来很高的回报,即列清双方共赢条款、投资回报率、财务计划以及投资回收年限等内容,从而引起以获利为主要目的的风险投资者的兴趣。

一份高品质且内容丰富的商业计划书,是企业向外传递信息的关键媒介。商业计划书的编制由企业或申请人本人独立完成或求助于专业机构协助编写,但主体思想和具体要求必须由企业或申请人反复核实。商业计划书写好后,下一步就是寻找风险投资机会。投资机会可以是风险投资企业自行寻找、企业家自荐或第三方推荐,目前互联网提供的融资平台也较多,这些风险投资平台促成双方的信息沟通,使双方达成初步投资意向。

(2)项目审定

风险投资机构根据收到的或自行寻找的商业计划书对项目进行初次审查,挑选出认为有投资价值的项目进入审查。风险投资机构会让内部的专家、投资人进一步考察、研究,有需要时还会聘请外部专家参与评估。如果风险投资机构对项目感兴趣,会邀请企业家面谈。若初次面谈成功,风险投资方将通过严格的审查程序对意向企业技术、市场潜力和规模以及管理部门进行更深入的评估。评估后认为该项目有发展前景,那么可以开始选择投资形式和评估投资回报,并且就合作方式进行谈判,然后根据谈判内容草拟合同,修改及签订协议。

(3)投资合作

风险投资机构为了减少面临的风险,确保投入资金的有效运行,减少代理成本,会对企业经营管理行为进行监控。这一监控过程主要涉及对企业的管理权及其授予权、财务监督,以及制定和审查企业重大决策。这样既有效防止风险资金被滥用,又增加了投资者继续投资、扩大投资的动力。

追加投资:风险资本机构一般不会一次性向企业投入全部的资金,而是根据企业的具体情况,分阶段投入。风投机构制定了阶段性目标,该阶段投入的资金足够支撑企业完成该阶段的目标,而且该阶段目标的完成是下一阶段融资的前提。这种做法既有利于投资者降低风险,又能对企业构成一定的压力和动力。

提供企业所需的增值服务:风险投资机构和战略投资者在加盟后积极参与风险评估,派员进入董事会,参与重大事件的决策,并提供法律与公关咨询;运用自身的关系网络为被投资企业提供技术咨询与技术引进渠道,介绍有潜力的供应商与购买者,帮助其拓宽渠道;提供管理咨询服务与专业人才中介,选聘更换管理人员等,逐步使企业股权结构和公司治理结构发生明显变化,内部管理逐渐规范、信息透明度显著提高,并通过这些手段规避或分散风险。这一阶段的企业利润率也达到相当的水平,风险投资家在帮助增加企业价值的同时,也着手准备择机退出。

(4)资本退出

风险投资的最终目的不是实际控制企业,而是在投资的一定阶段,实实在在收回投资并获得高收益,所以最后一阶段就是要寻找合适的退出机制来撤出投资。一般而言,风险投资退出主要有三种方式:

股票上市:风险投资机构在企业股票正式上市后,通过二级市场售卖股票,并从股价上涨中获得可观的收益。

股份转让:由于股票上市及股票升值都需要一段时间,因此,许多风险投资机构采取股份转让的方式退出。在产权交易市场,交易双方通过协议确定转让价格后,风险投资公司撤出风险资金。

清算退出:风险投资的巨大风险反映在高比例的投资失败案例上,实际风险投资过程中大部分是不成功的案例。因此,风险投资机构一旦确认企业发展的可能性小或成长太慢,不能给予预期的高回报,就会果断退出,回收资金用于下一个投资循环。

7.4.2.3　其他融资渠道

(1)银行贷款

向银行申请贷款是一种常见、基本、便利的融资方法。同初创期相比,扩张期的企业拥有一定的生产能力和市场基础,且基于前一段时期的积淀,企业可抵押资产增加、信誉增加,获取银行贷款的可能性也大大增加。与发行股票债券等其他融资方式相比,银行贷款既有优点也有缺点,企业应当按照实际经营情况和外部环境,选择是否采用银行贷款进行融资。

银行贷款融资的优点:①融资速度快、成本相对较低。银行贷款与发行证券相比,融资的门槛更低,获取资金所需的时间更短,不用进行印刷证券、申请批准等证券发行的准备,也无须支付大量的发行费用,而且一般情况下,银行贷款所支付的利息比发行债券所支付的利息低。②更具有灵活性。企业与银行可以直接接触,通过商议确定贷款时长、金额和利息。而且在贷款期间,如果企业情况发生了变化,也可与银行进行协商修改借款金额或条件。

银行贷款融资的缺点:①融资数额有限。银行根据贷款企业的经营状况、社会信誉以及银行自身的存贷情况等多方面进行评估后,决定给企业批准具体贷款数额,但是银行一般不愿给出巨额的长期借款,因此融资数额有一定上限。②财务风险较大。企业向银行举借长期借款,按合同规定必须定期还本付息,如果经营不力,则可能会无法偿还贷款,甚至会导致破产。③商业银行以盈利为目的,因此为了控制风险,银行会在与企业签订的贷款合同中设有限制性条款,例如定期报送相关报告、不允许更改借款用途等,这些条款可能会限制企业的经营活动。

(2)银行贷款流程

第一,提交贷款申请。需要贷款的企业应当向主办银行或其他银行的经办机构直接申请,并提供以下资料:一是借款申请书,内容包括借款金额、借款用途、偿还能力及还款方式等;二是借款人及保证人基本情况;三是财政部门或会计(审计)事务所核准的上年度财务报告,以及申请借款前一期的财务报告;四是抵押物、质押物清单和有处分权人的同意抵押、质押的证明及保证或拟同意保证的有关证明文件;五是项目建议书和可行性报告;六是原有不合理占用的贷款的纠正情况;七是银行认为需要提供的其他有关资料。

第二,贷款的受理、评估。商业银行收到贷款申请后,根据借款人的领导素质、经济实力、资金结构、履约情况、经营效益和发展前景等因素,评定借款单位的信用等级。评级可以由银行独立进行,也可委托正规评估机构进行。

第三,贷款审查、审批。除了企业的信用等级评定,银行也会对合法性、安全性、盈利情况进行审查,同时对担保人进行调查,并核实抵押物、质押物、保证人的实际情况,以此测定贷款的风险度。审查无误后,银行按审贷分离、分级审批的贷款管理制度对贷款进行审批,该流程包括组织报批材料、申请贷款审批、贷款审批意见、审批意见落实。

第四,贷款签约、发放。银行与借款人签订借款合同,就"借款种类,借款用途、金额、利率,借款期限,还款方式,借、贷双方的权利、义务,违约责任和双方认为需要约定的其他事项"作出约定。合同无误后,银行按照合同规定按期发放贷款。《贷款通则》规定,贷款人不按合同约定按期发放贷款或借款人不按合同约定用款,都要偿付违约金,同时承担相应的违约责任。

第五,贷后检查。发放贷款后,银行需要继续对企业执行借款合同的情况、经营情况进行调查,以及时准确了解借款企业的资金用途、经营情况,保证贷款的安全性,降低坏账风险。

第六,归还贷款。贷款到期后,借款企业应严格按合同约定的时间,足额归还贷款本息,如果要延长还贷周期,应在借款到期日之前向银行提出申请。

(3)企业获取银行贷款的策略

扩张期企业在向银行申请贷款的过程中,良好的策略能够使企业更容易获得银行的资金支持。

作为企业自身,应当加强经营管理,建立和完善现代企业制度,树立注重诚信的企业文化,打造良好的企业信誉。企业的管理直接影响到实际的营收,如果企业管理经营不善,延期或难以还款的风险增加,银行就不愿意贷款给该企业,或是降低贷款额度、增加贷款条件。同时,提高经营管理水平也有助于提高企业的信誉。企业可以考虑选择一家银行作为主要业务往来银行,并且经常在该银行办理金融业务、主动地向银行汇报公司的经营情况,从经常性的沟通联系中加强银行对企业的信任,逐步建立良好的银企关系。

贷款的成功与否并不完全取决于银行,还取决于政策和其他监管部门的制约,因此要选择合适的贷款时机。一般而言,银行信贷规模是年初一次性下达,分季安排使用,所以企业要进行较大规模的银行贷款融资,应提早将本企业的用款计划告知银行,既有利于保证企业所需资金及时到位,又便于银行调剂安排信贷资金,调度信贷规模。

突出项目特点,利用农业的特殊性选择合适的贷款方式。由于农业事关国计民生,是提供支撑国民经济建设与发展的基础产业,因此国家为支持农业的可持续发展,出台了一系列相关政策,支持农业企业发展。例如,由人民银行、银保监会、证监会、财政部、农业农村部、乡村振兴局联合发布的《关于金融支持巩固拓展脱贫攻坚成果全面推进乡村振兴的意见》中指出,"金融机构要围绕巩固拓展脱贫攻坚成果、加大对国家乡村振兴重点帮扶县的金融资源倾斜、强化对粮食等重要农产品的融资保障、建立健全种业发展融资支持体系、支持构建现代乡村产业体系、增加对农业农村绿色发展的资金投入、研究支持乡村建设行动的有效模式、做好城乡融合发展的综合金融服务等八个重点领域,加大金融资源投入"。根据政策指引,各地区的银行机构均根据当地情况,通过设立"三农"事业部、普惠金融部等形式,服务农业企业的发展。例如,在云南省,富滇银行在大理研发了青果贷,支持果农贷款;中国建设银行开通了银花贷,支持花农贷款。中国建设银行同时全力打造手机云企贷,通过大数据为企业画像,在网上给企业融资,农业企业可以下载手机云企贷 APP,线上申请贷款,也可以向当地部门申请纳入相关的专项贷款计划。

(4)多渠道获取资金。除与开立基本账户的银行保持良好关系外,企业还可同时与其他银行建立良好关系。在项目需求资金量大、一家银行难以满足的情况时,可采用银团贷款方式加以解决。这样也可提前为企业向银行争取下一步生产经营发展所需的资金作出规划。

7.4.3 企业成熟期融资渠道

7.4.3.1 企业成熟期的特点

企业成功经历扩张期后,进入成熟期。一般而言,处于以技术为主导的行业中的企业,成熟期历时相对较短,而处于公用事业行业的企业,成熟期持续的时间较长。成熟期企业的主要特征如下。

(1)企业规模空前,生产工艺、技术趋于成熟,产品进入大工业化生产阶段,市场占有率高,而且企业的经营状况良好,拥有成熟的企业组织构架以及发展目标规划。

(2)进入成熟期的企业,其主业产品此阶段也进入成熟期。随着竞争的加剧,市场中同类产品主要由几家企业提供,企业参与行业内的竞争方式逐渐从单一价格手段转向非价格手段,例如提高质量、改善性能、加强售后服务等。

(3)成熟期企业发展资金需求量很大,且行业生产能力接近饱和,市场需求也趋于饱和,主要产品或主营业务获利有限,企业需要寻求进一步突破、寻找新的利润增长点,此时,风险投资和银行贷款的资金量已不足以满足成熟期企业的需求。

(4)进入成熟期后,企业产品的销售已能产生相当的现金流,建立了良好的业绩记录,积累起丰厚的自有资金。同时,企业获得了更普遍的信用认可,业务记录趋于完备,财务状况良好,风险水平降到最低,逐渐具备进入资本市场发行有价证券的条件。

成熟期也可以分为成熟前期和后期,这时企业经过扩张期以后积累了大量的资金,是企业资金最雄厚的时候,企业也能更好地进行资源配置。但这时产品的成本有所上升,融资仍然是企业的主要选择。这时选择发行债券这个融资渠道比较合适。虽然说债券融资有一定的风险,但是处于成熟期的企业相对于任何一个阶段来说都是承受能力最强的。发行债券可以提升企业形象,企业债券发行公告、募集说明书,这些信息向全国媒体披露,就能产生比较大的正面影响,可以为企业塑造比较好的形象。发行债券可以很好地利用财务杠杆,只会收取固定利息。如果这一时期公司盈利增多,增加的股东财富比债息多,就会使得股东财富和公司价值有所提升。对于农业企业来说,最好在此基础上发行可转换债券。可转换债券比债券优势更大,可转换债券是债券的一种,万一经营情况发生了转变,还可以按一定的比例与价格转换为公司的股票,融资的风险就相对降低不少。可转换债券利率一般比普通公司债券利率低,发行可转换债券可以使得筹资成本更低,风险也更小。可转换债券融资规模也比较大,可以满足融资的需求,它既有债券的特点也有股票的特点,无论是对于企业还是投资者来说都更有吸引力。

7.4.3.2　成熟期上市融资渠道

相对而言,成熟期企业更容易融到资,但企业不能局限于自身拥有的资本或单一融资方式,更应该在考虑各种融资方式的融资效率的前提下,力争达到最佳资本结构。这一阶段企业可选择的主要融资方式为发行股票和股票上市融资(IPO)。这一阶段企业上市的方式有主板和创业板两种,二者区别如表 7-2 所示。

表 7-2　主板上市与创业板上市的区别

比较项目	主板上市	创业板上市
主营业务	最近 3 年内主营业务没有发生重大变更	应当主营一种业务,最近 2 年内主营业务没有重大变化
董事及管理层要求	最近 3 年内董事、高级管理人员没有发生重大变化	最近 2 年内主营业务和董事、高级管理人员均没有发生重大变化

续表

比较项目	主板上市	创业板上市
实际控制人要求	最近 3 年实际控制人没有发生变更,而创业板的要求是 2 年	最近 2 年实际控制人没有发生变更,最近 3 年内不存在损害投资者合法权益和社会公共利益的重大违法行为,最近 3 年内不存在未经法定机关核准,擅自公开或者变相公开发行证券,或者有关违法行为虽然发生在 3 年前,但目前仍处于持续状态的情形"
募集资金运用	应当有明确的使用方向,原则上应当用于主营业务	募集资金只能用于发展主营业务

2016—2021 年中国农业食品共 103 家企业 IPO,2021 年中国农业食品 IPO 上市企业达 33 家,数量刷新历史纪录;2016—2021 年,中国农业食品企业 IPO 募集资金约 1060.14 亿元,2021 年中国农业食品企业 IPO 募集资金 283.09 亿元。2021 年,中国农业食品行业 IPO 事件数量 33 起,较上年增加 9 起,同比增长 37.50%,其中畜牧业 IPO 事件数量 5 起,农资 IPO 事件数量 4 起,种植业 IPO 事件数量 3 起,农产品加工 IPO 事件数量 3 起,食品饮料 IPO 事件数量 3 起。

股票上市是指股份有限公司公开发行的股票符合法律规定的条件,经申请批准,可以在证券交易所进行交易,该股份有限公司称为上市公司。经批准在证券交易所上市交易的股票,称为上市(或挂牌)股票。一般而言,股票上市对于企业来说,主要有如下意义:

一是股份有限公司申请股票上市主要是为了增强本公司股票的吸引力,形成稳定的资本来源,在证券交易市场中筹措大量资本,并不断利用资本市场的融资功能,通过投资建设、收购兼并等形式,继续实现业务发展和规模扩张,从而实现企业的长期发展。

二是企业首次公开发行股票意味着进入了一个新的发展时期,完成从私募股权资本市场向公开资本市场的跨越后,成为上市公司,品牌、影响力、名誉度提升,其融资活动、股权结构、公司治理以及经营管理都会在更加公开、透明、规范和接受各方监管的环境中进行。

三是发行股票有利于确定公司的价值,提升股票的流动性和变现性,促进公司实现财富最大化目标,同时公司股权社会化也有利于防止股权过于集中。

在我国,目前上市公司有巨大的利益可追寻的情况下,大多数公司都愿意积极创造条件,争取股票上市。但是也有人认为公司股票上市对公司不利。例如,我国法律对上市公司的信息披露作出规定,要求上市公司定期披露公司的各种有关信息,有人会出于"信息披露的成本过大""商业秘密可能会暴露""分散公司的控制权"等原因,放弃上市机会。是否选择上市,应根据公司的实际经营情况和发展目标规划,仔细考虑讨论后作出决定,因为上市不成功,不仅融资失败,而且企业会承担巨大的成本。

7.4.4　企业处于衰退期的融资渠道选择

企业发展到最后还要经历一个衰退期,这并不意味着进入末日。衰退期的企业可以分为两类:一类是最后的转折期没有实现蜕变,另一类则是经历蜕变以后为成为超级大型企业做准备,这都是正常的企业生命周期规律的体现。处于衰退期的企业,由于处于特殊阶段,盈利能力和销售利润率会有所下降。应收账款坏账率上升,使得企业的融资能力受到限制,企业需要采取特别的融资战略,主要的目的就是通过改进融资战略、优化资本结构来应对挑战。

衰退期的企业以内源融资为主。处于衰退期的企业要减少银行贷款,也要少发债券,总之这一阶段不宜进行债权融资。原因有两点,第一点是这一时期如果没有转型升级成功,盈利情况不好,会出现资不抵债的情况。第二点是一个企业如果可以减少银行贷款、减少债券发行,从财务管理的角度而言,可以在一定程度上降低资产负债率水平。取而代之的是用发行股票的方法来扩充资本,这可以使资本结构得到改进,还降低了财务风险。进入衰退期的企业需要取精华弃糟粕,用融资得到的资金集中发展开拓新的业务,这样才能拯救企业,开始新的生命周期循环,如可以变卖掉不良资产来获得资金,或者进行一些资产并购重组来削减那些衰退的没有市场前景的产品或服务。

7.5　企业融资的业务流程与技巧

7.5.1　企业融资的业务流程

企业从创立到衰败,整个生命周期中不可避免地需要多次进行融资。对于初创企业而言,必须做好万全准备,才能让融资更加顺利。一般情况下,企业融资基本业务流程可分为以下 6 个步骤。

第一,企业提交融资申请,投资者进行初步审查。

企业为此必须做好融资前准备,准备内容包括:制定清晰的战略规划和资本规划;成立内部融资小组,为融资提供组织保障;准备融资资料;建立融资渠道,包括与财务顾问(FA)/创投圈/个人关系网络(朋友圈)的联系;准备备用计划。

第二,提供完整的商业计划书。

一般情况下,商业计划书包括以下 3 项内容。

(1)业务简介:企业过去的盈利状况、目前的发展状况及企业的战略定位。除此之外,商业计划书还应该包括企业主要管理者的基本简介,以及对投资者的退出安排。

(2)经营计划:包括企业的经营战略、营销计划。除此之外,企业还要对整体行业作出分析,并且总结出竞争对手优劣势。当然,不可忽视的是企业融资所筹资金的大致用途。

(3)其他与企业有关的背景资料。

投资者大致会用 2 周时间来分析企业提供的商业计划书;同时,也会对企业提供的资料承担保密义务,但投资者并没有将这些资料归还的义务。

第三,尽职调查阶段。

投资者通过审查商业计划书并且初步判断企业的发展潜力后,如果认可企业的发展计划,将会与企业以合同的形式,要求在某一固定期限内进行尽职调查工作。在这一期限内,企业不能与其他投资者进行任何方式的融资洽谈。除此之外,投资者将会要求律师到企业及其相关客户、供应商处做调查。企业应当配合调查,甚至在某些方面予以必要的协助。

正式尽职调查之前,投资方一般情况下都会先给企业提供一份尽职调查清单。如果投资方没有发放这一清单,企业应当主动索取,从而做好准备,让尽职调查更加高效。为此,企业最好成立内部尽职调查对接小组,由企业创始人、财务、业务以及法务等负责人组成,他们将利用各自领域的专业知识和经验与投资方进行对接。

第四,价格洽谈。

当投资者通过尽职调查了解企业没有重大隐瞒问题后,将会就企业价值这一问题与企业进行谈判。另外,如果企业是风险型企业,可能就特定的风险企业定价方式进行谈判。

第五,确定投资方式、条款和条件。

一般情况下,投资者可选择的投资方式有 4 种,分别是可转换优先股、参与分红优先股、投资倍数回报以及担保债权。无论是投资条款还是投资条件,都需要签订相关文件,明确以下三个方面的问题:

一是投资者的出资份额以及双方所占股份,包括对技术的定价以及对员工持股的安排。二是企业组织架构安排,明确投资者所担任的职务。三是投资者对企业的掌控程度,以及企业对投资者的保护程度。

第六,结束谈判,资金到位。

经过投资机构决策委员会的审批,投资者与企业都会各自准备材料,进而完成工商登记。

以上 6 个步骤只是一个基本流程。一般而言,企业的融资过程可能需要3—6 个月,有时甚至更长。

7.5.2　企业融资时机选择技巧

通常说的融资时机就是新企业所有生产经营准备就绪需要启动资金,或者正常运转企业在生产经营过程中扩大生产经营规模导致流动资金或固定投资资金缺乏。所谓融资机会,是指由有利于企业融资的一系列因素所构成的有利的融资环境和时机。企业选择融资机会的过程,就是企业寻求与企业内部条件相适应的外部环境的过程。从企业内部来讲,过早融资会造成资金闲置,而过晚融资又会造成投资机会的丧失。从企业外部来讲,由于经济形势瞬息万变,这些变化又将直接影响中小企业融资的难度和成本。因此,中小企业若能抓住企业内外部的变化所提供的有利时机进行融资,会比较容易地获得成本较低的资金。

(1)现金流为最重要的考量标准。

企业现金流是企业运营的血液,现金流一旦断裂,企业将无法持续经营。为此,企业在选择融资时机时必须考虑现金流这一因素。当企业现金流剩余较多时,不必急于融资;但企业现金流一旦变少,而企业还没有开始融资,则很有可能导致经营无法维持,甚至走向破产。通常情况下,企业可以根据现金流的3个方面进行分析,进而判断自己是否需要融资。

①现金流量净额。现金流量净额是经营活动现金流、投资活动现金流、筹资活动现金流3个方面的现金流入与流出之间的差额。企业现金流量净额为正,意味着企业发展尚未出现大的问题,对于融资并不急迫。

②净利润占现金流的比例。净利润占现金流的比例能够有效反映企业创造现金流量的能力,也是企业利润质量的体现。基于现金流量表的核算原则,企业经营正常的情况下,现金流一般会高于净利润;反之,企业则可能存在坏账的风险,需要时刻做好融资的准备。

③经营项目回款周期。一般情况下,企业的收现能力体现在经营项目回款周期上。经营项目回款周期越短,则企业营收能力越好,在能够正常收现的情况下不需要进行融资。

(2)从未来6—12个月业务资金需求出发。

企业融资从对接洽谈再到最后的合作,通常需要几个月才能完成。因此,企业选择融资时机可以从未来6—12个月业务资金需求出发,厘清企业发展所需要的成本,包括团队支持费用、市场投入费用、产品推广费用等,做出详细预算。通常情况下,企业应根据如图7-3所示的因素来预测未来6—12个月业务资金需求。

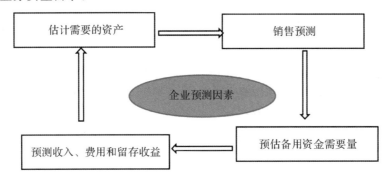

图7-3　影响企业未来6—12个月业务资金需求的参考因素

（3）整体资本环境变化。

行情走弱、监管从严是众多企业融资失败的原因，当资本环境不利于企业发展时，投资者自然也不会冒险投资企业。因此，企业应当注意整体资本投资环境的变化，并且分析未来的可能风险，以此确定融资时机。具体而言，整体资本环境包括国家宏观政策环境、银行政策环境和政府服务政策变化。

7.5.3　企业融资技巧

对于初创企业而言，融资是决定企业生存的大事。为了成功融资，必须掌握以下技巧。

第一，先入为主。先入为主有两层含义。一是需要先找到投资者。二是先进入市场。

第二，根据市场需求预测销售额。有的企业为了吸引投资者而采取错误的方式来计算预期销售额。比如首先估算产品市场容量，并且推算企业能够占取的份额，从而计算出未来的销售额；又或者根据企业的销售增长额来推测以后的销售额。但市场瞬息万变，销售额会随着市场变化而不断变化。因此，企业应该先计划投入的资源总量，调查潜在客户、竞争产品等，并计算相互之间的转换率，最后得出销售额。

第三，提供可信的市场份额。真实可信的市场份额可以帮助企业迅速获得投资的青睐；相反，如果没有根据地将市场份额描述得过于空泛，将会失去投资者的信任。常见的市场规模计算方法有以下三种：在产品应用领域多、消费群体不集中的情况下，企业可以依靠供应端、调查获取的信息与数据来进行市场推算；在产品市场单一、应用领域密集的情况下，企业可以从消费端分层抽样，随后进行数据汇总；对于产品或行业具有垄断性、供应与消费都较为集中的情况，企业应该采集供应端与消费端数据，并且进行数据交叉验证。

第四，光有创意还不足以吸引投资人。有的企业在有了一个不错的创意后就开始盲目融资，但投资者进行投资不仅仅是看企业项目的创意，还要考虑创业者的经营能力与竞争优势等。创意只是融资的基础，只有创业者在一个优秀创意的基础上挖掘更多优势，并且在商业计划书中体现出来，从而引起投资者的兴趣，才是走向融资成功的第一步。

第五，向投资人提起竞争对手。有的企业在融资过程中往往忽略介绍自己的竞争对手,以此来突出产品或项目的独占优势。但是,这种隐瞒竞争对手的做法徒劳无益,只会增加不诚实的印象。

第六,市场比技术更重要。许多产业由于其行业特质等,多半是其工程师、科研专家担任主要管理职位。然而,投资者更加关注技术背后的市场需求以及盈利能力。

第七,学会与投资人讲价。企业通常提出的融资金额要比真正计划的高,因为投资者通常会压低价格,只有相互携手才能敲定金额。因此,企业需要学会讲价。

第八,学会快速表达融资方案。投资者会接触很多创业者的项目计划书,企业应该学会快速表达融资方案,对经营队伍、主要优势、市场份额、竞争对手以及财务情况等作出清楚而简洁的介绍,以快速吸引投资者的注意。

7.6　私募股权投资中估值方法概述

7.6.1　私募股权投资中企业估值方法

在私募股权投资实践中,企业价值的评估是在私募股权投资机构尽职调查中取得的企业历史信息及预测未来发展情况的基础上,采用合适的估值方法对企业进行估值计算的过程。对标的企业的估值是私募股权投资的关键环节,无论是投资还是退出,都需要进行估值。影响企业估值的因素很多,包括企业财务因素与非财务因素。为此,估值方法也分为传统估值方法和非传统估值方法。传统估值方法是指以国外成熟的估值理论为基础发展的估值方法,这类方法主要关注企业的财务指标,并在此基础上对企业价值进行定量分析,主要包括资产评估法、现金流量折现法、市场法、期权定价法等。非传统估值方法重点关注影响企业估值的非财务因素,大都采用定性分析或简单的定量分析的形式,是对传统估值方法的有效补充,主要包括"全或无"估法、行业估算法、行业粗算法等。

7.6.1.1　传统估值方法

1.资产评估法

企业价值是由企业所拥有的各项资产组成的,即企业的全部净资产总和。企业资产是由多个独立的单项资产组成,因此,单项资产的总和就是企业价值。资产评估法就是从组成企业整体资产的单项资产的重置角度进行评估。采用合适的资产评估指标是使用资产评估法的关键。企业的资产可以分为资产的账面价值、调整账面价值、重置价值和清算价值四种。

账面价值法是根据企业的财务报表(主要是资产负债表)来确定并购价格的方法。其计算简单、直观、资料易于获取,且出让价格一般不低于目标企业的净资产值,对于卖方来说提供了交易价格的底线,对买方来说得到了评估的基准价格,所以经常被运用在并购案例中。但由于其仅计量企业的存量资产,不考虑企业的盈利能力、成长能力和行业特点等,忽略了企业的战略价值,以致出让价格很可能会严重偏离市场价值,因此这种方法主要适用于账面价值与市场价值偏离不大的非上市企业。

资产的账面价值是以历史成本为依据,在会计核算中账面记载的价值。调整的账面价值是以账面价值为基础,考虑组织资本、通货膨胀、贬值等因素,对其进行调整后的结果。

重置价值是指在充分竞争的成熟市场中,取得相同或相似资产的花费,也就是资产的现时市价。重置成本包括复原重置价值和更新重置价值。复原重置价值指以当前价格水平建造与被评估资产完全相同的全新资产的成本;更新重置价值指以当前价格水平建造与被评估资产具有同样用途但功能更现代化的全新资产的成本。其同样忽略了企业的战略价值。

清算价值是指企业清算时,将各项资产出售后取得的清算收入。清算价值是指在企业进行清算时,把企业的实物资产逐个分离而单独出售所能获得的价值。其有可能低估企业资产的系统性价值,同时也忽略了企业战略价值。它通常在企业已丧失增值能力的情况下被作为一种资产评估方法。

2.现金流量折现法

该方法是企业并购中评估目标企业价值最常用的方法。所谓自由现金流量,就是企业产生的、在满足了再投资需要之后剩余的现金流量。这部分现金流量是在不影响公司持续发展的前提下,可分配给企业资本供应者的最大现金额,是企业在持续经营的基础上除了在库存、厂房、设备和长期股权投资等类似资产上所需投入,企业能够产生的额外现金流量。评估目标企业价值时,会根据其被并购后各年的自由现金净流量,按照一定的折现率计算这些流量的现值。该方法主要适用于控股并购,即并购后目标企业仍然是一个独立的会计主体或法律主体。企业的价值取决于其未来的自由现金流量,而非历史现金流量,因此需要从本年度开始预测公司在未来足够长的时间内(一般为5—10年)的资产负债表和损益表。而资产负债表和损益表的预测是基于对企业所处宏观经济环境、行业结构与竞争、产品与客户、内部管理水平以及企业历史财务数据等的充分了解。上述因素直接影响运用自由现金流量进行估价的准确度。

在现代理财环境中,模型中现金流量和贴现率较难取得,且有很大的随意性和主观性,而且这一方法的运用对决策条件与能力的要求较高,所以,预测未来现金流量以及选择贴现率的困难与不确定性,可能影响该方法的准确性。

现金流量折现法基本模型为:

$$企业价值 = \sum_{t=1}^{n} \frac{CF_t}{(1+r)^t}$$

式中,t 表示时间期,n 表示预测的总时间期数,CF 表示预期未来现金流,r 表示折现率。根据企业不同的增长阶段,该模型可以细分为以下两种模型:

$$永续增长模型:企业价值 = \frac{CF_{t+1}}{WACC - g}$$

$$两阶段增长模型:企业价值 = \sum_{t=1}^{n} \frac{CF_t}{(1+WACC)^t} + \frac{CF_{n+1}}{(1+WACC)^n(WACC-g)}$$

其中,g 表示永续增长率,WACC(加权平均资本成本)＝股权资本成本×股权权重＋债权资本成本×债权权重。股权资本成本可以通过资本资产定价模型来计算。

现金流折现法适用于具有稳定现金流量的成熟企业,不适用于没有现金流量或现金流量不稳定的初创企业或经营困难的企业。

3. 市场法

市场法也称为市场价格比较法,是指通过选取与被评估资产类似的资产,参照类似资产的市场价值,从而确定被评估资产价值的评估方法。市场法通常采用市盈率(P/E)、市净率(P/B)、市销率(P/S)、企业价值倍数(EV/

EBITDA)等倍数计算方法。采用市场法应具备的前提条件,一是存在成熟且活跃的资产市场,资产交易的种类多,交易频繁;二是具有参照企业,并有与被评估资产可比较的数据。为了满足市场法的前提条件,在估值实践中,被评估企业的可比较企业通常选取类似的上市公司。但对于具有新兴业务或新兴商业模式的公司,其合适的可比公司较难找到,市场法就难以适用。

运用市盈率进行价值评估,要注意未来盈利的前景以及与这些盈利相联系的风险。市盈率是企业预期盈利增长性的增函数,是企业风险的减函数。这意味着,随着盈利前景的改善,股票价格及相应的市盈率应上升,随着风险的增加,市盈率应下降。

在有效市场的情况下,股票价格能反映企业的整体素质和未来盈利前景,反映企业实物资产和组织资本的协同效应,因此,市盈率基本能代表企业的风险和成长性。但其受证券市场的影响较大,且我国的证券市场不完善,存在结构性缺陷、股市波动风险大、历史数据少、投资者的选择面窄等,要获得代表性的参照企业和市盈率并非易事。

一定程度上,企业的市盈率并不能很好地反映企业业绩和盈利水平,而是反映投资者对企业的态度和对证券市场的信心,这些会影响市盈率的准确估计。此外,由于我国上市企业的会计利润质量比较低,而市盈率采用损益表中的净利润计算,在一定程度上使得结果有误差。同时,参照企业的选择有较大的主观性。同行业的企业在资产规模、业务组合、增长潜力和风险程度上存在很大的差异,周期性波动也会造成市盈率的不准确。虽然存在这些缺陷,市盈率法仍因其可操作性而被广泛应用。

4. 期权定价法

并购具有可延迟性、收益不确定性以及并购过程的可转变性等特征,说明并购具有类似于期权的性质,一个并购投资机会是一个买方期权,投资项目的未来现金流量的总现值相当于基础资产的当前价格,而投资额相当于执行价格。并购方根据现有业务情况可以估计价格波动率(风险),再估计投资距离现在的时间和无风险利率,然后就可以利用期权方法估算并购投资机会的价值。并购中目标企业的价值除了自身单独的价值,还应该包括机会价值。企业的价值可以看成现有资产的现金流量价值加上增长机会价值。并购中目标企业价值可以由两部分组成:静态净现值和具有灵活性的期权价值。企业并购的期权价值就是为了取得行使权利而支付的期权费,是一种或有价值。

7.6.1.2　非传统估值方法

1."全或无"估值法

对于私募股权投资机构来说,在进行投资前,首先要考虑标的企业投资价值。通过选取核心参数进行比较分析,"全或无"估值法有助于对标的企业进行定性分析,判断其是否具有投资价值。

2.行业估值法

投资机构在对标的企业进行估值时,要分析其所处行业的发展趋势,预测行业未来市场空间,并分析标的企业未来的市场份额。通常来说,行业的市场空间大小决定着企业发展的上限。此估值方法充分考虑行业环境对企业的影响,其关键在于投资机构需要对标的企业投入多少资金才能帮助标的企业短时间内在行业内形成较大的竞争优势,为未来发展取得先发优势,迅速超越竞争对手,成为龙头企业。

3.行业粗算法

行业粗算法是指根据企业所在行业的特点,在深入研究影响行业的因素的基础上,选取几个影响较大的核心经济指标,运用这些指标对企业进行大体估算的方法。此方法的关键在于经济指标的选取,应选对行业价值的影响最大的核心指标。通过对核心指标数据的分析,就能估算出企业价值。例如,资源型行业采用存储量指标,互联网行业采用流量指标对企业价值进行估算。行业粗算法计算简便,使用方便,但是仅为初步的估算,估值缺乏准确性,只适用于企业估值的初步判断。

7.6.2　生命周期理论下的企业估值方法

企业估值是融资过程中的重要环节。投资者对企业进行融资之前,需要由评估机构进行客观、公正的评估,以此量化企业的价值。正确评估企业价值可以保证投资行为的合理性。在融资额的选择上,很多企业都会陷入误区,以为所获金额越多越好,其实不然,适度的融资金额确定是企业融资的必要内容。

1.创建期价值估值方法

在创建期阶段,虽然企业具有一定基础设施和研发能力,但是没有完整的运营组织系统,资金实力较弱,企业规模较弱,资信水平和收益较低,仅仅依靠企业现有资金和能力,无法获取现金流收益。企业整体价值,是由其技术创新所带来的增长期权价值组成。因此,在创建期,企业价值驱动因素主要是来自企业核心技术的突破和关键人员的研发能力。

在创建期,企业只有少量产品可以进行试产和进入市场销售,大部分新技术和新产品都在研发阶段,还没有取得最终研究成果,这些新产品是否可以进行批量生产、是否可以进行市场销售、未来市场收益如何,都是不确定的,不适合利用市场法估值。而且,创建期企业基本上没有充分历史数据,无形资产估值有局限性,不适合利用成本法对企业价值进行评估。在创建期,企业基本上是利用创新能力、专利技术等无形资产,给企业带来期望收益。由于实物期权会全面考虑目标企业未来发展中有可能出现的不确定性,对不确定性中蕴藏的柔性管理价值进行量化评估。在企业面对诸多潜在投资机会时,管理人员具有灵活执行各种实物期权的权利,促使企业抓住未来价值增值机会,获得长远发展。因此,在创建阶段,可以利用实物期权定价,对企业价值进行评估。根据相关研究,评估者大多利用 B-S 模型估值。但需要注意的是,利用该模型进行实物期权定价时,如果参数含义出现变化,其定义也需要重新修订。

2.成长期价值估值方法

在成长期,企业价值驱动因素涉及两个方面,一是产品技术创新能力,二是筹措资金能力。在产品技术创新能力方面,随着企业创新产品的上市,竞争对手变得越来越多,这时企业需要具有较强的快速创新能力,对更多的专利技术和产品进行开发,提升企业竞争能力。在筹措资金能力方面,成长期企业资金需求较大,需要寻找更多融资途径来筹集资金,促进企业长远发展。在该阶段,尽管企业主营业务有销售回款收入,但同时也有较大的经营性支出,现金流不稳定,企业现有资产获利价值较小,企业增长期权价值的地位较高。

由于成长期企业的产品技术和现金流不稳定,需要有大量资金支撑,且新产品上市后是否可以获得消费者认可、战胜竞争对手、创造超额利润,还存在不确定性。因此,在实际工作中,可以结合实物期权和 DCF(折现现金流模型),对企业价值进行评估。针对新开发的专利技术产品,可以利用实物期权估值方法;针对现有主营业务形成稳定盈利能力的产品,可以利用 DCF 估值方法。此外,针对未来想要上市融资的企业,可以利用市盈率法、市净率法,通过对实物数据与股权价值的分析参照,以及对经营管理经验的吸收参照,不断调整和优化市盈率法和市净率法,进而计算出市场价值。

3. 成熟期价值估值方法

成熟期企业主营产品市场占有率相对较高,且具有完善的产品组合与盈利模式,具有较高竞争优势。随着经营业绩不断提升,销售利润和现金流量也在不断增长,估值人员能够对企业未来现金流量进行准确预测。企业早期培育的实物期权正在转变为获利能力,使得现金流增长。这时企业价值主要来源已经转变为现金流量。

在该阶段,企业为了保持业绩不断增长,会继续研发新产品,创造新的增长期权。对成熟期企业来讲,价值驱动因素涉及两个方面,其一是维持现金流稳定增长的经营水平,其二是挖掘新业务、创造未来价值增长机会的水平。相应地,企业价值组成也涉及两个方面,其一是企业现有主营业务现金流收益价值,其二是企业实物期权价值。

企业在成熟期已经具备完善的组织体系,且市场基础较为坚实,产品已经获得市场认可,企业面临的不确定性有所降低,风险相对较小,可以对未来现金流量进行准确预测。在该阶段,企业价值主要来源于现金流量,因此可以利用 DCF 模型,或者利用 EVA(经济增加值)模型进行估值。此外,为了利润长期稳定增长,成熟期企业需要不断研发新产品,这时也可以利用实物期权方法对企业价值进行评估。

4. 衰退期价值估值方法

企业经营情况存在一定差异,并不是每家企业都会进入衰退期。部分企业在创建期由于开发产品失败而破产,部分企业在成长期由于资金链断裂而倒闭,部分企业在成熟期由于技术缺乏创新而进入衰退期。在衰退期,企业价值取决于以下两点:第一,是否通过成熟期积累的现金流,给企业转型打下资金基础;第二,是否具有走出衰退期困境的路径、获取新的发展机会的能力。因此,企业未来的转型机会价值就是该阶段的主要价值。

衰退期企业主要有以下几种:正式公告确定破产清算的企业、被同行业其他企业兼并重组的企业、转型成功的企业、从成熟期过渡到衰退期的企业。基于此,在评估第一种企业时,可以把当下企业所有实物资产变卖;在评估第二种企业时,可以利用实物期权与重置成本法;在评估第三种企业时,可以采用实物期权评估方法;在评估第四种企业时,可以利用 DCF 模型。

7.7　案例:农业服务公司农分期

7.7.1　农分期公司背景

农分期于 2013 年正式涉足农业领域,以农资购买为切入点,打造"互联网＋金融＋农业"的综合性服务平台,专注提供农户生产资料电商服务和农村互联网金融服务。农户在农分期商城,可以采用分期付款方式购买农机、采购大宗农资、支付土地流转费用等。

农业生产性市场规模逐年扩大,伴随着新型农业经营主体的崛起,农村金融的需求增加,以及与金融相匹配的农业领域专业化服务需求增加。但是,传统的金融体系对于农村中这群规模化的农业经营者并不友好,因为与制造业、服务业相比,传统农业生产场景中,相关信息流数据十分匮乏。第一,农业生产中的风险难以控制,"农业生产靠天吃饭",自然灾害、病虫害、动物疫情等因素都会直接影响农业生产。第二,农村居民征信数据缺失,金融产品渗透困难。

在这种背景下,农分期最初以农机分期出发,即在农分期平台上提供分期购买农机的服务,以金融服务切进生产环节,并将重点集中在能对农业生产提供更大支持的生产性金融服务上,逐步渗透到整条农业产业链。

农分期主要用户群体是开始规模化生产的新型农业经营主体,主要需求是购买农机、化肥、土地等农业生产工具。覆盖范围主要是东部平原的主要农业大省、大县,并在作物种类上主要选择大田作物,因为这些作物种植方式相对成熟、规模化可能性高、价格相对稳定。

针对这群传统金融可能没有覆盖到的农业经营主体,农分期建立了"非互联网"的信用体系。农分期建立了庞大的一线团队,在农村内部负责获客和客户情况了解,基于农户现场提供的个人、家庭以及种植经营信息,创建了一套农业种植场景的信用体系——"新芽信用",通过自营团队在地收集信息,然后手动录入,再将这些信息通过后台的征信体系进行标准化评估。这些信用评估可以帮助农分期对农户的金融业务风险作出判断,继而为农户是否可以获得金融服务和农资供给提供重要参考依据。

7.7.2　农分期融资历程

对于"农业金融"这片"蓝海",资本也表现出了兴趣。亮眼的投资方阵容以及农业领域内高额的融资,表明在消费金融市场之外,资本市场也看好农业金融领域的潜力。

2015 年 7 月,农分期完成数千万元天使轮融资,投资方为梅花天使创投、明势资本。2016 年 5 月,农分期获得由顺为资本领投,源码资本、涌铧投资、明势资本跟投的数千万 A 轮融资。2017 年 1 月,农机分期平台农分期宣布获得亿元级 B 轮融资,BAI(贝塔斯曼亚洲投资基金)领投,顺为资本、源码资本、真格基金、国金投资、明势资本、涌铧投资等机构跟投,小饭桌担任独家财务顾问。2018 年 4 月,农分期完成数亿元 C 轮融资,该轮融资由执一资本领投,新加坡的 InnoVen Capital,以及 BAI、涌铧投资、顺为资本、源码资本、真格基金等老股东跟投,华兴资本担任此次融资的独家财务顾问(见表 7-5)。

表 7-5　农分期融资过程与投资方

融资轮次	日期	投资方	投资金额
C 轮	2018 年 4 月 8 日	执一资本 真格基金 源码资本 顺为资本 涌铧投资 BAI InnoVen Capital	金额未透露 (数亿元)
B 轮	2017 年 1 月 4 日	BAI 真格基金 顺为资本 源码资本 明势资本 涌铧投资 国金投资	金额未透露 (上亿元)

续表

融资轮次	日期	投资方	投资金额
A 轮	2016 年 5 月	顺为资本 源码资本 涌铧投资 明势资本	金额未透露 （千万元）
天使	2015 年 7 月 21 日	明势资本 梅花天使创投	金额未透露 （千万元）

值得注意的是,源码资本、顺为资本、涌铧投资同时出现在农分期的 A 轮、B 轮、C 轮投资中。2017 年,野马财经对已参与投资农分期 A 轮和 B 轮的源码资本进行了采访,源码资本副总裁孙彤表示,参与农分期投资主要来源于两方面的考量。首先,源码资本对农业金融这个行业比较看好,认为它正处于起步阶段,并且国家的一些政策也对农村人口生产、种植环节方面有一定的扶持;其次是对农分期这个团队的认可,孙彤形容他们是"贴着地皮跑"的一群人,因为他们会有专业的人员到全国各地的村镇了解最前沿的信息。另外,孙彤提到农分期的风控是在一些小微信贷的基础上做了一些优化,因此风控能力也是源码资本看好的一个方面。

农分期获得了那几年互联网农业服务领域最大的一笔融资之一。据农分期创始人兼 CEO 周建透露,农分期覆盖了近 50 万种植户,2017 年提供金融服务近 20 亿元,并已实现单月盈利。农分期表示,C 轮融资除了用于农分期持续扩展业务规模、强化农业服务渠道的优势,还将继续挖掘农资领域的市场潜力,重点关注农机、农资等业务板块的技术与科技应用,打造"农分期未来农业实验室"。

习 题

1. 简述证券投资与证券投机的关系。
2. 简述证券投资的基本步骤。
3. 简述债券、股票、投资基金的性质和特点。

参考文献

[1] Hofmann E. Supply chain finance：some conceptual insights. Research Gate，2005(1)：2-4.

[2] Mathis J，Cavinato J. Financing the global supply chain：growing need for management action. Thunderbird International Business Review，2010，52(6)：467-474.

[3] Michael L. A Supply chain finance prime. Supply Chain Finance，2007 (4)：34-48.

[4] Myers C，Majluf S. Corporate financing and investment decisions when firms have information that investors do not have. Journal of Financial Economics，1984，13(2)：187-221.

[5] Randall W S，Theodore Farris M. Supply chain financing：using cash-to-cash variables to strengthen the supply chain. International Journal of Physical Distribution & Logistics Management，2014(8)：415-416.

[6] 北大经济学院风险投资课题组. 美国 TTI 公司获得风险投资过程分析. 科技创业月刊，2003(7)：37-39.

[7] 陈圆. 对我国发展天使投资的研究. 长沙：中南大学学位论文，2007.

[8] 戴小平，陈靖. 我国中小企业融资风险及其防范. 上海金融学院学报，2005 (2)：22-26.

[9] 金文莉. 企业融资过程的财务风险分析及其防范措施探索. 改革与战略，2013(1)：52-54.

[10] 李金山，马定强，罗华. 融资就这么简单：策略，操作，案例. 北京：中国铁道出版社，2017.

[11] 李明伟，周赟. 财务管理学. 北京：经济科学出版社，2009.

[12] 李心愉. 公司金融学. 北京：北京大学出版社，2008.

[13] 刘笑坤. 企业筹资方式的比较与选择探析. 现代经济信息，2014(2)：125，127.

[14] 陆海燕. 农业高新技术产业化需要风险投资. 经营与管理，2008(8)：77-79.

[15] 毛振华.企业扩张与融资.北京:中国人民大学出版社,2017.

[16] 米什金.货币金融学(第 2 版).刘新智,史雷,译.北京:清华大学出版社,2015.

[17] 皮海洲.抑制上市公司滥融资战略投资者这个"补丁"打得好.(2020-03-26)[2021-09-10]. https://baijiahao. baidu. com/s? id＝16621914116 26431957&wfr＝spider&for＝pc.

[18] 上官敬芝.财务管理环境对企业融资战略选择的影响探微.财会月刊,2004(20):12-13.

[19] 宋培伟.电商企业融资风险分析.济南:山东财经大学学位论文,2015.

[20] 孙喜伟.私募股权投资基金基础知识.北京:北京大学出版社,2017.

[21] 田长广.新编融资策划.北京:北京大学出版社,2008.

[22] 屠红卫.财务管理学.北京:北京大学出版社,2014.

[23] 王庆成,郭复初.财务管理学.北京:高等教育出版社,2000.

[24] 王晓帆.我国融资体制缺陷对企业资本结构的影响.长沙:湖南大学学位论文,2004.

[25] 韦媛辉.我国上市公司融资效率的比较与实证研究.南昌:南昌大学学位论文,2007.

[26] 吴楠.中小企业融资渠道问题研究.经济研究导刊,2013(2):111-117.

[27] 肖翔,刘天善.企业融资学.北京:清华大学出版社,北京交通大学出版社,2007.

[28] 徐晓音.我国中小企业融资方式选择影响因素研究.武汉:华中科技大学学位论文,2010.

[29] 杨丽荣.公司金融学.北京:科学出版社,2018.

[30] 野马财经.农分期获亿元 B 轮融资"互联网,金融,农业"会是下一个风口吗?.(2017-01-13)[2021-10-13]. https://www. sohu. com/a/124275789 _324659.

[31] 叶苏东.项目融资:理论与案例.北京:清华大学出版社,北京交通大学出版社,2010.

[32] 岳蓉.中国风险投资的运行机制研究.华中科技大学学位论文,2013.

[33] 张春英,杨泓清.风险资本退出方式比较.经济与管理研究,2001(2): 53-55.

[34] 浙江统筹乡村振兴多元投入渠道.农产品市场,2021(3):43-44.

第八章　农业风险投资

　　1489 年 5 月,为了获得对西向航海到印度探险计划的资助,意大利探险家克利斯托弗·哥伦布与西班牙女王伊莎贝拉一世第一次见面。虽然经历了一次次的被婉拒,但哥伦布锲而不舍,终于在 1492 年 1 月成功说服伊莎贝拉一世,获得航行所需的资金、船只、船员、补给品等,并被授予"海军将军"的头衔,还将获得来自新殖民地征收的税收收入的 10% 的奖励。虽然当时没有"风险投资基金""GP""LP"等术语,但哥伦布发现"新大陆"的探险航行,的确具备了现代风险投资基金的部分典型特征,堪称人类第一次风险投资实践和探索。一定程度上,哥伦布其实就是一个风投基金执行事务合伙人,获得了一定的基金管理费,可参与超额收益分配,而西班牙女王伊莎贝拉一世则可称得上该探险项目的一个 LP 投资人。

　　风险投资最早出现在第二次世界大战结束后的美国,1946 年成立的美国研究与发展公司是第一家完全意义上的风险投资基金。其后,风险投资得到了巨大的发展,尤其是进入 20 世纪 90 年代后,风险投资的作用与日俱增,其作为一种支持创业者的工具,在孵化创新型中小企业、推动高技术产业发展、拓宽就业市场、优化资源配置、培育新的经济增长点等方面发挥了巨大的作用,越来越受到各国的重视。

8.1　风险投资

8.1.1　风险投资的内涵

　　风险投资(venture capital,VC)简称风投,又译为创业投资,主要是指向初创企业提供资金支持并取得该公司股份的一种融资方式。风险投资这个概念最早起源于15世纪的欧洲，当时西欧的一些商人投资于远洋运输等领域，那时开始出现 venture capital 这个词。20世纪40年代，美国的风险投资主要是为了满足新兴的中小企业的需求，到了20世纪70年代，高新技术创业企业则成为美国风险投资的主要投资对象；20世纪80年代之后，风险投资则广泛涉足企业并购。

风险投资指的是高风险、高收益的投资方式，是注入资金到企业并获得部分股份的融资方式。venture 与一般意义上的风险（risk）不同，risk 指的是人们在从事各种活动中所遇到的不可预测的风险，有不可避免的不确定性，这种不确定性就是风险，这种风险是被动承担的风险，具有不可控性，如自然灾害、交通意外等；而 venture 一词的含义近于"谋取个人利益的大胆行动"（daring undertaking for private gain），不仅指人们从事各种活动时伴随的不可避免的风险，更多是指主动承担风险，这种风险具有一定的可控性。风险投资是私人股权投资的一种形式。风险投资中有很多的不确定性，给投资及其回报带来很大的风险，所以被称为风险投资。一般来说，风险投资都是投资拥有高新技术的初创企业，这些企业的创始人都具有很出色的技术专长，但是在公司管理上缺乏经验。另外就是一种新技术能否在短期内转化为实际产品并为市场所接受，这也是不确定的。还有其他的一些不确定因素导致人们普遍认为这种投资具有高风险性，但是不容否认的是风险投资的高回报率。

美国全美风险投资协会将风险投资定义为：风险投资是职业金融家投入到新兴的迅速发展的有巨大竞争潜力的企业中的一种权益资本。欧洲投资银行认为风险投资是为了形成和建立专门从事某种新思想或新技术生产的小型公司而持有一定的股份形成的承诺资本。美国《企业管理百科全书》把风险投资定义为对不能从诸如股票市场、银行或与银行相似的单位或商业经纪人获得资本的工商企业的投资行为。

经济合作与发展组织（OECD）则先后有过三种表述：风险投资是对以高科技知识为基础，生产与经营技术密集型的创新产品或服务的投资；风险投资是专门购买在新思想和新技术方面独具特色的中小企业股份，并促进这些中小企业的形成和创新的投资；风险投资是一种为极具发展潜力的新建企业或中小企业提供股权资本的投资行为。

美国著名经济学家道格拉斯·格林伍德（Douglas Greenwoody）认为，风险投资是愿意冒险的投资,它准备为一个具有迅速发展潜力的新公司或新发展的产品承受最初风险。

从以上对风险投资所下的定义,我们可以看出,它们的侧重点不同,但其共同点在于,作为一个专业的投资公司,风险投资公司往往是由一群具有科技及财务相关知识与经验的人所组合而成的,经由直接投资获取投资公司股权的方式,提供资金给需要资金者(被投资公司)。

风险投资家既是投资者又是经营者。风险投资家一般具有很强的技术背景,同时他们也拥有专业的经营管理知识,这样的知识背景使他们能够更好地理解高科技企业的商业模式,并且能够帮助创业者改善企业的经营和管理。风险投资一般采取风险投资基金的方式运作。风险投资基金往往采取有限合伙的形式,风险投资公司则作为普通合伙人管理该基金的投资运作,并获得相应报酬。

风投公司的资金大多用于投资新创事业或是未上市企业(虽然现今法规上已大幅放宽资金用途),并不以经营被投资公司为目的,仅是提供资金及专业上的知识与经验,以协助被投资公司获取更大的利润为目的,所以风险投资是一个追求长期利润的高风险高报酬事业。与传统的债务融资不同,风险投资主要有以下特征:一是不以控股为目的。尽管风险投资是一种权益资本,但是投资并不是为了获得企业所有权,也不需要任何担保或抵押。二是风险投资参与被投资企业的经营管理。风险投资家与企业是利益共同体,风险投资家会参与企业的长期或短期的发展规划,也会引入先进的生产经营理念。三是风险投资周期长,一般为 3—5 年,相应地,风险投资的资金比较稳定。

风险投资包括以下 4 种类型:第一,种子资本。种子资本是投资者对于产品开放阶段的企业的资金注入,通常额度不大。第二,导入资本。导入资本是企业有了明确的市场前景后,为进行产品测试和进入市场而进行的融资行为。第三,发展资本。发展资本是企业进入市场并且产品可行后,需要进一步扩张市场以提高销售量所需的资金。第四,并购资本。并购资本是企业发展到比较成熟的阶段的资本需求。

8.1.1.1 风险投资主体

一般而言,风险投资主体包括政府、企业、民间投资、外资、科研单位。投资主体的多样性导致风险投资所表现出的形式大不相同。从总体上来说,投资主体可以分为私人风险投资基金和团体风险投资基金。

私人风险投资基金往往是由富有家庭和个人发起,利用私有财产进行投融资,但个人的财富毕竟有限,所以这种风险投资的规模一般较小。另外,即使在同一阶段也常常有多个行为主体。在我国农业技术的研发阶段,投资风险主要由政府和研发机构承担,而在发达国家,则主要由投资机构和研发机构承担,在技术成熟并投入生产之后,投资风险则由投资机构、研发机构、从业人员、公司和农户等共同承担。

风险投资组织形式分为:有限责任合伙制风险投资组织、公司制风险投资组织、信托基金制风险投资组织。有限责任合伙制组织可以有效控制代理成本,降低运行费用,但资金来源有限。公司制风险投资组织资金来源广,但代理成本不好控制。基金制则是目前国际上刚刚兴起的介于前两种组织之间的一种方式。

8.1.1.2 风险投资对象

从侧重点来说,风险投资的对象主要是两个:一是高新技术企业,二是处于创业期的企业,也有研究认为是处于创业期的高新技术企业。从风险投资广义上的概念出发,其对象已不仅仅局限于高新技术,而是处于创业期的具有潜力的企业,如美国的联邦快递公司就属于这类企业。目前多数学者认为风险投资对象主要是高新技术企业。

高新技术企业目前还没有一个严格的定义,在实践中,国外和国内有着不同的界定标准。发达国家较为公认的标准为企业研究与发展(R&D)经费在销售额中所占的比重。如经济合作与发展组织规定:R&D投入与销售收入的比率为8%—10%即为高新技术企业;在国内,以高新技术产品的收入占企业销售的比重来衡量,一般为50%,研究与开发经费占企业销售额的比重一般为5%。由于对高新技术界定有相对模糊性,在实践中对于高新技术企业的判定也大不相同。因此,学界和业界在对风险投资对象的界定方面存在着一定的差异。

8.1.1.3 风险投资运作

从总体上而言,风险投资分为以下这些步骤。

1.初始评估。该阶段主要是对项目的可行性评估,在对一个项目进行深入调查之前,要进行一个初始调查,以使风险投资家对项目有一个大体把握。

初始调查的内容包括:产品和服务的竞争力,新产品的目标市场,以及公众对新产品的可能了解;管理团队的能力;其他可利用的资金来源;预期回报;风险投资公司需要投入的时间和资源。

2.尽职调查。这是风险资本家对风险企业的现状、成功前景及其管理层所做的调查。美国尽职调查公司把尽职调查分为三个层面:第一层面是对调查对象的一般性询问;第二层面是对调查对象过去业绩的调查,包括业务回顾与价值评估、业务现状的可行性考察;第三层面是对调查对象的管理能力的考察。

3.制定合同框架。制定合同框架是指将有关融资的各方面的条约及风险与企业家协商,以期接受风险投资家的建议,最后达成协议。当然合同框架也要将各种商业问题考虑进去(如风险企业家的需求以及风险投资家如何保护自己的投资)。

4.投资评价。投资评价的过程是一个实际操作的过程,目的在于达成一个双方可接受的交易价格。一般而言,投资评价要经过以下几个步骤:评估未来收益和回报;通过目前的资本化市场预测公司未来的价值;估计投资者在被投资公司中的所有权地位和最佳的投资额度;计算投资评估价值。

5.将以上的规定文件化。其内容有:无息融资合同;收入备忘录;有条件的贷款合同;可转换债券的条件。

6.参与管理。风险投资家的角色并没有随着投资的结束而结束,相反,投资家不仅仅做投资,也密切参与所投资公司的管理,他们同那些所组建的公司管理团队紧密合作,出谋划策,帮他们猎取人才,把他们引荐给其他公司,风险投资家还与董事会一起制定重大决策,他们在公司中是非常积极的,其工作范围已远远超过单纯的融资领域,参与风险企业管理的方式包括直接插手和间接管理。

7.风险投资退出机制。风险投资中一个最为关键的问题就是退出机制的功能。

(1)股权回购(又称管理层回购)

股权回购是指风险企业或风险企业家以现金的形式向风险投资基金回购本公司股权的交易行为。主要是通过三种方式:第一种是用风险企业的现金、票据进行股权回购;第二种是在风险企业内设立员工持股基金(ESOT)对风险投资股份进行回购;第三种是运用衍生工具期权进行的回购。不难看出,股权回购应该是风险企业发展成熟以后才可行的风险资本退出方式。股权回购只涉及风险企业和风险投资家两方面当事人,产权明晰,不受二板市场的管制,风险资本迅速得以退出,将外部股权内部化。但股权回购的最大缺陷是企业如果没有成熟,往往会给其造成财务上的很大压力,导致其发展的动力不足。

(2)项目并购退出

当风险投资企业发展较为成熟时,尤其是预期投资收益超过企业市场价值时,风险企业往往会被包装成一个项目,出售给战略投资家,实现投资退出,获得风险收益,其中兼并方是战略投资家,一个和风险企业有着相同或相似业务的大公司,或是竞争对手。兼并的目的是将风险企业的产品和技术纳入自己的产品链,由于战略投资家和风险企业有类似的业务,所以对于风险企业有较多的了解,这在某种程度上降低了信息的不对称性。

8.1.2　风险投资的特征

风险投资与传统的产业投资以及证券投资截然不同。产业投资是投资者将资金用于购买生产要素,把生产要素投入生产过程,从而获取预期投资收益的投资行为;证券投资是投资者将资金用于购买某种特定权益凭证(主要指股票和债券)获得该权益凭证的收益权,通过证券增值和证券在证券市场波动中产生的买卖价差而获取投资收益的投资行为。相对于产业投资和证券投资,风险投资具有以下特征。

1.风险投资是固定期限的封闭式基金

风险投资通常以基金作为资金的载体。一个风险投资公司每年可以募集几只基金,募集的数量和时间间隔与资本市场资金的供应量、风险资本家的融资能力、股票市场的活跃程度和宏观经济形势有关,每个基金都形成一个有限合伙人关系并签订合同,主要的一般合伙人保持不变,而有限合伙人因为投资方的变动而相应变化。

风险投资基金出于兑现收益和规避风险的目的,都会规定固定的存续期限。一旦期满,经基金的有限合伙人开会通过才能延长。一般情况下,合伙人必须在基金存续期满时将基金的本金和收益以现金或所投资企业的股票形式全数归还投资者。同时,投资人在风险投资基金存续期间不得赎回投资,这保证了风险投资的中长期的投资策略和风险企业的长远发展。在基金成立的前几年,基金的主要目的是投资,而基金存续后期的主要目的就是从投资项目中退出,获取投资收益。一般项目投资期都在 3—5 年,到期就要通过一定的方式退出。

2. 风险投资是一项权益投资

风险投资与传统的产业投资不同,传统产业投资一般是在某个产业经营成功时,进一步投入资金用以扩张正在经营的产业,或将资金投入该产业的上下游或该产业的相关产业,这种投资与投资人现在经营的产业关联度较高,因此投资人一般都会直接经营被投资企业。而风险投资寻找具有创业素质的创业者,选择具有高成长潜力的预期高收益项目进行投资。为了帮助风险项目获得成功,风险投资公司从战略、业务发展、市场、技术、财务、人力资源、法律等多个方面积极参与企业管理,帮助企业发展,还在合适的阶段帮助企业进一步融资。风险投资虽然积极参与被投资企业管理,但由于创业家及其团队对风险项目所在的领域有深刻的理解,对风险项目发展有着极大的热情,因此,风险企业一般都由创业家及其团队来经营。风险投资的投资人不直接经营企业,但通过合适的方式参与企业管理,投资人和创业家发挥各自的优势和能力,共同推动企业发展。

3. 风险投资是高风险高收益投资

从风险投资的起源、发展来看,风险投资主要是由机构投资者或者富有的个人出资,这些投资者相对于中小投资者来讲具有很强的风险承受能力,这些投资者预期某些项目具有高收益的可能(如 19 世纪时美国的富人投资油田开发、军工企业技术的转化等项目),从而将资金投入这些项目中去,形成了风险投资追求高投资收益的特征。

高的投资收益经常会伴随着极大的风险,但高风险并不意味着一定会有高的投资回报,只是一种预期高回报。风险投资着眼于项目的预期高收益,为无担保的风险项目以权益资本的形式注资。要想得到高的投资收益,风险投资项目必须具有良好的市场潜力,预期能够在风险投资介入期内快速成长,带来很大的投资效果。如果项目没有高的成长性,只能带来平均市场收益率,由于风险投资的高风险特性,该项目就无法弥补投资者在其他项目投资失败的潜在巨大损失。

4. 风险投资是低流动性的中长期投资

风险投资作为对风险项目的权益性投资,只有当风险企业公开上市后才有可能像股票、债券等证券一样自由地在证券市场上交易。在风险企业公开上市前，风险投资的权益只能通过股权协议转让、股票回购、股权拍卖或风险企业清算等方式交易。股权协议转让一般是在该项投资已经达到风险投资公司对该项投资的预期投资收益水平，而该风险项目又很难公开上市的情况下选用的投资退出方式。股票回购则有两种方式：一是给普通股的持股人股票赎回的卖方期权，二是优先股的强制回购。一般来说，股权拍卖和风险企业清算都是投资项目经营失败时的选择。因此，风险投资一般都要进行中长期投资，这种投资流动性较小。

8.2　农业风险投资

8.2.1　发展农业风险投资的必要性

农业企业是指通过种植、养殖、采集、渔猎等生产经营取得产品的盈利的经济组织。资金不足严重制约了我国农业的健康成长。农业项目，尤其是高新农业技术项目已日益成为农业经济进步的支点，而面临的首要任务就是解决资金的来源问题。风险资本的高风险、高收益投资趋向迎合了高新农业技术项目的高投入、高风险、高收益的特点，但由于农业科技具有一定的"公益性"，政府的财政投入极为重要。

由于农业科技的特殊性质，政府引导农业科技风险投资是发展农业科技的必然选择。政府如何引导社会资本积极地关注农业科技发展，是政府需要考虑的问题。美国各州的农业试验站经费来源具有多元化的特点，本州预算占 51％，其次是联邦拨款，占 30％，其余投资来自私人企业。韩国农业科技经费来源主要为政府和私人企业（王梅等，2014）。

目前对于农业风险投资有广义和狭义之分，从广义上来说，它是指在农业领域进行的风险投资，但是从狭义上来说它代表的是在农业高新科技领域的风险投资。但不管是狭义还是广义上的，农业风险投资需要考虑的风险都不仅限于农业高新技术研发和运用的风险，还应包括农业生产经营过程所包含的自然风险、市场风险和其他风险因素，因此农业风险投资项目的评估与运行所要平衡的成本-风险-收益关系要比普通风险投资项目复杂得多。众所周知,风险投资一般选择的都是高新技术产业项目,因为其不但代表新技术新力量,而且发展前景广阔。

在农业科技领域中,农业高新技术产业化是重要的一环,它对资金要求较高,需要在追求高收益的同时具备较高的风险承受能力,风险资本正是符合这一要求的不二选择。而风险资本对高成长性的产业投资场所的需求,又恰好与农业高新技术产业相匹配。在农业风险资本蓬勃发展的背后,风险投资对象的高风险性和不确定性往往导致投资结果的低成功率,据统计,风险投资平均成功率仅为 10%—20%。任何的风险投资都具有风险,农业风险资本也不例外,而且风险表现更加明显。面对农业高新技术项目诸多的风险因素和风险率,常规投资如财政拨款、银行和非银行金融机构贷款、基金组织借款、企业自筹资金等由于没有风险消化机制,一般只投资于项目开发势头良好、企业有偿还能力的情况,并且能够提供的资金有限,导致大批技术水平高、市场前景好的农业高新技术项目不能实现商品化和产业化,农业高新技术产业面临尴尬境地。而风险投资则相反,它往往在项目创业初期、经营困难时期和需要扶持的情况下进行投资,在项目开发成功、顺利发展时卖出所持股份收回投资,从而为高新农业技术项目提供稳定、可靠的资金保证,弥补了高新农业技术产业化中常规投资的不足,保证了高新农业技术产业化的顺利进行。

农业高新技术的特点决定了农业风险投资相对于一般风险投资不仅投入多,而且风险更大,收益也更加可观。投入多是由于农业高新技术的研发周期特别长,涉及的因素也特别多。为此,世界各国都力图使农业研发经费保持较高水平,目前世界平均农业研发经费都在农业总产值的 1% 左右,发达国家往往更高,比如美国,其农业研发经费占到农业总产值的 2% 左右。风险更大主要是由于自然因素对农业高新技术研发的影响特别大,而且农业高新技术产品还要承受更大的市场风险。比如,转基因生物技术的广泛应用产生了许多转基因食品,但许多人对转基因食品存有疑虑,不少国家已经规定转基因食品必须贴上标签予以说明。但是,农业高新技术一旦研发成功,产品为市场所接受,其效益十分可观。比如,美国 20 世纪 70 年代普及用生物技术处理的作物种子,仅此一项就使农作物产量提高了 10%—20%;一件用转基因彩色棉生产的背心标价是 138 美元,是普通产品 10 倍以上;利用胚胎移植技术改良的奶牛,其饲料转化率是普通奶牛 2.8 倍。农业风险投资正是瞄准了在农业领域进行投资之后可以获得的增值利益,所以想通过均衡成本-风险的影响,对农业高新技术项目进行投资来获得高额利润,而这对获得投资的农业产业通常在劳动率和生产效率方面都会有一定程度的促进作用(唐明亮,2016)。

8.2.2　农业风险投资的高风险性

农业生产本身的不确定性、农业项目投资的长期性等加剧了农业项目投资的风险性。风险投资是一个长期的过程,而且存在很大的风险,这些特征会使农业项目的投资难度加大。首先,由于农业本身的特点决定了农业项目的投资需要资金的集中投入,但收益十分分散。我国的当前形势决定了农业风险投资的最终收益来自分散农户的收益总和,而对分散农户的监控难度远远大于一般企业对一个集中生产单位的监控难度,而且农户在受教育程度、技术与道德素质方面的限制也增加了项目的投资风险。其次,农户的分散和组织化程度低下也会提高农业技术知识产权保护的难度。我国目前农业的经营模式都是小农经济,基本上都是以家庭为单位进行农业生产,这种分散的农业生产不利于风险投资的进行,所以农业风险投资的项目评价体系在建立时还需要考虑市场能力。上面提到的各个因素最终都会造成农业投资的风险率变化。

对于农业风险投资的特征总结是为了保证评价系统的建立更加完善,保证投资者的利益。在投资过程中,不管投资主体是国家还是机构,都需要一个完善的体系来进行投资项目的评估,这样可以避免不必要的风险,提高农业生产效率,增加经济效益。

风险投资项目的评价体系会受到许多因素的影响,主要因素的变化还会引起投资项目风险性的增加。例如在农业领域进行风险投资的项目评估时,我们必须考虑自然因素的影响,因为一旦发生地震、干旱、洪水等自然灾害,农业的生产就会受到严重的破坏。所以,在进行项目评估时,我们要建立不同的指标,这些指标主要包括企业管理、产品和技术、市场、环境这几个主要方面。风险投资影响因素的复杂性和不确定性的存在,直接影响到产业的最终收益和风险投资的资金收回,所以这些因素的复杂性最终会加大项目选择的难度。

8.2.2.1 农业生产风险

生产周期长、比较效益低,决定了农业天然的弱质特性。这种弱质特性表现在两个方面:首先,农业的自身发展与其他非农产业相比能力较差。发展经济学家早就指出,新兴的非农产业都代表着一定地域(国家)、在一定时期内的经济增长点或称经济发展的"发展极",这些增长点或"发展极"与农业相比,具有更强的活力,有着较高的增长率。因此,在以效益为原则的市场竞争中,农业处于明显的不利地位,农业风险投资需要考虑农业资源产出效率低的风险;其次,与其他非农产业相比,农业对自然环境的依赖程度很高,自然因素对农业的影响比其他行业更为严重,除了动植物自身的生长规律,洪涝、干旱、台风、冰雹、超常的高温和低温、超常的降雨量等,都会影响农业的产出,造成农业项目投资效益不稳定。

农业生产模式具有独特性。我国农业生产规模的小型化、凝固化与风险投资的特定要求不适应,给农业风险投资增加了投资风险。我国小型家庭经济造成可能与现实、生产与需求之间的矛盾,严重阻碍了农村新技术、新产品的推广应用。但问题并不仅仅在于此,更严重的是这种初始经营规模的长期凝固化,即农户的小经营规模无法随着农村经济的发展而不断调整与扩张。而农业投资项目最终必须通过推向农村市场才能实现产品市场化,获得投资收益,而我国农村小规模生产状况,使农业技术产品生产很难达到规模经济效益,同时增加了对农村生产统一监管的难度,加大了管理成本,降低了收益,这对于期望在风险企业经营和收益稳定时期顺利退出以获得高额回报的风险投资来说,无异于又增加了投资风险。我国农业生产的这种小规模分散经营状况还将持续相当长一段时间,这种情况持续存在使农业风险投资项目的投资收益不确定性增加,会影响风险投资扶持农业产业的积极性,给我国农业产业的大规模发展带来了制约。农业的弱质性影响农业的自身发展,使农业风险投资相对于其他的风险投资具有更大的风险,也决定了在评价农业风险投资时应更关注环境因素。

8.2.2.2 科技管理体制风险

目前我国农业技术研发沿用的是政府科研机构和高等院校向政府立项研究,取得成果,然后转化到企业实现产业化的旧体制,导致高新农业技术的研究开发主体和产业化实施主体的分离。这种状况一方面使高校和科研院所的研究开发活动缺乏明确的市场导向和必需的产业基础；另一方面也使农业高新技术产业化活动得不到后续开发活动的支持，从而面临投资收益无法实现的高风险。长期以来我国的农业科研单位与农业企业、农业生产实践相脱节，使得农业科技与经济至今在相当大的程度上仍处于互相隔离的状态，导致大批的农业科技成果无法转化，科技资源不能转变为经济资源，不能服务于生产实践。

此外，农业技术研究开发主体和产业化主体的分离状况，需要通过市场交易来维系农业高技术产业化高效连续的进程。为加速科技成果在农业和农村经济中的推广应用，国家正在积极培育农业技术市场，为促进科技成果交易、转移和扩散，开展产前、产中、产后技术服务作出了很大贡献。但相对于我国广阔的农村市场，我国农业技术市场推动高技术成果向生产力转化的"中介"功能还不完善。据统计，我国每年科技成果的转化率只有 20% 左右，形成规模效益的只有 15%，约 80% 处于闲置状态。农业技术市场的发育对农业风险投资的影响在于两个方面，一方面，农业技术市场的发育可以为农业项目吸引风险投资提供市场；另一方面，农业技术市场也可以为风险投资提供退出途径。目前，我国农业技术市场还不发达，农业技术与风险投资结合的中介渠道不畅通，农业技术成果转化率低，使农业技术产业的风险投资通过农业技术市场退出存在一定的制约。

8.2.2.3　知识产权保护的风险

健全的知识产权保护体系对风险投资业的生存与发展是十分重要的。著名的新技术理论家、美国硅谷创始人考茨曼斯基就曾经指出，知识产权保护制度是高技术产业拓展国际市场、保护国内市场的保护神，一国高技术产业和风险投资业的发达程度，在很大程度上取决于对高技术创新成果进行法律保护的能力。风险投资投入的大都是科技含量很高的高新技术项目，这类项目研究阶段投入了大量的人力、物力、财力，而试验成功后产品的生产成本相对很小。风险投资方正是靠这些耗费了巨额研究费用、并凝结了辛勤劳动的知识产权来收回投资并获得高额回报的。如果没有健全的法律法规为知识产权提供有力的保障，一方面，知识产权不能以合理的比例参与公司的资本运营，分取相应利润，削弱风险企业的积极性；另一方面，伪造、仿造等侵权行为的泛滥将使风险企业丧失巨额利润,甚至血本无归。农业技术的知识产权保护是风险投资机构选择投资项目必须考虑的一个重要方面。因此,对于风险投资的进入,农业技术产业的知识产权保护会直接影响风险投资是否可以获得高额垄断利润。因此,它是风险投资进入农业领域的主要风险之一。

8.2.2.4 农业产品的推广风险

正如前文所述,我国农业的基本经济组织和经营单位是小规模农户,在这种组织结构下,推广高新技术和开发高新技术产品的风险很大。农业技术及产品必须经过市场走入千家万户,才能产生效益,我国目前的单家独户的小规模生产方式,生产人员众多且分散,文化水平差别较大,要使每一个生产者都掌握并熟练应用新技术和接受新产品的难度较大,因此新技术和产品的推广难度比较大,并且推广过程还增加了支出成本,使得整体投入加大。如世界银行贷款"中国种子商业化项目",总投资 2 亿美元,投资主体是 13 个省份的 32 家种子公司。但参与者是与种子公司有密切联系的上万个农户。由公司提供给农户原种,经农户繁育一代后,由公司收购、包衣和加工,再投放市场。公司对内部的管理比较好控制,但由于我国农民的小规模分散化,对农户的生产管理较为困难。因此种子的质量很可能造成项目在产品质量和市场开拓方面的被动。可见,与国外规模化种植程度高的农业生产方式相比,我国的农业技术及其产品的推广风险突出,成本更大。这无疑会影响农业风险投资的投资收益,增加投资风险。因此,对于所投资的农业项目的市场能力评价也是评价体系需要考虑的一个重要内容。

8.2.3 农业风险投资的阶段性

农业风险投资和其他行业风险投资一样,需要通过几轮投资才能支持一个初创农业企业成功上市,农业风险投资者应该针对初创农业企业所在发展阶段,采取相适应的投资计划和安排。创业企业的农业风险投资过程大致分为五个阶段:种子期、起步期、扩张期、成熟前过渡期、重建期(程成,2015)。每个阶段所需要的资金和企业发展重点如图 8-1 所示。

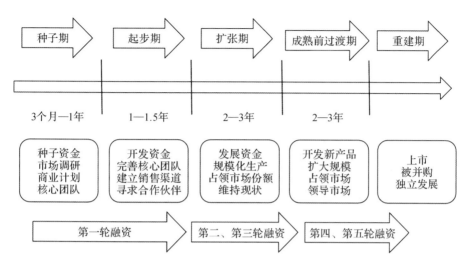

图 8-1　农业风险投资的过程和阶段

在进行农业投资的项目选择时，我们必须意识到这一投资需要经历不同的阶段，而且不同阶段会具有各自不同的特点。和其他行业的风险投资阶段相似，农业风险投资也需要经历初始阶段、成长阶段、发展阶段和成熟阶段。不同阶段的风险投资所持续的时间以及会遭遇的各种不利因素都千差万别。例如在初始阶段，作为整个过程的开始，企业正处于研发阶段，需要大量的资金，而且市场因素的影响会造成这一阶段的风险率增加，我们无法确定研发的产品是否具有市场适应性，也无法确定产品的销量和市场竞争力。所以在对农业项目进行风险投资时，尤其是农业高新产业的投资，我们必须清醒地意识到每个阶段的不同特征，对不同特征的分析可以更加全面地了解风险投资过程。

在农业领域进行风险投资时，不同阶段的投资主体会发生改变，因为投资主体的多元性造成了投资的不同阶段会有不同主体来承担相应风险。除此之外，在同一阶段中也有可能出现多个投资主体。在国内，农业高新技术领域的投资初始阶段主要是国家和政府作为投资主体给予资金支持和承担风险。但是在国外，初始阶段主要是投资机构和研发部门作为投资主体，进入成熟阶段后，投资主体会有所扩大，工作人员和农民等可以一同作为投资主体参与到投资中去。

8.3　农业风险投资运作过程和阶段

8.3.1　农业风险投资运作过程

农业风险投资的运行类似于一般风险投资运作过程,主要包括筹集资金、项目筛选、投资管理、资本退出 4 个环节(程成,2015)。农业科技风险投资运作过程如图 8-2 所示。

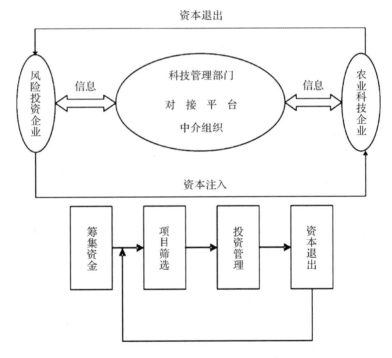

图 8-2　农业风险投资组织机构与运作过程

8.3.1.1　农业科技风险资市的筹集

一般来说,风险投资项目主要有以下几个来源:与企业家的直接接触、中介机构或业内人士的推荐以及与科研院所、政府主管部门的联系,还有通过网络、高技术交易会等渠道获得项目的信息。寻找项目的方式有主动式和被动式。主动寻找依靠自己的各种信息网络,如各种金融机构,律师、会计师事务所,高等院校和科研所等。根据经验,主动寻找的投资项目一般较好,因为这需要事前进行充分的行业研究分析,跟踪了解科技发展的趋势、研究投资目标的市场价值以及风险概率。创业家主动申请的项目多处于种子期或创业期。中介机构和关系人推荐的项目成功的机会也非常高,推荐者一般比较了解风险投资的情况,因而针对性较强。风险投资的项目来源相当程度上取决于发达的人际关系网和信息网络。网络越广泛、项目来源也就越广泛,投资人就越有可能获得好的项目。

农业科技风险资本的来源不仅限于风险投资公司。风险资本的逐利性非常强,对农业科技与研发项目的投资持谨慎态度。首先需要政府投放启动资金或者引导基金,以引导社会资金的注入与投资。由于农业本身的公共产品性质,某些公益性基金也会投入农业科技研发领域。再有国内外一些大公司、大企业资金和私人资本,随着金融市场的不断规范和相应法律法规的出台,这些资本也有望进入农业科技风险投资领域。农业风险资本的筹集是一个包括政府引导基金、社会风险资本、公益基金、私募股权基金等在内的多元化过程(王斌等,2014)。

8.3.1.2 农业风险投资项目筛选

评价农业企业成长性的关键指标要素除了核心技术,还包括商业模式、管理团队、财务状况、人才储备等方面。风险投资公司自身对风险的厌恶程度和公司背景也会对最终投资决策产生影响。具体筛选流程包括信息获取、项目初评、尽职调查、前景预测、风险评估等环节。

现实中农业风险投资的项目筛选还应注意以下几方面。

(1)现有科技项目筛选机制更加侧重技术的先进性,而对项目市场化效果考虑较少。风险资本最终目的是盈利,对项目筛选具有很强的市场导向性,决定了农业科技风险投资的项目筛选流程也必须以市场导向为主,否则就会失去持续发展的内在动力。但是,农业的社会性和公益性特点,使得农业科技风险投资又不能全面引向市场,对基础性、涉及民生的项目也应给予投资支持。目前,我国风险投资机构主要还是由国有或政府控股,这部分社会责任也必须由国有或政府控股风险投资机构承担。对于农业科技风险投资项目的筛选过程包括两个部分:一是纯市场化的筛选模式,主要针对有市场发展前景的农业科技企业;二是引导筛选模式,由国有或政府控股风险投资公司对在农业基础领域、民生领域等能产生重大社会价值的项目或农业科技企业给予风险资本支持。政府和市场职能定位准确、分工明晰,风险资本对农业发展支持效率会大幅提高。

(2)现有农业企业制度建设还不完善,从业人员素质不高,如果严格参照一般企业风险控制的筛选、评价标准,可能会漏掉某些有潜力的企业。可适当调整某些指标的权重,如增加财务指标和市场潜力指标的权重,其他指标欠缺的,可以在风险投资公司进入后帮助提高和改善。

(3)强化尽职调查。由于农业企业的管理状况还不理想,特别是中小企业,弄虚作假的情况时有发生,为了避免风险资金的浪费,尽职调查是非常必要的。

(4)项目风险评估。农业科技风险投资管理是在农业科技企业和风险投资公司达成协议,风险资本进入农业科技企业后所面临的资金管理问题。风险投资公司选定项目后,与农业科技风险企业就股本投入的方式、条件及双方权利义务进行洽谈并签订合同。为了减少农业科技企业对股权分散的抵触心理,风险投资公司应尽量减少对农业科技企业正常生产运作的干预。

(5)风险投资不同于普通的信贷支持,风险投资家不仅仅是金融家,还是企业家,既是投资者又是经营者。风险投资公司在注资后,还会向企业提供专业特长和管理经验,这是农业科技企业发展急需的关键要素。风险投资公司可以向农业科技企业提供咨询服务。大多数农业科技企业创业者是某领域的专家,但缺乏管理经验,依靠自身力量往往难以使企业走向成熟。风险投资公司在这方面则有优势,它通常拥有市场研究、生产规划、经营战略、法律财务等方面的管理专家,并有广泛的信息与社会关系网络,可以为农业风险企业提供各种咨询服务,帮助企业建立职能完善的管理体制。

(6)风险投资公司可以直接参与经营管理。风险投资公司在选择适合项目或企业时,对企业家的才能和管理层的知识结构往往比较看重,如认为农业科技企业管理人才欠缺时,可以利用控股身份替企业物色人才或派出高级管理人员。

8.3.1.3　农业风险投资退出

风险投资退出一个项目的方式通常包括:公开上市、股份回购、兼并收购以及破产清算(金永红,2012)。风险投资的最终目的就是未来公司能够公开上市,这样风险投资才能够圆满地退出企业,并实现一定的价值增值。在美国,大约有30%的风险资本会采用这种方式退出,而我国目前风险资本的退出方式还主要是股权转让。风险投资的操作通常是瞄准一些有上市潜质的公司,在其上市前,对其进行股权投资,然后积极扶持这些企业上市。上市之后,风投资金便会通过公开市场陆续退出,以获得超额回报。退出是获得风险投资收益的关键。对于一些股权清晰且成熟性较高的上市企业来说,股权转让这种退出方式操作简便、花费较少,在行内人看来,如果风险投资未能帮助企业上市,而是通过其他方式转让股权,就是一种失败。例如,我国农业风险投资项目还没有找到合适的退出机制,从而使得农业风险投资退出难度较大。我国的农业风险投资首次公开募股(Initial Public Offering,IPO)退出比较困难,2007—2020年,我国农业风险投资IPO退出案例数量屈指可数,平均每年的IPO退出案例数量仅为1.14起,有不少年份的农业风险投资IPO退出案例数量为0,而IPO退出案例数量最多的2020年也仅有6起农业风险投资IPO退出案例(见表8-1)。

表 8-1　2007—2020 年中国农业风险投资 IPO 退出案例数量

年份	农业风险投资 IPO 退出案例数量/起
2007	1
2008	0
2009	1
2010	2
2011	1
2012	0
2013	0
2014	2
2015	0
2016	2
2017	3
2018	1

续表

年份	农业风险投资 IPO 退出案例数量/起
2019	1
2020	6

数据来源:同花顺 iFinD。

我国农业风险投资另一个重要的退出方式为股权转让,如在 2016 年总共有 3 起农业风险投资股权转让案例(见表 8-2)。

表 8-2 2007—2020 年中国农业风险投资全部退出案例

退出时间	公司	行业	地区	退出方式
2007-06-20	心连心化肥	农业生物技术	河南省	IPO
2007-10-04	大成食品	综合农业	开曼群岛	IPO
2009-10-21	圣农发展	种植养殖	福建省	IPO
2010-07-08	国联水产	种植养殖	广东省	IPO
2010-11-05	晨光生物	农业生物技术	河北省	IPO
2011-03-16	神农科技	种植养殖	海南省	IPO
2011-05-20	好想你枣业	种植养殖	河南省	IPO
2014-03-04	蓝思种业	种植养殖	山东省	股权转让
2014-11-27	湖北祥云	农机农资及装备	湖北省	股权转让
2015-05-16	湖北康欣	其他农业	湖北省	并购
2015-12-04	中茂生物	种植养殖	广东省	并购
2016-04-29	和兴隆	综合农业	广东省	股权转让
2016-05-24	航天恒丰	农业服务	北京市	股权转让
2016-08-08	绿金高新	农业生物技术	四川省	股权转让
2016-11-01	中粮肉食	种植养殖	北京市	IPO
2016-12-20	中旗股份	其他农业	江苏省	IPO
2017-01-12	海利尔	种植养殖	山东省	IPO
2017-05-15	苏垦农发	种植养殖	江苏省	IPO

续表

退出时间	公司	行业	地区	退出方式
2017-09-01	东珠生态	农业生物技术	江苏省	IPO
2018-09-17	丰山集团	农业生物技术	江苏省	IPO
2019-02-18	立华股份	种植养殖	江苏省	IPO
2019-09-17	华璟农业	种植养殖	黑龙江省	清算
2019-11-12	云南天露	种植养殖	云南省	并购
2019-12-27	正康禽业	种植养殖	浙江省	并购
2020-01-08	赛科星	种植养殖	内蒙古自治区	并购
2020-01-20	赛科星	种植养殖	内蒙古自治区	并购
2020-04-22	金丹科技	农业生物技术	河南省	IPO
2020-04-24	湘佳股份	种植养殖	湖南省	IPO
2020-07-20	巨星农牧	种植养殖	四川省	并购
2020-07-27	科拓生物	农业生物技术	北京市	IPO
2020-08-24	回盛生物	其他农业	湖北省	IPO
2020-09-01	大叶股份	农机农资及装备	浙江省	IPO
2020-09-03	天禾股份	综合农业	广东省	IPO
2020-09-30	斯澳生物	其他农业	江苏省	并购
2020-10-14	雷力生物	农业生物技术	北京市	并购
2020-11-05	华高生物	种植养殖	四川省	并购
2020-11-26	佰惠生	综合农业	内蒙古自治区	并购
2020-11-30	浙江农资集团	农机农资及装备	浙江省	并购

数据来源:同花顺 iFinD。

8.3.2 农业风险投资运作阶段

农业风险投资运作体系模型如图 8-3 所示,模型中各主体之间的相互作用如下(王斌等,2014)。

　　第一阶段:多元化风险投资主体资金进入。为了吸引风险资本进入农业科技领域,可以创新性地搭建某些促进风险资本和农业科技企业对接平台。这种平台可以更高效地筛选出优秀农业科技企业并吸引更多的投资者关注该领域,以实现投资主体的多元化。

　　第二阶段:农业科技企业项目培育。科技管理部门利用自身所拥有的技术和信息优势帮助企业不断提高项目科技含量及经营管理水平,并对优质企业进行风险投资基本知识培训,从经营理念、技术要求等各方面最大程度地符合风险投资者的需求。

　　第三阶段:信息提供。农业企业和风险投资机构向中介机构提供各自信息,由中介机构进行撮合;科技管理部门把掌握的风险投资企业和农业企业的信息提供给中介组织,为下阶段项目和资金的对接提供帮助,中介组织也把掌握的信息反馈给管理部门,这有利于管理部门全面掌握农业风险投资市场的变动情况。

　　第四阶段:项目筛选。农业企业与风险投资企业在科技管理部门搭建的对接平台或在中介组织的撮合下,按照各自的项目评价筛选标准,找到合作对象,完成资金与项目的最佳组合。

　　第五阶段:与地方政策相匹配。对于落选的优秀农业企业,中介机构可以向当地政府提供详细信息。

　　第六阶段:对于满足地方政府发展战略要求的农业科技企业,当地政府给予资金或政策支持。

　　第七阶段:风险资本运作。风险投资者将资金直接投入农业企业并参与企业的经营管理,同时提供各类辅助性的服务,帮助企业实现目标,提高科技成果的转化效率。

　　第八阶段:风险资本退出。风险投资者与农业企业的合作结束,风险投资者可以通过上市、收购、回购等方式实现风险资金的退出,并获得相应收益,农业企业也实现了战略发展目标。

　　需要说明的是,农业风险投资运作体系的 8 个阶段并不是简单的一次性的行为,而是周而复始的循环,推动着农业企业与风险投资的共同发展。除了上述 8 个阶段,在现有环境下,国家政策支持、市场机制健全和法律法规完善对农业风险投资运作体系的影响也很重要。

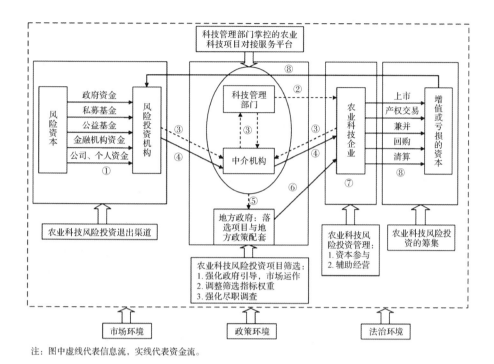

注：图中虚线代表信息流，实线代表资金流。

图 8-3 农业风险投资运作体系模型

8.4 风险投资项目评价的一般程序

好的项目评价体系是风险投资成功的一半。每天风险投资机构都要收到大量的项目计划书，必须对这些项目进行快速的筛选，过滤不适合的项目。风险投资公司根据自己的投资方向和偏好，建立自己的筛选标准和原则。每个投资公司都有自己擅长的行业，选项目时要"做熟不做生"，选择自己力所能及的项目。这取决于公司的基金规模和行业经验。快速筛选主要看如下三个方面：一看项目是否符合公司的投资方向和规模的要求；二看项目处于什么发展阶段，是否符合公司对投资切入点的要求；三看项目的地理位置，因为风险投资具有很强的地域性，它要参与管理，一般风险投资公司不进行异地投资，即使不刻意追求地理集中，也是有选择地在某些地区投资。快速筛选项目的工作一般由接待室或办公室负责，通过快速筛选的项目会移交给项目部门,进入后续阶段。

1.初审

初审即对选中的项目进行粗略的评审,其基本指标有 5 个:第一,科技含量高。风险投资所选项目应属于高科技产业,科技含量高,技术具有革命性,这样进入门槛高,不易模仿。迄今为止,我国尚未对高新技术产业进行全面的界定工作。在国内有关研究中通常借用 OECD 组织所确定的高技术产业的界定。第二,可持续的竞争优势。即所提供的产品或服务相对于竞争对手具有优势,这种优势可能体现在成本、功能或质量方面,也可能体现在服务方面,而且通过企业的创新体制,可以使这种优势持续到未来。有了这种优势,企业才有高速发展的机会。第三,高成长性。风险投资是投资未来。企业的发展必须高速,否则很难打动人心。一般来说,开创阶段销售增长率为50%—100%属于正常现象,销售增长率25%为下限数据。第四,3—5 年后有退出的可能。无论投资后的结局如何,风险投资都要退出,因为风险投资的既定目标就是将原投资变现,这是风险投资者十分关心的问题。第五,内部收益率高于20%。风险投资的内部收益率必须远远高于银行利息率,否则冒风险就不值得,在初审阶段,总的来说,大约有 20%—30%的项目可通过初审进入调查阶段。

2.风险投资方案的评价论证

风险投资的最大特点,在于投资对象都是新创的技术、全新的产品,没有相同项目可比较,无经验和规范性程序可循。因此,风险投资项目评价只能采取个案处理的方式,每个项目各有其独特的评价要点,主要有以下 2 个方面。

第一,对项目计划书的评价。项目计划书是创业家与风险投资接触的工具,是风险投资家评价风险投资方案的主要依据。一个较好的创业项目计划书远不如常规的项目可行性报告的内容那么翔实,这是风险投资决策和评价的难点。一个较好的项目计划书应该包括下列内容:①整体环境。包括产业现状、产业发展趋势、政策法规、产业动态、竞争态势等项目。这些在进行整体分析与评价时是必需的信息需求。②明确项目最终目标、产品的用途和主要性能。③产品的市场前景分析。④技术的可行性分析。⑤资金的需求与使用分析。⑥财务可行性和收益预测。⑦项目的人员构成和资历,包括专业技术人才和创业团队所有成员的人格特质、经验能力等描述。⑧项目的时间进度安排。⑨项目的风险分析。

第二,对项目人员构成与能力的评价。风险投资项目评价与传统项目评价的最大区别,就在于前者特别重视项目人员结构与参加人员的能力。一个好的创业团体中,既需要有创造力的科学家、工程师,又需要有经验丰富的企业管理人员、财务人员以及市场营销人员。这样的组合可以弥补科学家、工程师在企业管理、筹集和运用资金、打开产品销路方面能力的不足。失败的风险投资项目,往往不是因为缺乏一流科学家和工程师,而是因为企业管理不善、不善于理财或缺乏有能力的市场营销人员。风险投资家在衡量投资方案中创业团体的经营才能时,一般考虑如下几个方面:①成员是否具备多样化的经营能力;②人员权利责任的匹配;③经营人才的来源;④专业人才的来源。

3.项目的技术可行性评价

风险投资在决定是否采纳一项投资方案时,技术方面的考虑通常包括以下4点:①技术的创造性与独特性;②产品产生高利润,并通过提高产品或系统的产量获得超额利润;③技术本身及应用此技术的竞争性;④未开发的潜能。主要包括市场预测和敏感性分析。

(1)市场预测:①产品有什么特性,产品应用领域和主要竞争对手比较分析;②产品预期成本和价格,价格水平和消费者现有消费水平是否相适应,产品的生命周期或更新周期;③产品的运输、储存、销售渠道和方式,是否需要建立新的方式及其经济性。

(2)敏感性分析:①产品的投入产出;②所需资金数量和筹资方式;③现金流量。

4.项目的尽职调查

调查的目的是核实企业的计划书的真实性,同时为进一步的深入评估提供可靠的信息来源。首先是市场调查、产品和技术调查、企业管理的信用调查、管理经验调查、有关的政策和法律调查。其次要调查项目的具体内容,包括技术、资金、厂房、设备、人力资源、研究机构等,要想在短时间内得到这些专业信息,其中难度可想而知。最后是对竞争对手的调查,需要收集大量竞争对手的资料,如广告、新闻媒体相关报道等。

5.项目的风险评价

资料数据不准和分析错误,经济环境变化,其他可替代的新技术新产品的出现等因素,会造成创业项目失败。评价的方法包括概率分析法、决策树法、最大最小期望分析法等。

8.5 农业风险投资项目评价

8.5.1 农业风险投资项目评价的指标

农业风险投资项目评价具有诸多特性,包括项目评价多阶段性、投资主体多元性、影响因素复杂性以及项目投资的持续性和高风险性,而这些特点同时也揭示了农业风险投资项目评价的必要性(田美焕等,2013)。各国在农业生产模式和发展现状上都存在着很大的不同,所以企业在进行风险投资的项目选择时给出的评价指标也有所不同(见表8-3)。

表 8-3　中国与国际风险投资项目评价指标比较

比较项目	美国	英国	荷兰	韩国	日本	中国
评价指标的选择	风险投资方素质	风险投资方要求	管理团队素质	管理团队素质	风险投资方素质	产品与技术
	市场回报率	项目特性	技术创新	市场吸引力	预期投资收益	风投者能力
	产品和技术	管理团队素质	市场竞争力	产品与技术,风险企业融资能力	市场前景	预期收益
	管理层素质	行业经济环境,产品差异性		原材料供给和生产能力	财务因素	市场前景

数据来源:王宁(2010)。

不管是国内还是国外,投资者几乎都关注管理团队、产品技术、市场前景以及预期收益这四个方面。虽然各国各地各项目组的风险投资者在此基础上可以根据自己拟投资项目的实际情况进行适当的调整,但以上指标在风险投资者进行项目选择时具有普适性。评价指标的选择并没有固定的标准,不同国家、不同投资领域、不同投资机构会有不同的投资项目评价指标体系。总的来说,无论如何选择评价指标,其主要目的都是切合项目特征,全面考察投资项目的可行性,以降低投资风险。因此,在投资项目评估中,必须依据具体情况,具体问题具体分析,有针对性地建立适用的指标。

从国际农业风险投资评价指标体系的实践出发,同时结合农业风险投资项目自身的特性,我们可以发现如下的几个关键指标。

1. 市场因素

(1)市场规模

市场规模衡量企业的生产产品或提供服务占目标市场的比例。目标市场的需求量决定了产品的数量要求和质量要求,也决定了企业的发展要求。在市场的考察过程中,不但要对整个农产品市场的规模进行宏观的把握,还要对具体市场进行具体分析,这样才能对农业风险投资项目给出合理的评价。在市场考察中我们主要针对以下几个方面:首先是同类产品在目前市场中所占的份额以及市场中消费者的消费喜好。其次是同类产品或者替代品的市场规模大小,因为居民为了节省开支,会选择同类产品中价格比较低的产品,例如在面粉价格上升之后,居民就会选择用大米进行替换,所以替代品的市场规模同样会影响到风险投资项目的选择。而替代品的考察主要通过供应量、价格和功能等各个方面进行。最后是对不同地区的消费者的消费能力以及消费习惯的考察以及对目前市场中的农产品销售量的考察。

(2)市场竞争力

一旦企业与其他企业相比能够提供更优质的技术和产品,就说明这个企业具有市场竞争力,而且在市场竞争中可以获得更多的利益和发展空间。在对企业的市场竞争力进行考察时,应考虑管理、技术和市场等多个因素。通过考察弄清楚在目前的市场状况下相关产品的销量和价格,在了解这些的同时还要与同类产品的情况进行比较,从而了解企业产品在市场中的竞争能力,清楚地认识产品在市场中所具有的优缺点,并对竞争方式和该产品未来发展方向和前景进行研究分析。企业要想将技术和产品转化成营业额就必须通过市场这一环节,因此企业竞争能力可以通过企业在市场中所占的份额来确定。此外,还需要考察目标市场是否存在进入或者退出壁垒,如是否存在政府管制、指标限制,或者其他方面的壁垒,如果存在,创业企业是否具备跨越这些壁垒的资质和资源。考察这一指标可以通过目标市场中领先企业的市场占有率、竞争企业家数等数据来进行。

（3）市场前景

市场在科学技术的推动下得到了前所未有的扩大和丰富，我国作为世界范围内的农业大国，人多地少的国情决定了我们国家必须实现农业的改革，摆脱传统农业经营模式，通过现代农业经营模式来实现农业的发展，满足人民对农产品的需要。企业的产品或者服务是否能够进一步扩大市场就代表着市场前景。由于不同农业生产的产品在种类、属性、价格和功能方面都存在很大的差异，因此需要对农业生产的市场前景作进一步的调查和研究。考察内容应该包括企业所针对的消费者类型和目标市场中消费者的经济能力和消费能力，以往产品成功的原因等。还要对目标市场今后的发展空间作出预估，需要结合市场调查和模型预测目标市场在未来几年中的发展情况、农业产品的市场份额以及发展过程的评价指标，当然也要考虑其他因素的影响，例如地域影响、产业化集群现象的影响等。市场前景的考察与评估过程要做到全面综合。

（4）市场资源

市场资源的考察主要包括技术资源和渠道资源。在对技术资源进行考察时，应尽可能了解企业自身技术资源情况，看其是否满足市场供求关系，例如在实际情况中，如果企业与研究机构进行合作，在企业规模需要扩大时，这些合作机构是否可以为企业提供充足的资源以满足企业的整体技术要求；在对渠道资源进行考察时，我们主要考察的对象是企业渠道资源的情况。具体内容包括：企业主要的市场渠道是什么；企业是否能够控制渠道资源；企业的渠道资源是否稳定，在地域和市场分布上是否存在盲区；企业在渠道资源方面的支出水平如何。这些市场资源对农业项目的产品和技术有着重要的影响，良好的市场资源将会推动农业项目拥有更多的市场份额和市场竞争力。

2.创新因素

（1）产品和技术的先进性

不管是农业风险投资还是其他行业的风险投资，项目在技术上都要保持领先性，也只有技术上的领先才会使整个投资项目具有更大的价值，而且技术的领先可以保证今后的科研和财务方面的积极前景。如果想在农业产品的生产中保持领先性，就必须从成本、技术和营销这几个方面入手。首先，农产品的成本在很大程度上可以决定风险投资企业的生产成本,也能在很大程度上决定产品最终的市场价格,其他条件保持不变的情况下,产品成本越低就可以获得越多的销量从而占据更大的市场。其次,农产品的生产技术可以为企业考察提供依据,一旦农产品的生产技术有所领先,那么企业在市场中就会处于比较有利的地位,而且技术在农产品市场竞争过程中占有重要的地位。因此可以通过企业产品和市场中同类竞争产品的性能比较和技术设计的原理比较来判断企业的产品在技术方面是否能够打败同类产品,从而拥有很强的市场竞争能力。除此之外,还可以通过一个企业内部的专利技术来判断企业在技术方面是否具有优势,是否在目标市场中能够拥有较强的竞争实力。最后,农产品销售情况的考察主要是企业在市场中的营销能力,通过营销能力和营销量来反映企业的竞争优势。

(2)产品与技术革新能力

随着时代的进步,农产品和农业生产技术也应顺应时代发展的脚步,迎合市场消费者的需求,提升生产力和开发新产品。如今人民的生活水平逐渐提高,对农产品的多样化需求也进一步增加,面对这样的市场环境,农业项目的产品与技术变革能力就需要进一步提高。同时伴随着市场化的加深,农业市场的竞争力也进一步加大,因此提升产品质量和产量,开发独特性新产品,提升科学技术水平是当下不可或缺的农业生产策略。另外,应积极运用专利与知识产权等法律手段保护农业企业的创新成果和垄断性收益,以激发生产与技术革新能力的积极性。

(3)产品和技术的适用性

在农产品的推出前必须对产品进行全面的评估,包括它在未来市场中是否具有实用价值,地区资源是否能够满足产品开发过程的需求,产品的未来发展趋势是否和国家与地区的产业发展趋势一致,产品的投资项目是否符合地区经济发展的要求,产品的研发和生产是否符合国家的法律法规要求,等等。例如,我国对于农作物农药的生产就有严格的法律法规规定,即使这些农药在市场上已经非常普遍,这是为了防止生物污染。因此农产品研发和生产过程更需要注意相关的政策和法律要求以及产品是否具有一定的实用价值。

(4)专利与知识产权

不管是农业成果的风险投资抑或其他普通的风险投资,都必须对其专利以及知识产权的保护情况进行深入的调查,并对其状况进行评价。我们都知道,知识产权的独立性提高,技术的专属性以及排他性也会相应地增强。如果农业方面的成果可以得到知识产权以及专利权的保护,那么这项成果投资的风险性也会随之减小。这是因为如果该成果可以被很好地保护,那么它的可替代性就会变小,在市场上的垄断性也会更加明显,这样对该产品投资的风险也必然会大幅降低。

3. 生产管理团队

(1)管理制度

农业项目的管理制度实际上是提高生产效率的十分重要的基础条件,对规范生产管理秩序,明确岗位职责,优质高效地完成生产任务,确保安全生产方面都具有重要的制度规范作用。一个高效的管理制度势必提高生产人员的积极性、管理人员的工作效率,保证职能的高效运用,确保管理团队和生产人员的统筹协调关系能高效运转。

(2)管理团队素质

在对一个管理团队的总体素质进行考察时,对于该项目投资的不同阶段,必须有不同的重点。在初创阶段,一个农业项目要吸引风险资本的加入,首先必须有自己的新技术或新产品,因此,对于创业者掌握的相关知识的考察,必须集中在该创业者是不是可以开发出相对比较独特的产品。对这一方面的考察可以从创业者的学历背景、管理团队的知识结构、获得知识的外部渠道等方面入手。在投资的初始阶段中,对于该项目的管理团队考察的侧重点主要是与投资相关的经历以及知识。投资公司还要对该团队的相关构成进行考虑。一个团队的人员构成是否合理,是否拥有相关的技术人员,团队合作是否可以顺利进行,都会直接影响该农业产品的生产。在成长阶段,农产品开始推向市场,此时管理团队需要对产品的市场潜力有很好的了解,制定有效的市场策略,以获得市场占有率。在成熟阶段,企业已经具有相当的规模,各方面都趋向成熟,此时要考虑项目如何退出的问题。在该阶段,应该对项目团队掌握的综合知识进行相应的考察。这些考察包括对企业的管理层以及财务会计从业人员在专业知识上的掌握情况。这是由于在这一个阶段,企业财务的相关工作也开始逐渐变得复杂,所以,企业的领导层以及相关团队的能力也就变得十分重要。成熟的财务团队以及优秀的企业领导可以更好地安排财务资源,满足企业的生产需要,使得企业具有更大的竞争力,促进其未来的发展。对于这方面的考察,可以通过分析该企业的财务报表来进行。

（3）管理团队管理结构

一个优秀的管理团队,必将具有明确的分工以及合理的框架。实际上,管理团队是否优秀在很大程度上可以影响项目实施的顺利程度。优秀的管理团队有助于一个企业更好地发展壮大。对于组织的架构这一方面来说,投资者主要对以下的几个方面进行充分的考虑:企业的具体领导者是谁,企业生产方面的相关管理者是谁以及企业董事会的产生方式,管理层和董事会之间是怎样的关系,等等。还要对企业的运营状态进行详细的了解,这种了解主要包括企业管理体系的构建方式,企业对于管理体系中漏洞的弥补状况,企业对于管理系统的监督方式及成效,等等。

（4）生产人员素质

基于前文对管理体制、管理团队素质以及管理团队管理体系的评价指标,一个农业项目更不能缺少对生产人员素质的关注。如果该农业项目聘用农业生产经验不足、农业生产技术水平较低的农民,这势必会影响管理团队的管理水平,造成预期生产成果的降低、农业生产效益的下降。因此对于农业生产人员的素质,应关注农业项目中农民的经验和技术水平、农民科学技术培训教育力度、农业项目对农民的组织程度。当一个农业项目的生产人员素质较高时,其必然带动农业项目整体的凝聚力、管理水平以及农业生产力和竞争力的提升。

4.环境因素

（1）政策制度环境

除了上面提到的几个方面,还需要对农产品的适应性做以下考察:第一,农业风险投资项目的自然环境,这就包括了当地的气候和水土条件,还要考虑社会经济因素,这就包括了地区居民的综合素养;第二,根据当地居民的消费水平和在农产品方面的销量分布判断出哪种商品比较受欢迎;第三,农业政策的规定,我们需要了解农业风险投资的项目是否符合国家制定的农业政策,一旦与国家政策相违背必定要承担更大的风险;第四,当地经济发展状况,一个地区的经济发展状况可以影响到农业风险投资,其原因在于经济发展状况影响地区的未来产业发展规划;第五,产品是否能够使企业在竞争中充分发挥优势,产品可以凭借自身的生产成本、生产效率和产品功能等获得较大的优势,从而促进企业竞争。

（2）经济环境

农业经济环境主要由宏观经济政策和国家经济发展水平等要素构成。

所谓经济发展水平,就是指一个国家经济发展的规模以及发展的质量和速度。我们可以用很多常用的指标对一个国家的经济发展水平进行衡量,这些指标包括 GDP、人均 GDP 以及经济增长速度等。经过研究分析,我们可以知道,当一个国家经济发展越好,其对于农产品的需求也相对增加。经济政策是指国家、政党为实现一定时期内国家经济发展目标而制定的战略与策略,它包括综合性的全国经济发展战略以及相关的产业政策、价格政策等。当经济政策变动时,农业生产的供求水平也会发生波动,因此农业风险投资过程中应密切注意经济政策的变动和市场经济的波动情况。

(3)自然环境

农业因其自身的特点,其产品生长需依托特定的土地资源、水资源等自然资源,因而不可避免地会受到各种自然灾害的影响,如旱灾、水灾、风灾等。这些自然灾害也必将给农业的发展带来损失。更糟糕的是,植物生长的周期相对较长,在这个周期之中,所有的自然灾害都可能给植物造成不可挽回的损害。因而在考虑对农业项目进行投资时,必须考察其对各种自然灾害风险的抵御能力、遇到灾害后的应对能力及风险转嫁能力,这是由农业风险投资本身的特性所决定的。

因此,在评价一项农业风险投资项目时,对农业资源质量的评价必不可少。当对一个农业项目的投资风险进行具体评估时,必须对以下几个条件进行实地的考察,并依据该项目的实际情况对这些条件进行评价:项目所在地的相关自然气候条件、水利及其他基础设施条件,以及在该项目所在地发生自然灾害的概率和其对于农业的种种危害。除此之外,还应该对该地的自然条件进行深入合理的考察,对于当地人的习惯以及当地务农人员的整体素质和市场环境也要进行详细考察。

8.5.2　风险投资项目评价模型

在风险投资实践中,风险投资在各阶段存在着严重的不平衡。根据美国风险投资协会的统计,1996 年大约 80% 的风险资本投向风险企业的成长和扩张阶段,只有大约 4% 和 14% 的风险资本投向创建和成熟阶段。

8.5.2.1　模型的提出

Tyebjee 等(1984)提出的第一个风险投资评价模型很有代表性,该模型考虑了风险投资高回报和高风险共存的特点。该模型的思路如下:风险投资以追求超额利润为首要目的。超额利润的来源有三个:垄断、创新和冒险。对风险投资的项目进行评价就是看项目是否可以获得某种来源的超额利润。判断一个投资项目中风险企业获得超额利润的标准是风险企业的产品或服务在市场竞争中的盈利能力,这取决于企业自身的能力。因此,在设计评价模型的时候,应该以风险项目的市场评价为首要评价指标,这是风险企业盈利的基础;并要对企业能力进行详细的评价,因为这是风险企业盈利的具体手段;而对风险项目的财务评价只是对前两者结果的验证提供数据而已,因此是最不重要的评价指标,只是对风险项目的评价有参考作用。顾名思义,风险投资的风险大,因此在进行风险投资的项目评价时,必须对风险进行全面的评价,由于资源有限,通常进行两步评价:

第一步是对风险项目进行现状评价,即从风险企业现有资源出发,对风险企业进行风险收益评价,看其是否具有比较好的发展前景。

第二步是假设风险项目有比较好的发展前景,风险投资公司愿意注入风险资本,需要对风险资本注入后风险资本的风险与可能收益进行评价,以考虑风险投资机构的优势是否适合该风险项目。

图 8-4 是风险企业已经建立,即风险投资的成长期和扩张期的投资评价模型。

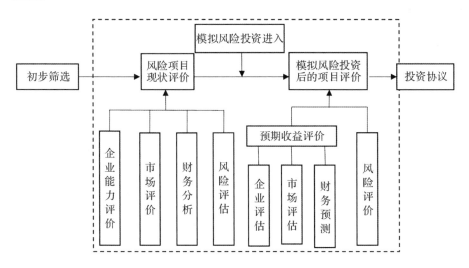

图 8-4　风险投资评价模型

8.5.2.2 种子期和创建期风险投资评价模型

如果是种子期和创建期,则不需要进行两步评价,只需要进行一次评价,而且评价的内容也会简单许多。如果是成熟阶段的风险投资,因为成熟期的项目已经与传统的投资方式类似,各个方面的因素已经很明朗,除了风险资本的退出要求,已经基本上可以用传统的评价理论和方法进行评价了。下面将前两个时期的风险投资项目评价模型进行简要介绍。

种子期风险投资的优点是具有垄断机会,增值潜力大,但是它的技术尚未成熟,风险很大,这符合利险相随的原则。一般说来,种子阶段的资金需求量与后期相比很小,它面临的是技术的商业化和产业化的问题(见图 8-5)。

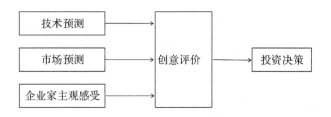

图 8-5 种子期风险投资的项目评价模型

创建期是指投资于技术的产业化初期。这时的技术已经经过了中试,开始进入产业化阶段。这一阶段主要的风险在于试销,看市场的反应和是否有足够的市场容量。技术风险已经大大降低,市场风险增大,因此市场评价是最重要的(见图 8-6)。

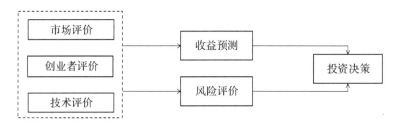

图 8-6 创建期风险投资的项目评价模型

8.6　案例:泰国正大集团——农业科技创新风险投资运作模式[①]

　　该集团是世界上最大的华裔跨国公司之一,成立于 1921 年,也是在华投资项目最多、投资规模最大的外资企业之一。1979 年,中国改革开放初期,其在深圳投入 1500 万美元成立的正大康地有限公司,是我国当年最大的现代化饲料生产企业、第一家外商独资企业。

　　2012 年 4 月,历时 2 年、耗资 7.2 亿元的北京平谷正大蛋鸡养殖基地正式投产。项目实施主体为当地农民专业合作社,正大公司受合作社的委托,操盘项目的建设、运营和管理,得到了政府的 3.28 亿元全额贴息扶持,形成了"政府＋银行＋企业＋农户"四位一体的运作模式(见图 8-7)。

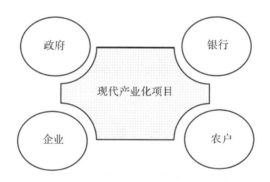

图 8-7　四位一体产业推广

　　此工程借鉴"建设-经营-转让"(BOT)模式,政府推动、银行参与、企业与农民具体合作,四者建立了紧密的合作与战略联盟关系,整合资源、合作共赢、共同发展。通过"公司＋农户"合作关系,农户投资固定资产,企业提供生产资料、工艺设计、技术标准、饲养管理技术指导与服务,形成了四位一体产业链模式(见图 8-8)。

---

　　① 　案例来源:程成(2015)。

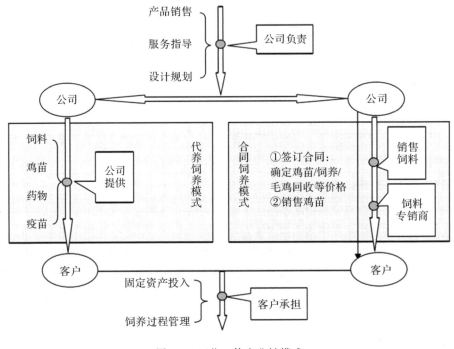

图 8-8 四位一体产业链模式

习 题

1. 简析农业风险投资的定义及运作过程。
2. 简析中国农业风险投资的现状和存在的问题。
3. 简析农业风险投资项目评价指标。

参考文献

[1] Tyebjee T, Bruno V. A model of venture capitalist investment activity. Management Science, 1984, 30(9): 1051-1066.

[2] Schiff M, Valdés A. The Political Economy of Agricultural Pricing Policy. Vol. 4: A Synthesis of the Economics in Developing Countries. Baltimore: Johns Hopkins U. Press, 1992.

［3］程成.我国农业科技创新风险投资发展模式探究.保定:河北农业大学学位论文,2015.

［4］付蓉.我国风险投资市场需求导向型制度供给模式的建立.成都:西南交通大学学位论文,2005.

［5］金永红.我国风险投资退出机制的实证考察.科技进步与对策,2012(24):16-20.

［6］唐明亮.我国农业风险投资项目评价指标体系研究.淄博:山东理工大学学位论文,2016.

［7］田美焕,王秀芳.我国农业科技风险投资发展的必要性和可行性分析.河北金融,2013(6):12-15.

［8］王斌,王建忠,王秀芳,等.关于农业科技风险投资理论体系的构建.江苏农业科学,2014(4):387-391.

［9］王朗.我国城乡居民收入差距与消费差距关系的实证研究.荆州:长江大学学位论文,2019.

［10］王梅,孙明明,王秀芳.河北省发展农业科技风险投资的外部环境分析.环渤海经济瞭望,2014(11):23-26.

［12］王梅,王秀芳,田美焕,等.农业科技风险投资内部运行机制研究.湖北农业科学,2015(2):501-505.

［13］王元,等.2014年中国创业风险投资发展报告.北京:经济管理出版社,2014.

［14］温思美.把握趋势 解剖机理 提出对策——简评《中国农业可持续发展:趋势、机理及对策》.南方经济,2000(12):73-72.

［15］邢大伟.试析政府在农业风险投资中的作用.经济论坛,2008(10):118-120.

第九章　农业证券投资

　　截至 2022 年 2 月 23 日,A 股 103 家农林牧渔行业上市公司总市值为 1.67 万亿元,其中 79 家沪深主板公司合计市值达 1.13 万亿元,占比达 68%。资本市场为这些上市公司提供了难得的跨越式发展机会,使得它们能够通过增发、并购、重组等路径进一步做大做强,还可以通过发行债券等方式为企业和项目提供融资,并且可以跨期估值,引导整个产业的健康发展。对于投资者来说,这些公司的股票或者债券是重要的投资标的,让更多的人有分享企业发展成果的机会。

　　因此,本章主要关注农业证券投资机制、债券的特征与价值、农业产业化投资基金、价值投资的格雷厄姆技术和农业证券投资风险。

9.1　农业证券投资机制

9.1.1　证券市场的农业发展功能

　　证券市场是社会化大生产的产物,是商品经济、市场经济发展的结果,是市场经济走向成熟的标志,证券市场浓缩和凝聚了市场经济的基本机制、核心要素和基本价值观念,它应该而且可以为农业的发展作出贡献。

9.1.1.1　融资与投资功能

　　融资与投资是证券市场的基本功能。企业通过在证券市场发行股票和债券,能够迅速地把社会上的闲散资本集中起来,形成巨额的、可供长期使用的资本,用于生产和经营。不同于银行贷款这种间接融资模式,证券化的股票和债券为投资者提供了可选择的直接投资工具,有利于克服农业发展的资本制约。

9.1.1.2 市场监督功能

公司要上市,必须首先进行制度改造,改制成股份公司,按照股份公司的机制来运作。企业要在证券市场发行证券,也要经过严格的审查程序,良好的业绩是企业上市的根本前提。与此同时,上市企业将时时处在社会的监督之中。监督主体包括:①股东的监督。股东作为投资者关心企业的经营和前途,并通过授权关系或"用脚投票"实施权利。②股价变动压力。企业业绩直接影响股价,股价是企业业绩的晴雨表,对公司是一种激励;经营不善导致的价格下跌可能导致外部接管,在这种制约下,管理层不得不认真地为公司服务,股东的权益因此得到相应的保护。③社会的监督。这包括会计师事务所、律师事务所、证券交易所的监督和制约,所有这些制约,促使上市公司形成健全的内部运作机制。

9.1.1.3 风险分散功能

证券市场通过提供各种不同性质、不同期限、不同风险和收益的证券,既给投资者提供了丰富的投资渠道,也给融资者提供了适当的分散风险的渠道。首先,融资方通过发行证券筹集资金,实际上将其风险部分地转移和分散给投资者。上市公司的股东越多,单个股东所承担的经营风险就越小。其次,投资方可以根据不同偏好,通过买卖证券和建立投资组合来转移和降低风险。证券市场的流动性特征解决了投资者难以变现的后顾之忧,证券市场的出现,为各种长短期资金相互转化和横向资金融通提供了媒介和场所。证券市场的分散风险功能有利于化解农业企业的风险压力,有利于农业的长期发展。

9.1.2 农业证券投资概述

农业证券投资是以农业领域为投资对象,以追求长期收益为目标,属成长收益型投资。这类证券的主要目的是吸引对某种农业领域有兴趣的投资者,通过发行股票、债券和基金等证券来募集资金,通过证券市场流通转让或交由专家组成的投资管理机构运作,以支持农业产业的发展。

随着中国农业由粗放经营向集约化发展转型,资本投资对于农业现代化发展具有举足轻重的作用。但由于农业生产对自然条件有很大的依赖性,与其他产业相比,农业生产面临较高的自然风险。虽然政府对农业产业一直投入大量的资金,并逐步建立国家农业发展基金,实施农业综合开发,但是相对于整个国家的财政支出和财政支农支出而言,财政对农业的资金投入仍然不足。与此同时,农业投资回收期长,商业银行不愿向农业企业或项目提供大量长期贷款资金。尽管很多农业企业希望通过在证券市场上市的方式融资,但由于目前我国主板市场的上市门槛很高,而农业企业的资质水平又普遍偏低,因此上市融资对大多数农业中小企业来说并不适用。

农业结构调整和产业升级面临着巨大的融资难题,而农业证券投资作为一种全新的融资方式,能够将产业市场与资本市场有机结合起来,成为推动农业中小企业创业、企业重组和部分农业基础设施建设的重要的金融创新手段。目前投资农业证券已具备一定的现实基础:第一,证券市场不断壮大,与国民经济关联度不断加强,表现出市场经济发展高度的相容性,现代市场经济已经不能没有证券市场。第二,我国的农业产业化发展已成为政府、社会和农业经营主体的共识,已经发展形成了一批具有市场竞争力的集团公司、股份公司。第三,我国农业已经具备进入证券市场的条件,原因为:我国农业已初步进入市场,能够成为盈利行业,一批现代农业企业正在崛起,农业产业化与证券市场能够相容,而我国证券市场有足够的承接能力。

9.2　债券的定价与价值

9.2.1　债券定价

债券(bond)是关于借贷安排的协议。借款人为一定数量的现金向出借人发行债券,债券即借款人的借据。这种约定使发行人有义务在既定日期向债券持有者支付指定数额款项。债券是要求发行者(或者说债务人、借款人)到期向投资者(或者说债权人、贷款人)偿还借款金额并按期支付约定利息的债务工具。

在诸多金融工具当中,债券发展历史悠久,其出现早于股票,最早发行的可以称之为债券的是奴隶时代产生的公债券。据史书记载,早在公元前4世纪,古希腊和古罗马就出现国家以其政府信誉为保证向商人、高利贷者和寺院借债的情况;之后,债券更是在西方社会的发展中起到至关重要的作用。最初,债券大都是国家和政府为发动战争、贸易或殖民扩张等筹措资金而发行的。在1600年设立的英国东印度公司为其殖民贸易发行了短期债券,并进行买卖交易。从此,公司也渐渐成为债券的发行主体。19世纪末到20世纪初,欧美资本主义各国相继进入垄断阶段,为确保原料来源和产品市场,建立和巩固殖民统治,加速资本的积聚和集中,股份公司发行大量的公司债,并不断创造出新的债券种类,这样就逐渐形成了今天多品种、多样化的债券体系。

典型的息票债券发行者有义务在债券有效期内向持有人每半年付息一次,此为息票支付,因为在计算机发明之前,大多数债券带有息票,投资者将其剪下并寄给发行者索求利息。债券到期时,发行者再付清面值(par value,face value)。债券的息票率(coupon rate)决定了所需支付的利息:每年支付的利息按息票率乘以债券面值计算。息票率、到期日和面值是债券契约(bond indenture)的各个组成部分,债券契约是债券发行者与持有者之间的合约。

假如有一张面值1000美元,息票率为8%的债券,出售价格为1000美元,买方有权在标明的有效期限内(假设为30年)每年得到1000美元的8%的报酬,也就是80美元。到这张债券30年期满时,债券发行人要将债券面值标明的1000美元付给持有者。

债券通常带有足够高的息票率以吸引投资者来按面值购买。不过,有时也发行无息的零息票债券(zero-coupon bonds)。如是这样的话,投资者在到期日可拿到面值,但由于是零息票债券,投资者将不能获得利息。因此,这些债券是以大大低于面值的价格发行的,投资者的回报是发行价和到期日收回的面值之差。

由于债券的付息与还本都发生在若干个月或若干年之后,因此,投资者愿意支付的未来收益权价格,将取决于将来的货币价值与今天所持有现金价值的对比。而"现值"的计算取决于市场利率。名义无风险利率与下列两项总量相等:(1)无风险的真实回报率;(2)超过预期通货膨胀补偿率之上的一个溢价。此外,由于大多数债券不是无风险的,所以它们的贴现率将体现为一种额外的溢价,这种溢价反映了债的某些特征,譬如违约风险、流动性、纳税属性、赎回风险等。

为简化分析,我们假设只有一种利率,它适合于任何到期日现金流的折现。当然,我们可以很容易地把这一假设放宽。虽然实践中不同时期的现金流会有不同的贴现率,但为了讨论的方便,我们暂时忽略这一限制条件。我们先用一个合适的贴现率估算其预期现金流。债券现金流由到期日为止的息票利率的支付再加面值的最终支付组成。

债券价值=息票利息现值+票面值现值

用公式表示,即可表示为:

$$P = \sum_{t=1}^{T} \frac{C}{(1+r)^t} + \frac{A}{(1+r)^T}$$

其中,C 为债券每期支付的利息,A 为债券面值,r 为年利率,T 为债券到期日。

从求和公式可知,把支付的每一息票利率的现值相加,每个息票利率的贴现都以它将来被支付的时间为基础。等式右边的第一项是年金的现值,第二项是单一量的现值,是最后一期时支付的债券的面值。

特别地,如果债券没有到期期限,不归还本金,但每年定期支付固定的利息,则称为"永续债券"。其定价公式是:

$$P = \sum_{t=1}^{\infty} \frac{C}{(1+r)^t} = \frac{C}{r}$$

9.2.2 债券定价的五个定理

1962 年伯顿·马尔基尔(Burton Malkiel)在对债券价格、债券利息率、到期年限以及到期收益率进行研究后,提出了债券定价的五个定理。

定理一:债券的市场价格与到期收益率呈反向关系。即到期收益率上升时,债券价格会下降;反之,到期收益率下降时,债券价格会上升。

定理二:当债券的收益率不变,即债券的息票率与收益率之间的差额固定不变时,债券的到期时间与债券价格的波动幅度之间呈正向关系。即到期时间越长,价格波动幅度越大;反之,到期时间越短,价格波动幅度越小。

定理三:随着债券到期时间的临近,债券价格的波动幅度减少,并且是以递增的速度减少;反之,到期时间越长,债券价格波动幅度增加,并且是以递减的速度增加。

定理四:对于期限既定的债券,由收益率下降导致的债券价格上升的幅度大于同等幅度的收益率上升导致的债券价格下降的幅度。

定理五:对于给定的收益率变动幅度,债券的息票率与债券价格的波动幅度之间存在反比关系。即息票率越高,债券价格的波动幅度越小。该项定理不适用于一年期的债券和以统一公债为代表的无限期债券。

9.2.3　债券的价值属性

9.2.3.1　折(溢)价债券的价格变动

平价发行:发行价格和债券面值相等。

折价发行:折价发行又称低价发行,发行债券时,发行价格低于债券票面金额,到期还本时依照票面金额偿还的发行方法。

溢价发行:溢价发行又称增价发行,采用这种方式发行证券时,以高于证券票面金额的价格出售证券,到期按票面金额偿还。采用溢价发行的证券,收益率通常较高,使投资者有利可图。当市场利率低于息票率时,债券通常以溢价方式发行。

9.2.3.2　可赎回条款

可赎回条款(call provision),即在一定时间内发行人有权赎回债券。

赎回保护期,即在保护期内,发行人不得行使赎回权,一般是发行后的 5至 10 年。

可赎回条款的存在,降低了该类债券的内在价值,并且降低了投资者的实际收益率。

9.3　农业产业化投资基金

基金是一种由专家管理的集合投资制度,其实质是汇集资金交由专家管理运作,并为投资者赚取投资收益。产业投资基金是一大类概念,在国外俗称风险投资基金和私募股权投资基金。产业投资基金通过向全社会中小投资者和机构投资者发行股票或受益证券,募集一定数量的资金进行投资,因此它的本质是一种集合投资制度。它们一般对具有高增长潜力的非上市企业进行股权或准股权投资,并参与被投资企业的经营管理,以在被投资企业成熟后通过股权转让实现资本增值。投资基本的资本特征如图 9-1 所示。

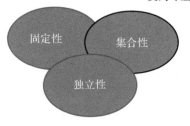

基金的投资者及管理者在一定时间是固定的。固定性使得基金的资金使用风险降到最低,资金运作成本可以量化。基金的固定性使之区别于临时组合的基金

基金将众多投资者的资金集中起来,委托基金管理人进行共同投资,使中小投资者也能享受到专业化的投资服务。

基金管理负责人负责基金的投资运作,其本身并不经手基金财产的保管,由独立于基金管理人的基金托管人负责基金财产的保管。

图 9-1　投资基金资本特征

中国农业产业投资基金是在严格遵循国家农业政策和证券市场规则的前提下,以市场、收益为投资导向,通过发行基金券(如收益凭证、基金单位、基金股份等)的方式从社会募集一定规模的资金,并以股权形式直接投资农业产业化未上市龙头企业和具有市场潜力的项目,促进目标企业和项目规模化、专业化、集约化和商品化经营,提高目标企业的效益,并给投资者带来丰厚的投资回报。基金设立后,交由农业产业投资基金管理公司管理,基金资产由指定的商业银行或专门的基金托管机构托管。根据产业基金的不同用途和我国农业发展的实际需要,可将农业产业基金划分为农业创业投资基金(包含农业高技术投资基金)、农业企业重组基金和农业基础设施投资基金三类。

早在 1995 年,国家计委即开始对产业投资基金有关问题进行研究。根据国家计委最初的考虑,所谓产业投资基金,系指借鉴国际创业投资基金(venture capital fund,VCF)运作机制,结合我国实际,主要以非公开流通的股权投资方式直接投资产业领域的一种集合投资制度。农业产业投资基金(agricultural industrialization investment fund,AIIF)是产业投资基金与农业产业化经营相融合的一种制度创新,也是农业投融资体系建设的一次战略创

新,它能汇集社会闲散资金投资于农业,促进农业规模化、集群化发展,推动涉农企业做大做强。2009 年,中央一号文件首次提出"有条件的地方可成立政策性农业投资公司和农业产业发展基金",2010 年出台的中央一号文件则明确指出"要建立农业产业发展基金"。从地方政府到中央企业,从银行到基金公司,从产业界大企业集团到金融机构,都对农业投资开始了实质性布局。

农业产业投资基金主要运用投资基金这一现代投资工具,向全社会中小投资者和机构投资者发行股票或证券,汇集个人投资者和机构投资者的资金,以非公开流通的股权投资方式直接投资具有一定发展潜力而又缺乏资金的龙头企业,并通过资本经营和增值服务对接受投资的企业加以培育和辅导,使之成熟和壮大,以实现资产的保值增值与回收,根据"风险共担、利益共享"的原则为投资者谋取尽可能大的投资收益,进而达到促进农业产业化发展的目的。

科学的运作程序是农业产业基金发展的制度保障。其运作过程如图 9-2 所示。

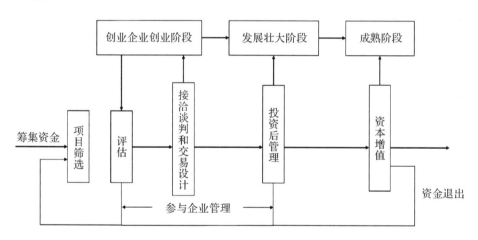

图 9-2 产业投资基金基本运作过程示意

我国农业投资可分为公益性投资、基础性投资和竞争性投资。公益性投资主要指对农业基础设施项目的投资。

1.公益性农业投资具有很强的外部性、公共性、区域性、长期性和巨额性等特点,意味着公益性农业投资不可能由营利性的企业或其他经营性的单位承担,而只能由政府(主要是中央政府)承担。公益性投资是国家财政投资的主要内容。

2.基础性农业投资具有外部经济性、金额大、风险高等特点,但还具有财务回报的要求。基础性农业投资的范围较广,如农产品质量标准体系的建立、农业生产与市场信息体系的完善、农业技术传播体系的发展等,主要集中在农业科技成果的开发与推广上,投资范围主要包括农作物、畜禽和水产等优良品种培育、饲养技术开发、农产品加工技术和农业科技成果转化与推广。

3.竞争性农业投资的重点是营利性的农业项目,侧重于直接面向市场的农业生产、加工与流通领域,投资于水稻、小麦、玉米、大豆、棉花、水果、蔬菜、生猪等农产品的生产、加工,以及农产品价值实现的渠道及农产品市场体系的构建与完善等。加入世界贸易组织后,我国小麦、玉米、棉花、大豆和油菜籽的比较优势下降,而生猪、水稻、烤烟、甘蔗、苹果等农产品仍具有比较优势。我国的竞争性农业投资要取得理想的投入产出比,必须在比较优势战略的框架内进行。竞争性农业投资的投资主体主要是农村龙头企业、社会闲置资金、农户及农村集体经济组织。龙头企业内联千家万户,外联国内外市场,具有开拓市场、引导市场、深化加工、搞好服务、促进发展的综合功能,是农业产业化"公司+农户"模式成功运行的关键,也是商业性农业投资的重要源泉。大量的社会资金是竞争性农业投资的另一个重要来源。

从本质上来说,农业产业投资基金与产业投资基金、农业投资基金都是一种资金集合投资制度,都属于私人股权投资范畴,但它们的区别也相当大。农业产业投资基金是产业投资基金发展到一定阶段的产物,是产业投资基金与农业产业化经营相融合的一种投融资制度的创新。它不是产业投资基金在农业产业化经营领域的简单运用,而是政府借鉴产业投资基金的运作方式,扶持农业产业化经营的一种模式创新。农业投资基金与农业产业投资基金一样,都是希望借鉴产业投资基金的运作模式来发展农业经济。但持有发展农业投资基金观点的学者认为,由于我国现行的农村投融资体制对我国农村经济增长存在严重的制约,有必要发行农业投资基金,汇集各方资金,形成专业投资力量,来促进农业和农村的发展。

农业投资基金的投资对象主要是农业和乡镇企业。然而无论是农业投资基金或者是农业产业投资基金,都是一种集合投资制度,它们的投资者都不参与具体产品的经营,存在着投资者与基金经理、基金经理与企业之间的双重委托代理关系。对于这类投资者来说,他们不仅面临所投资项目的经营风险,而且更主要的是面临双重委托代理风险,所投资项目的分红与他们所面临的风险不相匹配,因而他们要求得到比项目分红更高的投资收益。农业产业投资基金主要定位于农业产业化龙头企业,它通过与龙头企业建立一种"风险共担、收益共享"的市场化运作机制,为企业提供相对长期的有效的资金支持。

9.4　价值投资:格雷厄姆技术

> 他依靠自己的努力和智慧在价值投资这一行创立了一整套卓有成效的理论。格雷厄姆的证券分析学说是每一位华尔街人士的《圣经》,而他则是当之无愧的华尔街教父。
>
> ——[美]大卫·刘易斯
>
> 在许多人的罗盘上,格雷厄姆就是到达北极的唯一指标。
>
> ——[美]沃伦·巴菲特

股神巴菲特曾说过这样一句话:我血管里流淌的,80%是格雷厄姆的血。格雷厄姆,正是巴菲特的导师,也是价值投资的开山鼻祖。作为价值投资理论的奠基人,格雷厄姆对后来众多的投资大师产生了极为深远的影响,包括"股神"巴菲特、约翰·博格。因此,他还被称为"华尔街教父"。

9.4.1　价值投资的定义

尽管许多理论家、分析师以及普通投资者都对价值投资作出过贡献,但无人能够否认本杰明·格雷厄姆是价值投资的鼻祖。他与多德 1934 年出版的《证券分析》标志着价值投资理论框架搭建完成,也标志着证券分析业的诞生。格雷厄姆在 1949 年出版的《聪明的投资者》中向专业人士和业余爱好者更详细地阐述了他的想法和技巧。纽约证券分析协会(格雷厄姆创立的一个组织)强调格雷厄姆"对于投资的意义就像欧几里得对几何学、达尔文对生物进化论一样重要"。

格雷厄姆统一和明确了"投资"的定义,区分了投资与投机。格雷厄姆(1949)在《证券分析》中对投资的定义为:"投资是一种通过认真分析研究,有指望保本并能获得满意收益的行为。不满足这些条件的行为就被称为投

机。"格雷厄姆不仅为投资奠定了理性的基础,而且在他的学生和追随者们的
头脑里烙下了现在被称为价值投资的思想。用最简单的话来说:价值投资者
力求用最便宜的价格购买证券,也就像谚语中所说的用五十美分买一美元的
东西。他认为,对于一个被视为投资的证券来说,本金必须有某种程度的安
全性和满意的报酬率。当然,所谓安全并不是指绝对安全,而是指在合理的
条件下投资应不至于亏本。一旦发生极不寻常或者意想不到的突发事件,使
安全性较高的债券顷刻间也会变成废纸。而满意的回报不仅包括股息或利
息收入,而且包括价格增值。格雷厄姆特别指出,所谓"满意"是一个主观性
的词,只要投资者做得明智,并在投资定义的界限内,投资报酬可以是任何数
量,即使很低,也可称之为"满意的"。全面的分析是投资成功的前提条件,本
金安全是投资风险控制的根本要求,满意回报是投资收益的最终目标。

9.4.1.1　价值投资的内涵

　　早在 19 世纪马克思就在《资本论》中对证券的价值有过论述。马克思认
为,证券价格是由预期收益的大小及其可靠度和利息率来决定的,如果假定
现实资本的增值不变,那么这种证券价格的涨落就和利息率成反比。随后,
希尔法登(Rudoff Hilferding,1877—1941)在其《金融资本论》一书中继承了
马克思的主张,从理论视角对更加成熟的资本主义经济下的金融经济现象进
行了深入分析,指出股票的虚拟资本价值是用每股股票将来股息收入除以市
场利率得出的。

　　价值投资理论是最古老的、最基础的证券投资理论之一。这一理论最早
可以追溯到 20 世纪 30 年代,由哥伦比亚大学的本杰明·格雷厄姆首先提出,
他先将富有逻辑的分析原理引入股票市场的投资中,成为价值投资分析流派
的创始人,被誉为"价值投资之父"。格雷厄姆和多德合著的《证券分析》,对
价值投资理论进行了全面阐述,认为证券应该反映其发行主体经营实绩的内
在价值,价格是不能长期脱离价值的,所以证券投资必须仔细地研究发行主
体的财务数据及其他相关资料,努力去发现该证券的内在价值。1938 年,约
翰·B. 威廉斯在其《投资价值理论》一书中首先使用了"贴现"概念,提出了计
算股票内在价值的公式,这一概念经耶鲁大学的欧文·费雪教授进一步发扬
光大,建立了著名的股票现金流贴现模型,使之被广泛使用。由于每股股息
只是每股税后利润的一个组成部分,股票的内在价值应反映每股税后利润而
不仅仅是每股股息,于是,本益比(P/E ratio)概念应运而生,成为衡量证券投

资价值的一个重要指标。本益比又称市盈率(m),表示股价相对于每股税后利润的倍数,m值越小的股票就越具有投资价值。

价值投资,简单来说即低买高卖,这也是价值投资的本质。但这里的低买高卖不同于投资者做短线操作的低买高卖,价值投资的低买高卖指的是在价格低于其价值时买入,在价格高于其价值时卖出。由价值投资的定义可知,价值投资不仅涉及选择好标的的问题,而且还涉及选择好买卖时机的问题。价值投资虽然强调长期持有,但不是没有时间限制,它强调在价格高于其内在价值时卖出。

格雷厄姆同时指出,内在价值不能被简单地看作是公司资产总额减去负债总额,即公司的净资产。公司的资产、收入、利润以及任何未来预期收益等可以量化的因素都影响着公司的内在价值,其中最重要的因素是公司未来的获利能力。实际上,投资者只需对公司内在价值估算一个大概值,对比公司股票的市场价值,判断该公司股票是否具有足够的安全边际、能否作为投资对象。一个公司内在价值可以通过公司的未来预期收益乘以一个适当的资本化因子来估算。这个资本化因子受公司利润的稳定性、资产、股利政策以及财务状况稳定性等因素的影响。

价值投资理论认为,股票价格总是围绕"内在价值"上下波动,而决定股票价格的最重要因素是股票未来股息的高低,也即股票的内在价值是可以测定的,投资者进行投资时首先要考虑股票的内在价值,可以根据现在已知的情况和预计将来可能发生的变化对各种股票的股息收入作出长期预期,并随时间的推移和环境变化不断修正这种预期。这种对影响股票股息收入的全部因素进行分析的方法,也就构成了证券投资分析的两大分析方法之一的基本分析法。

9.4.1.2　价值投资的方法

现代投资理论主要包括以下几方面内容:第一,市场是有效率的,除非偶然,否则人们不可能跑赢大盘;第二,风险是用单个股票对多元化投资组合波动性的贡献率来衡量的,而不像传统理论那样把风险看作永久性的资本损失;第三,对于投资者来说,最好的投资策略就是买入大量股票构成指数,通过把指数投资组合与无风险资产例如现金的结合将风险调整到理想的水平。价值投资的机械变量理论优化了指数投资组合,这些研究成果即使没有摧毁有效市场正统学说,至少也使之黯然失色,同时提高了格雷厄姆投资理论的价值。格雷厄姆根据自己的多年研究分析,提出了股票投资的三种方法:横断法、预期法和安全边际法。

(1)横断法

横断法相当于现代的指数投资法。即投资者平均买下道琼斯工业指数所包括的 30 家公司的等额股份,则获利将和这 30 家公司保持一致。这是一种以多元化的投资组合替代个股投资的方法。

(2)预期法

预期法又分为短期投资法和成长股投资法两种。所谓短期投资法是指投资者在 6 个月到 1 年之内选择最有获利前景的公司进行投资,从中赚取利润。虽然基于短期信息的决策经常是肤浅和短暂的,但由于华尔街强调业绩变动情况与交易量,这一方法成为华尔街比较占优势的投资策略。所谓成长股投资法是指投资者以长期的眼光选择销售额与利润增长率均高于一般企业平均水平的公司的股票作为投资对象,以期获得长期收益。

投资者选定一家成长型公司的股票准备进行投资,那么该以什么样的价格购进最为合理? 如果在他投资之前,该公司的股票已在大家的推崇下上升到很高的价位,那么该公司股票是否还具有投资价值? 在格雷厄姆看来,答案是复杂的,但可以归纳为两种选择:一种是在整个市场低迷时买入该公司股票;另一种是当该股票的市场价格低于其内在价值时买入。选择这两种方式购买股票主要是考虑股票的安全边际。

(3)安全边际法

标的价格低于其价值时买入,这正是安全边际的概念。而安全边际也是格雷厄姆价值投资理念的核心,他在《聪明的投资者》的结论篇中写道:"我大胆地将成功投资的秘密精炼成四个字的座右铭:安全边际。"他认为,股票内在价值与股票价格之间的差值即为安全边际。

格雷厄姆认为,为了真正的投资,必须有一个真正的安全边际,并且,真正的安全边际可以由数据、有说服力的推理和很多实际经验得到证明。安全边际可以通过三种方式来确定:一是数据分析,二是逻辑推理,三是经验分析。通过全面的分析确定股票价值,与股价进行比较即可确定股票的安全边际。因此,安全边际是全面分析的结果。

安全边际是对股市波动及公司发展的不确定性的一种预防和保险。首先,股价波动是难以准确预测的,尽管股价长期来说具有向价值回归的趋势,但如何回归、何时回归是不确定的。其次,公司价值是难以准确预测的,同时受到公司内部因素、行业因素、宏观因素的影响，这些因素本身是变化的和不确定的，对公司的影响更是不确定的。因此，只有具备足够的安全边际（即股票价格远低于股票价值），才能真正保证投资本金的安全。

股票价格围绕着股票价值波动，且价格会回归价值，金融界把这种规律称为"金融万有引力定律"。投资者付出的是价格，得到的是价值，二者的差异正是投资盈利的源泉。因为价格越低于价值，其安全边际越大，当价格回归价值时，投资者获得的回报也越大。因此，安全边际是投资者的利润来源。巴菲特指出，在价值投资中，风险与报酬不成正比，而是成反比的。如果你以60美分买进1美元的纸币，其风险大于以40美分买进1美元的纸币，但是后者报酬的期望值更高，以安全边际为导向的投资组合，其报酬的潜力越高，风险却越低。许多实证研究支持基于安全边际的价值投资风险更低但收益却更高的结论。研究表明，投资于低市盈率、低股价股利收入比率、低股价现金流比率股票，能够获得超额利润。这些指标尽管不直接表示安全边际，但比率较低的公司股票确实具有较大的安全边际。

安全边际的本质是"便宜货"。格雷厄姆之所以强调安全边际，一是足够的安全边际能降低因预测失误引起的风险，即使投资者预测失误也能在长期内确保本金安全。二是足够的安全边际可以降低买入成本，从而保证合理且稳定的投资回报。通过全面分析确定股票价值，从而确定安全边际，以此保证本金安全与满意回报。这与格雷厄姆对投资的定义是完全一致的，故投资的本质是安全边际。而安全边际是价值与价格的差值，即"物超所值的东西"或"便宜货"。投资的本质就是"通过分析买到真正的便宜货"，而一贯奉行安全边际的巴菲特则是全球最"买便宜货"的人。

格雷厄姆通过制定严格的投资安全标准，强调投资标的的安全性。作为格雷厄姆的学生，巴菲特继承并发展了安全边际思想，巴菲特的名言"投资的第一原则是保证本金安全，第二原则是在任何时候都遵循第一原则"便源于此。所谓安全边际，即投资有安全边际的标的，以确保投资的安全性。

安全边际看似简单，但其本质并非某个具体数值，而是一种思想，比如就投资标的来说，伟大公司是平庸公司的安全边际、低估公司是高估公司的安全边际、产品富有竞争力的公司是产品没有竞争力公司的安全边际、拥有良好财务数据和优秀管理层的公司是拥有危险财务数据和不合格管理层公司的安全边际，等等。所以，安全边际是一个相对的概念，它的作用是投资者不必对未来作出准确预测，并且安全边际越大，投资者遭受损失的可能性越小。

就价值投资所选的具体标的来说,具有安全边际的价值投资可以表现为投资估值较低但伟大的公司,也可以表现为投资估值低的"烟蒂"公司(所谓"烟蒂"公司是指股价低、市盈率低、市净率低、换手率低的公司)。即在价格低于内在价值时买入垃圾公司,仍可以是价值投资;在价格高于内在价值时买入优质公司,不是价值投资。

如何对价值投资的安全边际进行具体衡量?格雷厄姆成长股价值评估公式出现在该书的"进攻型投资者的证券选择:评估方法"部分,表述如下:

价值=当前(普通)收益×(8.5 加上预期年增长率的 2 倍)

这个增长率是对未来 7 至 10 年的预测。

如果把格雷厄姆成长股价值评估公式简化成数学表达式,可以表示如下:

$$V = EPS \times (2G + 8.5)$$

其中:V——股票价值(value)

EPS——当前每股收益(earning per share)

G——预期年增长率(rate of growth),为去掉百分号后的数值。

从表达式看,价值评估模型既考虑了当前业绩状况 EPS,也考虑了企业未来前景,尤其强调企业的成长性 G。格雷厄姆认为决定成长股价值的参数包括:

(1)常数参数 8.5;

(2)当前每股收益 EPS;

(3)公司预期年增长率 G。

现实中投资者往往喜欢将安全边际具体化,比如目前价格低于价值多少时才具有安全边际?即价值投资中的安全边际具体如何衡量。安全边际不仅仅是具体数据,更多的是一种思想。如果一定要把安全边际具体化,一般来说,价格在价值之下 30% 可较少买入,价格在价值之下 50% 可较多买入。这主要是从三方面考虑:一是因为价格相对于价值的折扣越大越安全,此时买入的风险是相对较小的;二是买入低估的标的后价格仍可能由于多种原因而继续下跌,而较大的安全边际可以抵御公司价值缩水或市场下跌所造成的冲击;三是从收益的角度来说,现实中具备安全边际的价值投资如果没有 100% 的盈利空间是不符合价值投资的基本特点的。除了折价,现实中安全边际的具体衡量还可以有其他标准,比如公司的利润情况等,此时需要注意的是不能以公司当前的较高利润作为一个安全边际,而应考虑公司未来的利润情况。如果公司当前所处的经济环境较好,那么还应考虑公司在较差环境中的利润情况,这时的安全边际才有意义,归根结底安全边际是为了防范风险。

9.4.1.3　价值投资原则

格雷厄姆认为,作为一个成功的投资者应遵循两个投资原则:一是避免损失,二是不要忘记第一原则。根据这两个投资原则,格雷厄姆提出两种安全的选股方法。第一种选股方法是以低于公司 2/3 净资产价值的价格买入公司股票,第二种方法是购买市盈率低的公司股票。当然,这两种选股方法的前提是这些公司股票必须有一定的安全边际。但第一种方法受到很大的条件限制,格雷厄姆将其研究重点放在第二种选股方法上。不过,这两种方法所挑选出的股票在很多情况下是相互重叠的。安全边际法可以成功地运用于以下三个区域:一是稳定的证券,如债券和优先股等,效果良好;二是比较分析;三是选择股票,特别是公司的股票价格远远低于其内在价值时。

如果用最简单的语言来表述格雷厄姆的投资理念,我们可以归纳为三条:第一,安全边际原则。第二,风险分散原则。不要过分关注公司的具体质量,只要价值被低估,就一视同仁地买入,他坚信一个基于理性评估、精心选择、投向分散的普通股组合即是一个正确的投资组合,可以抗衡任何风险。第三,“市场先生”原则。“市场先生”有时温顺,有时暴躁,他经常会犯错误,他是趋势投资者的敌人,是价值投资者的朋友,我们应利用他的错误在其低估时买入而在高估时卖出。

什么不是价值投资?任何理性的投资者都不承认自己在寻找卖价高于其内在价值的证券。每个人都想低买高卖,但是真正的价值投资者实际上是罕见的。那么,如何区分真正的价值投资者和在证券市场上交易的其他投资者呢?

首先,技术分析师很显然不能被称为价值投资者。技术人员从不进行任何基础分析,他们不关心公司的资产负债表或收益表、公司所在的行业、产品市场的特征,或者是其他任何基本面投资者都会关心的问题。他们对投资对象的经济价值毫不关心,而是将精力集中于交易数据:即证券价格的波动性和交易量。他们认为:这些有关波动性的历史数据反映了该证券在不同时间的供求关系。根据这些关系可以预测证券未来的价格走势,他们用图形来反映这一信息,并且认真研究这些图形,寻找预示价格未来运动趋势的信号,从而使他们的交易有利可图。例如,投资者通过推断现价的运动趋势,买进那些价格正在上升且有望持续上涨的证券。有时他们将证券的当日价格与近期 30 日均线、90 日均线、150 日均线或其他均线进行比较,向上或向下穿过均线意味着价格变动方向的变化。毫无疑问,他们都想低价买进、高价卖出,但此时的低价,指的是证券的历史价格;高价,指的是证券的未来价格,它们都与证券的基础价值无关。对于技术投资者而言,"市场先生"是投资领域中唯一的游戏规则,而且它是一种利于短期投资的规则。很少有投资者会忽略技术信息。

其次,在那些理所当然地把自己看作基本面投资者的人中,格雷厄姆和多德型价值投资者也很明显只占少数。这些基本面投资者都很关心其投资的证券所在公司的实际经济状况。基本面投资者分为两类:一类主要关心宏观问题,另一类主要关心具体证券的微观状况。宏观教旨主义投资者关心影响全体证券或大部分证券的宏观经济因素:通货膨胀率、利率、汇率、失业率、国民经济增长率,甚至国际经济增长率,他们密切关注政府决策机构的举措,并综合考虑投资者和消费者的观点。他们利用所得信息预测宏观经济走势,然后利用这些预测来判断什么证券最可能受这些变化趋势影响。他们的方法通常被认为是自上而下型,从整体经济出发,再具体到特定的公司和证券。他们期望自己能具有远见卓识,比整体市场意识反应快,以实现与其他投资者一样的目的——低买高卖。

尽管宏观分析方法经常需要计算,但他们并不直接计算某个证券或某些特殊种类证券的价值。虽然也有一些知名的宏观价值投资家获得成功,但大部分传统的格雷厄姆和多德型价值投资者是以微观分析为基础的微观教旨主义者。甚至在微观教旨主义者——那些分析公司的经济基础因素并对证券逐一进行考察的人中,传统的格雷厄姆和多德型价值投资者也只是少数。微观教旨主义者常用的投资方法都是以股票或其他证券的现价作为出发点的,这些投资者研究证券的历史情况,观察其价格如何随那些具备影响力的经济因素的变化而变化,这些被认为具有影响力的因素包括:收益、行业背景、新产品的引进、生产技术的进步、管理整顿、需求增长、财务杠杆变动、新厂房和新设备投资、公司兼并及多元化经营等,然后他们试图预测这些因素中的关键变量是如何变化的,这一预测主要基于公司和行业的原始资料,以及他们的常识。

9.4.1.4　价值投资估价方法

定价是大多数投资理论的核心,它是估计公司实际价值或内在价值的一项技术。大多数投资者希望购买那些真实价值还没有体现在现行市场价格上的股票,人们一般认为公司的价值是公司为投资者创造的现金流量的现值之和。但是,在很多情况下,这种方法要求投资者预测公司遥远的未来的现金流,这远远超出了投资者的能力。自格雷厄姆以来的价值投资者更偏向于已经到手的东西——银行里的现金及等价物。因此,价值投资者并不相信那些需要对遥远未来的事件和条件进行假设的技术,他们更喜欢首先评估公司的资产价值,然后评估公司的盈利能力价值来计算公司的内在价值。

只有在个别情况下,他们才愿意把成长性作为定价的一个因素,因为他们理解成长性在很多情况下并不值钱。对于自由竞争市场经济中的大部分公司来说,成长性价值已经被追加的资本投资消化掉了,唯一能给投资者带来利润的成长性是那些资本回报超过资本成本的增长。能够带来超额利润的公司是那些受进入壁垒保护,否则竞争对手的大量进入会降低超额利润的公司。只有受进入壁垒保护的成长性才是有价值的,很少有公司能够在不受进入壁垒保护的情况下扩张并依旧保持盈利性。当价值投资者想要为成长性赋值的时候,他们更关心公司的战略地位和特许经营权的可持续性。

盈利能力价值评估的是公司今天的收益,确定土地的现行市场价值和公司部门的现行盈利能力要比预测公司 20 年后的市场份额、利润率、资本成本率可靠得多。当然未来是很重要的,但是把我们今天能够确定的东西与未来不确定的东西区分开也是很重要的。这就是格雷厄姆和多德投资理论的优势之一。此外,价值投资法允许公司的资产价值和盈利能力价值出现差异。

（1）现值定价法

任何资产的内在价值都是由该资产为所有者带来的可分配现金流的现值决定的。投资银行家和公司财务主管都使用现值技术,政府也利用现值技术评估资本项目及其他投资的回报率。现值分析是不可或缺的。但理论上正确的东西未必能够在实践中提供准确的内在价值模型。

现值＝合理年度内现金流的现值＋终值

计算现值的标准方法是估计现在及未来合理年度（也许是 10 年）的相关现金流,然后选择与资产风险相适应的资本成本率。有了这两个数据就可以计算每年现金流的现值,把这些现值加总就可以得到合理年度之前所有现金流的现值。

远期现金流的传统处理方法提出了终端价值的概念。终端价值是在假设合理年度后的现金流永远按固定比例增长的基础上计算得出的。在这一假设下,10 年之后的现金流的现值等于第 11 年的预测现金流乘以一个乘数,这个乘数等于 1 除以资本成本率与固定增长率之间的差额。终端价值加上前 10 年现金流的现值,我们就可得到现在及未来现金流的内在价值。

第一,现值估算的影响模型变量的不确定性问题。

我们是基于 10 年内的增长率推测 10 年后的增长率,这种尝试过于大胆。假设在第 2 年或第 3 年公司面临更激烈的竞争、技术挑战、原料成本高涨或者其他可能导致现金流缩减或消除的问题,那么我们的估计就可能失真。如果我们还假设公司能够按可预测的资本成本不断获得长期融资,则它们的远期数值很难预测。

更糟的是,如果基本假设稍稍偏离,资产定价就会发生显著的变化。我们来看看终端价值和现金流乘数。如果未来固定增长率为 4%,资本成本为 8%,那么终端价值乘数就是 $1/(8\%-4\%)=25$。如果我们对资本成本增长率或两者的估计上下偏差 1%,终端价值乘数就会在 16(9% 的资本成本减去 3% 的增长率)和 50(7% 的资本成本减去 5% 的增长率)之间变动,这个变化幅度超过了 3:1 的比例。在大多数情况下,终端价值是总现值中最主要的组成部分。

第二,现值定价法所依赖的信息——操作变量的参数值——的不可知性。

对于远期数值,即使是汽车行业最灵通的分析师也不能肯定地说福特公司 10 年以后的销售回报率是 10% 还是 12%。但是,人们认为专业分析师应该能够估计出多年以后汽车公司能否维持下去,福特公司相对于竞争对手通用、丰田、戴姆勒-克莱斯勒等的竞争优势或劣势。

(2)三要素定价方法

相比之下,格雷厄姆和多德型投资者采取的三要素定价方法以对公司所处经济条件的全面把握为基础,它将重点更多地放在确定的公司信息上。与华尔街传统的定价方法相比,它在对公司前景的评价时增加了更多的现实性因素,减少了乐观主义情绪。除非对未来的预期是以现有资料为基础的,否则它并不重视对未来的美好预期,这就是格雷厄姆和多德价值投资定律。

在投资高潮期,价值投资者在估计内在价值时显得保守和悲观;当现代技术或其他创新表明一些前沿公司拥有无限美好的未来,这种公司一旦在第一个季度盈利,那么这种盈利就可以持续几个季度时,价值投资对资产价值和盈利能力价值的要求就显得有点过时。但价值投资者明白有些游戏是他们不擅长的唯一,明智的选择就是不去参与。他们信奉的座右铭是"用知识减少不确定性"。这一座右铭发挥了很好的作用,无论未来财富看上去多么诱人,放弃这条原则而买入都是愚蠢的。

9.4.2　价值投资与价值投机

投资是基于全面的分析,确保本金安全和满意回报的操作,即对股票价值进行详尽的分析,并以足够低的价格买入股票,在价值回归时卖出股票,其真正的本质是安全边际。而安全边际的本质是"便宜货",通俗地说,投资是"通过全面分析购买真正的便宜货"。我们可以得到简单而有益的结论:投资的本质是安全边际,不具备安全边际的操作即为投机。

价值投机是价值投资的变异,即看似价值投资却并非价值投资,投资者很容易将其混淆。虽然与价值投资一样,价值投机也寻找低估值的优质公司,但在时机选择上犯了错误,价值投机并不遵循在高估价位卖出的原则,而是依据股价走势进行低买高卖操作,可以说是"在白马里挑黑马,在牛股上做波段"。

格雷厄姆将所有依据市场走势预测股价并低买高卖的行为均归为投机,价值投资追求财富安全稳定的增长,这与投机追求短期迅速获利有着本质的不同。无论是债券、优质股票或者 ST 股票、储蓄、证券投资基金都可能成为投资工具,但也可能成为投机工具,是否成为投资工具,不以交易品种的属性为标准,也不是以交易对象、持有时间、购买方式、获益多少为标准,而是以安全边际为唯一标准。

价值投资者应知道何时买入。格雷厄姆在《聪明的投资者》中强调:如果以预测为基础强调何时买入,那不是投资,而是投机。格雷厄姆的观点虽然没有直接说出价值投资的买入时机,但不代表价值投资不选择买入时机。就买入时机而言,价值投资所强调的安全边际更多是指选择一个内在价值低于价格的时机买入,可以说,买入价格的高低从根本上决定着投资收益率的高低。

价值投资强调长期持有。巴菲特有一句名言:"如果你不想持有一只股票十年,那就不要持有它一分钟。"价值投资认为,投资者应把目光放长远,从公司所有者的角度长期持有,因为投资标的的价值最终要在较长时间中得以体现,而价格回归价值也需要较长时间。就价值投资所选标的来说,从长期看,价格终将反映出标的的真实价值。德国投资大师科斯托兰尼在《一个投机者的告白》中提到了他学习开车的经历,他的驾驶教练说:只盯着方向盘的人,永远学不会开车。在市场中如果每天只看到波动的价格,那么操作也会随着价格的波动而波动,收益未必能有所提升。这与巴菲特在价值投资上的长期持有如出一辙,巴菲特曾说:"很多人赚不到钱是因为他们不愿意慢慢变富,价值投资是长期的,需要至少三年的时间执行策略。"因此,现实中投资者价值投资的正确做法是选出目前价格低估的标的,并且确定其价值大幅贬值的概率很小或未来其价值大幅升值的可能性较大,在价格低估区域买入,待价格高估时卖出,其余时间则长期持有不动,不必在意每天的账面波动。

价值投资者应知道何时卖出。价值投资强调长期持有并不意味着一直持有下去,对于价值投资来说,买入时机固然重要,但更重要的是卖出时机的选择。价值投资的卖出时机总体可以分为三类:一是当标的价格上涨透支了未来多年的价值增长而进入高估区域时选择卖出是最常见的卖出模式,也是价值投资者最理想的卖出模式;二是当价值投资者发现更好的价值投资标的(如拥有更低的估值、公司未来业绩更突出)时也可以选择卖出现有标的进行更换;三是在选择标的方面出现误判,如公司因出现问题导致未来业绩未达预期而造成估值偏高,此时投资者也应果断卖出,而这也是投资者最不愿看到的一种情况。价值投资的另一位代表人物彼得·林奇强调:如果过早卖出,往往会错过上涨 10 倍的大牛股。因此,价值投资者应慎重选择投资标的,一旦选好就应对所选标的抱有信心,以长期持有为主,并且应知道所选择标的的卖出时机。

价值投资者应投资熟悉的标的。不仅仅是价值投资,其他任何投资行为都应遵循"投资自己熟悉的标的"的原则,而价值投资尤其强调这一点。因为价值投资选择低估值标的的前提便是非常了解其所投资的标的,价值投资者非常清楚为什么要投资这样的标的。价值投资强调投资者应在自己的能力范围内投资,一旦投资超出能力范围,即违背了价值投资的原则,最终很可能损失惨重。因此,投资者在进行价值投资时,需要对所投资公司的产品、运营模式、行业地位、财务状况、管理者等有比较清晰的了解,这是建立自己能力范围的过程。

价值投资者应克服情绪和人性弱点。格雷厄姆曾说过:"投资者最大的敌人不是市场而是自己,如果无法掌控自己的情绪,即使具有高超的分析能力,也很难获得较大的收益。"对于价值投资者来说,克服情绪和人性弱点尤为重要。具体来说,在长期持有标的的过程中,需要保持良好的控制力和判断力,克服恐惧、攀比等人性弱点,避免从众心理,看到自己的股票大幅下跌或别人的股票上涨赚钱便放弃了自己的价值投资标的是非常不可取的——既违背了价值投资长期持有的原则,也违背了价值投资的内涵和本质。

9.5　农业证券投资风险

9.5.1　证券投资组合管理

农业证券投资作为一种长期资本,具有高风险的特征,且各类投资的风险不完全相关。同时我们假设,投资者一般是风险厌恶型。为了使得农业证券投资的回报价值最大化(收益最高或损失最小),通常需要进行证券投资组合管理,最大限度地降低投资风险,将风险控制在投资者可以承受的范围内。我们说证券组合可以最大限度地降低风险,是指那些合理有效的证券投资组合。一个有效的证券资产组合可以在一定的风险条件下实现收益的最大化或在一定的收益水平上使投资风险最小化。随着资本市场的发展,证券组合管理具有越来越重要的意义。随着证券投资组合管理专职人员的增加及机构的增多,证券投资组合管理也成为一种专门的行业。证券投资组合管理步骤如下。

第一,确定证券组合目标。建立并管理一个证券组合,首先必须确定组合应达到的目标。证券组合的目标,不仅是构建和调整证券资产组合的依据,同时也是考核组合管理业绩的基准。总体而言,证券组合的目标包括两个方面:一是收益目标,包括保证本金的安全,获得一定比例的资本回报以及实现一定速度的资本增长等;二是风险控制目标,包括对资产流动性的要求以及最大损失范围的确定等。

第二,证券组合的构建。这是实施证券组合管理的核心步骤,直接决定组合效益和风险的高低。证券组合的构建过程一般包括如下环节:

一是界定证券组合的范围。大多数投资者的证券组合主要是债券、股票,并且已出现综合化和国际化的趋势。二是分析判断各个证券和资产类型的预期回报率及风险。在分析比较各类证券及资产投资收益和风险的基础上,选择何种证券进行组合要与投资者的目标相适应。三是确定各种证券在证券资产组合中的权重。这是构建证券组合的关键性步骤。

第三,证券组合调整。证券市场是复杂多变的,每种证券的预期收益和风险,都要受到多种内外因素变动的影响。为了符合既定的投资组合目标要求,必须选择恰当时机,对证券组合中的具体证券品种作出必要的调整变换。包括增加有利于提高证券组合效益或降低证券组合风险的证券品种;剔除对提高证券组合效益或降低证券组合风险不利的证券品种。

第四,证券组合资产业绩的评估。这是证券组合管理的最后一环。证券组合资产业绩评价是对整个证券资产组合收益与风险的评价。评价的对象是证券组合整体,而不是组合中的某个或某几个证券资产;评价的内容不仅包括收益的高低,还包括风险的大小。

上述四个阶段是互相联系的,在时间上相互衔接,前一阶段为下一阶段的工作创造条件,后一阶段则是上一阶段的继续。从长期看,证券组合的四个阶段又是循环往复的,一个时期证券组合的绩效评估反过来又是确定新的时期证券组合目标的依据。

9.5.2 证券投资的系统性风险

证券投资风险就其性质而言,可分为系统性风险和非系统性风险。系统性风险的来源主要有政治、经济及社会环境。

9.5.2.1 政策风险

政府的经济政策和管理措施可能会造成证券收益的损失,这在新兴股市表现得尤为突出。经济政策的变化,可以影响到公司利润、债券收益;证券交易政策的变化,可以直接影响到证券的价格。而一些看似无关的政策变化,比如对于私人购房的政策,也可能影响证券市场的资金供求关系。因此,每一项经济政策、法规出台或调整,对证券市场都会有一定的影响,有的甚至会产生很大的影响,从而引起市场整体的较大波动。政策性风险的特点,一是突发性强,涉及面广;二是在事件中受损最严重的,往往是大批中小投资者。

9.5.2.2 利率风险

在证券交易市场上,证券是按市场价格而不是其票面价值进行交易的。市场价格随时受市场利率水平的影响。一般来说,市场利率提高时,证券市场价格就会下降,而市场利率下调时,证券市场价格就会上升,这种反向变动的趋势在债券市场上尤为突出。

9.5.2.3　购买力风险

在现实生活中,每个人都会遇到这样的问题,由于物价的上涨,同样金额的资金,未必能买到过去同样的商品。这种物价的变化导致了资金实际购买力的不确定性,称为购买力风险,或通货膨胀风险。同样在证券市场上,由于投资证券的回报是以货币的形式来支付的,在通货膨胀时期,货币的购买力下降,也就是投资的实际收益下降,将给投资者带来损失的可能。

9.5.2.4　市场风险

市场风险是证券投资活动中最普遍、最常见的风险,是由证券价格的涨落直接引起的。尤其在新兴市场上,造成股市波动的因素更为复杂,价格波动大,市场风险也大。因此,盲目的股票买卖是不提倡的。

9.5.3　证券投资的非系统性风险

单个股票价格同上市公司的经营业绩和重大事件密切相关。公司的经营管理、财务状况、市场销售、重大投资等因素的变化都会影响公司的股价走势。这种风险主要影响某一种证券,与市场的其他证券没有直接联系,投资者可以通过分散投资的方法来抵消该种风险。这就是非系统性风险。非系统性风险因此也可称为可分散风险,主要包括以下四类。

9.5.3.1　经营风险

经营风险主要指公司经营不景气,甚至失败、倒闭而给投资者带来损失。公司经营、生产和投资活动的变化,导致公司盈利的变动,从而造成投资者收益本金的减少或损失。例如经济周期或商业营业周期的变化、竞争对手的变化、公司自身的管理和决策水平等都可能会导致经营风险。

影响公司经营业绩的因素很多,投资者在分析公司的经营风险时,既要把握宏观经济大环境的影响,又要把握不同行业、不同所有制类型、不同经营规模、不同管理风格、不同产品特点等对公司经营业绩的影响。

9.5.3.2　财务风险

财务风险是指公司因筹措资金而产生的风险,即公司可能丧失偿债能力的风险。公司财务结构的不合理,往往会给公司造成财务风险。公司的财务风险主要表现为:无力偿还到期的债务、利率变动风险(即公司在负债期间,受通货膨胀等的影响,贷款利率发生增长变化,利率的增长必然增加公司的资金成本,从而抵减预期收益)、再融资风险(即公司的负债经营导致公司负债比率的加大,相应降低了公司对债权人的债权保证程度,从而限制了公司从其他渠道增加负债融资的能力)。

形成财务风险的因素主要有资本负债比率、资产与负债的期限、债务结构等因素。一般来说,公司的资本负债比率越高,债务结构越不合理,其财务风险越大。投资者在投资时应特别注重公司财务风险的分析。

9.5.3.3　信用风险

信用风险也称违约风险,指发行主体出现资金兑付困难,不能按时向证券持有人支付本息,给投资者带来损失的可能性。其主要针对债券投资,对于股票只有在公司破产的情况下才会出现。造成违约风险的直接原因是公司财务状况不好,最严重的是公司破产。因此不管债券还是股票,投资者必须对发行债券的信用等级和发行股票的上市公司进行详细的了解。

例如,11月10日,地方国有企业,违约前主体评级为AAA的永煤控股公告称,因流动资金紧张,"20永煤SCP003"未能按期足额偿付本息,已构成实质性违约,违约本息金额共计10.32亿元。永煤债违约事件发酵后,不少信用债受到波及。11月13日,紫光债、魏桥债、永煤债等多只信用债大跌。截至收盘,"19紫光02"大跌20%,"18紫光04"跌16.96%,"19紫光01"下跌7.47%,"16魏桥05""19魏桥01"分别下跌6.74%和5.15%。

9.5.3.4　道德风险

道德风险主要指上市公司管理者的道德风险。上市公司的股东和管理者之间是一种委托—代理关系。由于管理者和股东追求的目标不同,尤其在双方信息不对称的情况下,管理者的行为可能会造成对股东利益的损害。

参考文献

[1] 吴后宽.本杰明·格雷厄姆成长股价值评估模型的解析及应用.中国证券
期货,2010(3):5-6.

[2] 柳岸林.价值投资的内涵及其对投资者的启示.中国证券期货,2020(2):
24-27.

[3] 格雷厄姆.聪明的投资者.王中华,黄一义,译.北京:人民邮电出版社,
2010.

[4] 坎宁安.向格雷厄姆学思考,向巴菲特学投资.闻佳,侯君,译.北京:机械
工业出版社,2011.

第十章　农产品期货与期权

　　某期货公司于 2011 年 3 月根据豆油与菜油期货正常价差变动情况对菜油和豆油期货进行跨品种套利交易，当时菜油与豆油的价差为 200 点，而正常菜油与豆油之间的价差应该维持在 200—1000 点，此外，该期货公司还根据南美大豆丰产的基本面消息，判断豆油价格会受此影响而迅速回落，从而菜油与豆油期货价差又将重新回到 200—1000 点。因此该期货公司以对价差的分析为基础对菜油(1309)与豆油(1309)期货进行套利的操作，以期获得稳定的价差收益，该公司菜油与豆油价差为 200 点时卖出 30 手豆油，买入 60 手菜油，将止损点设为价差 100 点，最终该期货公司在价差恢复到 500 点时平仓跨品种套利头寸，套利持续时间为 2 个月。由此例我们可以看出此次套利交易最大亏损 3％，套利资金仓位达到 80％以上，最终获得收益 9 万元，收益率为 9％，年化收益为 54％。

　　衍生证券，又称衍生工具，是极其重要的一种金融资产。这些证券的价格取决于或者衍生于其他证券的价格，因为其价值依其他证券而定，所以又称或有权利(contingent claim)。期权合约与期货合约都是衍生证券，我们会发现它们的收益取决于其他证券的价值。全美范围内标准化的期权合约交易是从 1973 年芝加哥期权交易所(CBOE)的看涨期权交易开始的。期权交易建立在期货市场发展的基础上，但与期货交易相比，期权有其鲜明的特征。本章将介绍期货与期权的历史发展进程；期货定价的理论基础与规则；期货市场服务农业的模式；期权定价与合约设计，最后是案例分析。

10.1　中外期货与期权历史发展

10.1.1　世界期货市场发展历程

现代意义上的期货市场最早诞生于美国芝加哥。芝加哥位于美国中西部,水路、公路、铁路交通都十分发达,在 19 世纪就是美国的商业中心和谷物集散地。谷物主要是玉米和小麦,购销范围从芝加哥扩展到全美国,甚至到欧洲。在市场兴旺的情况下,竞争十分激烈,价格也随着供求关系不断波动。因此,82 位谷物经销商在 1848 年 4 月 3 日成立了芝加哥商会,又称为芝加哥谷物交易所,这就是后来鼎鼎大名的芝加哥期货交易所的前身。当时的芝加哥谷物交易所旨在为买卖双方提供相互见面、交流信息、洽谈业务的场所,是一个促进谷物贸易发展的商会。19 世纪初的芝加哥因地理位置的优越性,成为中央的粮食集散地(临近中西部平原及密歇根湖,农业条件优厚)。当地春季粮食供不应求,而秋季粮食供过于求,粮价极不稳定,对企业和农场主来说都不利。此时一些特定的中间商出现在两者之间,修建储存仓库,与双方提前签订买卖协议,提前协商确定了交易价格,稳定了物价。这是最早的期货合约。

1848 年芝加哥交易所(CBOT)成立。1865 年芝加哥交易所推出"标准化合约",是指除了价格,期货合约的所有条款,包括质量、规格、单位数量、交货时间和地点等都由交易所统一规定。

1876 年伦敦金属期货交易所(LME)成立,上市品种有铜、铝、锌、锡、镍及黄金和白银等贵金属。

1891 年,美国明尼阿波利斯谷物交易所在探索和改革期货结算制度的过程中,率先引入了结算所,形成了完整的结算系统。结算所的引入解决了期货合约结算中的技术难题,保障了期货合约履行和实物交割的顺利进行,迅速被各个期货交易所采用,成了期货市场的有机组成部分。

《谷物期货交易法》是第一部专门关于农产品期货市场的法律,是美国国会和联邦政府在 1922 年通过的,旨在规范和监督期货交易所的日常交易,收集资料,检查交易所会员的账册等。这部法律把期货市场纳入了法制管理的轨道,使期货交易逐步走向规范化、法治化。

期货市场的监管机构通常包括政府的行政管理和期货协会的行业管理。美国根据1936年的《商品交易所条例》成立了商品交易所委员会作为监管机构,1947年改组为商品交易管理局,1975年被商品期货交易委员会取代。美国全国期货协会成立于1981年,并在1982年开始运作,成为美国唯一的期货业行业管理机构。

据记载,芝加哥谷物交易所的第一份远期合约签订于1851年,是一张3000蒲式耳的玉米远期合约。随后在1863年,芝加哥谷物交易所规定会员必须履行远期合约,否则将被取消会员资格。远期合约交易的实行,使得芝加哥谷物交易所向期货交易所迈出了关键的一步。由于远期合约的具体内容千差万别,为了解决合约纠纷和违约事件,交易所逐步对产品质量进行了规定,并最终在1865年正式推出了标准化的远期合约,即期货合约。随着期货合约的推出,保证金制度得到实行,在交易时按照总价值的10%交纳保证金。

芝加哥期货交易所是历史最悠久的期货交易所,长期占据世界农产品期货交易量第一位。芝加哥期货交易所上市的农产品期货合约包括玉米、小麦、大豆、南美豆、豆粕、豆油、燕麦、大米和酒精(美国生产的酒精以玉米作为主要原料),期权合约包括玉米、小麦、大豆、豆粕、豆油、燕麦和大米。2006年10月,芝加哥期货交易所和芝加哥商业交易所签署了合并协议。

芝加哥商业交易所的前身是由一批农业经销商在1874年创立的农产品交易所,所上市的农产品期货主要是畜产品,包括活牛、饲养用幼牛、活猪、猪腹肉、牛奶、黄油、脱脂奶酪,还包括木材期货和三种肥料期货,畜产品均有相应的期权合约,而木材和肥料没有期权合约。1972年,该交易所组建国际货币市场分部,涉足外汇期货,进入更广阔的发展空间。

明尼阿波利斯谷物交易所和堪萨斯期货交易所,业务以谷物交易为主。前者成立于1881年,交易的产品是硬红春小麦期货和期权,以及小麦、玉米和大豆的指数期货和期权。后者成立于1856年,交易的产品是硬红冬小麦期货和期权。

欧洲交易所是欧洲首家跨国交易所,是集股票交易和期货、期权交易于一身的综合性交易所。欧洲交易所于2000年9月,由巴黎证交所、阿姆斯特丹证交所和布鲁塞尔证交所合并而成,2001年7月挂牌上市,2002年初,又收购了葡萄牙里斯本证交所和伦敦国际金融期货交易所(LIFFE)。欧洲交易所的农产品期货品种有可可、咖啡、玉米、油菜籽、白糖、饲料小麦、制粉小麦共 7 个合约，全部有相应的期权品种。

东京谷物交易所是与芝加哥期货交易所、大连商品交易所齐名的世界三大农产品交易所之一。日本是商品期货早期的发源地，早在 1730 年，江户时代的日本政府就应当时米商的要求设立交易场所，进行大米的期货买卖。东京谷物交易所上市的期货合约农产品有玉米、大豆、豆粕、红小豆、咖啡、原糖、生丝，以及根据东京和大阪地区 14 种蔬菜批发价格每日加权平均价制定的蔬菜指数合约。东京谷物交易所上市的期权合约农产品有玉米、大豆和原糖。

日本的期货交易所数量比较多，除了东京谷物交易所，上市农产品期货合约的还有其他一些交易所。中部商品交易所上市有鸡蛋合约。关西商品交易所上市的期货合约农产品有冻虾、进口大豆、小豆、原糖，上市的指数合约有咖啡指数和玉米指数，上市的期权合约有原糖期权。天然橡胶作为一种林产品，同时又是一种重要的工业原料，在日本，主要在东京工业品交易所和大阪商业交易所上市，大阪商业交易所还上市有橡胶指数合约。

悉尼期货交易所在 2006 年 7 月被合并到澳大利亚股票交易所，成为后者的 1 个全资子公司，目前其原有期货业务平台仍在运行。原悉尼期货交易所的农产品合约有羊毛和活牛两类，以羊毛为主，共有 3 个羊毛期货合约品种和 1 个羊毛期权合约品种。澳大利亚股票交易所原有的期货交易包括谷物和羊毛 2 种，谷物期货包括食用小麦、饲料小麦、饲料大麦、高粱、油菜籽，其中，食用小麦、饲料大麦、高粱和油菜籽有相应的期权合约；羊毛期货合约有 3 种，和悉尼期货交易所的羊毛合约在交割标准上有区别。

加拿大温尼伯商品交易所是一个农产品期货交易所，上市有油菜籽、小麦和大麦 3 个期货品种，并且 3 个品种都有相应的期权合约。由于加拿大在地理上、文化上与美国都比较相近，加拿大的期货市场没有得到充分发展，政府鼓励农民使用美国的活牛等期货期权合约进行风险管理。

印度的全国商品衍生品交易所是其主要的商品交易所，其农产品合约有 45 种之多，但成交量比较小。上市的品种除了小麦、大豆、棉花、咖啡、菜籽油等常见品种，还包括腰果、蓖麻籽、红辣椒、棕榈油、芝麻、小扁豆、瓜尔豆、粗圆形扁豆、黄豌豆、豆粕、豆油等。在交易量上，以印度本地瓜尔豆的交易量最大，印度瓜尔豆产量占世界的 80%，该期货品种为本国农产品提供了很好的风险管理手段。

多种商品交易所是印度另一家重要的期货交易所。多种商品交易所的农产品分为油料、调味品、纤维、豆类、谷物、林产品和其他共 7 个类别。油料有蓖麻油、蓖麻籽、椰子油等共 18 个品种。调味品共有小豆蔻、孜然、胡椒粉、红辣椒 4 个品种。纤维类共有籽棉、棉纱和长、中、短纤维的原棉共 5 个品种。豆类有扁豆、豌豆等 6 个品种。谷物有小麦、玉米和 3 种大米共 5 个合约品种。林产品有槟榔、腰果和橡胶 3 个品种。其他类农产品期货有印度本地的瓜尔豆、瓜尔豆胶、土豆等 8 个合约品种。印度 2 个最大的商品交易所上市品种重复比较多,还没有达到"一品一市"的成熟阶段。

10.1.2 世界期权市场发展历程

虽然农产品期货产生时间早,为工业品期货和金融期货的产生奠定了基础,但农产品期权的出现晚于金融期权。期货市场衍生的农产品期权,不仅能够为期货交易者提供避险工具,而且能稳定农产品价格、降低农业经营者的风险。

期权交易的萌芽可以追溯到 17 世纪荷兰郁金香球茎的交易。但有组织的期权交易始于 18 世纪,在工业革命和贸易的刺激下,欧美等地相继出现了以农产品为标的物的期权交易,随后扩展到贵金属、房地产、股票等品种。在 20 世纪 20 年代前,期权交易均采用场外交易形式(over the counter market),交易没有严格规范,因此相当混乱,人们普遍认为期权是一种投机,很长时间内并不被广泛接受,美国在 1936 年颁布的商品交易法案中甚至禁止对一些商品进行期权交易。因此,这一时期期权交易规模较小。

1968 年,美国的一些经纪商开始探讨设立期权交易所的可能性,1973 年,世界上第一家期权交易所——芝加哥期权交易所成立,标志着现代意义的期权交易的开始。1973 年,芝加哥期权交易所率先推出股票期权合约交易,10 年后即 1983 年才由芝加哥期货交易所(CBOT)推出玉米期权交易,接着 1984 年又推出大豆期权合约,农产品期权合约开始在交易所内上市并获得快速发展。

此后,农产品期权交易逐步发展起来,交易品种不断增加,交易范围不断拓展。目前,除美国外,加拿大、英国、德国、日本、印度、巴西、俄罗斯、阿根廷、墨西哥、澳大利亚等国相继推出多种农产品期权合约。农产品期权不仅在美、英、日等发达国家发展迅速,印度、巴基斯坦等发展中国家也推出多种农产品期权合约。多家期货交易所都开办了与其上市期货相关的期权业务。巴西、阿根廷等许多发展中国家的区域性期货交易所，也纷纷开展农产品期权交易。期权合约基本上已经成为相关期货合约的配套合约，具备一定交易规模的期货合约都有相应的期权合约。

农产品期权是商品期权中最主要的交易品种，目前，全球共有玉米、小麦、大豆、豆油、油菜籽、棉花、白糖、橙汁等 60 多个品种，在多数欧美交易所中，几乎所有成熟的期货交易都有相应的期权交易。从交易情况看，自 1973 年产生以来，期权交易量持续增长，曾连续多年超过期货交易量。21 世纪以来，全球期权交易发展迅猛，期权从理论到实践已日趋成熟，为中国农产品期权的推出提供了有效借鉴。农产品生产面临众多风险，其中市场风险尤为显著，如何规避农产品市场风险成为重中之重。农产品期权市场是完善的风险分散体系，有利于系统性风险的减少。期权具有期货无法比拟的优势：

一是期权交易成本比期货低。期权买方只要缴纳少量的期权权利金就能达到保值或者投机获利的目的。期权不像期货交易那样需要逐日盯市并可能被要求随时补足保证金，更不会因保证金不足而被强行平仓。

二是期权比期货具有更小的风险。对于期权买方来说，其最大损失只是期权权利金，因此风险有限。对于期权卖方来说，其风险比买方要大，但由于其事先收取了一笔期权权利金，其风险小于持有相应期货头寸的人。

三是期权可以作为期货交易者进行风险管理的工具。风险管理者可以通过期权与期货、期权与期权的资产组合来降低和分散风险，以满足不同风险偏好者的需求。

期权交易的标的是一种权利，期权买方通过支付期权费，从而享有在未来选择是否以既定价格买入或者卖出一项资产的权利。期权与期货不同，期权买方拥有权利而没有义务，期权卖方只有义务而没有权利；期货的买卖双方则必须按照期货合约的规定进行清算或交割，双方享有的权利同时也是一种义务，而且双方享有的权利和义务是对等的。

期权交易对于形成完善的期货市场体系和风险管理体系具有重要意义。期权交易作为期货交易的风险管理工具，不会在期货交易之外产生新的风险，期权卖方面临的最大风险就是进行期货交易的风险，不会放大风险。目前国际商品期货市场的期权合约非常普遍，期权交易呈现出不断增长的态势，充分体现出市场存在着旺盛的需求，显示出期权交易的生命力。经过 20 多年的发展，发达国家的农产品期权市场形成了品种丰富、交易活跃的良好局面,成为国际期货市场的一个重要组成部分。

从合约重要性的角度来看,几乎所有重要的农产品期权的交易中心都在美国,例如小麦、玉米、大豆、白糖,美国保持了多年的强势地位。这种强势地位有着良好的贸易基础,有着发达的期货期权市场体系,具有其他国家无可比拟的优势。这些期权和期货交易一起使得美国成为世界上多种农产品价格的定价中心。

随着交易技术的进步,农产品(价格)指数成为期货,进而成为期权交易的对象。美国明尼阿波利斯谷物交易所成功运行着小麦、玉米、大豆价格指数的期货和期权交易。农产品价格指数进入期权市场,丰富了农产品的交易品种。而且从发展的角度看,一些不宜作为期货交易对象的农产品有可能以价格指数的形式进入农产品期货期权市场。期货、期权市场发展的初衷,首先是为本国市场服务。有些农产品期权合约就有非常强的地域性特征。如美国的冷冻浓缩橘汁期权、澳大利亚的羊毛期权,这些产品具有非常强的本土特色,主要是为本国生产者服务。这些期权产品的推出和成功运行,为稳定本国农产品市场起到了重要的作用。

农产品期权交易的成长性非常好,交易规模逐年增长,已成为世界金融衍生品市场的重要组成部分。农产品期权交易量的持续攀升,得益于它广泛的用途。期权交易的独特优势和丰富的内涵,使得期权市场的参与者范围不断扩大。如机构投资者通过期权的组合可以构造现货交易和期货交易所没有的投资组合特性。农产品生产者利用期权交易中期权买方风险锁定、成本锁定、收益无限、操作简单等特点,广泛利用期权市场套期保值。

10.1.3   中国农产品期权与期货发展

农业作为国民经济的基础产业,尤其是中国这样的人口大国,其生产经营状况不仅直接制约着其他行业的生存和发展,还关系到社会稳定及国家安全。我国农产品价格机制改革经过统购统销(1953—1977)、扩大市场调节(1978—1984)、计划与市场双轨制(1985—1991)、逐步完全市场化(1992—2002)及国家调控下的大宗农产品价格机制(2003 年至今)的 5 个演进阶段,形成国家调控与市场调节并行的农产品价格形成机制。自 2004 年起实施的粮食最低收购价政策,连续多年托市收购政策,使得国内粮食价格高于国际价格、进口量与库存量齐增、仓容压力巨大。

1978年,我国实行改革开放,经济体制由计划经济逐步向市场经济转型。随着商品价格的逐步放开,为了避免一些基础商品的价格出现非理性的大幅波动,引入期货市场成为必然的选择。从历年的政府工作报告来看,1988年提出"探索期货市场机制",到1992年提出"发展批发市场和期货市场",再到2007年提出"积极稳妥地发展期货市场",期货市场地位日益提高。在乡村振兴的大背景下,农产品期货市场正处在一个前所未有的良好发展机遇之中。在严格控制风险的前提下,为大宗商品生产者和消费者提供价格发现和套期保值功能的商品期货品种逐步推出。

我国是农产品的生产和消费大国,受生产的季节性以及鲜活易腐性等方面的影响,农产品经营者在生产销售上面临着多重风险,不仅有自然风险、政策性风险,还有巨大的市场风险。在市场经济的大背景下,期货市场在农产品价格发现中占主导地位。大宗农产品贸易实践中,相当比例的贸易商通过期货市场进行交易,或者通过期货市场进行套期保值,农产品定价通常以相应的期货价格为基础,再按质量等级、交割所在地等因素产生浮动价。由期货市场衍生的农产品期权,不仅能够为期货交易者提供避险工具,而且能稳定农产品价格、降低农业经营者的风险。期货市场是发达国家大宗农产品市场良性运转的有机组成部分,故而中国大宗农产品的市场化发展离不开期货市场的发展。

美国著名经济学家、诺贝尔经济学奖获得者米勒教授说:"没有期货市场的经济体系称不上市场经济。"期货市场是市场经济的重要组成部分,是市场经济发展的必然产物,在国民经济发展中起到了重要的作用;在完善我国市场经济体系、形成商业信用机制、促进商品流通方面发挥着特殊重要的作用。期货市场具有两大重要经济功能:规避经营风险和发现合理的价格。毫无疑问,完善的市场体系应该是现货市场和期货市场的完美结合,期货市场能够在引导农民和农业企业利用农产品期货信息调整农业种植结构、参与农产品期货套期保值,稳定农业生产等方面创造良好的条件。

相较于西方发达国家,作为世界第二大经济体,我国商品衍生品市场正处于成长阶段。更好地利用农产品衍生品市场的价格发现、风险规避和套期保值功能,对于我国农产品衍生品市场十分重要。要防止农产品供求过度波动、引导农业战略性结构调整、完善农产品市场体系、实现农业产业化经营、提升中国农产品竞争力且增加农民收入,客观上需要一个发达健全的期货市场。为此,2022年中央一号文件指出,要强化乡村振兴金融服务,优化完善

"保险＋期货"模式。我国农产品期货市场的产生与发展可以划分为以下阶段。

10.1.3.1　农产品期货市场的试点及盲目发展时期

1987年,我国开始进行期货市场试点准备工作。1988年,期货市场研究工作小组成立。1990年,郑州粮食批发市场开业,标志着中国期货市场建设迈开了第一步。郑州粮食批发市场上市交易的商品以小麦为主,以粮食现货批发合同交易为主,引进期货交易机制,开办远期合同交易,组织部分合同在场内有规则地转让,并逐步向规范化期货市场过渡。

1993年5月28日,郑州商品交易所正式开业,标志着我国粮食市场从"批发市场"时代进入"期货交易所"时代。郑州商品交易所开业后,推出了小麦、玉米、大豆、绿豆和芝麻5种农产品期货合约,第2年,又推出了花生仁、豆粕、红小豆等合约。

1993年6月30日,上海粮油商品交易所开业,专营粮油期货业务,首批推出的品种有大豆、玉米、白小麦、红小麦、粳米、籼米、大豆油、菜籽油等。1993年11月18日,大连商品交易所开业,正式推出的合约有大米、玉米、大豆、绿豆、小麦、豆粕、红小豆、豆油等。这一年,一批农产品期货交易所相继开业,如四川粮油商品交易所、长春商品交易所等。还有一些交易所也上市了农产品期货合约,如海南中商期货交易所、北京商品交易所、苏州商品交易所等。

农产品期货市场在这一时期获得了飞速的发展,到1993年底我国有交易所33家,会员2337家,代理客户超过3万户,上市品种50多个,取得了丰富的试办经验。与此同时,交易所盲目建设、交易品种分散、经纪业务不规范、交易违规事件频繁出现等问题暴露出来,对期货市场的治理整顿随之而来。

10.1.3.2　农产品期货市场的整顿时期

1995年,国务院发布了整顿期货市场的通知,认为期货市场的盲目发展导致了通货膨胀,对发展过快的期货行业进行严格整顿。相关部门先后进行了两次期货业的治理整顿,统一了监管,调整了交易品种,规范了期货经纪业务。在此期间,平均每3个月消灭1个期货品种,全国2000多家期货经纪机构被砍掉90%,剩下200家左右,全国的交易所从50家减少到15家,又从15

家减少到 3 家。其中,郑州商品交易所和大连商品交易所主要从事农产品期货交易。

我国在此期间对交易所、期货公司、期货从业人员、高管人员的管理及交易所规章制度都进行了全面的研究,颁布实施了新的法规。证监会在此期间建立起中国全面的期货市场监管体系,使期货市场逐步走向制度化发展轨道。

这一时期的农产品交易品种大幅度减少,郑州商品交易所主要交易绿豆、小麦,大连商品交易所主要交易大豆、豆粕。天然橡胶作为一种林产品,因为主要用于工业,兼有工业品属性,在上海期货交易所上市交易。

10.1.3.3 农产品期货市场的健康有序发展时期

1999 年以后,期货市场开始稳步向前发展,步入健康有序发展阶段。证监会把关系国计民生的大宗农产品合约作为主攻方向强力推出。2003 年,优质强筋小麦合约挂牌上市。

2004 年,棉花、玉米合约上市。2006 年,白糖、豆油合约上市,期货市场显现出生机和活力。2006 年的《政府工作报告》和《国务院 2006 年工作要点》,都把"积极稳妥地发展期货市场"作为进一步推进改革开放的一项重要举措。在我国经济社会全面发展的过程中,期货市场具有非常重要的战略地位。

2016 年 12 月 16 日,证监会批准郑州商品交易所和大连商品交易所分别开展白糖和豆粕期货期权交易,这意味着国内场内农产品期权首次落地。2017 年 3 月 31 日豆粕期货期权挂牌首日共成交了 46066 手,持仓量为 32056 手。总体而言,市场交易比较理性,成交平稳。从期权合约设计来看,它反映了服务实体经济的特征,严格控制了市场风险。截至 2017 年底,我国农产品期货上市品种已有 21 种,成交量为 8.1 亿手,成交总额达到近 40.87 万亿元,小麦、大豆、玉米、棉花与鸡蛋等多个农产品期货市场已具备有效性。而豆粕期货期权上市以后,大连商品交易所不断放宽其限仓标准,从刚开始的 300 手到 2017 年 9 月的 2000 手,再到 2018 年 5 月的 1 万手,接着 2019 年 2 月放宽到 3 万手。这说明了我国豆粕期权的快速发展也更有利于投资者们充分利用豆粕期权丰富的交易策略满足他们自身的风险管理需求。

10.2　期货定价的理论基础

10.2.1　持有成本理论

持有成本理论认为,商品的期货价格是商品现货价格与持有现货商品至期货交割时所需成本之和。持有成本理论有如下假设:第一,商品的需求在各时段呈现均匀分布,且商品可以储存一定时间;第二,在商品的储存过程中,为保持商品的质量需要支付一定费用,该费用即为持有成本,且储存时间越长,所需成本越高;第三,签订和持有期货合约无须支付成本费用,同时可以固定商品价格、规避风险。

假设商品现货价格为 P,商品期货价格为 F,存储期限为 T,存储成本为 CR。则有 $F_T = P + CR_T$。当 $F_T > P + CR_T$ 时,购买者宁愿直接购买现货商品自行存储也不会签订期货合约;当 $F_T < P + CR_T$ 时,销售者宁愿将来直接出售现货,同样也不会签订期货合约。

10.2.2　现货升水理论

有时候市场上会出现期货价格低于现货价格的"现货升水"现象,而该现象无法用持有成本理论解释。现货升水理论认为,在正常情况下,持有现货的生产厂商在生产过程中会面临价格波动的风险,需要获得溢价补偿,即现货价格相对于期货价格应该存在升水现象。在无存储问题的情况下,一定期限后现货价格的预期值 EP 应该与现在的现货价格 CP 相等,即 $EP = CP$,那么现在所确定的相同期限的期货价格 FP 应当小于 EP,即 $FP < EP$,则有 $FP = CP$。假设 r 为投机方从套期保值方处获得的风险溢价,则有 $FP = CP - r$。

10.2.3　库存理论

库存理论着眼于持有存货,解释现货价格与期货价格之间的关系。

Kaldor(1939)首先提出便利收益的概念,便利收益是指相对于持有期货合约来说,持有商品现货所带来的经济补偿。根据库存理论,期货价格与现货价格存在下列关系:

$$F = S^{(r+u-c)(T-t)}$$

其中,F 为期货价格,S 为现货价格,r 为无风险利率,c 为便利收益,u 为存储成本。当 $r+u-c>0$ 时,有 $F>S$,为期货升水;当 $r+u-c<0$ 时,有 $F<S$,为现货降水。由此,期货价格升水和现货价格升水现象均可得到很好的解释。

10.3　期货合约与定价

10.3.1　期货合约

期货合约(future contract)是一种协议,它要求协议一方在未来特定的日期按照预先确定好的价格买入或者卖出某种商品。期货市场的基本经济功能是为市场参与者提供对冲市场价格水平发生反向变动的风险的机会。期货合约可以分为商品期货和金融期货两种。商品期货(commodity futures)的标的物包括传统的农产品(例如谷物和牲畜)、进口食品以及工业品。标的物为金融工具或金融指数的期货合约被称为金融期货(fianacial futures)。金融期货包括股票指数期货、利率期货和外汇期货。因为期货合约的价值来源于标的资产的价格,所以它们通常被称为衍生工具(derivative instruments),其他的衍生工具还包括期权和互换。我们在此研究的是商品期货。

期货合约和远期合约(forward contract)都是规定在将来的某一时间购买或者出售某项资产,与期权不同的是,期权持有者不用强制性地购买或者出售资产,当无利可图时,可以选择放弃交易。为了说明期货与远期合约如何起作用,可以想象一个只种单一农作物的农场主所面临的资产组合多样化问题。假如他只种玉米,他的一个种植季节的全部收入都取决于玉米价格,则农场主很难多样化他的头寸,因为他全部的财富都来自玉米。玉米加工厂则面临与玉米生产者相反的资产组合,他的利润因为玉米价格的进货成本变化,面临高度的不确定性。双方可以通过远期合约来降低风险。利用远期合约的农场主能够以现在协商的价格在收货时出售玉米,而不管收货时玉米的市场价格如何,并且现在也不需要资金转移。从本质上而言,远期合约就是在现在确定价格而延期交付资产,所需的是双方愿意锁定玉米的最终价格,从而使得双方免受未来价格波动的影响。

期货市场使远期合约规范化与标准化,买卖双方在集中的期货交易所进行交易,交易所将所交易的合约的类型进行标准化:规定合约规模、可接受的商品的等级、交割日期等。尽管这种标准化降低了远期交易的弹性,但是增加了流动性,因为更多的交易者会把注意力集中在同样的几种期货合约上。期货合约与远期合约的不同还在于期货合约是每日结算盈亏,而远期合约在交割日之前并不发生任何的资金转移。

期货合约是期货交易的买卖对象或标的物,是由期货交易所统一制定的,规定了某一特定的时间和地点交割一定数量和质量商品的标准化合约,期货价格(futures price)是通过公开竞价而达成的。一般期货合约规定的标准化条款有以下内容:

(1)标准化的数量和合约单位。如上海期货交易所规定每张铜合约单位为 5 吨,每个合约单位称之为 1 手。

(2)标准化的商品质量等级。在期货交易过程中,交易双方无须再就商品的质量进行协商,大大方便了交易者。

(3)标准化的交割地点。期货交易所在期货合约中为期货交易的实物交割确定经交易所注册的统一的交割仓库,以保证双方交割顺利进行。

(4)标准化的交割期和交割程序。期货合约具有不同的交割月份,交易者可自行选择,一旦选定之后,在交割月份到来之时如仍未对冲掉手中合约,则须按交易所规定的交割程序进行实物交割。

期货合约月份通常不是定在全年各个月份,主要是为了集中买卖,加大交易量,活跃市场。例如农产品往往根据收获季节、运输条件及贸易惯例来确定合约月份。在美国,一般是 7 月收割冬小麦,9 月收割春小麦,10 月运输,3 月集中,5 月清理存货。所以,CBOT 小麦合约月份为 7、9、12、3、5。

(5)交易者统一遵守的交易报价单位、每天最大价格波动限制、交易时间、交易所名称等。

表 10-1 是一个期货合约的示例。

表 10-1 大连商品交易所黄大豆期货合约

项目	内容
交易品种	大豆 1 号
交易单位	10 吨/手
报价单位	人民币
最小变动价位	1 元/吨
涨跌停板幅度	上一交易日结算价的 3%
合约交割月份	1、3、5、7、9、11
交易时间	每周一至周五上午 9:00—11:30,下午 1:30—3:00
最后交易日	合约月份第十个交易日
最后交割日	最后交易日后七日(遇法定节假日顺延)
交割等级	大连商品交易所大豆交割质量标准
交割地点	大连商品交易所指定交割仓库
交易保证金	合约价值的 5%
交易手续费	4 元/手
交割方式	集中交割
交易代码	A
上市交易所	大连商品交易所

因为交易所已对合约的条款作了规定,所以交易者可以协商的只有期货价格了。多头方(long position)承诺在交割日购买商品,空头方(short position)承诺在合约到期日卖出商品,所以多头方称为合约的买方,而空头方称为合约的卖方。通常而言,多头方看好资产后市发展,预计标的物价格未来会涨,所以在低位买入,赚取价差收益;而空头投资者不看好后市,认为标的资产价格在未来会下跌,因此选择在高位卖出资产,获得资金,待资产在未来下跌时,再以低价买回,以赚取当中的价差。买与卖在这里只是一种说法,因为合约并没有像股票与债券那样买卖,它只是双方之间的一个协议,在合约签订时,资金并没有易手。

10.3.2　期货交易规则

10.3.2.1　结算所与未平仓合约

均衡价格理论假定期货市场是完全竞争的市场,买卖双方对市场行情和各种信息都能充分了解,在连续、公开的交易中,期货市场终将达成均衡价格水平。根据均衡价格形成的不同原因,均衡价格理论可分为供求价格理论和预期价格理论。供求价格理论认为期货价格由供求关系所决定,是一种动态的均衡。预期价格理论则认为,商品期货价格是由人们对未来供求的不同预期决定的。

期货合约的交易机制比一般的股票交易复杂。如果要购买股票,只要你的经纪人作为中介通过股票交易所从另一方购买股票就可以了。而要购买期货,在期货交易中交易所则担任着重要的角色。

当一个投资者找到经纪人想建立期货头寸时,经纪人公司将订单传给期货交易所大厅内的交易员。股票交易中每只股票的背后都有专家或做市商运作,在美国,期货则是由一群场内经纪人在场内集中交易,以声音与手势表明他们的买卖意愿。一旦一方愿意接受另一方的报价并成交,交易就被记录下来并通知投资者。

在这时,就像期权合约一样,清算所(clearinghouse)出现了。不是多头方与空头方相互持有对方的合约,对于多头方,清算所是合约的卖方,对于空头方,清算所是合约的买方。清算所有义务交割商品给多头方并付钱给空头方获得商品。因此,清算所的净头寸为零。这种机制使清算所同时成为买方与卖方的交易对手,买卖双方任一方违约都只会伤害到清算所。这种安排也是确实必要的,因为期货合约涉及将来的行为,不像即期的股票交易那样容易得到保证。清算所的一个极其重要的功能就是通过提供履约能力来解决交易对手风险(counterparty risk)。

10.3.2.2　未平仓合约数

未平仓合约数(closing out positions)是指流通在外的合约总数,为一切多头之和或一切空头之和。合约开始交易前,未平仓合约数为零,随着时间的推移,更多的合约签订,未平仓合约数也可以出现并随之增长。但在合约到期以前,几乎所有交易者都会结清头寸,即平仓。

10.3.2.3 盯市制度与保证基金账户

对交易者的盈亏进行累计的过程称为盯市。最初开新仓时,每个交易者都建立一个保证金账户,由现金或类似现金的短期国库券等组成,保证交易者能履行合约义务。由于期货合约双方都可能遭受损失,因此双方都必须缴纳保证金。例如,玉米合约初始保证金为10%,则交易者每份合约需缴纳1368.75美元作为保证金,即合约价值为(2.7375美元/蒲式耳×5000蒲式耳/合约)×10%。

由于初始保证金也可以是有息证券,这就不会给交易者带来机会成本。初始保证金一般是合约价值的5%到15%,标的资产的价格变化越大,所要求的保证金就越多。

期货合约交易的任一天,期货价格都可能升或降。交易者并不会等到到期日才结算盈亏,清算所要求所有头寸每日都结算盈亏。例如,如果玉米期货价格从273.75美分/蒲式耳升至275.75美分/蒲式耳,清算所则贷记多头方保证金账户,每份合约5000蒲式耳×2美分,即100美元。相应地,清算所就会从空头方保证金账户中取出这么多钱。尽管期货价格仅有2/273.75=0.73%的变化幅度,而当天多头方的百分比收益率是它的10倍,100美元/1368.75美元=7.3%,这个比例反映了期货交易的杠杆作用,因为初始保证金占标的资产价值的10%。

这种每日结算就是所谓的盯市(marking to market)。它意味着合约到期日并不能控制合约已实现的全部的盈亏。盯市确保了每日随着期货价格的变化所导致的盈亏立即进入保证金账户。

如果盯市的结果是某交易者连续亏损,其保证金账户可能降至某关键值以下,这个关键值称为维持保证金(maintenance margin)或可变保证金(variation margin)。一旦保证金账户余额低于维持保证金,交易者就会收到保证金催付通知。例如,如果玉米的维持保证金率为5%,则只有当10%的初始保证金跌至一半,即每份合约只剩684美元时,清算所才会发出保证金催付通知(这就是说,期货价格下跌了14美分,因为每美分的跌幅使多头方每份合约损失50美元)。于是,要么交易者立即在保证金账户中补充资金,要么经纪人将交易者的部分头寸平仓到现有保证金能满足要求为止。这种程序可以保护清算所的头寸:在保证金用完以前,及时平仓—补平交易者的损失,清算所不会受其影响。

除了合约的标准化,盯市也是期货与远期交易的主要区别。期货采取随时结算盈亏的方法,而远期则一直持有到到期日,在到期日之前,尽管合约也可以交易,但没有资金的转移。

需要特别注意的是,交割日的期货价格等于当时的现货价格。因为到期合约需要立即交割,所以当天的期货价格必然等于现货价格——在竞争市场中,来源于两种相互竞争渠道的同一商品的成本应该相等。因为可以在现货市场上购买该商品,也可以在期货市场上做多头。

从期货与现货市场两种渠道获得的商品的价格应该是一致的,否则投资者从价格低的市场购买到价格高的市场上出售,即便没有价格调节机制去清除套利机会,这种套利行为也不可能持续存在。因此,在到期日,期货价格应与现货价格一致,这称为收敛性(convergence property)。

10.3.3　期货市场服务农业的模式

从国际经验来看,由于期货市场具有价格发现和套期保值两大基本功能,其在服务农业实体经济中主要通过三大模式发挥作用:一是直接满足农户及工业企业对于套期保值、锁定未来价格需求的直接服务模式;二是通过与银行、保险以及其他金融机构合作,在农村金融体系中发挥其服务农业经济的合作模式;三是由政府牵头,利用期货市场,设计出类似农业补贴的期权合约补贴以及农民生产融资(CPR)产品的宏观政期结合模式。

10.3.3.1　直接服务模式

从国外经验来看,期货市场直接服务农业经济主要通过两种方式来实现:一是农场主以及农业企业直接参与期货市场,进行套期保值。美国审计总署的调查显示,全美约有四分之一的农场主在期货市场对其生产的农作物进行套保操作,以规避风险。不过这种模式的参与者主要为大型农场主,小型生产者受制于技术及资金,参与较少。二是利用期货市场价格发现功能,用期货价格对签订的未来远期生产合约进行定价,从而对农业生产者的利益进行保护,提高中小农户在商业定价中的地位。

10.3.3.2　合作模式

（1）期银合作典型模式

国外一般商业银行向农场主或农企提供贷款前都会要求其通过期货市场，对所用的大宗农产品进行套期保值，以降低贷款的风险。发放贷款时，银行通常会把企业生产的大宗商品是否在期货市场进行套保作为重要的贷前审查指标。参与套保的企业可以享受更高的额度。

除了对参与套期保值的农户提供融资便利，银行还充分利用期货市场开发出标准仓单质押贷款、套期保值贷款等贷款品种。银行还结合自身优势，设计出以期货期权相关品种为标的的理财产品。这样农户和农企就能结合自身情况，通过金融机构的专业理财能力，获取更大的收益。

（2）期保结合的典型模式

自然灾害保险是农业保险中风险最大的险种，发达国家的保险公司大都应用了天气期货产品，比如 CME 上市的以飓风、霜冻、暴风雪以及暴雨等灾害类的巨灾指数期货期权产品。保险公司可结合自身所承保的业务，利用相应的期货品种对冲整体保单风险，从而实现自身利益和客户利益的最大化。

10.3.3.3　宏观政期结合模式

（1）银保期结合的典型模式

以巴西期货市场和政府合作的 CPR 融资工具为例，其很好地将银行、保险和期货市场结合在一起，为农民提供相应的融资服务。在收获产品之前，农民可以利用 CPR 向银行或其他公司卖出产品，从而获得相应的融资。目前，在巴西市场有三种 CPR，每一种都对买家（农民）和卖者具有不同的风险特征，不同用户可以结合自身情况选择不同的 CPR 进行融资。一是实物CPR。生产者在债券发行和销售之后获得现金，同时承担在规定时间和地点交付约定数量农产品的责任。二是金融 CPR，不要求产品的实际交付，而是通过现金结算。三是期货指数 CPR，其结算是基于本地或者外国期货市场的参考价格，结算金额等于合约商品数乘以当时的协议参考价。巴西商品交易所就是期货指数 CPR 交易的一个场所，其主要面向大中型农产品生产商，尤其是大豆、咖啡和牲畜产品的生产者。期货指数 CPR 在结算方式和商品价格的确定上，比前两者更具灵活性和透明性，同时购买期货指数 CPR 的金融机构和公司可以在期货市场进行相应的风险对冲操作。期货指数 CPR 将银行、期货和农户的利益结合在一起,银行把其视为一种提高其农业贷款质量的工具,而期货市场可以通过 CPR 交易获得相应的手续费收入。由于有银行、保险公司担保以及期货市场提供了更强的流动性和透明度,农户利用 CPR 更容易获得相应的融资。期货指数 CPR 创新对我国农村金融体系建设具有很好的借鉴意义。

(2)财政补贴的典型模式

除了不同的金融机构利用期货市场服务农业,国外政府也经常利用期货市场手段,实施农业调控政策和补贴政策,期权合约补贴就是其中的一种。这种期权合约由政府发行,并制定目标产品的数量、质量和目标价格、交割时间和地点。相应地,政府持有这类期权的"空头头寸",以此在约定好的时间和价格,从购买此类期权的农民手中收购相应的产品。如果产品在交割日价格高于约定的价格,农民就可以不履行期权而在其他市场以更高的价格卖出自己的农产品。如果市场价格较低,政府便有义务履行期权,以约定价格从购买期权的农户手中收购相应的农产品。此种补贴政策在美国、巴西、加拿大等国家得到广泛应用。期权合约补贴利用市场的手段很好地减轻了大丰收带来的供给压力,也平抑了相应农产品的季节和价格风险。

10.4   期货市场投资策略

10.4.1   农产品期货投资目的

期货市场常用来套期保值与投机,投机者从期货价格变化中获利,而套期保值者为的是不受市价变化影响。

10.4.1.1   套期保值

套期保值是指把期货市场当作转移价格风险的场所,利用期货合约作为将来在现货市场上买卖商品的临时替代物,对其现在买进准备以后售出商品或对将来需要买进商品的价格进行保险的交易活动。

套期保值的基本做法是,在现货市场和期货市场对同一种类的商品同时进行数量相等但方向相反的买卖活动,即在买进或卖出实货的同时,在期货市场上卖出或买进同等数量的期货,经过一段时间,当价格变动使现货买卖出现盈亏时,可由期货交易上的亏盈得到抵消或弥补,从而在"现"与"期"之间、近期和远期之间建立一种对冲机制,以使价格风险降低到最低限度。

套期之所以能够保值,是因为同一种特定商品的期货和现货的主要差异在于交货日期前后不一,而它们的价格则受相同的经济因素和非经济因素影响和制约,而且,期货合约到期必须进行实货交割的规定性,使现货价格与期货价格还具有趋合性,即当期货合约临近到期日时,两者价格的差异接近于零,否则就有套利的机会,因而,在到期日前,期货和现货价格具有高度的相关性。在相关的两个市场中,反向操作必然有相互冲销的效果。

10.4.1.2　套期保值方法

企业是社会经济的细胞,企业用其拥有或掌握的资源生产经营什么、生产经营多少以及如何生产经营,不仅直接关系到企业本身的生产经济效益,而且还关系到社会资源的合理配置和社会经济效益提高。而企业生产经营决策正确与否的关键,在于能否正确地把握市场供求状态,特别是能否正确掌握市场下一步的变动趋势。期货市场的建立,不仅使企业能通过期货市场获取未来市场的供求信息,提高企业生产经营决策的科学合理性,真正做到以需定产,而且为企业通过套期保值规避市场价格风险提供了场所,在增进企业经济效益方面发挥着重要作用。

从生产者的套期保值角度而言,不论是向市场提供农副产品的农民,还是向市场提供铜、锡、铅、石油等基础原材料的企业,作为社会商品的供应者,为了保证其已经生产出来准备提供给市场或尚在生产过程中将来要向市场出售商品的合理的经济利润,防止因正式出售时价格的可能下跌而遭受损失,可采用卖期保值的交易方式来降低价格风险,即在期货市场以卖主的身份售出数量相等的期货作为保值手段。

对于经营者来说,他所面临的市场风险是商品收购后尚未转售出去时商品价格下跌,这将会使他的经营利润降低甚至发生亏损。为规避此类市场风险,经营者可采用卖期保值方式来进行价格保险。

对于加工者来说,市场风险来自买和卖两个方面。他既担心原材料价格上涨,又担心成品价格下跌,更怕原材料上升、成品价格下跌局面的出现。只要该加工者所需的材料及加工后的成品都进入期货市场进行交易,那么他就可以利用期货市场进行综合套期保值,即对购进的原材料进行买期保值,对其产品进行卖期保值,就可解除他的后顾之忧,锁牢其加工利润,从而专门进行加工生产。

10.4.1.3　套期保值策略

为了更好实现套期保值目的,企业在进行套期保值交易时,必须注意以下程序和策略。

第一,坚持"均等相对"的原则。"均等",就是进行期货交易的商品必须和现货市场上将要交易的商品在种类上相同或相关数量上相一致。"相对",就是在两个市场上采取相反的买卖行为,如在现货市场上买,在期货市场则要卖,或相反;第二,应选择有一定风险的现货交易进行套期保值。如果市场价格较为稳定,那就不需进行套期保值,进行保值交易需支付一定费用;第三,比较净保额与保值费用支出,最终确定是否要进行套期保值;第四,根据价格短期走势预测,计算出基差(即现货价格和期货价格之间的差额)预期变动额,并据此作出进入和离开期货市场的时机规划,并予以执行。

例如,买入套期保值(又称多头套期保值)是在期货市场中购入期货,以期货市场的多头来保证现货市场的空头,以规避价格上涨的风险。

例:油脂厂3月份计划两个月后购进100吨大豆,当时的现货价为每吨0.22万元,5月份期货价为每吨0.23万元。该厂担心价格上涨,于是买入100吨大豆期货。到了5月份,现货价果然上涨至每吨0.24万元,而期货价为每吨0.25万元。该厂于是买入现货,每吨亏损0.02万元;同时卖出期货,每吨盈利0.02万元。两个市场的盈亏相抵,有效地锁定了成本。

卖出套期保值(又称空头套期保值)是在期货市场出售期货,以期货市场上的空头来保证现货市场的多头,以规避价格下跌的风险。

例:5月份供销公司与橡胶轮胎厂签订8月份销售100吨天然橡胶的合同,价格按市价计算,8月份期货价为每吨1.25万元。供销公司担心价格下跌,于是卖出100吨天然橡胶期货。8月份时,现货价跌至每吨1.1万元。该公司卖出现货,每吨亏损0.1万元;又按每吨1.15万元价格买进100吨的期货,每吨盈利0.1万元。两个市场的盈亏相抵,有效地防止了天然橡胶价格下跌的风险。

10.4.2　农产品期货投资基本面

农产品期货除了具有商品期货的属性,还有一些独特的属性,所以影响农产品价格的基本面因素比较多,具体可分为 8 个方面。

10.4.2.1　需求因素

影响农产品价格的需求方面的因素有以下几个方面:第一,国内消费量。国内消费量主要受消费者的收入水平或购买能力、消费者人数、消费结构变化、商品新用途发现、替代品的价格及获取的方便程度等因素的影响,这些因素变化对期货商品需求及价格的影响一般大于对现货市场的影响。第二,出口量。出口量是本国生产和加工的商品销往国外市场的数量,它是影响国内需求总量的重要因素之一。分析其变化应综合考虑影响出口的各种因素的变化情况,如国际、国内市场供求状况,内销和外销价格比,本国出口政策和进口国进口政策变化,关税和汇率变化等。第三,期末结转库存量。结转库存量是基本面分析在研究某项农产品价格走势时最重要的指标之一。它是指在某一销售年度期末所剩的粮食作物或油料等农产品数量,结转库存量的大小影响某一商品近期或远期价格的强弱。即若结转库存量大,供应充裕,促使价格下跌,若结转库存量小,则供应短缺,促使价格上涨。期末结存量具有双重的作用,一方面,它是商品需求的组成部分,是正常的社会再生产的必要条件;另一方面,它又在一定程度上起着平衡短期供求的作用。

10.4.2.2　供给因素

影响农产品价格的供给方面的因素有以下几个方面:首先是前期储备。前期储备是指上年或上季积存下来可供社会继续消费的商品实物量。其次是当期产量。当期产量是指本年或本季的商品生产量(根据作物的收获时间确定)。它是市场商品供给量的主体,其影响因素也较为复杂。从短期看,它主要受生产能力制约,资源和自然条件、生产成本及政府政策的影响。不同商品生产量的影响因素可能相差很大,必须对具体商品生产量的影响因素进行具体的分析,以能较为准确地把握其可能的变动。在不考虑其他因素的情况下,产量高,则供应足,价格跌;产量低,则供应缺,价格升。第三是当期进口量。当年进口量是对国内生产量的补充,通常会随着国内市场供求平衡状况的变化而变化。同时,进口量还会受到国际国内市场价格差、汇率、国家进出口政策以及国际政治因素的影响而变化。

10.4.2.3　经济周期

农产品价格波动通常与经济波动周期紧密相关。期货价格也不例外,经济周期一般由复苏、繁荣、衰退和萧条4个阶段构成。复苏阶段开始时是前一周期的最低点,产出和价格均处于最低水平。随着经济的复苏、生产的恢复和需求的增长,价格也开始逐步回升。繁荣阶段是经济周期的高峰阶段,由于投资需求和消费需求的不断扩张超过了产出的增长,刺激价格迅速上涨到较高水平。衰退阶段出现在经济周期高峰过去后,经济开始滑坡,由于需求的萎缩,供给大大超过需求,价格迅速下跌。萧条阶段是经济周期的谷底,供给和需求均处于较低水平,价格停止下跌,处于低水平上。

国内和国际经济状况影响商品价格的情况时有发生。畜产品市场和谷物市场的萧条与繁荣之间存在着密切联系。例如,当经济处于上升阶段的时候,人们手中可支配资金增加,较富有的消费者就倾向于食用牛、羊肉及其制品,对畜产品需求的增加使畜牧业扩大生产规模,增加牲畜存栏数,并导致以玉米为主的饲料消费增长,这最终会减少玉米供应量。相反,如果消费者手中的钱越少,用于牛、羊肉等昂贵商品的消费支出也就越少。当粮食作物价格较低时,牲畜饲养者可以获得更大的利润,牲畜存栏数也会有所增加,但当牲畜供应量过大时,饲养者将被迫减少存栏数,并最终导致谷物价格下跌。经济周期分析关注的另一个重要变量,是某一种商品的消费格局。任何消费格局中消费比例的变化,均有可能使价格产生波动。例如,目前美国对玉米的消费格局大致为:牲畜和家禽约占玉米总需求的65%,出口占25%,工业、食品和种子占10%。

10.4.2.4　自然因素

自然因素,主要是气候条件、地理变化和自然灾害等。对于农作物来说,气候条件是影响其价格的重要因素,一旦气候原因导致农作物歉收,那么其价格自然水涨船高。有时候自然因素也会对产品的运输以及仓储造成一定的影响,从而间接影响到生产和消费。

相对于其他经济要素而言,变幻莫测的气候足以导致市场更加动荡不安。交易者需要密切监视墒情、霜冻时间,农作物生长期间的温度以及这些因素对世界范围内农作物生长情况所产生的影响。例如,在干旱季节,由于饲料成本增加,牧主将被迫减少牲畜存栏数,从短期来看,这将使肉类生产过剩,价格下跌。而从长期看,受干旱影响而宰杀牲畜所导致的存栏数下降促使肉类价格上涨。在冬季,暴风雪封路,也会在短期内影响上市牲畜的发运量。

10.4.2.5　货币因素

商品期货交易与金融货币市场有着紧密的联系。利率的高低、汇率的变动都会直接地影响到农产品商品期货价格变动。货币因素对农产品期货的影响,主要体现在以下两个方面:

首先是利率因素。对于期货市场投机者来说,保证金利息是其交易的主要成本。因此,利率的变动将直接影响期货投机者的交易成本变动,如果利率提高,交易成本上升,投机者风险增大,就会减少期货投机交易,使交易量减少。如果利率降低,期货投机交易成本降低,交易量就会放大。其次是汇率因素。期货市场是一种开放性市场,期货价格与国际市场商品价格紧密相连。当本币贬值时,外国商品价格不变,以本国货币表示的外国商品价格将上升;反之,本币升值时,外国商品价格将下降。因此,汇率的变化必然影响相应的期货价格变化。

10.4.2.6　政策因素

对于农产品期货来说,影响它的政策不仅仅有农业方面的政策,还有与之相关的多个方面,具体如下:一是农业政策。各国政府为了自身利益和政治需要,而制定或采取一些政策、措施,这些都会对商品期货价格产生不同程度的影响。我国出台的农业政策的变化也会对农产品期货价格产生影响,同时农产品保护价政策也影响农民的种植行为。例如,美国政府就某一具体农产品制订的削减播种面积计划,将减少该种农产品的供应量,促使价格上涨。二是贸易政策。国家出台的贸易政策将直接影响商品的可供应量,对商品的未来价格影响特别大。三是食品政策。食品政策影响加工食品对原材料的需求。例如国家对甜品加工管理较严时,白糖期货的需求会明显减少。四是相关组织协定。许多贸易国建立了国际性的或区域性的经济贸易组织,这些国际经贸组织经常采取一些共同的政策措施来影响商品供求关系和商品价格。国际大宗商品,如石油、铜、糖、小麦、可可、锡以及茶叶和咖啡等商品的价格及供求均受有关国际经贸组织及协定的左右。因此,期货价格分析必须注意有关国际经贸组织的动向。

10.4.2.7　其他因素

政治因素属于投资者难以分析的方面,它主要指国际国内政治局势、国际性政治事件的爆发及由此引起的国际关系格局的变化、各种国际性经贸组织的建立及有关商品协议的达成、政府对经济干预所采取的各种政策和措施等。这些因素将会引起期货市场价格的波动,但波动的方向往往无法确定。

期货本身是交易未来的商品,投资者对未来走势的看法会决定其交易方向,大量的交易会直接影响期货的价格。因此,投资者对期货交易中的价格预期和投机心理的把控,对期货价格波动具有极强的推动、加剧的作用。

其他影响农作物供求的长期因素,还包括季节性消费趋势、某一特定商品的潜在生产者人数及其种植能力、国际贸易、商品可替代性、失业率、通货膨胀率和可自由支配的收入指标在内的宏观经济状况。

10.4.3　农产品期货跨品种套利投资策略

由近些年农产品跨品种套利交易发展来看,豆油-棕榈油、豆油-菜油、菜油-棕榈油、菜粕-玉米为主的期货品种套利机会层出不穷,并被许多套利投资参与者所青睐。

在期货市场所包含的农产品数量庞大,共有13种之多,涉及社会生产生活的多个领域,品种之间因用途的交叉存在明显关联关系,一种商品价格的变动会引起其他商品价格的变动。我们可以根据期货产品不同的关联关系对期货市场中这些农产品进行分类。油脂类期货品种有豆油期货、菜油期货、棕榈油期货。饲料原料类有玉米、豆粕、菜粕。此外,期货市场中的农产品中也包含着处于同一生产链条的不同生产层级的期货品种,例如豆油与豆粕、菜油与菜粕。还有一些期货品种属于同质品种,例如籼稻与粳稻。诸如此类的相关关系还有很多,在这些相关关系的基础上,品种之间在一定时期内价格趋势可能存在一定的一致性,从而相关关系突出,这种情况下就可能产生套利的机会。

与一般期货投资相比较,套利交易期货品种的选择与套利交易的投资策略大相径庭,套利交易品种选择仅限于存在一定相关性的组合。由于套利交易建立在与持有交易方向相反,价值相等的期货合约对冲了部分影响套利交易品种价格的因素,因此套利收益并不取决于交易品种单边价格的波动变化,只受到交易品种价差变化的影响,价差的波动幅度较交易品种单边价格的波动幅度平缓,交易风险得到有效的降低,甚至可以做到无风险套利交易,缓解投资资金管理压力,降低资金管理成本,并对由某些特殊事件如自然灾害、重大事故对期货交易品种价格造成的巨大影响和严重损失进行规避。然而,套利并不是时刻存在的,只有在一定的条件下,特定的时间内才有可能出现套利的机会,因此要重视套利交易的存在价值,充分了解农产品跨品种套利交易运作机制以及套利操作方法,获得较小风险的可观收益。

10.5 农产品期权发展及其影响因素

10.5.1 农产品期货与期权市场

由期货市场衍生的农产品期权,不仅能够为期货交易者提供避险工具,而且能稳定农产品价格、降低农业经营者的风险。受生产的季节性以及鲜活易腐性等方面的影响,农产品经营者在生产销售上面临着多重风险,不仅有自然风险、政策性风险,还有巨大的市场风险。要恢复一些大宗农产品品种上市,同时推出新的风险管理工具,最为急切的是期权交易。期权交易把风险和收益分割开,使交易者在规避风险的同时又能保留获取收益的机会,且期权具有交易成本低、简单高效等特点,比较适合中小投资者。期权交易对于形成完善的期货市场体系和风险管理体系具有重要意义。期权是一份合约,该合约的签发人授予期权的买方在规定的时期内(或规定的日期)从签发人处购买或者卖给签发人一定数量的商品的权利而非义务。签发人(writter)又可称为期权的卖方(seller),他将上述权利让渡给期权的买方,为此,他相应地获得一笔称为期权费(option premium)的收入,或被称为期权价格(option price)。资产买卖的价格被称为执行价格(strike price)。

期权交易作为期货交易的风险管理工具,不会在期货交易之外产生新的风险,期权卖方面临的最大风险就是进行期货交易的风险,不会放大风险。国际商品期货市场期权合约非常普遍,期权交易呈现出不断增长的态势,充分体现市场存在旺盛需求,显示出期权交易的生命力。农产品期权交易规模逐年增长,已成为世界衍生品市场的重要组成部分。随着交易技术的进步,农产品(价格)指数成为期货,进而成为期权交易的对象。美国明尼阿波利斯谷物交易所成功运行着小麦、玉米、大豆价格指数的期货和期权交易。农产品价格指数进入期权市场,丰富了农产品的交易品种。而且从发展的角度看,一些不宜作为期货交易对象的农产品,有可能以价格指数的形式进入农产品期货期权市场。

期权交易的独特优势和丰富的内涵,使得期权市场的参与者范围不断扩大。如机构投资者通过期权的组合可以提供现货交易和期货交易所没有的投资组合。农产品生产者利用期权交易中期权买方具有风险锁定、成本锁定、收益无限、操作简单等特点,广泛利用期货市场套期保值。政府不能直接参与期货市场交易,但一些国家的政府在有效组织农产品生产者使用期权市场进行风险回避方面进行了许多有益的项目试验。这些项目主要是为生产者提供相应的组织和少量的资金支持,发挥部分替代最低保护价的作用。在大多数欧美交易所的交易规则中,几乎看不到单独的农产品期货交易规则。如美国芝加哥期货交易所(CBOT)从1984年开始期权交易后,原来上市的期货品种逐步推出了期权交易,而后来上市的交易品种都是期货和期权一起上市,期货和期权相辅相成已经成为国际期货期权市场发展的共识。

10.5.1.1 期权交易进入门槛和交易成本较低

在期货交易中,由于价格变动的不确定性,期货合约的买卖双方均需缴纳保证金以确保履约。期权交易买卖的是一种权利,对购买者而言,如果发生不利于自己的价格波动,只需放弃行使权利即可,不存在违约风险,故买方无需缴纳保证金,只需在买入期权时缴纳少量权利金即可。期权交易则为产业客户和机构投资者提供了完整的风险管理工具,对产业客户来说,期权交易在避险的同时,还保留了获得潜在收益的可能性,对机构投资者而言,期权交易为期货交易提供了避险工具。因此,期权市场能够为期货市场吸引产业客户和机构投资者,完善期货市场投资者结构。在期货交易中实行每日无负债制度(也称逐日盯市制度),期货合约的买卖双方均面临着追缴保证金的风险和压力,如保证金不足则其头寸将被强行平仓。在期权交易中由于买方没有违约风险,故不实行每日无负债制度,买方无需承担追缴保证金的压力,也没有强行平仓的风险。因此,作为一种风险管理工具,期权交易能够大幅减少资金成本,更具经济性,比较适合中小投资者,在农产品期权交易中广大农民也能够参与其中。

10.5.1.2　期权交易非线性特征分离了风险和收益

期货交易中的风险和收益呈线性,即随着价格的变化,期货的风险和收益随之增加或减少,期货交易中买卖双方的风险和收益是对等的,期货交易在规避价格不利变动的同时也丧失了价格有利变动的好处。但期权交易的风险和收益具有显著的非线性特征,期权买方的收益无限而风险有限,卖方的收益有限而风险较大。具体而言,期权买方最大的损失是权利金,若价格走势对其不利,他可以放弃执行该权利,若价格走势对其有利,则买方行使权利获利。期权卖方的最大收益是权利金,故收益有限,但卖方的风险相对较大,若价格走势对其不利,则卖方有履行合约的义务,但由于卖方收取了一笔权利金,故其风险仍小于单纯持有期货头寸的风险。期权交易改变了收益的分配,相当于买方支付了一笔定金后,把收益和风险分割开,在规避风险的同时又保留了获取收益的机会,从而能更有效地对价格波动风险进行集中管理。

事实上,期权交易相当于引入保险的理念和方法,但在继承保险精髓的基础上,又对传统保险业进行了创新。在保险业中,保险公司是卖方垄断者,但在期权交易中并不存在这种垄断者,交易者可根据自身的风险偏好选择是否卖出,期权价格实质上体现了买卖双方对保险价值的评估,但这种价格是竞价的结果,和保险相比期权交易无疑更为公平。

10.5.1.3　完善农业支持政策

农业是自然再生产和经济再生产相结合的过程,在生产过程中承受着自然和市场双重风险。为此,大多数国家均对农业予以支持保护,尤其是发达国家会对农业加大补贴。农业补贴有力地支持了农业发展,但会造成国家财政支出的增加,加大国家的财政负担,使农民难以应对市场变化,同时也容易招致其他国家的反对,甚至报复。为此,发达国家率先利用市场化手段为农业发展提供支持,随后发展中国家也相继跟进。

早在 1992 年,美国农业部宣布,从 1993 年开始,鼓励印第安纳州、伊利诺伊州的部分农场主进入 CBOT(芝加哥期货交易所)进行期权交易,通过购买大豆、小麦、玉米的看跌期权,以维持其价格,以部分替代农业补贴政策。在此过程中,为避免谷物价格下跌的损失,农场主可自愿选择目标价格水平购买看跌期权,政府不仅为农场主支付交易过程中的手续费及其他费用,还为其支付部分购买期权合约的权利金,如1993年美国政府给予15美分/蒲式耳的参与补贴,1994年和1995年,政府给予5美分/蒲式耳的补贴。此项目实施后,美国农场主参与者众多,参与该项目的地区由最初的3州9县增加到7州21县,参加的农场主由952个增加到1569个,明显呈上升趋势。通过农产品期权市场,农民不仅稳定和增加了收入,同时也提高了在市场环境中的生存和竞争能力,大大促进了农业发展,政府则将市场风险通过期权市场转移出去,减少了国家的财政支出,又不容易招致其他国家的反对。

美国的成功经验使巴西等国也通过培育农产品期权市场来解决自身的问题。巴西政府不仅为农民承担期权费,而且对其在交易过程中可能承受的损失进行一定程度的补偿,从而使巴西成为发展中国家中期权交易最活跃的国家。

10.5.2   期权相关概念

10.5.2.1   期权

期权(option)是一种非线性金融衍生工具。期权的"期"字是未来的意思,即未来的某个时间和某种金额。"权"是指拥有的权利,指交易双方各自享有约定好的某种权利。期权是指买方在向卖方交纳一定的权利金后可以在特定的时间按照商定执行价格买卖一些特定商品的权利。对于期权买方来说,期权是一种权利,而不是义务,所以期权有价格,而不是免费的。期权作为金融领域重要的衍生工具之一,长期以来被众多金融机构灵活应用于风控管理等领域之中。

期权的买方:支付一笔费用,购买期权并有权行使期权的一方。支付的费用为期权费。

期权的卖方:收取一笔费用,在期权被行使时按合约履行义务的一方。

执行价格:期权被执行时,期权交易双方买卖基础资产的价格,一般在期权成交时确定。

期权费:期权的买方支付给卖方的费用,是前者获得期权的代价。

有效期:约定的行使期权的期限。

期权的买方享有在期权届满或之前以规定的价格购买或销售一定数量的标的资产的权利。期权买方并不承担义务。

期权卖方则有义务在买方要求履约时卖出或买进期权买方要买进或卖出的标的资产。卖方只有义务而无权利。

期权是国际衍生品市场成熟的基础性风险管理工具,能更好满足农业企业精细化、多样化的风险管理需求,对完善农产品价格形成机制、提高农业产业化水平、加快转变我国农业发展方式具有积极作用,对实施乡村振兴战略具有重要指导意义。

2015 年 2 月 9 日,上证 50ETF 期权于上海证券交易所上市,是国内首只场内期权品种。这不仅宣告了中国期权时代的到来,也意味着我国已拥有全套主流金融衍生品。2017 年 3 月 31 日,豆粕期权作为国内首只期货期权在大连商品交易所上市。2017 年 4 月 19 日,白糖期权在郑州商品交易所上市交易。2019 年开始,国内期权市场快速发展,权益类期权扩充了上交所 300ETF 期权,深交所 300ETF 期权和中金所的 300 股指期权,商品类期权陆续有玉米、棉花、黄金等十多个品种上市。

10.5.2.2 期权的类型

按期权买方的权利划分,期权可分为看涨期权和看跌期权;

按期权买方执行的时限划分,期权可分为欧式期权和美式期权;

按协定价格与标的物市场价格的关系不同,期权可分为实值期权、平值期权和虚值期权;

按交易场所的不同,期权可分为场内期权和场外期权;

根据标的物的性质,期权可分为现货期权和期货期权。

(1)看涨期权与看跌期权

看涨期权(call option)赋予期权持有者在预先规定的时间以特定价格从期权出售者手中购买某项资产的权利。这个特定的价格,称之为执行价格(exercise or strike price),是为购买某项资产的权利。因为它是人们预期某种标的资产的未来价格上涨时购买的期权,所以被称为看涨期权。期权的持有者没有被要求一定要行使期权。只有在标的资产的市值超过执行价格时,持有者才愿意行权。在这种情况下,期权持有者能够以执行价格获得标的资产。否则,市值低于执行价格,期权持有者放弃期权。如果期权在到期日之前没有执行,就会自然失效,不会再有价值。

期权购买者需要在购买期权时支付给期权出售者一定的期权费。期权的购买价格称为期权费(premium,也译为权利金),它表示如果执行期权有利可图,期权购买者为获得执行期权的权利而付出的代价。看涨期权的买方,出售期权获得权利金收入,来弥补日后执行价格低于资产市值时仍需履约的损失。如果看涨期权在到期日时一文不值,那么卖方通过出售看涨期权净得一笔权利金。但是如果看涨期权被执行,期权出售者所得利润就是最初所获得权利金减去股票价值与执行价格的差额所余的部分。如果市场股票价值与期权执行价格的差额大于出售者最初获得的权利金,期权出售者就会发生亏损。

例如,假定有个 2010 年 1 月到期的宁德时代股票看涨期权,执行价格为每股 540 元,于 2009 年 12 月 2 日出售,权利金为 13.12 元。交易所交易的期权在到期月的第三个星期五到期,在本例中,是 2010 年 1 月 15 日。在这以前,期权买方有权以每股 540 元购得宁德时代股票。12 月 2 日,宁德时代股票价格为 520 元,因为现在股票价格低于 540 元,此时以 540 元购入毫无意义。如果宁德时代股票到期日价格高于 540 元,则期权持有者就会行权。例如为 560 元,持有者就会行权,因为他花费了 540 元购买了价值 560 元的股票。到期日看涨期权的价值为:到期日价值=股票价格-执行价格=560-540=20 元。

利润=最终价格-初始投资=20-13.12=6.88 元。

看跌期权(put option)赋予期权购买者拥有一种权利,在预先规定的时间以协定价格向期权出售者卖出规定的金融工具。为取得这种卖的权利,期权购买者需要在购买期权时支付给期权出售者一定的期权费。因为它是人们预期某种标的资产未来价格下跌时购买的期权,所以被称为看跌期权。

例如,假定有个 2010 年 1 月到期的宁德时代股票看跌期权,执行价格为每股 540 元,于 2009 年 12 月 2 日出售,权利金为 16.12 元。交易所交易的期权在到期月的第三个星期五到期,在本例中,是 2010 年 1 月 15 日。如果看跌期权的持有者以 520 元购买宁德时代股票,并立即以 540 元价格卖出去,则收入为 20 元。则投资者的净利润为:

利润=最终价格-初始投资=20-16.12=3.88 元。

（2）美式期权与欧式期权

期权履约方式包括美式和欧式两种。美式期权（American option）是一种期权类型，买方可以在到期日或之前任一交易日提出执行合约，而不同于欧式期权（European option）的只能在到期日行权。因此，美式期权的买方权利相对较大，卖方风险相应也较大。所以同样条件下，美式期权的价格也相对较高。

（3）实值期权、平值期权与虚值期权

表 10-2 为实值期权、平值期权、虚值期权与看涨期权、看跌期权的对应关系。

表 10-2　不同期权关系

类型	看涨期权	看跌期权
实值期权	市场价格＞协定价格	市场价格＜协定价格
平值期权	市场价格＝协定价格	市场价格＝协定价格
虚值期权	市场价格＜协定价格	市场价格＞协定价格

（4）现货期权和期货期权

期货期权（options on futures）是对期货合约买卖权的交易，包括商品期货期权和金融期货期权。一般所说的期权通常是指现货期权，而期货期权则是指"期货合约的期权"，期货期权合约表示在期权到期日或之前，以协议价格购买或卖出一定数量的特定商品或资产的期货合同。期货期权的基础是商品期货合约，期货期权合同实施时要求交易的不是期货合同所代表的商品，而是期货合同本身。如果执行的是一份期货看涨期权，持有者将获得该期货合约的多头头寸外加一笔数额等于当前期货结算价格减去执行价格的现金。

10.5.3　农产品期权合约

10.5.3.1　农产品期权品种选择

大商所可选择商品期货作为期权合约标的物，它有以下优点：

（1）商品期货价格形成机制公允，易于采集获得；

（2）商品期货合约是标准化合约，标的物市场建设和管理成本低；

（3）商品期货采取保证金交易，出入市场便捷，流动性更高；

（4）监管手段成熟，抗操纵性强。

大商所在进行品种选择时，要优先考虑流动性波动率是否满足服务实体经济的需要，是否为国内外成熟品种，是否符合市场需求导向。

例如豆粕，豆粕期现货市场基础雄厚，期货市场运行特点突出，期货市场发挥了良好功能，且豆粕市场主体避险需求强烈，市场参与者基础较好。

10.5.3.2　农产品期权合约设计（见表 10-3）

表 10-3　农产品期权合约设计要素

标的物	豆粕期货合约
合约类型	看涨期权、看跌期权
交易单位	一手（10 吨）豆粕期货合约
报价单位	元（人民币）/吨
最小变动单位	0.5 元/吨
涨跌停板幅度	期权合约涨跌停板幅度与标的期货合约涨跌停板幅度相同
合约月份	1、3、5、7、9、11、12 月
交易日期	每周一至周五上午 9:00—11:30，下午 1:30—3:00，以及交易规定的其他时间
最后交易日	标的期货合约交割月份前一个月的第 5 个交易日
到期日	同最后交易日
行权价格	行权价格范围至少应当覆盖标的期货合约上一交易日结算价上下浮动 1.5 倍，当日涨跌停板幅度对应的价格范围。行权价格≤2000 元/吨，行权价格间距为 25 元/吨；2000 元/吨≤行权价格≤5000 元/吨，行权价格间距为 50 元/吨；行权价格≥5000 元/吨，行权价格间距为 100 元/吨
行权方式	美式。买方可以在到期日之前任一交易日的交易时间，以及到期日 15:30 之前提出行权申请

标的物	豆粕期货合约
交易代码	MYYMM-C(P)-EP(M 为豆粕期货合约交易代码,YYMM 为合约月份,C 为看涨期权,P 为看跌期权,EP 为行权价格)
上证交易所	大连商品交易所

数据来源:大连商品交易所。

期权合约的合约代码通常为 MYYMM-C(P)-EP,例如:M1401-C-3600,其中"M"为品种,"1401"表示月份,"C"表示看涨期权,"3600"表示行权价格。

期权合约的合约月份与期货合约月份相同,即 1、3、5、7、8、9、11、12 月。这也满足了投资者对不同月份的套保和避险需求。

10.5.4 农产品投资其他衍生品

"保险+期货"模式,又称"农产品期货价格保险",保险公司能够通过"再保险"和期货市场的"中介"作用,转移一部分价格风险。保险公司根据农产品期货价格设计相应的农产品价格保险产品,农户通过购买保险产品转移农产品种植销售的价格风险,确保收益的稳定性。保险公司收取保费后为农户提供保险保障,同时保险公司购买相应的农产品看跌期权向期货公司转移风险,相当于"再保险"。而期货公司也通过购买看跌期权的方式将风险分散至期货市场。最终,由期货市场的投资者共同分担风险。"保险+期货"的运行模式由农产品价格保险和保险赔付风险对冲两部分构成。

在保险期内,如果参保农作物的市场价格低于保险合同的约定价格,被保险人会得到保险公司的赔偿;如果市场价格高于保险合同的约定价格,保险公司不需要赔偿,且可获得保费收益。价格的确定是农产品价格保险的关键,保险公司综合考虑各方因素后(包括农产品的历史价格、农业政策、价格规律、相关期货和期权的合约价格等)确定保险合同的约定价格。

系统性风险会影响农产品价格,农产品价格也趋同变化。农产品价格下跌会导致保险公司的赔付风险积聚,因此保险公司需要采取相应的风险对冲措施来分散保险赔付风险。"保险+期货"模式可以通过两次对冲分散各参与方的风险:其一是保险公司通过期权交易对冲农产品价格保险的赔付风险,期权的运作机理与保险类似,期权买方的损失只是期权费,而收益可能无限;其二是期货公司通过购买看跌期权对冲期权交易风险,期货公司作为看跌期权的卖方,收益有限而损失无限,如果期货农产品价格上涨会导致期货公司出现损失,因此期货公司在期货市场上买进看跌期权,将风险分散给期货市场的其他投资者。

10.6　期权定价

10.6.1　期权定价简介

10.6.1.1　内在价值与时间价值

考虑某时刻处于虚值状态的看涨期权,这时股票价格低于执行价格,在这种情况下,并不意味着期权没有价值。即便现在执行该期权无利可图,但期权的价格仍为正值,因为在到期前股票价格很有可能会大幅上扬使得执行期权可获得收益。否则,最坏的结果不过是期权以零值失效。

有时称 $s_0 - X$ 为实值期权的内在价值(intrinsic value),因为这是立即执行期权所带来的收益。虚值期权与平价期权的内在价值为零,期权实际价格与内在价值的差,通常称为期权的时间价值。期权的时间价值指的是期权价格与期权现时的市场价值之差,它是期权价格,或称权利金的一部分,到期日之前其值为正。

10.6.1.2　期权价值的决定因素

影响看涨期权价值的因素至少有 6 个:股票价格、执行价格、股票价格的波动性、到期期限、利率及股票红利率。因为执行看涨期权的收益等于 $s_0 - X$,所以看涨期权价值与股票价格同向变动,而与执行价格反向变动。看涨期权预期收益的幅度随 $s_0 - X$ 的增加而增加。

如果股价上扬,在到期时看涨期权就会变成实值期权,股价越高,期权的收益就越大,所以,好的股价带来的收益是无限的,差的股价带来的收益也不会低于零。这种不对称性意味着标的股票价格波动性的增加使期权的期望收益增加,从而增加了期权的价值。与此同时,到期期限越长,看涨期权的价值也越大。期限越长,发生不可预测的未来事件的机会就越多,从而导致股票价格增长的范围越大。这与波动性增加的效果是相似的,而且,随着期限的延长,执行价格的现值下降,这也有利于看涨期权的持有者,亦增加了期权价值。由此可以推出,利率上升时,看涨期权价值增加(假定股价保持不变),因为高的利率水平降低了执行价格的现值。最后,公司的红利支付政策也影响期权价值。高额红利会大大减缓股价的增长,对股票的预期收益率来说,高额红利率的背后是低的资本收益率。对股票价格的抑制降低了看涨期权的潜在收益,从而降低了其价值。

10.6.2　期权定价

期权定价的方法主要基于 Black-Scholes 模型、二叉树模型和蒙特卡罗模拟。Barone-Adesi 和 Whaley(1987)提出的美式期权近似解模型(BAW 模型)将美式期权的解分为两部分,一部分是同等欧式期权的解,另一部分是由于合约提前实施条款而需要增付的权利金,并认为美式期权价格和欧式期权价格都满足 Black-schole 方程,所以提前实施的权利金也符合 B-S 方程;Cox,Ross 和 Rubinstein(1979)的二叉树模型既适合于欧式期权又适合于美式期权,且方法简单易懂,因此被投资者们广泛运用,其缺点就是当步长增加时,计算耗时增大;Longstaff 和 Schwartz(2001)提出的最小二乘蒙特卡罗模拟(LSM)被广泛用来当作美式期权定价的标准。

10.6.2.1　布莱克-舒尔斯期权定价模型(BSOP)

金融经济学家一直在寻找一种实用的期权定价模型。1973 年,美国芝加哥大学教授 F. Black 和 M. Scholes 发表了《期权定价与公司负债》一文,提出了著名的 Black-Scholes 期权定价模型,最后,终于由布莱克、舒尔斯与默顿发现了计算看涨期权价值的公式,舒尔斯与默顿也因此获得了 1997 年诺贝尔经济学奖。现在,布莱克-舒尔斯定价公式(Black-Scholes pricing formula)已被期货市场参与者广泛接受,该公式如下:

看涨期权:$c = SN(d_1) - Xe^{-rT}N(d_2)$

看跌期权:$p = Xe^{-rT}N(-d_2) - SN(-d_1)$

其中

$$d_1 = \frac{\ln\left(\frac{S}{X}\right) + \left(r + \frac{\sigma^2}{2}\right)T}{\sigma\sqrt{T}}$$

$$d_2 = d_1 - \sigma\sqrt{T}$$

式中,S 代表标的资产当前价格;X 代表行权价;T 代表期权到期日前的剩余有效期限,也可称为剩余存续期,通常以年为单位;r 代表无风险利率;σ 代表标的资产价格收益的波动率;N 代表标准正态分布变量的累积概率分布函数。

模型存在以下假设条件:(1)无风险利率 r 已知,且不随时间变化;(2)标的资产价格 s 的变化服从正态分布;(3)欧式期权;(4)不存在交易费用和印花税;(5)投资者可自由借入或贷出资金,借贷利率相等,均等于无风险利率;(6)不存在分红。

【例题】假设某种不支付红利股票的市价为 50 元,无风险利率为 12%,该股票的年波动率为 10%,求该股票协议价格为 50 元、期限 1 年的欧式看涨期权和看跌期权的价格。

本题中,可将相关参数表达如下:

$S=50$　$X=50$　$r=0.12$　$\sigma=0.1$　$T=1$

(1)计算 d_1 和 d_2

$d_1 = [\ln(50/50) + (0.12 + 0.01/2) \times 1]/(0.1\sqrt{1}) = 1.25$

$d_2 = d_1 = 0.1\sqrt{1} = 0.15$

(2)计算 $N(d_1)$ 和 $N(d_2)$

$N(d_1) = N(1.25) = 0.8944$

$N(d_2) = N(1.15) = 0.8749$

(3)将上述结果及已知条件代入 B-S 模型,则欧式看涨期权和看跌期权的价格分别为:

$c = 50 \times 0.8944 - 50 \times 0.8749e - 0.12 \times 1 = \$5.92$

$p = 50 \times (1 - 0.8749)e - 0.12 \times 1 - 50 \times (1 - 0.8944) = \$0.27$

在本例中,标的资产执行价格和市场价格正好相等,但是看涨期权的价格与看跌期权的价格相差悬殊。其中的原因在于利率和到期期限对期权价格的影响。在本例中,利率高达 12%,到期期限长达 1 年。在这种情况下,执行价格的现值将大大降低。对于欧式看涨期权来说,这意味着内在价值的大幅上升,而对于欧式看跌期权来说,却意味着内在价值的大幅降低。因此,在计算执行价格的现值以后,看涨期权是实值期权,而看跌期权则是一个虚值期权。事实上,实际中的市场短期利率通常较低,期权到期期限一般不超过 9 个月,因此如果标的资产市场价格与执行价格相等,同样条件下的看涨期权价格和看跌期权价格一般比较接近。

标的物的价格是对于期权机制影响最大的因素之一。当标的的市场价格高于行权价格时,标的价格的波动会直接影响期权的内在价值,而标的价格的波动同样会影响到标的价格在未来时间里的价格分布预期进而影响到期权的时间价值。

通常情况下,分析单个因素变化对期权价格的影响较为简单,然而,实际情况往往是多个变量同时发生变化,在它们的联合作用下,分析期权价格的变化会变得十分复杂。这时,引入希腊字母这些量化统计指标是十分必要的,尤其当投资组合中包括多个期权头寸时,通过希腊字母,我们能更为直观、全面地评估投资组合的风险暴露。下面我们将对这些指标进行介绍。

(1)Delta(δ)

Delta 值,又称对冲值,是衡量标的资产价格变动时,期权价格的变化幅度(见图 10-1)。公式为:

$$Delta＝期权价格变化/标的资产价格变化$$

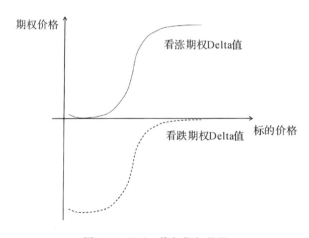

图 10-1　Delta 值与期权价格

期权的 Delta 值介于－1 到 1 之间。对于看涨期权,Delta 值的变动范围为 0 到 1,深实值看涨期权的 Delta 值趋增至 1,平值看涨期权 Delta 值为 0.5,深虚值看涨期权的 Delta 值则趋近于 0。对于看跌期权,Delta 值变动范围为

－1到0,深实值看跌期权的 Delta 值趋近－1,平值看跌期权的 Delta 值为
－0.5,深虚值看跌期权的 Delta 值趋近于0。

　　Delta 值是权证的一个重要统计指标,它表示的是期权价格变化对标的
价格变化的敏感度,也就是说,当标的价格变动1元时理论上期权价格的变动
量。例如,一个期权的 Delta 值如果是0.5,那么正股每上涨1元,期权的价格
理论上会上涨0.5元。由于看涨期权的价格会随着标的价格的上涨而上涨,
看跌期权则相反,因此,看涨期权的 Delta 值大于0,而看跌期权的 Delta 值小
于0。事实上,看涨期权的 Delta 值总介于0与1之间,而看跌期权的 Delta 值
则位于－1至0之间。

　　此外,Delta 值具有可加性,如果投资者持有如表10-4所示的投资组合:

表 10-4　投资组合

持仓	Delta 值	数量/张
买入豆粕期货	1	1
买入豆粕期货看涨期权	0.47	2
买入豆粕期货看跌期权	－0.53	3

　　投资组合的 Delta 值可以将所有部位的 Delta 值相加,即 $1+2\times0.47-3\times0.53=0.35$。可见,该交易者的总体持仓的 Delta 值为0.35,也就是说这
是一个偏多头的持仓,相当于0.35手期货多头。

　　如果投资者希望对冲期权或期货部位的风险,Delta 就是套期保值比率。
只要使持仓的整体 Delta 值保持为0。这样就建立了一个中性的套期策略。
例如,投资者持有10手看跌期权,每手看跌期权的 Delta 值为－0.2,持仓的
Delta 值为－2。投资者可以通过再买入2手期货,或者买入4手平值看涨期
权,均可实现部位 Delta 值的中性,规避10手看跌期权多头的风险。

　　(2)Gamma(γ)

　　Gamma 反映 Delta 的变化与标的资产价格变化的比率(见图10-2)。这
是期权价格关于标的资产价格的二阶偏导数,或是期权 Delta 对标的资产的
一阶偏导数。如某一期权的 Delta 为0.6,Gamma 值为0.05,则表示期货价
格上升1元,所引起 Delta 增加量为0.05。Delta 将从0.6增加到0.65。具体
公式为:

　　Gamma＝期权 Delta 值变化/标的资产价格变化

与 Delta 不同,无论看涨期权或是看跌期权的 Gamma 值均为正值:期货价格上涨,看涨期权的 Delta 值由 0 向 1 移动,看跌期权的 Delta 值从 -1 向 0 移动,即期权的 Delta 值从小到大移动,Gamma 值为正。期货价格下跌,看涨期权之 Delta 值由 1 向 0 移动,看跌期权的 Delta 值从 0 向 -1 移动,即期权的 Delta 值从大到小移动,Gamma 值还是为正。

从几何上来看,Gamma 反映了期权价格与标的资产价格关系的曲线凸度。

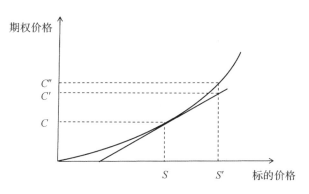

图 10-2 Gamma 值与期权价格

Gamma 衡量了期权 Delta 值对标的资产价格的敏感度,是 Delta 敏感性指标。同时,计算期权的 Gamma 对于利用期权套期保值的重要意义在于,它衡量了 Delta 中性保值法的误差,误差大小取决于期权价格与标的资产价格关系曲线的凸度。当标的资产价格变化一个单位时,新的 Delta 值便等于原来的 Delta 值加上或减去 Gamma 值。因此 Gamma 值越大,Delta 值变化越快。进行 Delta 中性套期保值,Gamma 绝对值越大的部位,风险程度也越高,因为进行中性对冲需要调整的频率更高;相反,Gamma 绝对值越小的部位,风险程度越低。

(3)Vega(ν)

Vega 衡量标的资产价格波动率变动时,期权价格的变化幅度,是用来衡量期货价格的波动率的变化对期权价值的影响(见图 10-3)。公式为:

Vega＝期权价格变化/波动率的变化

如果某期权的 Vega 为 0.15,若价格波动率上升(下降)1％,期权的价值将上升(下降)0.15。若期货价格波动率为 20％,期权理论价值为 3.25,当波动率上升为 22％,期权理论价值为 3.55(3.25＋2×0.15);当波动率下降为 18％,期权理论价值为 2.95(3.25－2×0.15)。当价格波动率增加或减小时,期权的价值都会增加或减少。因此,买入看涨期权与看跌期权的 Vega 都是正数。我们可以说,期权多头部位的 Vega 都是正数,期权空头的 Vega 都是负数。

如果投资者的部位 Vega 值为正数,将会从价格波动率的上涨中获利,反之,则希望价格波动率下降。对于 Delta 中性的部位,就可以不受标的价格的影响,而从价格波动率的变化中寻找盈利机会。

前文介绍了 Vega 体现的是波动率变化一个单位,期权价格产生的变化。这样投资者就可以通过 Vega,知道其在波动率角度面临的期权价值盈亏空间。

例如:假设买入执行价为 3000 的豆粕 2001 看涨期权,期权价格为 70 元。目前该期权的隐含波动率为 15.77%,Vega 为 6,这样在其他条件不变的情况下,如果将来隐含波动率变为 16.77%,即增加了 1%,则期权理论价格将变化为 $70+6\times(0.1677-0.1577)\times100=76$ 元,即期权价值会增加 $76-70=6$ 元。

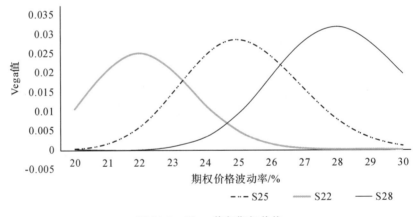

图 10-3 Vega 值与期权价格

反之,如果隐含波动率变为 14.77%,即减少了 1%,则期权理论价格将会减少 6 元。上面的例子,其实也直观地表明波动率增加将使得期权价值更高,波动率减少将降低期权的价值。

(4)Theta(θ)

Theta 是用来测量时间变化对期权理论价值的影响,表示时间每经过一天,期权价值会损失多少(见图 10-4)。可表示为:Theta=期权价格变化/到期时间变化。在其他因素不变的情况下,不论是看涨期权还是看跌期权,距离到期日的时间越长,期权的价值越高;随着时间的流逝,期权价值不断下降。时间只能向一个方向变动,即越来越少。

因此,随着权证的剩余期限的缩短,Theta 的数值理论上会相对上升。也就是说,越临近到期日,时间值损耗得越快。尤其是临近到期日的虚值期权,由于内在价值为零,其价值仅仅包含时间价值,因此损耗非常厉害。投资者如果投资这样的期权,一旦看错方向或者对标的的涨幅估计有误,持有买期权的风险是很高的。

假设其他条件不变时,投资者可以利用 Theta 值粗略计算继续持有权证的时间成本。Theta 的数值越大,风险就越高。因此,在震荡行情中,长期持有期权,尤其是 Theta 数值较高的期权是不划算的。因为即使其他条件不变,投资者也将不断遭受期权时间价值损耗所带来的损失,临近到期的期权更是如此。因此,只有在趋势明朗时,投资者长期持有期权的多头才较为划算。

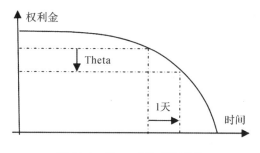

图 10-4 Theta 值与期权价格

Theta 值的大小不仅取决于期权的剩余期限的长短,而且取决于标的物价格与协定价格的关系。在其他情况一定时,当期权处于平值时,其 Theta 的绝对值最大。之所以如此是因为时间价值在期权处于平值时最大;而当期权处于实值或虚值时,尤其是期权处于极度实值或极度虚值时,其 Theta 的变化比较复杂。在一般情况下,对看涨期权来说,极度实值时的 Theta 的绝对值将大于极度虚值下的 Theta 的绝对值;而对看跌期权来说,实值期权的 Theta 的绝对值通常将小于虚值期权的 Theta 的绝对值。特别是在看跌期权处于极度实值时,其 Theta 甚至为一正值。

在其他条件一定时,Theta 值的大小还与标的物价格的波动性有关,一般地说,波动性越小,Theta 的绝对值也越小;反之亦然。

(5)Rho

Rho 值是用以衡量利率转变对权证价值影响的指针。市场为期权定价时,往往采用期货价格,而非现货价格。期货价包含现货价及持有成本。持有成本即标的物在期权合约到期日前的总融资成本,而融资成本则主要受利率所影响。公式为:

Rho＝期权价格的变化/无风险利率的变化。

在常见的五个期权风险指标中,Rho 相对不受关注。因为 Rho 衡量的是期权行情受到利率影响的程度,在相对短的时间内,利率的变动不频繁且变动不大。但是对于长期到期期权(LEAPS)的交易,Rho 仍然有着重要的意义。

Rho 值可以定义为期权行情变化与无风险利率变化的比率。从数学上看,就是期权行情对于无风险利率的一阶导数。在实际交易中,我们通常取定期利率、国债收益率也许 Shibor 来代替无风险利率。相对于前几期介绍的希腊字母,Rho 值风险是最小的。若投资期限较长,宏观经济短时间出现剧烈变化导致利率和国债收益率等有明显变化时,投资者需要特别注意 Rho 值。

Rho 值的大小受期权的到期时间、标的资产行情、波动率的影响。不管是看涨期权还是看跌期权,随着到期日的不断临近,Rho 值逐渐趋向于 0。不同之处在于,看涨期权 Rho 值非负,而看跌期权 Rho 值非正。这也表明离到期日越远,Rho 的绝对值越大。

由于中国一直实行较为稳健的货币政策,无风险利率行情相对比较平稳,对于 Rho 值的应用,投资者只需要在交易实值期权时加以关注。对于虚值期权,特别是深度虚值期权,Rho 值的影响几乎可以忽略不计。

10.6.2.2　场内期权与场外期权

场内期权是在交易所交易的标准化的期权合约,通过清算机构进行集中清算。场外期权是在非集中性的交易场所交易的非标准化的期权合约,是根据场外双方洽谈或者中间商撮合、按照双方需求自行制定交易条件的金融衍生品。

场内交易市场和场外交易市场都是进行风险管理的重要场所。场内期权与场外期权在本质上都是期权,最主要的差别在于期权合约是否标准化和是否中央集中清算。

场内期权和场外期权给人的直观感觉是交易场所的区别,这种认知不完全正确。场内期权与场外期权有着很大的区别:

第一,场内期权确实是在专业的交易场所进行的,并且由专业的交易机构组织。而场外期权就相对灵活,没有固定的交易场所以及专业的交易机构组织。

第二,场内期权和场外期权的最主要区别是合约标准化,场内期权的合约属于标准化合约,对于合约上的每一个要素都有明确的规定,不能被更改并且适用于每一位投资者。而场外期权对于合约的标的、交易单位、到期日、最小交易单位等要素不需要明确的规定,可以根据不同的投资者需求设定要素内容。因为场外期权的合约是非标准化的,所以没有强制的约束性,交易双方存在较大的信用风险。

第三,场内期权品种较为单一,只有上市之后的期权才能被使用,我国到目前为止仅仅只有两种商品期权。而场外期权品种复杂,包括商品期权、股票期权和指数期权,所以对于投资者而言有着广泛的选择空间。但是场外期权的参与主体较少,合约的流动性较差,风险不能随时通过交易合约转移出去,因此存在较大的流动性风险。

第四,场内期权的投资者没有对手之分,对于一个场内期权合约既可以买进也可以卖出。场外期权就强调对手化,即场外期权的买方必然要对应一个不同主体的场外期权卖方;总的来说,场内期权和场外期权有着各自的优势,同样也有着各自的劣势,投资者根据自身不同需求对场内和场外期权的选择,也可以将两种期权配合使用,弥补各自的缺点。

10.6.2.3 二叉树模型

1973 年,布莱克(Blackand)和舒尔斯(Scholes)提出了 Black-Scholes 期权定价模型,对标的资产的价格服从对数正态分布的期权进行定价。Black-Scholes 期权定价模型虽然有许多优点,但是它的推导过程难以为人们所接受。

1976 年,罗斯和约翰·考科斯(John Cox)在《金融经济学杂志》上发表论文"基于另类随机过程的期权定价",提出了风险中性定价理论。1979 年,罗斯、考科斯和马克·鲁宾斯坦(Mark Rubinstein)在《金融经济学杂志》上发表论文《期权定价:一种简单的方法》,该文提出了一种简单的对离散时间的期权的定价方法,被称为 Cox-Ross-Rubinstein 二项式期权定价模型或二叉树法(Binomial tree)。二项期权定价模型主要用于计算美式期权的价值。其优点在于比较直观简单,不需要太多数学知识就可以加以应用。二项期权定价模型假设股价波动只有向上和向下两个方向,且假设在整个考察期内,股价每次向上(或向下)波动的概率和幅度不变。模型将考察的存续期分为若干阶段,根据股价的历史波动率模拟出正股在整个存续期内所有可能的发展路径,并对每一路径上的每一节点计算权证行权收益和用贴现法计算出的权证价格。对于美式权证,由于可以提前行权,每一节点上权证的理论价格应为权证行权收益和贴现计算出的权证价格两者较大者。

二项式期权定价模型和布莱克-休尔斯期权定价模型,是两种相互补充的方法。二项式期权定价模型推导比较简单,更适合说明期权定价的基本概念。二项式期权定价模型建立在一个基本假设基础上,即在给定的时间间隔内,证券的价格运动有两个可能的方向——上涨或者下跌。虽然这一假设非常简单,但由于可以把一个给定的时间段细分为更小的时间单位,因而二项式期权定价模型适用于处理更为复杂的期权。随着要考虑的价格变动数目的增加,二项式期权定价模型的分布函数就越来越趋向于正态分布,二项式期权定价模型和布莱克-休尔斯期权定价模型相一致。二项式期权定价模型的优点,是简化了期权定价的计算并增加了直观性,因此现在已成为全世界各大证券交易所的主要定价标准之一。

10.6.2.4　最小二乘蒙特卡罗模拟方法(LSM 算法)

在欧式期权定价过程中,很多学者使用蒙特卡罗模拟的方法,但蒙特卡罗模拟是采用正向求解的方式。然而对美式期权来说,我们无法计算出在每个时刻点继续持有期权的持有收益,因此,蒙特卡罗模拟的方法不适用于美式期权定价。于是,Longstaff 和 Schwartz(2001)提出可为美式期权模拟定价的最小二乘蒙特卡罗模拟方法(Least-Squares Monte Carlo,LSM)。

LSM 算法的实现过程如下:首先,通过蒙特卡罗模拟的方法,模拟出多条标的资产的价格路径;接着,近似求出每条价格路径上美式期权的最佳执行时刻点,以及在该时刻点上可以获得的现金流量;最后,平均每个最佳执行时刻点上现金流量的贴现值,所得均值即为要求的美式期权的价值。归根结底,LSM 算法是通过路径逼近的方法,近似最大化美式期权的价值。同时,LSM 算法的关键是,根据各时刻点的横截面数据,利用最小二乘估计的方法,估计各时间点继续持有期权的预期收益。

为了便于求解,假设美式期权只能在有限的执行点上行权,不妨假设其为 N_T 个时刻点,分别为 $0 < N_1 < N_2 < \cdots < N_T$。为确定每一时刻点的

最优执行决策,首先需要确定在该时刻点上选择是否行权。由于美式期权的执行时间是一系列连续的执行点,所以我们可以通过使 N_T 尽可能大来逼近连续时间点,以近似给出美式期权的价格。

10.7　案例

10.7.1　案例:陕西富县苹果试点项目

富县地处陕甘苹果主产区,苹果种植是当地农民的重要收入来源。当地6 个乡镇开展苹果"保险＋期货"试点工作,参保果农 1793 户(见表 10-5)。

表 10-5　陕西省富县苹果"保险＋期货"试点情况

保险种类	价格保险
保险公司	中国太平洋财产保险股份有限公司
期货公司	浙商期货、方正中期期货、锦泰期货
交易所	郑商所
期权类型	亚式期权
执行价格	8460 元/吨
标的物	苹果 AP2001
保险规模	2 万亩、3 万吨、1793 户果农
保鲜期	3 个月(2019.9.5—2019.12.4)
入场式标的物价格	8145 元/吨
波动率	40％
理赔额计算	赔款(元)＝保险面积(亩)×该理赔采价期间的每亩保险产量(公斤/亩)×[保险价格(元/吨)－约定月份苹果期货合约在理赔采价期间内各交易日收盘价的算术平均值(元/吨)]÷1000×赔偿比例

数据来源:郑州商品交易所。

试点项目覆盖苹果种植面积 2 万亩,对应现货数量 3 万吨。总保费 1371

万元,其中,郑商所出资 891 万元,富县政府补贴 190 万元,果农自筹 190 万元,保险公司补贴 25 万元,期货公司补贴 75 万元。

在对冲方案设计上,对标郑商所 AP2001 合约,目标价格为 8460 元/吨,并于 7 540 元/吨价位终止保单,整体确定理赔每亩 900 元,共 1800 万元,赔付率达到 131%,总体理赔金额大大高于农户所支付的保费。以交道乡为例,参保果农大多经营 10 亩左右苹果园,每户获得近万元赔付,风险控制覆盖面广,很好地保证了果农稳定的收入。

"保险+期货"模式兼具保险公司的客户基础优势和期货公司的风险管理能力、专业能力,实现了双方的利益共享。在保险功能发挥作用的前提下,即使当年苹果产业全面增产、价格走低的形势下,期货的套期保值功能仍降低保险公司的赔付水平,使保险公司的风险得到转移和控制,赔付提前锁定,保险公司在整个模式运行下有利可图,因此有意愿提供更多的保险产品,扩大市场、增加供给。"保险+期货"试点有效提升了保险公司的盈利水平,降低了风险,改善了农险市场供给不足的局面。

10.7.2 案例:吉粮集团玉米期货套利保值

玉米历来是农产品期货中的大品种。1993 年大连商品交易所开业时就推出了玉米期货合约。1994 年上市玉米期货的交易所有 7 家。1995 年,为了抑制玉米期货的过度投机,证监会将保证金比例提高到 20%,1995 年 10 月开始,玉米期货交易趋于冷清,至 1998 年底暂停玉米期货交易。

2004 年 9 月 22 日,玉米期货在大连商品交易所再次上市,市场运行稳健,期货市场功能也开始发挥,玉米期货彰显大品种特性。

吉粮集团是吉林省进入中国企业 500 强的唯一一家粮食企业,2006 年经营粮食贸易 200 万吨,现货的经营量 80%以上是玉米。粮食贸易经营利润微薄,为保持经营的稳健,2005 年以来吉粮集团每年都通过期货市场进行套期保值交易。2006 年吉粮收购玉米 100 多万吨,其中 70%进行了套保,在 2006/2007 年度集团的经营利润中,通过套期保值获得的利润占集团总利润的 60%。2007 年 5—6 月,公司预计国内玉米现货价格上升压力较大,因此拟定了在期货市场卖出库存玉米的经营策略。2007 年 12 月到 2008 年 1 月,公司又在现货市场收购了 50 万吨玉米,考虑到春节期间价格存在下跌的风险,公司同时在 C805 合约于 1820-1830-1850 价格区域卖出玉米 5 万手,1 月

25 日玉米价格下跌到 1700 元附近,公司以 1710 至 1730 区域将玉米平仓。通过本次期货市场的保值,公司在期货市场盈利 4000 万元,规避了现货市场出现的损失。春节过后,公司根据现货库存情况,于 3 月 7 日前后在 C809 合约 1880－1820 价格区间累计抛售 3 万手合约,4 月 10 日在 1730－1750 区域陆续平仓,再度成功保值。

吉粮集团全资子公司吉林粮食集团收储经销有限公司对于期货套期保值的利用也非常深入,其期货市场套保规模达到了现货经营规模的 80％以上。该公司期货套期保值策略主要是利用基差来进行期现之间的套利。此基差是期货价格与企业收购玉米到大连的总成本的价差。当基差达到 80 元时企业开始陆续建仓;在基差达到 100、120 元时,企业加仓直到与企业现货数量持平。建仓完成后当期货价格下跌时,企业出售现货,了结期货头寸;当期货价格上涨时,企业可以申请交割。

几年来的期货市场利用使得吉粮经营者对于参与期货套保有深刻认识,他们认为"现货经营和期货套保就像人的两条腿,都是不能缺少的,必须把期货当作风险管理的手段,而且越是经营规模大的企业也越应该参与到期货市场中来"。

10.7.3 新春油脂:大豆套保帮助企业逃过生死劫

大连商品交易所成立于 1993 年 2 月 28 日,是经国务院批准的四家期货交易所之一,是实行自律性管理的法人。经中国证监会批准,大商所目前的交易品种有玉米、黄大豆 1 号、黄大豆 2 号、豆粕、豆油、啤酒大麦,正式挂牌交易的品种是玉米、黄大豆 1 号、黄大豆 2 号、豆粕和豆油。已发展成世界最大的非转基因大豆期货市场、第二大玉米期货市场,是我国最大的农产品期货交易所。

1993 年,大豆期货先后在上海粮油商品交易所和大连商品交易所上市交易。1994 年,全国 15 家试点期货交易所中有 8 家交易所上市大豆(包括豆粕、豆油)期货合约。1999 年起,大豆、豆粕实现"一品一市",专门在大连商品交易所上市。2002 年 3 月,为了适应转基因农产品的有关规定,着力实现我国非转基因大豆的自主定价能力,大连商品交易所推出了黄大豆 1 号合约,并在 2005 年推出了以进口大豆为主要交割标的的黄大豆 2 号合约。

山东高密新春集团有限公司成立于 1999 年,下设高密市新春油脂有限责任公司、高密市新春工艺品有限公司、高密市新春经贸有限公司及高密新春大酒店四家全资子公司。

2004 年的大豆风波造成了本地区其他 10 多家油脂企业不同程度的亏损甚至倒闭。而新春油脂能够存活的原因是利用期货对现货做了套期保值,其他油脂企业则由于没有重视期货保值,甚至没有参与期货套期保值,所以出现了大面积的亏损。

2004 年,大豆价格一路疯狂上涨,到 3 月份,大豆现货价格上涨至 4100 元/吨的历史新高。对于大豆压榨企业要维持生产、持续经营,就必须继续购买大豆原料,以维持生产。但是由于大豆价格高涨,处于历史高价位,购买即意味着风险,不购买就无法维持持续生产。面对此难题,新春公司的领导决定利用期货套期保值,控制价格风险。在现货市场 4100 元/吨的高价买入现货,在期货市场上 3800 元/吨的价格卖空大豆期货。在高价买入现货后,价格在当月末出现崩溃式下跌,而新春油脂的损失由于成功套保而降至最低。

2008 年的大豆行情很多方面与 2004 年的行情很像,价格不断高涨,新春油脂再次面对高价位购买大豆的风险。对此,公司毅然决定在 5 月份购买 4000 吨现货大豆的同时,在 CBOT 以 1514.25 的价格卖出相当于 4000 吨大豆量的期货,进行套期保值。当时很多人对公司的行为感到不解,认为大豆价格还有不断高涨的可能,卖出期货很容易出现期货上的浮动亏损。而卖出期货后,确实很快就出现了期货浮动亏损。而其他几家企业在购进现货的同时,认为价格还会上涨,放弃了套期保值,并在期货盘子上面买入大豆期货而改做投机,取得浮动盈利。2008 年 7 月,国内外大豆期货现货均出现大幅度、急剧的下跌,下跌幅度和速度都是历史罕见的,那些没有套期保值的油脂企业投机而来的浮动盈利变成了大幅的亏损,而新春油脂由于前期的套期保值,在这波行情里再次躲过价格的波动风险。

"进行套期保值可能会降低利润,但是不做套期保值,面对价格大幅波动的风险,就会出现大幅亏损,甚至企业倒闭。"这是新春油脂的深切体会。

10.7.4 延津模式:小麦期货市场服务现代农业的典范

郑州商品交易所成立于 1990 年 10 月 12 日,是经国务院批准的首家期货市场试点单位,在现货远期交易成功运行两年以后,于 1993 年 5 月 28 日正式推出期货交易。1998 年 8 月,郑商所被国务院确定为当时全国三家期货交易所之一,隶属中国证监会垂直管理。郑商所实行会员制,是为期货合约集中竞价交易提供场所、设施及相关服务,不以营利为目的的自律性管理法人。会员大会是郑商所的权力机构,由全体会员组成。

经证监会批准,郑商所上市交易的期货合约有小麦、棉花、白糖、精对苯二甲酸(PTA)、绿豆等,其中小麦包括优质强筋小麦和硬冬白(新国标普通)小麦。小麦、棉花、白糖和 PTA 期货为国民经济服务的市场功能日益显现,在国际市场上的影响力逐渐增强。郑商所规划在建立粮、棉、油、糖等主要农产品交易中心、价格中心和信息中心的基础上,逐步推出能源、原材料等工业品及各类指数期货品种,最终建成比较完善的集农产品、工业品及各类指数的综合性、现代化期货市场。

小麦是我国最早进行期货试点的交易品种,交易时间长,交易规范。1990 年 10 月成立的郑州粮食批发市场,率先进行小麦远期合同交易。1993 年 5 月郑州商品交易所率先推出小麦期货合约。1994 年中国证监会批准的 15 家试点期货交易所中就有 6 家上市小麦期货合约。1999 年起,只有郑州商品交易所在进行小麦期货交易。

郑州商品交易所的小麦期货合约为 10 吨,交割月份为 1、3、5、7、9、11,交割等级是以国标二等硬冬白小麦为基准价。2003 年 3 月 28 日,优质强筋小麦期货合约正式在郑州商品交易所挂牌上市,该合约的推出,对优质小麦实现"优质优价"、促进种植业结构调整有着重要意义。

"延津模式"是期货市场服务现代农业过程中最早出现的典范。它的实质是通过"龙头企业+专业经济合作组织+农户"的组织模式,创新提高农户订单履约率,通过"订单+期货"的经营模式创新,利用期货市场转移订单农业的价格风险,从而提高订单农业履约率,推动农业产业化发展,增加农民收入。

2003 年郑州优质小麦期货上市后,延津县金粒小麦合作社(原协会)充分利用期货市场,预先获知未来优质小麦的价格信息,从而敢于以较高的收购价格与订单农户签约;同时他们利用期货市场转移从农户那里转嫁过来的未来优质小麦价格不利变动的风险。通过期货市场和现货市场共同运作,提高了订单履约率,调动了农民种植优质小麦的积极性,切实增加了农民的收入。近几年来,延津县农民从种植优质小麦中年增加收入达 8000 多万元,10 万农户、41 万农民每户增收 900 元,人均增收 220 元,取得了良好的经营效益。

金粒小麦合作社与农户签订的订单还实行"二次分配",第一次分配以高于市场价收购,然后通过参与期货市场套期保值,将交割时与原价价差的50％再分配给农民。通过二次分配,农户和合作社结成了"风险共担,利益共享"的利益共同体,进一步降低农户的信用风险。

金粒小麦合作社还向订单农户提供产前、产中和产后服务,提供农资配送(种子、专用化肥、农药等)、市场信息服务等,建立农业科技培训制度。这种做法将粮食企业、小麦合作社与农民利益紧密联系在一起,使粮食企业和农民都得到了良好的收益,进一步降低了农户的信用风险,提高了农户的订单履约率。同时,集中采购和供应种子、农药、化肥、农资的价格较低,从而降低了订单农户种植优质小麦的生产成本。据统计,订单农户通过标准化生产亩均节本增效 100 元以上。

郑州小麦期货为"农"服务已诞生了众多类似的"延津模式"。位于淮安市洪泽区的"白马湖模式"就是一例。位于洪泽区的白马湖镇土地肥沃、灌溉便利,是传统小麦种植区。但因缺乏信息和引导,农民种植小麦收入偏低,积极性不高。2004 年,江苏省粮食集团收购了白马湖一家小麦加工企业后,开始尝试"公司＋农户""订单＋期货"的小麦生产、经营新模式。

一方面,集团所属企业根据期货市场价格与农民签订订单,给农民一个明明白白的来年收购价;另一方面,企业同时在期货市场上卖出相应数量的套期保值仓位,收购时根据价格变动情况,既可平仓获利,也可以实物交割,从而有效地规避了价格变动带来的不利影响。

这种新的模式还促进了小麦种植结构的调整。企业收购小麦时根据郑商所的品质要求实行优质优价,极大地调动了农民种植优质小麦的积极性。目前白马湖农民普遍种植的是 9023 号优质强筋小麦品种,仅此一项,农民每亩地就增收 20 元左右。

白马湖农民说,他们在秋季播种前,要先到收购企业问清第二年收购什么品种,然后回去再确定种什么。"公司＋农户""订单＋期货"给他们吃了一颗定心丸,农民们种麦的胆子更大了,不仅扩大了种植面积,也舍得增加农业投入。对江苏省粮食集团来说,小麦期货的作用主要体现为三方面,即正常轮库的保障、增加收入的新动力和实施集团发展战略的重要工具。"我们每年轮库的小麦数达 60 万吨,而且每次出库数量都非常大,许多人对此不理解,认为我们冒的风险太大了,"该集团总经理说,"但我们很有信心,因为背后有期货市场这个保险杠。"

10.7.5　银丰集团:两条腿走路实现棉花农企双赢

在我国,棉花是国家计划生产、流通的产品,多年来由供销合作社系统的棉麻公司专营。棉花价格波动较大,棉花生产企业、用棉企业对期货市场的需求十分强烈。随着市场经济的发展,棉花期货上市条件逐步成熟。2004 年 6 月 1 日,棉花期货在郑州商品交易所隆重上市。

银丰集团是湖北省棉花行业的龙头企业,拥有国家级棉花产业化龙头企业称号。自棉花期货上市以来,银丰集团从事棉花期货套保、套利交易,实现了企业的稳健经营,利润从 2005 年的 2225 万元上升到 2007 年度的 3171 万元,并通过不同的方式“反哺”棉农,服务“三农”。

2003、2004 年度棉花现货市场的“过山车”行情使银丰集团在棉花贸易上亏损数千万元。为了化解风险,从 2004 年开始,银丰公司稳步参与期货市场的套保交易,2005 年集团成立了期货部,2007 年期货部和现货部合并成市场部,完成了现货与期货的真正对接。通过这种模式和运行机制,公司的经营活动越来越主动,公司由过去的“抢”棉花、“赌”市场,变成通过“订单”稳货源,利用期货锁定风险和利润。

如今的银丰集团已经超越了传统意义上“一买一卖”的棉花企业,从昔日的“棉贩”转变为灵活运用衍生品工具的现代“棉商”。

为了掌握稳定优质的棉花资源,银丰集团开始向农村“渗透”,通过“企业＋合作社＋棉农”的模式构建货源网络,建立合作社,与农民签订棉花生产订单合同,与棉农结成了“互惠双赢,共同发展”的新型合作关系:产前,合作社与棉农签订订单,让棉农放心种棉;产中,合作社为棉农提供市场信息、生产技术和物资供应服务,帮助棉农科学种棉、种好棉;产后,合作社加强质量控制和提供各类售棉服务。集团根据公司每年的盈利水平,还对棉农进行二次返利。

银丰集团充分利用期货平台,经过多年的探索,在期现结合、套期保值上打造出两种主要盈利方式。

第一种盈利方式是期现套利、仓单交割方式。当期货的价格相对现货较高时,根据生产成本卖出套保合约,公司将从农民手中收购的棉花现货按郑商所的棉花交割标准加工成“期货棉”并注册成仓单,直接交售仓单获利。

第二种盈利模式是基差交易方式。例如,银丰股份公司 2008 年 2 月底至

3月初发现0807合约与现货的基差近2500点。在迅速分析未来国内棉花产业形势后,期货部提出利用当前的基差水平进行大胆的全额套保,从而使得银丰公司在其他大多数棉花企业亏损的情况下还能保持盈利。

2007年,银丰集团参与郑棉期货交易量达10万余手,合50多万吨,交易量在全国涉棉企业中位居前列,是其棉花现货经营量的2.5倍,其中套保量约10万吨,其余40万吨为套利交易。现货棉花经营量从2005年的10.82万吨上升到2007年的20多万吨,增长84.8%,占湖北省棉花产量的44%。在棉花期现货结合经营的带动下,2007年企业净利润增长42.5%。

银丰集团作为国家级和省级农业产业化重点龙头企业,积极探索农企合作、期现结合的经营模式。通过"公司＋合作社＋农户""订单＋期货"的银丰模式,企业影响力和信誉度不断提高,经营规模和盈利水平逐年上升,反哺农业的能力和风险规避能力不断增强,促进了棉农增产增收,真正实现了农企双赢,有效地服务"三农"。

10.7.6 上期所天然橡胶"保险＋期货"精准扶贫

1998年,上海期货交易所由原来的上海金属交易所、上海粮油商品交易所和上海商品交易所合并而来,并受中国证监会集中统一监督管理。交易所目前上市交易的有铜、铝、锌、天然橡胶、燃料油共五个品种的标准合约。天然橡胶期货市场于1993年初步建立,1995年成为海南中商期货交易所的正式交易品种,同时是上海商品交易所的试运行品种。1996—1997年,海南中商交易所的天然橡胶交易十分红火,当时天然橡胶交易量位于十大交易品种的前列。1998年,我国调整交易所布局,海南中商期货交易所退出历史舞台。1999年起,天然橡胶成为上海期货交易所的正式交易品种。

2002年以来,我国连续多年成为世界第一橡胶消耗大国。其中,国内合成橡胶产量逐步上升,但也仅能满足三分之二左右的需求量。2006年,我国天然橡胶自给率已降至21%,远低于30%的战略安全警戒线。在此背景下,上海天然橡胶期货市场获得了较快的发展,交易量已经逐步超过东京工业品交易所,在全球天然橡胶定价中的话语权不断增强。

2020年9月3日,保亭县的一个小山沟里,胶农陆邦郎凌晨早起完成了一天的割胶任务,共计收割25.584公斤胶水,卖得255.84元。当日,橡胶主力期货价格为12600元/吨,跌幅1.83%。而在往常,橡胶期货价格的下跌,会直接影响陆邦郎的胶水收入。但在这一天，他在获得胶水收入的同时，还额外获得 81.75 元的补偿，对贫困户陆邦郎来说，这是笔不大不小的收入。这得益于其参加了上期所联合保险公司、期货公司合作的"保险＋期货"项目。

2017 年 6 月，国内首张天然橡胶期货价格保险保单在海南正式签发，为国家贫困县白沙黎族自治县南开乡全体橡胶种植户的年产量 1482.72 吨橡胶提供风险保障 2090.64 万元。

2018 年，海南保亭启动上期所天然橡胶"保险＋期货"精准扶贫项目，对当地贫困户全覆盖。该项目按照海南省天然橡胶实际生产成本，设定保险保障价格，按照期货市场价格核算价差，补偿农户。就在当年，保亭县"脱贫摘帽"。

据海南保监局介绍，天然橡胶期货价格保险在三个月的运行期间，在选取上海期货交易所橡胶期货品种作为标的合约前提下，承保方式由"单一保险期限和单一目标价格"的模式变为更加灵活多样的"菜单式"模式。胶农可以根据差异化的保险需要，既可以选择保险期限为整个采胶期，也可以选择在采胶期内分段承保；既可以选择"单一目标价格"模式，在当前期货市场价格基础上设定 1 个目标价格，也可以选择在"单一目标价格"模式基础上，将预计产量根据一定比例分为三部分，分别按 110%、100%、90%确定高、中、低三档目标价格。

橡胶期货价格保险保障了胶农的收入，是银行服务农村小额贷款的优质抵押物，可以有效增强胶农融资能力，打造新的服务"三农"融资方式。

习　题

1. 解释期货多头与期货空头的区别。

2. 解释对冲、投机和套利之间的区别

3. 现在为 2017 年 7 月，某采矿公司新近发现一个小存储量的金矿。开发矿井需要 6 个月，之后黄金提炼可以持续 1 年左右。纽约商品交易所设有黄金的期货合约交易。从 2017 年 8 月到 2019 年 4 月，每隔 2 个月就有一个交割月份，每份期货合约的金额为 100 盎司。采矿公司应如何运用期货市场进行对冲？

4. 黄金的现价为每盎司 500 美元。一年后交割的期货价格为每盎司 700

美元。一位套利者能以 10％的年利率借到钱。套利者应当如何操作才能获利(假设储存黄金费用为零)?

5. 一家公司签订了一份期货合约,以每蒲式耳 250 美分的价格卖出 5000 蒲式耳小麦。初始保证金为 3000 美元,维持保证金为 2000 美元。将来价格发生什么样的变化会导致保证金催付? 如果你不补足保证金会怎样? 在什么情况下,可以从保证金账户中提出 1500 美元?

6. 一名养猪的农民想在 3 个月后卖出 9 万磅的生猪。在芝加哥商品交易所(QE) 交易的生猪期货合约规定的交割数量为每张合约 3 万磅。该农民如何利用期货合约进行对冲,从该农民的角度出发,对冲的好处和坏处分别是什么?

7. 分别说明买入、卖出看涨期权与买入、卖出看跌期权的投资者的最大盈利、最大亏损。

参考文献

[1] Barone-Adesi G, Whaley E. Efficient analytic approximation of American option values. The Journal of Finance,1987,42(2):301-320.

[2] Cox C, Ross A, Rubinstein M. Option pricing: a simplified approach. Journal of Financial Economics,1979,7(3):229-63.

[3] Longstaff A, Schwartz S. Valuing american options by simulation: a simple least-squares approach. The Review of Financial Studies,2001,14(1):113-147.

[4] Kaldor N. Speculation and economic stability. The Review of Economic Studies,1939,7(1):1-27

[5] 格雷厄姆. 聪明的投资者. 王中华,黄一义,译. 北京:人民邮电出版社,2010.

[6] 刘达.农产品期货跨品种套利策略分析.南宁:广西大学学位论文,2014.

第十一章　农业跨国投资

　　跨国投资是指投资者将拥有的资本分别投入两个或两个以上的国家企业进行直接或间接经营的投资形式(王美涵,1991)。随着贸易自由化及投资一体化的不断发展,跨国农业公司在全球范围内的农业投资不断增长,跨国公司规模不断扩大,一些企业成为农业领域的跨国巨头(张彩霞,2009)。根据《2021 年中国对外直接投资统计公报》,2021 年,中国对外直接投资流量1788.2 亿美元,比上年增长 16.3%,连续十年位列全球前三。2021 年末,中国对外直接投资存量 2.79 万亿美元,连续五年排名全球前三。2021 年中国双向投资规模基本相当。2021 年,中国对外直接投资涵盖国民经济的 18 个行业大类,其中,八成投资流向租赁和商务服务、批发零售、制造、金融、交通运输领域,流量均超过百亿美元。2021 年末,租赁和商务服务、批发和零售、金融、制造等行业投资存量均超千亿美元。作为世界农业科技巨头,先正达集团股份有限公司(以下简称先正达集团)由先正达植保、先正达种子、先正达中国和安道麦四个业务单元构成。2017 年,中国化工宣布完成对瑞士先正达(Syngenta AG)公司的交割,以 430 亿美元的价格收购瑞士先正达,创下迄今为止中国企业最大规模海外并购案的纪录。自此,先正达的一部分成了中国国企。2020 年 1 月 5 日,中化集团和中国化工宣布将旗下农业资产注入新设立的先正达集团。完成资产重组后的先正达集团包括先正达植保(运营总部位于瑞士巴塞尔)、先正达种子(运营总部位于美国芝加哥)、安道麦(运营总部位于以色列特拉维夫)和先正达集团中国(运营总部位于中国上海)四大业务单元。2020 年 6 月 19 日,由中化农业、先正达、安道麦等公司组建而成的先正达集团中国正式成立。当地时间 6 月 18 日,先正达集团总部在瑞士巴塞尔宣布先正达集团正式成立,一个新的农化巨头由此诞生。

　　全球粮食危机的出现,使得各国更加深切地体会到农业在政治、经济、社会等方面的重要战略意义,因此纷纷加大农业投入,除了更加重视对本国的农业投入,农业海外投资的步伐也明显提速,包括新兴国家在内的、有一定实力的经济体,都纷纷谋求在全球配置农业资源,以稳定粮食供给和获取超额回报,维护本国粮食安全,掌握粮食国际话语权。20世纪以来,我国的农业对外直接投资(OFDI)规模不断扩大,但是与其他行业相比,占比很小,且增长缓慢。中国农业要想走进国际市场,提高中国农业国际竞争力,增强农业国际话语权,必须对国际社会文化环境有充分的了解。只有"知己知彼"才能顺利"走出去",缓解中国农业对外投资经营困境,推动中国农业产业构造与发展模式升级。农业对外活动不仅面临着经营风险、所在东道国的政治风险、舆论风险、生态环保风险,还面临着社会文明不同带来的风险。如何在社会文明之间的巨大差异中做到"求同存异",是中国农业OFDI过程中社会文化风险需要重视的问题。相对于国内投资,全球经济环境中包含了更大的政治风险。为此,本章介绍了对外投资的理论基础;跨国投资区域选择理论、跨国投资的风险类型、跨国投资的风险防范、跨国投资模式与步骤;最后则是案例分析。

11.1　对外农业投资的理论基础

农业跨国投资是指跨国资本在农业领域的投资。农业跨国投资最早可以追溯到殖民主义时期,西方资本主义国家为了追求投资利益和获得廉价的农产品和工业原料,在一些海外地区投资和发展农业的行为成为最早的农业跨国投资(赵立军,2016)。在20世纪60年代,费农(Raymond Vernon)、巴克利(Peter J. Buckley)和海默(Stephen Hymer)提出了产品周期理论、内部化理论和垄断优势理论来解释对外投资的动因。

11.1.1　垄断优势理论

20世纪90年代,一些国际经济学者重点考察了影响跨国企业行为的外部因素,以阐释诱发企业对外直接投资的动因和条件。该理论认为:对外直接投资源于投资诱发要素的组合作用,而诱发投资的要素指的是母国和东道国所拥有的直接和间接诱发要素两个方面。其中,直接诱发要素主要指各类生产要素,包括劳动力、资本、资源和信息知识等;间接诱发要素主要指生产要素以外的其他因素,主要包括母国投资政策和法规、与东道国的协议和合作关系、东道国政局稳定性、吸引外资的优惠政策、法律法规、基础设施以及全球经济一体化、区域化、集团化的发展、金融市场利率和汇率波动等(高鹤,2012)。

1960 年,海默在其博士论文中,第一次论证了外国直接投资不同于一般意义上的外国金融投资。海默认为:外国直接投资不仅仅是一个简单的资产交易过程,它包括非金融和无形资产的转移,是跨国公司使用和发挥其内在组织优势的过程。直到 1976 年,海默的这篇开创性论文才得以正式出版。

1969 年,海默的导师金德伯格在《美国公司在海外》一书中进一步阐述了垄断优势理论,由此形成所谓的"海默-金德伯格传统"。由海默提出,并由金德贝格完善的垄断优势理论认为,跨国投资的动机在于利用市场的不完全性谋利,投资企业利用规模经济优势或管理优势,通过强化其在东道国市场的垄断优势,实现一体化和专业化生产,在产供销等环节提高效率,优化生产区位,通过实现内部和外部的规模经济、提升企业的竞争优势。跨国公司的垄断优势来自两个方面:市场不完善,包括产品市场不完善的优势,如新产品、产品差异、特定营销技巧等,产品市场不完善表现在产品差异、特殊的市场技能和价格联盟;要素市场不完善的优势,如技术、知识和无形资产、生产诀窍、新工艺等,要素市场不完善表现在特殊的管理技能、进入资本市场的便利性、受专利制度保护等;来自企业规模经济的优势,规模扩大既具有规模效益,又受专利制度保护,还能充分利用企业管理资源,这些与技术优势结合起来,形成寡头市场结构和行为。此外,不完全竞争还表现在企业内外部规模经济上以及政府对竞争的某些干扰。一国和国际市场的不完全竞争导致跨国公司在国内获得垄断优势,并通过国外生产加以利用,形成跨国直接投资。企业选择 FDI,一是为了绕过关税壁垒;二是为了技术资产的收益。产品异质化使得跨国公司保持其垄断优势。该理论的重要贡献在于其指出知识和技术优势是企业投资的重要驱动力,并不局限于国际资本流动。跨国资本和企业以自身拥有优势的资本和技术,换取东道国具有相对优势的要素使用权和东道国的市场,获得一定的比较利益。东道国也在此过程中获得所需技术和资本,两者各有所获,呈现双赢局面(王艺明等,2005)。

1973 年,尼克博克(Frederick T. Knickerbocker)出版了《垄断性反应与

跨国公司》一书。书中详细分析了 187 家美国跨国公司的投资行为,发现在一些寡头垄断性行业中,外国直接投资者的行为在很大程度上取决于各竞争者相互的行为约束和反应。尼克博克认为,在一个完全竞争市场(竞争者数目一般超过 20 个),任何一家公司都无法操纵市场价格。每个竞争者的最佳策略是根据市场的价格信号来生产。垄断市场(完全竞争者的数目一般不超过 4 个),两三家公司基本控制了大部分市场份额。因此,每一家公司都拥有相当程度的垄断势力,在这种局势下,这几家公司会倾向于合谋而不是竞争,合谋瓜分市场而不至于因竞争过分激烈而两败俱伤。因此,在一个松散性寡头垄断市场,各竞争者之间战略性的行为会相互制衡或产生激烈反应。跨国公司之间战略性相互约束和反应对外国直接投资的影响,已愈来愈引起学者们的注意。博弈论模型已被用来刻画跨国公司相互反应的动态过程。

11.1.2　弗农生命周期理论

海默提出的垄断优势论,以垄断优势代替完全竞争,并将直接投资与间接投资(证券投资)分开研究,突破了传统的研究方法,开创了一条跨国公司投资的新思路。因此,海默可以称作当代国际投资理论的开拓者。但随着 20世纪 60 年代以后日本中小企业对外直接投资、发展中国家企业对外直接投资并不具备资本和技术密集的优势,垄断优势理论难以解释这一现象。1966年,美国哈佛大学教授弗农(Raymond Vernon,1966)在《产品周期中的国际投资与国际贸易》一文中提出,产品生命周期是导致区位优势不断发生变化的直接原因。弗农的国际产品周期理论有以下四项基本假设:(1)消费者偏好依据收入的不同而不同;(2)企业之间以及企业与市场之间的沟通或协调成本随着空间距离的增加而增加;(3)产品生产技术和市场营销方法会经历可预料的变化;(4)国际技术转让市场存在不完美性。弗农认为,消费者偏好以及对产品的选择因为收入高低而产生不同的层次。产品创新阶段,即新产品的生产一般是为了满足高收入国家选择性极强的市场而生产的,由于新产品在其发育成长时期,需要从市场不断得到信息反馈,以改进其性能,所以最初的生产基地一般靠近市场,即高收入国家内。当产品逐渐成熟,随着国内外需求的增加,产品式样稳定并逐步标准化,同时仿制品纷纷出现,价格竞争激烈,企业必须重视成本因素在竞争中的作用,在国内市场趋于饱和时,企业更日益重视国外市场。因此,从价格、技术、市场扩大三方面考虑,企业选择对外直接投资。投资地区是那些收入水平、技术水平与投资国相似的地区。在产品的标准化阶段,产品的生产技术、生产规模及式样等都已完全标准化,企业的垄断优势已不复存在。企业之间的竞争基础是成本与价格。为了降低成本,将产品转移到工资低的劳动密集地区就成为必然的选择。在生产过程中需要大量劳动投入,对外部经济环境要求不高,产品需求弹性大,规格标准化的产品生产转移到发展中国家,再将其产品返销到母国或第三国市场。弗农的理论解释了战后美国企业在西欧大量投资的动机。他将企业的技术优势及垄断优势视为伴随产品周期的动态变化过程,从而分析了技术优势变化对企业对外投资的影响,为跨国公司理论分析增添了动态和时间因素。

在国际市场范围内,某一产品所处的生命周期不同决定了其生产地的不同,而外国直接投资则是生产过程或产地转移的必然结果。产品在其生命周期必须经历三个阶段:新产品周期、成熟周期和标准化周期。在新产品周期,由于企业的技术优势,企业选择在本国生产;在成熟周期,产品具有标准化生产优势,企业的市场规模成为最重要因素;标准化周期的企业则把生产成本作为最重要的考虑因素,此时发展中国家的劳动力和土地成本低廉因素会成为跨国公司的首选。

11.1.3　投资周期理论

随着经济全球化的不断深入,国际分工体系和全球产业格局正发生深刻变化,发展中国家通过引进外来投资,积极参与全球价值链分工。同时,近年来越来越多的跨国资本为了寻求低成本低级要素,抢占全球市场和经济的制高点,在强化高新技术产业竞争优势的同时,通过国际生产网络的扩张推动全球产业结构的调整。邓宁(Dunning,1981)收集并分析了 67 个国家的对外直接投资现状,证实了发展中国家跨国公司的崛起,是由其经济发展阶段决定的,是经济增长的必然结果,从而提出对外直接投资与经济发展阶段相联系的观点。因此,他的理论适用于解释多类型国家的国际投资。正因如此,邓宁的理论成为当代国际直接投资理论的主流,获得了"通论"称谓。

邓宁(Dunning,1981)提出的对外投资周期理论,合理地解释了中国现阶段对外投资大幅增长的原因。该理论根据人均国内生产总值的不同水平,把一个经济体对另一个经济体投资的发展周期分为五个阶段:第一阶段为人均国内生产总值小于 400 美元时,这一阶段几乎没有对外投资;第二阶段为人均国内生产总值在 400—2000 美元之间,这一阶段的对外投资很少;第三阶段是人均国内生产总值在 2000—4750 美元之间,这一阶段会出现大量的对外投资;第四阶段为人均国内生产总值在 4750 美元以上,这一阶段对外投资增长速度提高,远远高于吸收外资的增长速度;第五阶段为对外净投资下降阶段,发达国家之间出现了交叉投资,导致投资净值下降。

11.1.4 比较优势理论

20 世纪初,经济学家赫克歇尔和俄林批判地继承了大卫·李嘉图的比较优势理论,认为仅利用劳动力费用的区域差异来解释国际贸易并不全面,而应在考虑产品成本时将资本、土地等生产要素与劳动力要素结合起来,进而提出了资源禀赋理论。该理论认为一些产品售价方面的差异,可能是由生产该产品的要素投入所产生的成本差异导致的,而这种差异取决于该投入要素在不同国家间的资源禀赋情况。如果生产一种产品所需的某种要素与其他国家相比供给充裕且价格低廉,则表明该要素在这个国家较为丰富,如果该国能够投入大量该种比较充裕的要素生产产品,则产品将具有比较优势,进而获得额外收益。因此,一国应出口那些能够使用本国具有禀赋优势的要素生产的产品,而进口那些需要使用本国大量稀缺要素生产的产品。比如,某种产品需要投入大量劳动力资源,而该国拥有充裕的劳动力,则以大量该要素投入生产的产品将具有成本比较优势,出口劳动密集型产品是有利可图的。相反,在技术、资本等要素方面缺乏比较优势的国家,应进口需投入大量该类要素生产的产品(俄林,2001)。

比较优势理论是由日本一桥大学教授小岛清提出的。1973 年,小岛清在研究了日本企业对外直接投资的状况后,发表了《对外直接投资的宏观探讨》一文(后来又将这一理论写入《对外直接投资》一书中),运用比较优势原理,提出了"边际产业扩张论",解释了日本的对外投资问题,其理论核心是:"一国应该从已经或即将处于比较劣势的产业开始对外直接投资,并依次进行。"

主要依据是:各国要素禀赋存在差异,因而要素相对价格也存在差异,当一国某产业要素密集度较高的那种要素相对价格上升时,该产业就处于劣势,应该将其转移到那种要素价格相对较低的国家,这样就使得要素组合合理化,这就是所谓的边际产业转移。在这种情况下,双方技术差距较小,既易转出,又易吸收。边际产业转移出去的国家,可以从受让国进口产品满足需求,同时可用更多资源扩大具有比较优势的部门的生产和出口,因此双方均从中获利。除了边际产业转移,边际性生产环节也可依此转移。

小岛清还具体比较了美国与日本的对外投资模式。(1)日本对外直接投资的重心在于开发海外的自然资源,补充本国资源的短缺,同时将本国的边际产业转移到国外。按这种边际产业转移的顺序进行海外直接投资,有利于投资国的跨国经营,并有利于受资国发展具有潜在比较优势的产业,受资国生产的产品可以就地销售,也可以向母国或第三国市场销售。而美国的对外直接投资则始于比较优势产业,投资于西欧、加拿大等市场,目的是抑制当地的竞争者,占领市场。(2)日本对外直接投资的主体是中小企业,并以与投资输入国技术差距最小的产业依次进行投资。这种投资不是以技术优势为武器,而是以投资者激烈竞争为前提。投资者提供的技术以适用技术为主,便于受资国吸收利用,开发劳动密集型产业,增加就业,扩大出口。因此深受投资输入国欢迎。而美国企业的对外直接投资,依靠垄断性的技术优势,击败竞争对手,夺取投资市场。(3)日本对外直接投资大多采用合资经营方式。而美国企业的国外直接投资往往采取独资经营方式,搞全部股权式的所谓"飞地式"子公司。(4)日本式的对外直接投资是顺贸易导向型的,即按边际产业顺序进行对外直接投资,符合比较成本与比较利润率相对应的原则,有利于扩大双方的比较成本差距,也有利于贸易扩大。而美国的对外直接投资是反贸易导向型的,即通过投资,将比较优势的产业转移到西欧,使双方比较成本差距缩小,这样违背了比较成本与比较利润率相对应的原则,损害了双方应当享受的国际分工和扩大贸易的好处。因此美国式的反贸易导向投资是以投资替代贸易。总之,小岛清的日本式直接投资是补充贸易、创造和扩大贸易,而美国式对外直接投资是取代贸易。他的比较优势理论认为:一个国家中那些已经或将要在本国失去发展空间的"边际产业"可能是另一个国家正在兴起的、处于优势的朝阳产业,这种情况下,一国就应从本国已经处于或即将处于劣势地位的边际产业开始依次进行海外直接投资。根据小岛清的理论,目前中国农业已经在产业发展、科研开发、人才培养、技术推广等方面具有一定的优势,这些优势为中国农业企业进行海外投资奠定了基础。

据此,中国农业企业可以通过以下方面的对比选择,决定其对外直接投资的区域、内容和方式。第一,东道国应具有较好的农业生产资源、较低的农业劳动力价格,以及较为稳定的经济政治体制,这有利于中国企业在该国开拓市场;第二,东道国应具有相对集中的技术与人力资源,这有利于中国企业的经营和生产,也有利于中国企业采取较高的生产技术和先进的管理方式;第三,东道国设置了较为苛刻的贸易壁垒,难以采取国际贸易的方式直接进入其市场,贸易争端频繁发生,直接投资可以回避部分贸易摩擦;第四,东道国拥有丰富的自然资源,但其农业并不发达,为国外企业进驻留有一定的空间。通过以上四点确定投资区域后,中国农业企业还应提升素质和自身的竞争力,增强跨国经营能力,实现可持续发展,利用和占有广阔的国际市场空间。

但自 20 世纪 70 年代后期以来,日本的对外直接投资以欧美国家为中心,与美国型直接投资趋同。小岛清的理论已难以解释以上难题。因此,小岛清的理论只反映了日本某个时期的对外直接投资特点,不具有普遍意义。国际多元化企业代表了地理多元化的组合,这是从世界各地获取利润的一种索取权,更容易发现全球最佳投资机会,投资者愿意为国际多元化公司的股票支付溢价,而且这种溢价会随着公司国际多元化程度的增加而增加(崔健等,2011)。

11.1.5　内部化理论

该理论是由英国雷丁大学巴克利和卡森在 1976 年出版的《跨国公司的未来》一书中提出的。内部化理论的基础导源于科斯等创立的交易费用经济学理论。科斯的理论认为:企业是市场机制的替代物。企业的产生是为了降低市场交易费用。内部化理论正是从这一观点解释跨国公司不利用世界市场实现各国企业之间的国际分工,而是通过对外直接投资,建立企业内部化市场,通过企业内贸易来协调企业的国际分工。

所谓市场内部化是指外部市场机制的不完全性造成了中间产品不确定(如原材料、半成品、技术、知识),为提高中间产品交易效率,跨国公司通过其有效的科层组织、将外部市场内部化。具体地说,内部化理论的主要内容是:第一,外部市场失效是内部化形成的主要原因。外部市场不完全,存在某些缺陷,如信息不对称、不确定性、机会主义等,导致外部市场的交易成本太高。特别是某些中间产品,如专利技术、知识产品等,进行市场交易的双方都面临相当大的不确定性,任何一方采取机会主义行为,都会给对方造成巨大的损失。而通过跨国公司直接投资,将买卖双方通过行政结构整合在一个组织里,以雇佣关系代替买卖关系,中间品交易的风险就大大降低了,交易成本也因此大大降低。第二,外部市场交易成本太高导致内部化。为克服市场交易障碍所付出的交易成本,如市场交易税款、发现中间品相应价格的成本(信息成本)、买卖双方签约的成本、政府对外汇、关税等方面控制造成的成本,凡此种种,由于市场交易的高昂成本,企业通过内部化来替代外部市场,以回避这些交易成本。第三,运用转移定价手段,转移定价是跨国公司内部母子公司、子子公司之间的内部交易定价。内部化理论是国际直接投资理论研究的一个重要转折,它不仅是对垄断优势论的发展,也是世界经济发生重大变化的反映。该理论说明了各类跨国公司形成的基础。通过对原材料、加工等生产过程的内部化,说明了垂直一体化跨国公司的成因。该理论的出现为跨国公司"通论"作出了重大贡献。跨国公司利用转移定价,可以达到多方面的目的:(1)调整公司利润,使公司整体利润最大化;(2)绕过东道国的控制,转移资金,减少或避免风险;(3)通过转移定价规避东道国的税收。但是该理论无力解释投资的区位原因和跨国经营网络的组织。

11.2 跨国投资区域选择理论

11.2.1 区位理论

1977 年,英国经济学家邓宁首次引入"区位优势"的概念,综合考虑了企业要素和国家要素特征,从国际贸易理论出发,将垄断优势理论、内部化理论和区位优势理论等结合在一起,提出了国际生产折中理论。该理论的主要观点有:第一,所有权优势和内部化优势只是企业进行对外直接投资的必要条件,但区位优势是对外直接投资的充分条件。区位优势包括直接区位优势和间接区位优势。其中,直接区位优势包括东道国广阔的市场、向跨国公司提供多种优惠的外资政策等,而间接区位优势包括母国过高的生产要素成本、不断增加的贸易成本以及东道国的贸易壁垒等。区位优势不仅决定了跨国公司是否进行对外直接投资,而且还决定了对外直接投资的类型和部门结构。运输成本、跨国公司的空间集聚、政府干预、各种风险等因素也对跨国公司的区位决策产生影响。第二,随着经济全球化的不断深入和技术经济时代的到来,跨国公司的区位选择不但受到传统区位因素的影响,也受到一些新的区位因素影响,如东道国的基础设施、人力资源状况、宏观经济发展水平、制度框架等;同时,跨国公司投资动机不同,区位偏好也截然不同。尽管区位优势对任何跨国企业都是平等的,但由于不同跨国企业在知识获取、组织能力、技术水平、机械装备方面的差异,这种企业不同层面的异质性也会导致它们在自然资源的利用效率、知识和战略性资源的吸收和整合能力上的差别(Dunning,1977,1981,2000)。

邓宁在《国际生产与跨国公司》一书中,将这三项优势分别命名为"所有权特定优势"(ownership specific advantage)、"内部化优势"(internalization advantage)和"区位特定优势"(location specificadvantage)。该理论认为,企业对外直接投资,必须具备三种优势:

第一,所有权特定优势,亦称竞争优势或垄断优势。它是指企业独占无形资产以及拥有规模经济所产生的优势。邓宁还把所有权优势分成两类,一类是能通过市场转让的优势,如专利技术、信息等;另一类是不能通过市场转让的优势,如企业经营规模适度等。企业拥有的所有权特定优势包括以下几个方面:①技术与管理优势。企业要打开国外直接投资市场,自身必须具备技术上和管理上的优势。技术优势指专利权、专有技术、信息资源等。管理优势指合理的组织结构、科学的管理技能和灵活的营销技巧等。②规模经济优势。企业规模大,具有规模经济的优势。③融资优势。大公司实力雄厚,资信好,能以较低的利率获得贷款,并且具有广泛的渠道获得资金来源。

第二,内部化优势。跨国公司的国际竞争力不是来自传统的垄断优势,也不是来自单纯的技术占有,而是来自技术优势的内部化。一方面,技术在同一个所有权的企业内部进行交换,按企业的共同战略目标配置技术资源,这样,企业所拥有的垄断优势才能得到充分发挥。这种技术优势内部化直接影响到跨国公司选择国外投资的形式和规模。促使企业加强内部化优势的另一方面是因为外部市场不完全,通过内部化可以克服市场不完全,并降低市场交易成本。不过,不同于巴克利和卡森,邓宁认为市场不完全不仅仅在中间产品市场上存在,而且在最终产品市场上也存在。市场不完全可分成两类:①结构性市场不完全。一是东道国的贸易保护主义政策,如关税和非关税壁垒;二是无形资产的特性影响外部市场的完善。②知识性市场的不完全性。如技术转让、信息等市场的不完全性。

第三,区位特定优势。区位特定优势是指东道国固有的、不可移动的要素禀赋优势,如优良的地理位置、丰富的自然资源、潜在的市场容量等。此外,东道国经济制度、政策法规以及投资环境等因素也属此列。引入区位因素,是邓宁体系的特色。区位优势非企业所有,而属东道国所有,企业只能利用这种优势。区位优势包括两方面内容:一方面是由东道国要素禀赋所产生的优势,如自然资源状况、劳动力、地理位置等;另一方面是由投资环境所形成的优势,如政治、经济制度、法律政策环境、基础设施、市场容量、外部规模经济等。区位因素直接影响跨国企业对外投资的选址及其整个国际化生产体系布局。因此区位理论主要研究选址定位中使企业成本趋于最小的各项因素。区位论的引入,解决了其他理论没有回答的问题。因为所有权优势只能说明企业具备了到海外投资设厂的前提,内部化优势只能说明企业可以在内部交易技术和中间品,但可以跨国界经营,也可以在国内生产,只有加入区位优势,才能说明海外投资设厂具有比国内更大的吸引力,具备前两项优势的企业必然这样作出选择。

11.2.2　成本学派

自 19 世纪初德国农业经济学家杜能在其著作《孤立国对于农业和国民经济的关系》中提出农业区位理论以来,西方区位理论发展已有 190 多年的历史,现形成多个学派,主要分为成本学派、市场学派、行为学派和新经济地理学派。

成本学派代表人物主要有杜能、韦伯和艾萨德。该学派的基本观点是:企业经济活动布局及区位选择的根本动机是追求成本最小化。1826 年,杜能探索了因地价不同而引起的农业分带现象,发现与消费市场的接近程度对农作物生产布局起着重要作用,认为农业经营方式并非集约程度越高越好,并指出农业生产布局不仅取决于自然条件,而且与距离有关的地租、运费等经济因素有关,还提出了与消费市场最接近的区位是运费最低的区位,是农业布局的最佳区位(杜能,1997)。

1990 年,韦伯结合德国的工业实际,撰写了《工业区位论:区位的纯理论》一书,认为最佳的企业区位应满足生产和分配过程中所需运费(包括里程数和货物重量)的最小化,后来增加了劳动力费用和集聚因素,并将这三个因素所决定的最小成本作为选择企业最优区位的标准。他将影响企业区位的因素归纳为区域、位置、普通和特殊四类。其中,普通因素为区位分析中起共同作用的一般要素,包括成本、工资和租金等,特殊因素为仅对特定产业起作用的要素,包括对生产过程有特殊要求的水质和空气等。他还强调企业生产区位的选择是在上述四类因素的复合作用下决定的(韦伯,1997)。

1956 年,艾萨德利用比较成本和投入产出等综合分析方法研究工业区位布局。他认为尽管影响工业发展和布局的因素很多,但各种因素在不同区域中发挥的作用各异,同时某些因素具有相互依存性和一定程度的替代性,如资本和劳动力之间的关系,当投资者投资到资本充裕但劳动力短缺的区位时,就会考虑用资本替代劳动力,进而可能会采用先进的自动化设备;而在劳动力供给充足但资本不足的区位,则会考虑用劳动力替代资本,进而可能会采用劳动密集型技术(艾萨德,2011)。

基于资源的战略学派认为跨国投资和经营会给企业带来资源的协同效应。协同效应是多种资源和因素的相互增强和互补,它导致共同作用的产出大于各种资源单独产出之和。例如,当企业在它们的资源和能力范围内进行国际扩张时,可以在全球的各分支机构共享企业品牌、市场信息、技术信息等,同时还能够把优秀的管理能力传递给各业务机构。企业可以通过战略性资源在各区域和业务单位之间的共享获得范围经济和规模经济,拥有核心竞争力的公司通常能够把在母国形成的核心竞争力应用于国际市场其他分支机构,帮助公司获得超额利润(崔健等,2011)。

11.2.3　市场学派

20 世纪 90 年代,哈佛大学教授迈克尔·波特深入研究了跨国企业的竞争战略和组织结构与国际环境间的动态调整以及相互适应关系,并提出了战略管理理论。该理论认为,跨国企业的竞争优势来自其在国际环境下开拓和建立价值链各环节实体的行为活动和组织能力;并指出对外直接投资战略的实质是选择开展投资活动的国际区位,以及把握所控制的价值链各环节实体的一体化程度。此外,该理论还指出,日益加剧的国内竞争是企业对外直接投资的动因之一,同时激烈的竞争也会促使国内企业不断成长与发展,并从中获得竞争优势(波特,2009)。

1940 年,廖什认为企业区位选择是多种因素综合作用的结果,并指出决定工业企业区位选择的根本因素是利润最大化原则。他在工业区位理论基础上作了很大的修正,以垄断市场代替自由竞争,并以利润最大化替代成本最小化,构建了区位选择的动态模式。他认为企业的市场区域在地理空间上是一个六边形,而且这种六边形形状往往由于多个六边形的重叠和挤压最终形成蜂窝状网络;并将市场需求因子引入区位选择模型中,认为商品都有一个最大销售半径,而且随着销售半径的增大,运输费用会不断增加,商品的价格也随之递增,从而导致销售量降低(廖什,1995)。

11.2.4　行为学派

代表人物主要有普雷德和理查德森。该学派认为不同的决策者可能会因为同样的区位影响因素产生不同的区位决策结果。1972 年,普雷德认为,企业区位选择实际上是决策者占有有限信息并对其进行处理的结果。他将满意人概念引入区位理论,构建了更为接近现实的区位行为研究理论,应用行为矩阵研究区位选择问题,并分析不完全信息对区位选择的影响(何均琳,2010)。

1974 年,理查德森认为企业跨国投资行为不能完全根据经济变量来解释,非经济因素同样发挥重要作用,引入"空间偏好"的概念来表征非经济因素的投资或引资效应,并以此为核心构建具有较强解释力的对外直接投资一般动态模型。该理论认为心理距离作为妨碍或干扰企业和市场间信息流动的因素,会显著影响企业决策者的行为,进而影响企业境外投资的区位选择(江心英等,2009)。

11.2.5   新经济地理学派

20 世纪 90 年代以后,空间作用尤其是空间外部性(集聚效应)在主流经济学界逐渐引起广泛的关注,一些著名经济学家如保罗·克鲁格曼、汉尼克等积极推动经济学与地理学的融合。经济学家克鲁格曼于 1991 年、1995 年连续出版了新著《地理和贸易》和《发展、地理和经济理论》,首次提出"新经济地理学"概念。基于规模报酬递增和不完全竞争市场的理论假设,克鲁格曼分析了经济活动的空间集聚原因以及区域增长集聚的动力所在,认为区域空间集中的动力机制来自规模报酬递增、运输成本和需求因素之间的相互作用,并提出了贸易模型、垄断竞争模型等空间经济模型(克鲁格曼,2000)。

汉尼克发现,经济上相互联系的产业和经济活动在空间位置上的接近性能带来成本节约,或由规模经济带来产业成本节约,而报酬递增的市场、技术和其他外部性因素主要来自区域和地方经济集聚,并认为跨国公司应投资生产成本较低的区域(Hanink,1994)。此外,该学派还认为,区域经济并不呈现自动向最优格局发展的趋势,最初的区域模式可能通过"路径依赖",在规模报酬递增基础上的集聚过程进一步强化。

11.3   跨国投资风险类型

风险识别和风险评估是为了有效防范风险。风险防范要求针对各类可能的风险,依据不同类型、风险大小和先后次序,建立风险防范体系逐次应对和处置风险。总体来说,中国企业的风险管理和风险防范的意识还比较欠缺,在开展国际投资活动时,往往不能清晰辨识投资所面临的真正风险,也缺乏有效的风险预警系统,难以对风险做出及时的应对和处置。

国际大环境是中国企业开展境外农业投资所要面对的重要外部环境,对中国农业对外投资方向和规模均产生影响。根据战略管理理论,由于中国农业对外直接投资涉及资本、农业资源、劳动力、技术等要素在国际的流动,因而安全稳定的区域政治环境以及比较完善的经济制度环境等对中国境外企业正常开展农业生产经营活动极为重要。然而,国际大环境本身的复杂性、动态性和不可控性等特点,决定了境外投资区域安全稳定形势和经济制度环境的不确定性,间接影响着企业在不同区域开展农业投资的成本和收益,进而对中国企业境外农业投资区位选择产生重要影响。具体而言,国际大环境主要包括政治环境、经济环境和自然环境等多个方面,而且每个方面对中国农业对外直接投资规模和方向的影响方式和程度不尽相同。

11.3.1　自然风险

自然灾害风险主要包括气象灾害风险和地质灾害风险。极端天气变化、海啸、洪涝、地震等自然灾害具有不可预见性和摧毁性,它会给受灾的国家、地区带来巨大损失,从而给投资的外国企业带来不利影响。目前,全球每年自然灾害频发,一旦突然出现干旱,水涝,农业企业就有可能损失惨重甚至颗粒无收。农业生产是自然再生产和经济再生产的统一,具有地域性、季节性、周期性特点,农业生产的抗风险能力弱。近年来由自然灾害造成投资损失的企业比比皆是,如 2011 年日本的地震和海啸、2010 年巴基斯坦的洪灾等都给中国投资企业带来了人员伤亡和财产损失。所以,企业在选择投资区位时,要考虑投资国发生自然灾害的可能性,也需要考虑自然灾害对基础设施和生产条件可能产生的破坏程度以及受灾后经济恢复等因素。

11.3.2　经济风险

经济风险又称为商业风险,主要指在对外直接投资过程中东道国经济结构、经济增长率或经济政策调整等因素变化导致投资回报率或投资收益降低的可能性。经济风险的来源有很多,包括宏观经济风险、市场风险和运营风险等(朱兴龙,2016)。

东道国总体经济状况风险就是所谓的宏观经济风险,包括 GDP 总量及增速、通货膨胀率、失业率、财政收入、国际收支状况等。东道国宏观经济波动给中国跨国投资企业的资本成本、投资收益等带来不确定性,因此,为了防范风险,企业就需要对东道国的宏观经济进行综合评估,再结合自身情况作出风险评估。东道国市场的不完全性和市场特殊的导向性给对外直接投资者带来的风险称为市场风险。经营风险是指企业在跨国投资过程中,自身的经营问题导致投资收益受损的风险。企业走出去之后,在投资和经营过程中,各种不确定因素,如价格、销售、信用等,都有可能带来经营风险。根据我国企业对外直接投资的过程,可将对外直接投资面临的经营风险划分为:生产供应端风险、生产过程风险和生产需求端风险(朱兴龙,2016)。

农业海外投资的市场风险主要表现为农产品的国际市场价格、供需及汇率等变动造成农业企业潜在损失的可能性。虽然农业需求是一种刚性需求,相对比较稳定,但从供给的角度上看,因受众多因素影响,农产品国际市场价格经常大起大落。近年来的大豆、棉花等就是典型的例子。汇率风险来源于国际金融市场环境与国际收支状况、东道国外汇政策与金融市场状况。农业海外投资的汇率风险主要表现为交易风险、换算风险和经济风险三方面。交易风险指农业海外投资企业预期的现金流量因汇率的不确定变动而面临的不确定性;换算风险指以外币计价的企业会计科目,因汇率变动引起账面价值的不确定变动;经济风险指因汇率变动影响到东道国的投资环境,使企业的成本结构、销货价格等受到影响。

11.3.3　法律风险

法律风险也是跨国投资中不可忽视的社会风险,我国企业对外直接投资面临的法律风险主要有国家安全审查及投资壁垒等。世界上很多国家出于本国安全和保护的考虑,会对海外投资企业进行国家安全审查,因此中国企业海外投资频繁遭遇东道国的各种投资限制。东道国还通过设置投资壁垒给对外直接投资带来风险,即投资壁垒风险。市场准入风险是东道国对外资进入的行业、规模及其他条件以法律的形式加以限制的风险。比如,菲律宾对外资进入限制比较严格,公布了禁止外资进入和限定外资比例进入的行业清单,还从法律上规定基础设施工程的承包商必须具有公用事业特许证,且外资控股比例不超过40%,外资企业不得承揽由本地资金投资的建筑工程项目(朱兴龙,2016)。

法律风险来源于国际投资尚未形成统一的国际规范、东道国立法的不完备和执法歧视、中国国内相关法律制度不健全、企业海外经营法律意识不强。农业海外投资所面临的环境是多元的,中国企业在不同经济发展阶段和不同经济体制的各类国家或地区进行投资,必须了解各国法制健全程度、法律体

系和诉讼成本等,处理与不同国家或地区对外法律、政策的矛盾。东道国对
外合作管理体制的改变,税制、税法的改变,利润汇出、利润再投入和兑换的
管制细则变化等都会带来法律风险。在土地产权方面,拉美地区和非洲的政
局虽然相对稳定,但法律机制不完善,土地产权存在争议,易引发群体冲突甚
至政治动荡。由于土地投资契约双方关系的不对等,东道国在制度改革、变
迁和实施过程中常动用隐性的外汇、财政、经济保护主义等政策,甚至修改法
律来限制投资者在本国的投资收益。

11.3.4　政治风险

政治风险的概念起初在 20 世纪六七十年代被提出,当时亚非拉大陆政
治格局动荡不安,民族独立运动此起彼伏,针对西方外资、跨国公司的征收、
国有化的案例时有发生,经济的发展包含了诸多不稳定的因素,故学者们开
始研究政治风险对经济的影响。当时一些学者将其称为"非经济风险",他们
将政治风险作为"欠发达"或"处于现代化进程中"的国家的特征(李友田等,
2013;仇紫金,2020)。政治风险是政治力量变化造成剧烈经营环境波动的可
能性,这种不确定性给投资者造成损失。一般来说,政治风险主要包括:东道
国政体与政权不稳定风险、东道国政策不连续与意识形态风险、东道国政府
干预与制裁风险、东道国官僚主义与腐败风险(郭桂霞,2016)。

滨田佐太郎(Jotaro Hamada)和世界银行也对政治风险作出了定义,将其
细化为三种风险:一是征用风险,指外资企业被东道国政府采取各种阻碍措
施征收或国有化的风险;二是政治暴力风险,主要是指在东道国发生战乱、政
权不稳定或政治动荡、其他极端势力袭击等情况,导致外资、跨国企业的经营
项目的财产遭到破坏、掠夺甚至项目被迫停止等情况的风险;三是转移风险,
指主要由于东道国的原因(例如国际收支困难),境外投资者难以将本金、利
润或其他收入转移到境外的风险(仇紫金,2020)。

《管理学大辞典》对政治风险的界定是东道国的政治环境(制度、法律体
系)或东道国与其他国家之间政治关系发生改变而给外国投资企业的经济利
益带来的不确定性(陆雄文,2013)。给外国投资企业带来经济损失的可能性
的事件包括:没收、征用、国有化、政治干预、东道国的政权更替、战争、东道国
国内的社会动荡和暴力冲突、宗教文化利益冲突、东道国与母国或第三国的

关系恶化等(仇紫金,2020)。

东道国政治风险是农业海外投资面临的最大风险之一。政治风险一般具有不连续性、不确定性、政治力量的影响和对经营的冲击四个特点。这类风险主要包括:第一,政府干预。常用手段有关税、配额、政府优先向本地企业购买、保护当地企业的特殊税收优惠、劳工政策及经营法规等。第二,汇兑限制风险。这种风险是指东道国政府基于某种理由禁止或者限制投资者将其在东道国的投资本金、投资收益等资产自由兑换成本国货币或其他国家货币,并移出东道国境外的风险。在那些经济不发达、出口创汇有限、外汇储备不足等发展中国家,汇兑限制发生的概率较高。第三,战争和内乱。农业海外投资东道国多数属缺粮国家,农业投资周期长,东道国一旦发生内乱和战争,将严重影响农产品的需求、价格、供给,使投资企业利益受损。第四,征收与国有化风险。即东道国政府采取征收、征用、国有化、没收或类似措施,致使原属于农业投资者的利益遭受损害的风险。第五,东道国政府违约。东道国政府非法解除与投资项目相关的协议,或者非法违反或不履行与投资者签订的合同。

11.3.5 文化风险

文化是在企业境外投资中最具挑战性的因素之一,实现有效的跨文化整合是跨国公司需要面对的重要问题。文化风险是企业在东道国投资时由于国家文化环境的差异性、复杂性而遭受损失的可能性,是指东道国与母国不同的文化背景导致人们在消费偏好、消费价值观等方面的差异,从而对企业对外直接投资活动产生不确定性的影响。文化是一个比较广泛的概念,主要是指一国的语言、宗教、社会风俗、价值观等可能影响企业投资的方面。

社会文化是指通过学习、共享等方式形成,影响社会成员思想、行为倾向的强制性、相关性社会符号系统。投资国与东道国之间的国家文化差异,如语言、风俗习惯、价值观和宗教信仰等方面的区别导致的文化冲突现象,是企业对外直接投资时需要面对的常见问题。不同国家与地区的社会伦理道德区别还会引发商业伦理与价值判断准则方面的冲突。不同的文化背景影响着人们的消费方式、需求偏好、价值体系以及敬业精神,也决定了消费者、供应商与企业发生业务往来或各种关系的方式和特点。

　　跨国公司境外投资中的文化风险主要取决于东道国国民对外资的接受程度、企业的本土化程度以及母国与东道国的文化差异程度。如果跨国公司母国与东道国之间文化差异较小、东道国国民对外资的接受程度较高且企业的本土化水平较高，则其在投资中面临的文化风险较低。对于境外投资的企业来说，处理好国家间的文化差异、公司内部的多元文化冲突是其需要面临的重大挑战。

　　由于中国企业成长环境的特殊性，文化风险在中国企业的跨国投资活动中显得尤为突出。因此，中国企业喜欢投资于华人数量众多的东亚、东南亚等国家和地区，并通过当地的海外华侨华人促进与东道国的经济文化交流，从而成为中国企业对外直接投资的重要支持因素（徐莉，2012）。

11.4　跨国投资风险防范

　　针对可能存在的投资风险，建立一套包含风险评估系统、风险预警系统和风险处置系统的风险管理体系，通过对风险管理体系的灵活使用，企业不仅可以在前期进行科学的投资决策，还可以在后期运营过程中实现风险动态监控和积极应对，促使投资活动更加高效安全地开展。首先，企业通过风险识别系统对其投资过程中面临的风险种类及成因做出辨识，并在识别的基础上，结合相关的研究方法对不同类型的风险做出定量评估；其次，进一步借鉴已有研究的指标库和方法库，构建风险预警系统，同时借助计算机系统，获取相应的预警信号；最后，企业应结合自身情况，依据风险处置系统对不同等级的风险采取风险规避、风险转移、风险分散、应急管理等相应的风险处置措施（高波，2020）。

　　学界现有的研究已为风险识别提供了较多方法，这些方法大致可分为三类，第一类包括决策树法、蒙特卡罗法、外推法等定量识别法，第二类包含专家调查法、流程分析法、财务报表分析法等定性识别法，第三类是综合了定量分析与定性分析的识别方法，如影响图法和故障树分析法。每一种风险识别方法都有其独特的适用性，能够解决的问题也不尽相同，通过筛选比较，本节最终选取了12种常见的风险识别方法，对其所属的类别、优劣势进行了系统梳理（见表11-1）。结合农业跨国投资的特点，此处将重点介绍以下几种便于理解的方法（高波，2020）。

表 11-1   12 种风险评估方法

类别	方法	内容	特点
定量分析	外推法	利用过去和现在已知其构成规律的动态统计数列向未来延伸,进行分析预测	可以提高近似值的精度,通常与理论概率分布配合使用
	决策树法	将决策的问题以树状图形表示,通过绘制决策图和判断可能性来分解总目标	层次清晰,分析明确,受概率主观影响强
	蒙特卡罗法	依据大数定律(样本均值代替总体均值),将风险因子输入大量随机变量,利用计算机数字模拟技术进行模拟实验,计算特征值	用于分析多元素变化,从而克服敏感性分析方法受一维元素变化的局限性
	马尔可夫分析法	分析研究对象的现时变化情况来预测其未来的变化情况,具体可以通过转移概率矩阵描述各状态的变化,进一步评估相应的风险	适用于系统的未来状态仅取决于当前状态,而与之前的状态无关的情形
定性分析	SWOT分析法	从优势、劣势、机会、威胁四个方面识别风险,将各种因素相互匹配进行系统性分析	能从各个方面进行综合分析,对资料需求高,分析复杂
	专家调查法	各领域专家利用其理论知识和实践经验对各项风险因素进行打分,并通过专家分数来计算评估风险的大小	在缺乏足够统计数据和原始资料的情况下,可以作出定量的估计
	流程图法	将研究对象的全部过程按其内在的逻辑顺序列出一张详尽的作业流程图,然后将企业的实际经营过程与流程图各环节对比分析,判断风险的根源	清晰明了、适用范围广,对于内部控制系统中存在的某些弱点有时难以明显反映出来
	财务报表分析法	根据提供的资产负债表、损益表、资产记录等资料,以每一会计科目为一风险单位,进行核实和预测	可以全面分析经营状况,有效识别和防范信用风险

续表

类别	方法	内容	特点
定性＋定量分析	影响图法	是由结点和有向弧组成的无环路的有向图,其中,结点代表所研究问题中的主要变量,有向弧表示变量间的各种相互关系,结合变量间的逻辑结构和结点的数据结构进行计算	常用于求解不确定性的问题,广泛地应用于决策分析、不确定性建模和人工智能的各个领域
	层次分析法	将复杂的研究问题分解为各个组成因素,并将这些因素按照支配关系分组形成有序的递阶层次结构,通过定性指标模糊量化计算层次单排序(权重)和总排序,优化决策	使决策思维过程规范化,全面衡量和评估项目风险
	故障树分析法	自上而下、一层层寻找导致顶上事件发生的直接、间接和基本原因事件,并用逻辑图表示事件间的内在联系,配合对应的失败概率和结构重要度进行求解	主要用于分析大型复杂系统的可靠性和安全性
	模糊综合评价法	通过模糊数学对受到多种因素制约的事物或对象做出一个总体的评价,然后由隶属度和模糊集确定模糊隶属度矩阵,进而对风险因素加以排序,测算风险重要度	适合处理那些模糊的难以定义的、难以用数字描述而易于用语言描述的变量

必须说明的是,风险评估是一项专业性非常强的工作,在跨国投资的过程中我们可以借助一些简单的方法进行风险的评估和判断,当涉及较大投资规模的跨国投资时,聘请专业的风险评估团队进行风险评估是更加可靠的做法。

1. 外推法

外推法是类比推理法的一种特殊应用,其作用的领域非常广泛。在风险识别过程中,外推法通常是指时间序列预测法,其基本思路是将已发生的风险量化为包含时间维度的一个样本序列,之后通过趋势平均法、指数平滑法等方法使时间序列向未来延伸,从而对未来风险发生的可能性做出预测。

2.决策树法

对具有不同期望值且用决策树表示的决策进行比较分析时,用到的方法即决策树法,作为一种定量分析法,它的主要优势是简洁易懂、层次清晰,主要劣势是易受到决策者在确定概率和损益值时的主观判断的影响。在运用决策树法进行风险识别时,其主要步骤包括以下四个环节:第一,依据已知条件将每一种决策方案及其包含的自然状态绘制成包含决策结点、方案枝、状态结点、概率枝四要素的树状图;第二,将所有自然状态的概率和损益值标注在概率枝上;第三,通过概率和损益值计算出每一个方案对应的期望值,将期望值标注在方案对应的状态结点上;第四,对方案的期望值进行两两比较,逐一"剪去"期望值较小的方案,得到最终的最佳方案。

3.SWOT 分析法

SWOT 分析法是从优势(Strengths)、劣势(Weaknesses)、机会(Opportunities)、威胁(Threats)四个维度分析企业现状,帮助企业识别潜在竞争对手、制定战略决策的一种方法。使用 SWOT 分析法进行风险识别时,通常要对企业面临的外部环境的变化先做出分析,再结合企业内部经营管理的真实状况,综合辨别出企业可能面临的外部、内部风险。SWOT 分析法对前期资料的搜寻有较高要求,当辅助决策的相关资料足够真实完备时,利用SWOT 分析得到的结果才具有科学性。

4.流程图法

流程图法以其化繁为简、清晰明了的特点受到企业青睐,是企业识别风险最常使用的方法之一。流程图法的基本步骤是首先对企业生产管理过程的一切环节进行系统化、顺序化处理,其次将处理后的结果绘制成流程图并重点标注出各环节的关键控制点,最后在企业遭遇风险时,将企业的实际生产管理过程与流程图进行比对分析,找到风险发生的根源。通常情况下,企业的生产管理流程可以从价值流角度分为内部流程与外部流程。其中,内部流程是企业实际制造商品和服务的流程,对内部流程做出的分析可以高效判别企业是否存在营业中断风险,外部流程则是指原材料的采购、最终产品的运输等与供应商和客户直接相关的流程,分析外部流程将对企业的连带营业中断风险做出判别。

5. 故障树分析法

故障树法是一种利用故障树图对风险事件之间内在联系进行分析,对风险发生原因进行探究的方法,常用来识别大型复杂系统的可靠性和安全性。故障树分析的基本步骤如下:第一,深入观察所要研究的系统的运行状态,统计分析已发生的风险事故案例,对系统可能面临的风险做出预设;第二,找到影响范围大、破坏性强、发生频率高的事故,确定其为顶上事件,顶上事件的发生频率即为对此类风险进行控制的目标值;第三,从顶上事件开始,自上而下按照因果关系逐级搜寻相关事件,并将这些事件绘制成故障树;第四,确定各基本事件的发生概率,计算顶上事件的发生概率。

11.5　跨国投资模式与步骤

11.5.1　跨国投资模式

外商直接投资具有以下三种模式。

1. 战略联盟模式

战略联盟是两家或两家以上的公司为了同一的目标进行合作,取得双赢,这种双赢能够达到利润共享、风险同担的目的。战略联盟主要通过资源整合来提高合作企业的经营价值。波特在《竞争优势》一书中有一个特定的关于战略联盟的解释,该解释提到,联盟之间的公司,仅仅进行正常的市场交易,但不转换到合作关系,战略联盟包含生产许可、供应协定,以及合资公司等几种方式。战略联盟则是基于合作双赢的原则和共同的战略目标而形成的共享利益、共担风险的组织。

2. 绿地投资模式

绿地投资又称新建投资,是指跨国公司等投资主体在东道国境内设置的部分或全部资产所有权归外国投资者所有的企业,这类投资会直接导致东道国生产能力、产出和就业的增长。早期跨国公司的海外拓展业务基本上都是采用这种方式。绿地投资有两种形式:一是建立国际独资企业,其形式有国外分公司、国外子公司和国外避税的公司;二是建立国际合资企业,其形式有股权式合资企业和契约式合资企业。

绿地投资模式适用于以下情况：一是绿地拥有最先进技术和其他垄断性资源。采取绿地投资策略可以使跨国公司最大限度地保持垄断优势，充分占领目标市场；二是东道国经济欠发达，工业化程度较低。创建新企业意味着生产力的增加和就业人员的增多，而且能为东道国带来先进的技术和管理，并为经济发展带来新的增长点；而并购东道国现有企业只是实现资产产权的转移，并不增加东道国的资产总量。因而，发展中国家一般都会采取各种有利的政策措施，吸引跨国公司在本国创建新企业，这些有利的政策措施有助于跨国公司降低成本，提高盈利水平。

3.并购模式

从农业对外投资的模式来看，对于企业而言，与绿地投资模式相比，海外并购实施成本较低，且成功后影响较大，是实现企业国际化战略、提升国际竞争力最有效、最便捷的手段。绿地投资需要从零开始，选址拿地、开工建设，熟悉境外的生产模式和管理政策，建立生产体系，培养境外管理团队，时间长、风险大、成本高、成功率低，而通过海外并购整合一家资源优良、品牌影响力大、研发能力强、购销渠道完整、管理团队经验丰富的优质企业就成为最佳选择，不仅可以跳过摸索试错阶段，也可以在更高层次上加速企业的国际化战略（陈瑞剑等，2017）。近年来，以光明、双汇和中粮等为代表的中国企业多次在海外通过并购的方式在各国进行投资，拓展了海外市场，取得了巨大的收益。

近年来并购成为主要的对外投资形式，外资企业并购国内农业龙头企业的现象屡见不鲜，如美国高盛控股双汇、法国达能并购汇源等。与此同时，中国农业企业随着实力的增强，在国际舞台上逐渐崭露头角。有关企业兼并意图的理论有如下三个：价值低估理论、代理理论与产业组织理论。

一般来说，当公司的价值没有被反映出来，也就是说，由于种种原因，公司的价值被低估的时候，就会有其他的企业想要对其进行兼并。根据不同原因，价值低估理论可以分为三类。一是短视理论，即短期机构投资者注重短期收益，而忽视目标企业的长期投资价值，造成目标企业价值低估。二是托宾理论，即当企业股票市值远远小于企业资产重置成本时，通过购买目标公司股票来获得资产比直接购买相关资产更加划算。三是信息不对称理论。信息不对称理论认为股票市场不能反映公司所有的信息，那些掌握公司"内部信息"的企业可以知道目标企业的股票价格何时被低估了。当他们通过"内幕消息"知道股票价格被低估时，就有可能趁机收购其股票。代理理论认为，兼并是代理问题的主要解决方法，它会对高级管理者产生一定的威胁。一般来说，为了解决委托代理问题，以前的办法是引入两权分离，设置经理人职位；而当上述方法不足的时候，兼并成为一个较好的补充方案。通过收购可以替换现有的董事会和现任经理，让其他潜在的人选上任。从产业组织理论的视角来看，公司跨国并购有助于打破产业壁垒，促进公司进入目标行业进行生产经营活动。

11.5.2　跨国投资步骤

1. 海外投资计划

跨国投资的第一步是企业境内主体成立专门的跨国投资团队，并且制定一份详细的海外投资项目规划。投资计划应该涵盖如下内容：境外主体设立情况、市场准入是否有限制、投资架构安排、货物流转、资金流转、转移定价安排、利润汇回、常设机构风险及其他风险点。

2. 海外投资架构搭建

在海外投资中被称为海外架构。海外架构一词由英文的"offshore structure"翻译而来，顾名思义是指投资人以海外投资为目的，在投资人母国外设立的一系列受投资人控制的海外实体。搭建海外架构的考虑因素很多，投资人搭建一个完整的海外架构往往要考虑投资人整体的商业目的、海外架构中涉及的各层公司之间的税收优惠政策，投资标的所在国（有时可能包含多个投资标的，且投资标的分属不同法域的国家）的法律监管政策、投资人及投资标的国的金融监管政策、离岸公司所在国的法律监管政策等多个因素。其中，税务筹划、设立及运营成本等无疑是影响投资人选择中间海外架构的最重要的因素。

3. 境外投资备案

上市公司及初次"走出去"的企业，需要得到政府相关部门的批准。境外投资备案（ODI）主要涉及商务部、发改委和外管局的审批，一方面是资金合法出境，另一方面涉及利润和其他资金的合法入境。为确保前期资金出境及后期资金入境，无论是上市公司还是中小企业，应尽量完成相关 ODI 的审批和备案流程。

4. 海外主体设立

每个国家的公司法、合伙企业法等的规定不尽相同,应根据投资目的国相关的海外主体的设立条件、享受的优惠政策及法律承担责任慎重选择海外主体的设立方式。例如,如果牵扯到贸易及工厂设立,一般需要选择有限责任公司的形式来设立;如果仅涉及服务类贸易,大多以无形资产,提供咨询服务为主,则可以考虑在东道国设立以合伙企业为主的主体。一般来说,合伙企业在税收上更具有便利性和优惠性。

5. 报税和年审

海外主体应按时进行企业年检及按时申报缴纳税款,财年结束按照规定接受法定审计。设立在境外的主体,一般来说,从拿到税务登记证的那一刻起就必须开始报税,即使是没有任何业务,没有任何收入和费用支出,也需要进行零申报。如果不按时进行申报的话,可能面临罚款及滞纳金的处罚。另外需要考虑设立在境外的主体是否需要按照季度、年度提交相关报告,比如越南每年度需要提供外商投资报告,所有外商投资公司必须强制进行财务审计;印度有每年开股东会的要求,并且每年必须进行强制财务审计。

11.6 案例分析:中粮的出海之路

截至 2020 年 12 月 31 日,中粮集团全年营收超过 5000 亿元,利润总额超200 亿元。其中,农粮板块净利润贡献超 50%。海外营业收入超过 2300 亿元,约占整个中粮集团整体营业收入的 50%。中粮集团的"走出去"业务自 20世纪 80 年代便已开始。中粮集团将"走出去"业务放在中国粮油食品供应的大背景下进行考虑,采用并购、参股、投资等多种方式实施。目前,中粮集团由旗下十多个板块构成,是涉及粮、油、糖、棉等核心主业,覆盖稻谷、小麦、玉米、油脂油料、糖、棉花等农作物品种以及生物能源,同时涉及食品、金融、地产等行业的综合性产业集团。

1. 风险与挑战并存的中粮"出海之路"

2006 年,面对国内外市场环境的变化,中粮集团确定了"走出去"的品种、区域、环节、方式和路径,并于 2008 年并购澳大利亚最大单体糖厂 Tully 等国外实体资产。2015 年,成立中粮国际。10 余年来,中粮集团发起了 50 起并购。中粮集团总资产从 676 亿美元增长到 719 亿美元(4590 亿元),营收从 441 亿元增至超过 5000 亿元。截至 2019 年,中粮集团业务遍及 140 余个国家,其中中粮国际在国外市场拓展迅猛,海外资产和业务覆盖 50 多个国家和地区,海外农产品经营量超过 1 亿吨,在国际大豆主产国巴西、阿根廷等国家,中粮国际在港口、仓储、物流、加工设施等方面都有布局。根据 2020 财富世界 500 强以及嘉吉的财务报告等数据,中粮集团的营收仅次于嘉吉,成为世界第二大的国际粮商。

中粮集团海外业务发展和国际经营主要面临的是地缘政治风险和国际化人才短缺的挑战。例如部分农业资源丰富的国家充斥着政治动荡不稳定因素,如政权更迭、政局动荡不安、爆发战争或国家间的政治冲突等,会对在该地区开展农产品加工和贸易带来重大的不确定性,导致企业无法正常运转。"人"是贸易型企业的最核心要素,随着海外业务的不断扩大,国际化人才短缺问题将会凸显出来,特别是高层次人才总量缺乏,既精通业务、熟悉国外政策法规,又具有实际运作经验的高端复合型人才明显不足。另外,不同国家在基础设施建设、融资等方面都存在不同的风险和挑战,需要广泛了解当地文化、投资环境等基本情况,合理、客观地评估及预测并防范风险。以巴西为例,巴西作为全球最重要的农产品产地,吸引众多全球企业在此投资布局,但也存在一些投资风险。

2. 跨国经营的优势和潜力

中国人口众多,土地资源紧缺,农业发展面临着巨大的人口和资源环境的约束。中粮集团通过海外布局和国际化的经营策略,不仅能够打破资源和环境的约束,获得更大的发展空间,未来也将在国际市场上占据更重要的市场地位。

以中粮重点布局的巴西和俄罗斯为例,巴西和俄罗斯幅员辽阔,拥有丰富的土地资源和水资源,具备农业发展的基础要素,未来农业发展潜力巨大。据联合国粮农组织(FAO)统计,巴西农地面积 2.83 亿公顷,占国土面积的 33%;俄罗斯农地面积 2.18 亿公顷,占国土面积的 12.7%。两个国家目前处在"拓展农业边疆"的发展阶段,耕地面积仍在不断扩大。巴西政府鼓励机械化生产和技术革新,FAO 预测巴西的全要素生产率可达到 4%。通过农业科技的发展,巴西的生产效率将得到进一步提升。俄罗斯农业尚处于发展阶段,作物单产水平低,小麦、玉米、大豆每公顷单产分别为 2.69 吨、5.51 吨、1.48 吨,较世界平均水平分别低 21%、5%、49%。未来随着对农业领域投入的增加,生产效率将得到有效提升。俄罗斯及黑海地区有广袤的黑土地,适合大豆、玉米、小麦等作物生长。此外,俄罗斯对农业生产监管严格,农业种植实施欧盟标准。可以预见,俄罗斯及黑海地区将成为全球较重要、产量高的非转基因作物产区。

3.海外投资如何应对挑战

中粮集团将以全球化的治理结构和国际化的管控体系实现对海外企业的有效管理。一方面,以服务好中国市场需求作为海外业务开展的优先考虑,通过国际农产品主产区和中国市场的有效对接,实现全球供应链的整合。另一方面,中粮集团坚持本土化经营。为了提高管理能力,降低经营风险,中粮集团主导了海外企业的管理团队重建工作,并根据海外公司发展情况以及中粮集团海外发展战略进行相关调整。派遣一批具有丰富管理经验的职业经理人参与海外公司的经营和管理,通过对海外经理人及员工定期的培训、文化融合,逐步将中粮的企业文化导入全球业务。

中粮集团通过全球持续布局,优化全球仓储物流设施,继续提升对一手粮源的掌控能力。同时着力培养全球资源整合能力和国际产业竞争主导力,有效整合全球人才、技术、管理、资本等生产要素及自然资源,建立完善市场一体化、资本一体化、管理一体化、文化一体化的高效运营模式,实现境内外业务一体化运营,力求提升国际化经营能力。

中粮集团立足国内市场,聚焦粮油糖棉等核心业务,要求粮油糖棉核心主业的市场份额分别占 15% 以上,集团 80% 的资产集中在核心产业。集团将原来分散于不同板块不同上市公司的资产与管理职能,按 18 家专业化公司设计,实行人财物、产供销、管理与产权关系一体化。同时,中粮集团将大力推进资本和业务整合,将向世界一流粮商对标,找短板、补差距,通过精细化管理,降本增效、严控风险,努力提升自身经营水平,使自身资产规模与经济效益相匹配。中粮集团通过聚焦核心主业、专业化发展、一体化运营、深耕国内市场、加强精细化管理、严控市场风险等方面,提升自身竞争力。

习　题

1.简述国际化投资的风险因素。

2.简述国际投资风险评估的主要方法。

3.简述国际化投资的步骤。

参考文献

[1] Dunning H. International Production and the Multinational Enterprises. Allen&Unwin,1981.

[2] Dunning H. Location and the Multinational Enterprise：A Neglected Factor?. Journal of International Business Studies,1998：45-66.

[3] Dunning H. The Eclectic Paradigm as an Envelope for Economic and Business Theories of MNF Activity. International Business Review,2000 (3)：23-39.

[4] Hanink W. The International Economy：A Geographical Perspective. New York：John Wiley,1998.

[5] Hymer S. ,Ohlin B. The International Allocation of Economic Activity. London：Macmillan,1977.

[6] Hymer S. The International Operations of National Firm：A Study of Direct Investment. Cambridge Massachusetts：MIT Press,1976.

[7] Knight H. Risk,Uncertainty and Profit. New York：Hart,Schaffner and Marx,1921.

[8] Porter. Competitive Advantage. New York：Free Press,1985.

[9] Vernon R. International Investment and International Trade in the Product Cycle. Quarterly Journal of Economics,1966,80(4)：190-207.

[10] Willett H. The Economic Theory of Risk and Insurance. Nabu Press, 2010,10-44.

[11] Williams A, Heins M. Risk Management and Insurance. New York： McGraw-Hill Companies,1985.

[12] 艾萨德. 区位与空间经济. 杨开忠,等,译. 北京:北京大学出版社, 2011.

[13] 波特. 国家竞争优势. 李明轩,译. 北京:华夏出版社,2002.

[14] 陈瑞剑,张陆彪,柏娜. 海外并购推动农业走出去的思考. 农业经济问题, 2017,38(10):62-68.

[15] 仇紫金. 中国企业海外投资受阻的政治风险因素分析. 大连:大连理工大学学位论文,2020.

[16] 杜能. 孤立国对于农业和国民经济的关系. 吴衡康,译. 北京:商务印书馆,1997.

[17] 俄林. 区间贸易和国际贸易论. 王继祖,译. 北京:首都经济贸易大学出版社,2001.

[18] 高波. "一带一路"建设中的对外直接投资风险研究. 长春:吉林大学学位论文,2020.

[19] 高鹤. 中国对日本直接投资研究. 长春:吉林大学学位论文,2012.

[20] 顾清明. 跨国房地产投资的动因及其风险分析. 中国国土资源经济,2007 (6):25-27,47.

[21] 郭桂霞,赵岳,巫和懋. 我国"走出去"企业的最优融资模式选择——基于信息经济学的视角. 金融研究,2016(8):111-126.

[22] 何均琳. 台商在福建农业直接投资区位选择差异研究. 福州:福建农林大学学位论文,2010.

[23] 江心英,陆正南. 国际直接投资的区位选择与政策调整. 北京:科学出版社,2009.

[24] 克里斯塔勒. 德国南部中心地原理. 常正文,王兴中,等,译. 北京:商务印书馆,2001.

[25] 克鲁格曼. 地理和贸易. 张兆杰,译. 北京:北京大学出版社,2000.

[26] 李友田,李润国,翟玉胜. 中国能源型企业海外投资的非经济风险问题研究. 管理世界,2013(5):1-11.

[27] 廖什. 经济空间秩序. 王守礼,译. 北京:商务印书馆,1995.

[28] 陆雄文. 管理学大辞典. 上海:上海辞书出版社,2013.

[29] 王美涵. 税收大辞典. 沈阳:辽宁人民出版社,1991.

[30] 王艺明,陈浪南. 我国外资政策的博弈分析——从东道国引资收益最大化的角度出发. 经济管理,2005(24):82-85.

［31］韦伯.工业区位论.李刚剑,等,译.北京:商务印书馆,1997.

［32］小岛清.对外贸易论(中译本).天津:南开大学出版社,1987.

［33］徐莉.中国企业对外直接投资风险影响因素及控制策略研究.济南:山东
大学学位论文,2012.

［34］张彩霞.论跨国公司农业及涉农产业投资趋势与特征.财政监督,2009
(24):64-65.

［35］赵立军.农业国际投资规则演进及中国的应对策略研究.北京:中国农业
科学院,2016.

［36］朱兴龙.中国对外直接投资的风险及其防范制度研究.武汉:武汉大学学
位论文,2016.